ALESSIO DE ANGELIS
ALESSANDRO DE ANGELIS

I0160462

CŌDEX JĒSŪS VOL. I

SULLE TRACCE DEL GESÙ DELLA STORIA: DALLA NASCITA COME BOETHUS ALLA MORTE COME GESÙ BAR GAMALA

Seconda edizione aggiornata

Titolo | Codex Jesus I
Autore | Alessio De Angelis - Alessandro De Angelis

ISBN | 978-88-31641-04-3
Prima edizione: aprile 2019
Seconda edizione: settembre 2019

Prima edizione: ottobre 2017
Seconda edizione: aprile 2018

Copertina: Ilaria De Angelis
Impaginazione: Alessio De Angelis
Editing: Romina Menegon, Alessio De Angelis, Andrea Di Lenardo

Dedicato all'Io infinito

PREFAZIONE ALLA II EDIZIONE
DI ANDREA DI LENARDO

Udine, martedì 14 novembre 2017

È con grande orgoglio e riconoscenza che ho accolto la proposta degli amici saggisti Alessio e Alessandro De Angelis, con il secondo dei quali ho scritto a quattro mani la mia seconda fatica letteraria, *Exodus*, pubblicata dalla casa editrice Altera Veritas di Alessio[1], di curare con alcune osservazioni e note il loro interessantissimo nuovo libro, *Codex Jesus*, vol. I, che giunge quivi alla sua seconda edizione aggiornata, riveduta e corretta[2].

Al momento in cui scrivo sto collaborando con i due Autori con la lettura critica del seguito, *Codex Jesus*, vol. II[3].

Onde evitare una sterile prefazione in cui vada a riprendere semplicemente quanto già affrontato egregiamente dagli Autori, una ricerca di vastissima portata che ben si delinea senza necessitare mie ulteriori parole in punto, mi permetto in questa sede un approfondimento riguardo alla figura di Giovanni il Battista visto dalla prospettiva dei rapporti familiari e politico-religiosi che costituisce il *leitmotiv* dello studio dei De Angelis.

Giovanni il Battista è un personaggio che compare sia nella tradizione cristiana, come è ovvio, che in quelle ebraica e mandea. Iniziando dall'etimologia del nome, l'italiano "Giovanni" viene dal greco Ioannes, che è a sua volta l'ellenizzazione dell'ebraico Yehoḥanan, nome teoforo contenente quello di Dio (Yeho, Yah, Yo, Yahweh, Yehowah, El) e la parola *ḥanan* che in ebraico significa "grazia". Il teoforo è attestato anche nelle varianti Ḥananyah (come negli Atti degli Apostoli nell'episodio di Anania e Saffira) o in quella talmudica di Ḥananel (l'Egiziano), o, tronco, come Ḥanan, Ananos, Ananus, come il *kohen gadol*, sommo sacerdote, Anna o Anano *ben* Seth, coinvolto nel processo extra-sanhedrista a Gesù, sebbene

---

1 A. De Angelis, A. Di Lenardo, *Exodus*, Altera Veritas, Tivoli (Rm) 2017 (2016).
2 A. De Angelis, A. De Angelis, *Codex Jesus*, vol. I, Altera Veritas, Tivoli (Rm) 2018 (2017).
3 A. De Angelis, *Codex Jesus*, vol. II, Altera Veritas, Tivoli (Rm) 2018.

non più in carica, essendo stato sostituito all'epoca della crocefissione dal genero Giuseppe *ben* Caifa – Anano omonimo di suo figlio, anch'egli, come i suoi quattro fratelli, Mattia, Gionata, Eleazaro e Teofilo, sommo sacerdote, nonché responsabile del martirio di Giacomo il Giusto, I Vescovo, *mevaqqer* in ebraico, della Chiesa ierosolimitana fino alla data della sua lapidazione, nel 62 d.c. Il femminile di Giovanni è *Yehoḥannah*, nome di una discepola di Gesù nel Vangelo di Luca, o, parimenti tronco, *Ḥannah*, Anna, madre di Maria, madre di Gesù. I Padri della Chiesa citano una Giovanna o Anna[4] come una delle sorelle di Gesù citate in Marco e Matteo.

Appare dunque prima di tutto problematico conciliare l'affermazione di Luca per cui Giovanni era un nome eccentrico per il Battista giacché in apparente violazione del costume ebraico di dare nomi di famiglia. Secondo Luca, infatti, esso era un nome nuovo sia per la famiglia di Zaccaria, suo padre, che per quella di Elisabetta, sua madre. Eppure Elisabetta era parente di Maria, secondo lo stesso Vangelo, e dunque di Anna, madre di Maria, attestata con questo nome, sebbene non nel Nuovo Testamento, sin dai più antichi apocrifi dell'infanzia, accettati, per la tradizione sui genitori di Maria, Gioacchino e Anna, santi, sia dalle Chiese Ortodosse che da quella Cattolica.

Si potrebbe pensare che o l'una o l'altra affermazione non sia accurata. Per chiarirsi le idee, osservo che l'idea che tale nome fosse effettivamente presente in famiglia è confermata dalla tradizione ebraica, secondo cui Ḥanan o Ḥanin il Nascosto, come è chiamato quivi il Battista, fosse nipote di Ḥuni (Honi) il tracciatore di cerchi, chiamato nelle *Antiquitates iudaicae* di Flavio Giuseppe (opera che parla anche dell'uccisione di Giovanni e attesta il fatto che fosse tenuto in gran conto anche in ambiente giudaico), Onias il Giusto. Un'altra fonte riporta Anon come padre di Elisabetta, madre del Battista. Anon, Ḥuni e Onias appaiono ancora una volta variazioni della stessa radice. Quella di tracciatore di cerchi era una caratteristica della figura del mistico nel I sec. a.C. e d.C. che poteva mediante tale tracciatura rituale far piovere. Dopo Onias il Giusto, morto nel 70 a.c., anche un omonimo Honi, nipote (probabilmente da intendersi qui e in precedenza come pronipote per ovvie questioni cronologiche) anch'egli del precedente, e Nicodemo (Buni o Bunni Nakdimon e Boethus

4 Epifanio di Salamina, *Ancoratus* 60, 1; Sofronio di Gerusalemme, *Encomio di san Giovanni*, PG 87, 3364.

Naḥtum nel Talmud) durante la carestia di metà I sec. a.C. in Giudea, fecero piovere o tracciarono cerchi.

Un tanto collocherebbe peraltro Nicodemo presumibilmente tra i parenti di Onias e dunque di Giovanni e quindi di Gesù, il che spiegherebbe perché, insieme a Giuseppe d'Arimatea, parente di Gesù secondo la tradizione ortodossa e quella gallese, si faccia carico del corpo dello stesso secondo il Vangelo di Giovanni, incarico che era prerogativa dei parenti del defunto secondo le consuetudini ebraiche. Boethus Nicodemo sarebbe inoltre, a conferma di ciò, padre di due sorelle di nome Marta e Maria secondo il Talmud, di cui Maria (Miriam) anche in questa fonte associata agli unguenti profumati, esattamente come nel Nuovo Testamento (Giovanni, Luca). Effettivamente le agiografie dei Vescovi Jacopo da Varazze, o Varagine, e Rabano Mauro identificano Maria Maddalena, anch'ella coinvolta nel rito funebre di Gesù, con Maria di Betania, sorella di Marta.

Ecco dunque come queste altre tradizioni esaminate portino a concludere che Giovanni era un nome di famiglia portato da altri membri, come Onias, Anon, Honi e Anna. Il fatto che in Luca non venga considerato nome di famiglia potrebbe quindi forse riferirsi semplicemente al fatto che non fosse portato da fratelli né di Zaccaria, né di Elisabetta.

Apportati elementi dalla tradizione ebraica in favore della presenza del nome Giovanni (o simili) in famiglia, queste informazioni risultano interessanti per la credibilità, almeno parziale, della tradizione genealogica agiografica che lo lega alla famiglia di Gesù, tramite Anna, nel modo che segue.

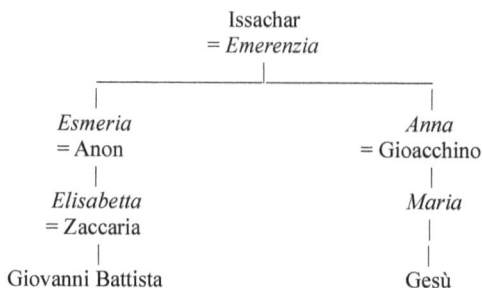

```
                              Issachar
                            = Emerenzia
          |_____|_____|
          |                                             |
      Esmeria                                         Anna
      = Anon                                      = Gioacchino
          |                                             |
    Elisabetta                                       Maria
    = Zaccaria                                          |
          |                                             |
  Giovanni Battista                                    Gesù
```

Il nome Giovanni compare altresì come apostolo, fratello di Giacomo, e figlio della moglie di Zebedèo, identificata nelle agiografie con Salomé, sorellastra di Maria, madre di Gesù. E ancora in un manoscritto del Nuovo

Testamento vi è un Giovanni al posto di Joses o Giuseppe, fratello di Gesù nell'elenco composto normalmente da Giacomo, Joses o Giuseppe, Simone e Giuda, onde al posto di Giuda può trovarsi Taddeo, come in un frammento di Papia, e al posto di Giuseppe o Joses o Giovanni anche Giusto, epiteto del succitato Onias, oltre che di Giacomo, fratello di Gesù, Giacomo il Giusto, appunto. Tutto ciò rinsalda la fondatezza di tali legami di parentela.

Perché mi soffermo tanto su tali questioni? Non solo per diletto storico, genealogico e biografico, ma perché ritengo che tali famiglie avessero due ruoli di fondamentale importanza, uno regale e uno sacerdotale, uniti insieme in un'unica dinastia, e solo se di un'unica dinastia si trattava si può spiegare il ruolo sacerdotale e profetico di Giovanni Battista e di Giacomo il Giusto e quello regale e sacerdotale di Gesù e Giacomo. Questi due ruoli, che emergono dalla letteratura cristiana, ritengo vadano ricondotti all'attesa di due Messia nelle attese escatologiche e apocalittiche della Comunità di Qumrân, quasi universalmente identificata dagli studiosi con un insediamento esseno. Vi doveva essere un Messia sacerdotale o profetico e uno regale, corrispondenti a Giovanni Battista e a Gesù, secondo me, ovvero fusi in un'unica figura come nell'ordine sacerdotale giudaita di Melichisedec, figura centrale nella tradizione massonica. Ecco infatti che Giovanni è confuso con un Elia redivivo nei Vangeli, che avrebbe dovuto tornare alla fine dei tempi a investire il Messia politico affinché portasse il Regno dei Cieli sulla Terra. Giovanni è di stirpe sacerdotale, figlio del sacerdote Zaccaria, di una delle 24 classi di discendenti di Aronne, fratello di Mosè. Anche Gioacchino, padre di Maria secondo i vangeli dell'infanzia, è descritto nei vangeli dell'infanzia come sacerdote del Tempio di Salomone, fatto ricostruire da Erode I il Grande, re di Giudea. Lo stesso Gesù viene ricordato in due date specifiche della sua vita, all'età di 12 anni nel Tempio e all'età di 30. Queste infatti erano le due età cruciali nell'iniziazione di un sacerdote. Suo fratello Giacomo infine viene descritto dentro il *Sancta Sanctorum* nel giorno dell'Espiazione, lo *Yom Kippur*, facoltà riservata esclusivamente al *kohen gadol*. Maria Maddalena, secondo l'agiografia, era figlia di Eucaria, nome che in greco significa "graziosa", "grazia", esattamente come Anna, ancora un volta, e questa Eucaria sarebbe stata una principessa asmonea. Gli Asmonei, o Maccabei, erano i re-sacerdoti che assunsero in Giudea entrambe le prerogative dei due diversi Messia prima dell'avvento della dinastia erodiana.

Si ha poi, dopo la morte di Giovanni Battista, ultimo profeta, l'unione delle due funzioni nel Messia, Gesù Cristo, Unto, l'equivalente, come è noto, dell'ebraico *Mašiaḥ* e dell'aramaico *Mašiha*, dall'egizio *Messeh*, "grasso di coccodrillo", con cui si ungeva il re-dio, il faraone. Giovanni e Gesù, dunque: i due Messia degli Esseni. Morto l'unigenito Giovanni, che si era votato secondo diverse fonti alla castità, entrambi i ruoli furono ricoperti dal suo successore, cioè il cugino Gesù, Messia sacerdotale e regale che battezza con fuoco e Spirito Santo, legittimato dall'ultimo profeta, colui che battezza con acqua, un novello Samuele che nomina Davide e in questo caso il figlio di Davide, il virgulto di Iesse. Il Cristo è allo stesso modo del faraone un Re Dio, da Paolo di Tarso e il Cristianesimo in poi e nel capo di imputazione in croce, il *titulus crucis*, I.N.R.I., acronimo di *Iesus Nazarenus* (probabilmente da intendersi come *Nazoreus* o *Nazireus*) *Rex Iudaeorum*.

Andrea F.S. Di Lenardo Tozzli

INTRODUZIONE
DI ALESSIO DE ANGELIS

Questa *Introduzione* ha lo scopo di spiegare al lettore che si accinge a leggere il nostro libro il metodo e i principî *strettamente* scientifici sui quali si basa la nostra ricerca, nonché le fonti utilizzate. Esiste, infatti, presso la maggioranza del grande pubblico, una considerevole confusione riguardo la ricerca del Gesù storico.

Cosa si intende, quando si parla di "Gesù della storia"?

Per "Gesù della storia" si intende *"il Gesù che possiamo "recuperare" ed esaminare usando gli strumenti scientifici della moderna ricerca storica"*[5].

Il Nuovo Testamento è una delle principali *fonti* utilizzate per la ricerca del Gesù storico[6], ma il Gesù in esso descritto non può corrispondere né con il "Gesù della storia" né, tantomeno, con il "Gesù reale"[7]. La descrizione che gli evangelisti offrono di Gesù, infatti, è naturalmente filtrata dall'analisi dottrinale e dall'interpretazione teologica che essi propongono. In effetti, non è intento – né compito – degli evangelisti offrire una ricostruzione accurata della *biografia* di Gesù – all'epoca, non ci sarebbero stati neppure i mezzi che oggi ci offrono la scienza e la ricerca storica.

> Nei vangeli, dunque, non troviamo il Gesù della storia, ma il Cristo della fede; il personaggio di Gesù è sicuramente esistito, ma la fede di cui è stato fatto oggetto lo ha completamente sottratto alla storia. Pretendere di ricostruire la vita di Gesù a partire dai vangeli significherebbe quindi cercare in essi proprio quello che non c'è; e quand'anche le ricostruzioni storiche fossero attendibili, esse non avrebbero nulla da dire al credente, perché egli, con la sua fede, salta la storia a piè pari, se ne disinteressa[8].

Per le ragioni esposte finora, il credente deve fare attenzione a non

---

5 J.P. Meier, *Un ebreo marginale, ripensare il Gesù storico. Vol. I: le radici del problema e della persona*, Queriniana, Brescia 2008[4], p. 31.

6 Per la presente trattazione, oltre ai documenti paleocristiani, verranno utilizzate anche fonti extra-cristiane, come gli antichi autori storiografici greci e latini.

7 Cfr. J.P. Meier, *op. cit.*, pp. 25-30 per la definizione di "Gesù reale".

8 Sitografia n. 49 di A. Nicotti.

confondere il "Cristo della fede", oggetto della sua venerazione, con il "Gesù della storia". Al fedele che intenda dunque leggere questo libro, consigliamo di evitare, per quanto possibile, il coinvolgimento delle sue emozioni laddove la ricerca storica confermi o smentisca la propria credenza personale e di analizzare il nostro studio con neutralità. Lo stesso discorso va fatto anche a quella fetta di non credenti che intenda avvalersi del nostro studio per confermare i propri sentimenti antireligiosi. Se possibile, nel momento della disamina, bisogna abbandonare i propri pregiudizi emotivi a favore dei principî dell'*onestà* e dell'amore per la *verità* storica.

> Lo si chiami pregiudizio, tendenza, visione del mondo o posizione di fede, chiunque scrive sul Gesù storico scrive da qualche punto di vista ideologico: nessun critico ne è esente[9]. La soluzione a questo dilemma non è pretendere un'assoluta oggettività che non si può avere, né vagare in un totale relativismo. La soluzione è ammettere onestamente il proprio punto di vista, tentare di escluderne l'influenza nell'esporre giudizi scientifici aderendo a criteri certi, comunemente sostenuti, e sollecitare la correzione di altri studiosi, se la propria vigilanza inevitabilmente commette errori[10].

Per quanto riguarda la mia persona, non provengo da un contesto religioso, per tale motivo le mie ricerche non saranno viziate da un pregiudizio emotivo in tal senso. Al contrario, sono nato e vissuto in un contesto moderatamente antireligioso e, in particolare, anticattolico. Il mio rischio sarà dunque quello di porre eccessivamente in evidenza le differenze tra l'insegnamento originale di Gesù e le modificazioni eseguite dalla teologia cristiana successiva. Personalmente, durante la redazione delle mie ricerche ho cercato di escludere il più possibile i miei personali pregiudizi emotivi, di modo che non inficiassero sulla neutralità del mio giudizio e dei miei pensieri. Spero di essere riuscito, almeno in parte, a ottenere il mio obiettivo e desidero scusarmi con il lettore nell'eventualità in cui, in qualche passo di questo libro, egli ritenga che io non sia riuscito a tener fede a questa promessa. L'aspirazione all'oggettiva scevra da condizionamenti emotivi è un obiettivo così importante che non può essere limitato al contesto di questa ricerca storica. Anche per il lettore, la lettura

---

9 Si devono prendere sul serio gli avvertimenti di Henry J. Cadbury, *The Peril of Modernizing Jesus*, SPCK, Londra 1962 (prima pubblicazione: Macmillan, Londra 1937); vedi specialmente pp.1-27.
10 J.P. Meier, *op. cit.*, p. 13.

di questo libro può considerarsi come un ottimo esercizio per il raggiungimento di questo straordinario risultato.

Sopra abbiamo parlato del ruolo della moderna ricerca storica nell'indagare la figura del "Gesù della storia". A questo proposito bisogna aggiungere che anche la ricerca storica ha, inevitabilmente, i suoi limiti, dal momento che *il Gesù storico non è il Gesù reale, ma solo una ricostruzione frammentaria ipotetica di lui, fatta con i moderni strumenti della ricerca*[11].

Sebbene la ricerca storica sia, per natura intrinseca, ipotetica, essa tende il più possibile alla *ricerca dell'oggettività*. È un traguardo, questo, che difficilmente può essere raggiunto, ma che allo stesso tempo ci indica la via. Ricordiamo, quindi, che le ricerche contenute in questo volume sono *ipotesi di lavoro* che hanno come fine *l'oggettività storica*. Come tali, esse saranno senz'altro oggetto di correzioni ed emendazioni in futuro. È addirittura possibile che, di tutte le ricerche contenute in questo libro, nessuna di esse – ci auguriamo vivamente il contrario! – passi all'esame cui saranno sottoposte dai posteri. Quanto di più importante, è che, comunque, ogni analisi vada sottoposta al vaglio della ragione e dell'intelletto. Le risposte *perché sì* e *perché no* non potranno mai essere accettate dalla ricerca storica, né da alcun uomo dotato di buon senso e di raziocinio. È quindi con la massima umiltà e disponibilità che sottoponiamo il nostro lavoro al vaglio del lettore, purché il dibattito si tenga sempre in un contesto di pace e di armonia, senza ulteriori secondi fini. Una obiezione mossa con violenza e arroganza, per quanto valida essa sia, non sarà nemmeno presa in considerazione. Riteniamo infatti che nostro scopo primario sia, prima del miglioramento della nostra conoscenza storica, il miglioramento della nostra persona.

Dal momento che la ricerca storica è spesso stata un riflesso dei progressi dell'umanità nella sua liberazione dai condizionamenti e dai pregiudizi della società[12], ci auguriamo che possa avvenire anche il contrario, e cioè

---

11 *ivi*, p. 43.
12 Infatti in tempi passati era più difficile, rispetto ai tempi moderni, affrontare un dibattito su questioni ritenute "spinose", come la tematica dei fratelli di Gesù – e quindi della verginità mariana –, del celibato di Gesù, della sua presunta risurrezione etc. Oggi la ricerca storica non ha problemi nell'affrontare queste tematiche, sebbene vi sia talvolta un pregiudizio intrinseco ancora molto radicato da parte dei non iniziati al mondo della ricerca e, forse meno spesso ma ancor più grave, alle volte anche all'interno del mondo accademico. È tuttavia indiscutibile

che l'atteggiamento emotivamente distaccato, privo di pregiudizi, che caratterizza – o che *dovrebbe* caratterizzare – la ricerca storica possa influenzare anche la società in cui viviamo. La ricerca storica può dunque essere ispiratrice per un *modello* di vita.

Entrando nel merito di questo libro, devo dire che inizialmente ero in disaccordo con alcune tematiche esposte da mio padre, Alessandro De Angelis, relative all'appartenenza di Gesù alla dinastia dei boethusiani e alla sua identificazione con Gesù b. Gamala. In effetti c'erano – a mio giudizio – alcuni dati che non convincevano totalmente e la ricerca era solo in una fase, potremmo dire, germinale. Una volta epurata la ricerca dai suoi elementi incerti e dopo esserci confrontati con numerosi studiosi, che ci hanno talvolta aiutato a comprendere i punti deboli della nostra vecchia esposizione, il quadro finale che ne è emerso è, come personalmente ritengo, convincente.

Nel capitolo relativo alla resurrezione di Gesù ci siamo avvalsi anche dello studio del dottore in medicina A. Ventola, che, come vedremo, ha condotto un'accurata analisi medica e scientifica sull'argomento. Personalmente, ho redatto *ex-novo* i Capp. II, III, IV, V, VI, VII, XIII di questo libro. Per i restanti capitoli ho corretto, riscritto e revisionato – potremmo dire "restaurato", per utilizzare una metafora azzeccata – l'intero materiale, corroborandolo con prove e documentazioni laddove serviva.

A questo libro seguiranno un secondo e un terzo volume, *Codex Jesus vol. II* e *vol. III*, dal momento che non si è voluto condensare tutte le ricerche in un unico, pesantissimo libro. In questo modo, speriamo che le nostre ricerche possano essere accessibili anche al grande pubblico non iniziato agli studi accademici.

Un ringraziamento speciale va all'amico e studioso Andrea Di Lenardo[13] per averci portato a conoscenza degli studi di R. Eisenman, senza il quale non avremmo potuto avvalorare molte nostre ipotesi, per aver discusso spesso con noi le tematiche esposte in questo libro, fornendoci informazioni fondamentali per il nostro studio, e per averci fatto notare alcuni errori presenti nella nostra ricerca, che abbiamo subito provveduto a

---

in tempi recenti un movimento di apertura nei confronti di queste tematiche.
13 Autore di 1) A. Di Lenardo, *Israeliti & Hyksos, Ipotesi sul II Periodo Intermedio d'Egitto e la sua cronologia*, Casa Editrice Kimerik, Messina 2016; 2) A. De Angelis, A. Di Lenardo, *Exodus. Dagli Hyksos a Mosè: analisi storica sull'esodo biblico*, Altera Veritas, Tivoli 2017 (2016); 3) A. Di Lenardo, *Le guerre nascoste dalla Bibbia. La confederazione dei Nove Archi*, Eterne Verità, Patti (Me) 2017.

correggere. Con lui abbiamo intrapreso una collaborazione che proseguirà nei voll. II e III di *Codex Jesus*.

Un altro ringraziamento speciale va a Romina Menegon, mia compagna di vita, per aver avuto la pazienza di revisionare l'intero mio materiale, occupandosi peraltro della compilazione degli indici.

Alessio De Angelis

CAPITOLO I
MARIA I BOETHUS

Nel I sec. d.C. furono redatte numerose testimonianze sulla vita e sulla morte di Gesù. Queste testimonianze sono tuttavia parziali per il fatto che furono gli stessi autori cristiani a scriverle, condizione che rende queste fonti autoreferenziali. Pochi sono invece gli autori non cristiani che sembrerebbero parlare esplicitamente dei personaggi evangelici. La fonte principale utilizzata dagli studiosi per confermare o smentire le vicende narrate dai vangeli è, indubbiamente, Flavio Giuseppe, sacerdote ebreo vissuto nel I sec. d.C[14].

Oltre a fornirci preziose informazioni sulla Giudea del periodo nelle principali sue due opere, *Guerra Giudaica* e *Antichità Giudaiche*, in alcuni sporadici passi Flavio Giuseppe sembrerebbe parlare anche di Gesù Cristo, in particolare in un brano definito tecnicamente dagli studiosi come *Testimonium Flavianum*.

È notoriamente risaputo, tuttavia, nel mondo degli studiosi che il *Testimonium Flavianum* è stato reso oggetto di numerose aggiunte e/o rimodulazioni che ne hanno sminuito la veridicità storico-documentale, tanto da essere sospettato di essere addirittura una interpolazione totale[15]. Anche altre testimonianze sono spesso ambigue, come il passo di Svetonio nel quale si nominano i Giudei istigati da un certo *"Chrestus"*.

Iudaeos impulsore Chresto assidue tumultuantes Roma expulit[16].

Espulse da Roma i Giudei che per istigazione di Cresto erano continua causa di disordine[17].

---

14 Cfr. il Cap. XIII per maggiori informazioni sulla biografia di questo autore.
15 Tra gli studi a nostro parere migliori condotti sul *Testimonium Flavianum* ricordiamo S. Mason, *Josephus and the New Testament*, Peabody, Hendrikson Publisher, 1992 e K. Olson, *Eusebius and the Testimonium Flavianum*, Catholic Biblical Quarterly (1994), 61:305–322.
16 Svetonio, *Vita Claudii*, 23, 4.
17 *ibid.*

Cronologicamente questa istigazione risulta avvenire sotto l'imperatore Claudio, perciò molti anni dopo la presunta morte di Gesù che, secondo i vangeli, sarebbe avvenuta negli anni '30 del I sec. d.C. Analizzeremo meglio queste testimonianze nel prosieguo del nostro studio. Per il momento ci preme sottolineare che, per la presente ricerca, ci avverremo spesso, oltre che delle fonti cristiane, anche e soprattutto delle testimonianze degli storiografi greci e latini contemporanei all'epoca della stesura del Nuovo Testamento. La tesi di questo libro è che, a causa della parzialità delle fonti tramandateci dai vangeli, i quali riportano una storia viziata da una scarsa conoscenza dei fatti del periodo e da necessità teologiche e religiose, alle volte non sia stato possibile riconoscere, nelle antiche fonti extra-cristiane, gli stessi personaggi protagonisti dei vangeli, dal momento che le loro storie differiscono, talvolta poco, talvolta in maniera più significativa, dalle medesime storie raccontate dagli evangelisti. Può capitare, difatti, che uno stesso episodio, raccontato da due fonti molto diverse, possa essere modificato a tal punto da essere avvertito come due episodi totalmente differenti. È proprio questa la parzialità delle fonti cui ci riferivamo poc'anzi. Inizieremo dunque il nostro studio confrontando le testimonianze cristiane con quelle tramandateci dagli antichi scrittori greci e latini del periodo.

1. Ipotesi d'identificazione tra Maria, madre di Gesù, e Maria I Boethus

Dai vangeli canonici sappiamo che Erode il Grande cercava Gesù e che Maria e Giuseppe, per sfuggire alle persecuzioni del re, si rifugiarono in Egitto, luogo dove verosimilmente vennero ospitati da alcuni parenti, fino alla notizia della morte di Erode:

> Gesù nacque a Betlemme di Giudea, al tempo del re Erode. Alcuni Magi giunsero da oriente a Gerusalemme e domandavano: «Dov'è il re dei Giudei che è nato? Abbiamo visto sorgere la sua stella, e siamo venuti per adorarlo». All'udire queste parole, il re Erode restò turbato e con lui tutta Gerusalemme[18].

> Essi erano appena partiti, quando un angelo del Signore apparve in sogno a Giuseppe e gli disse: «Alzati, prendi con te il bambino e sua madre e fuggi

---

18 Mt 2, 1-3.

15

in Egitto, e resta là finché non ti avvertirò, perché Erode sta cercando il bambino per ucciderlo»[19].

Morto Erode, un angelo del Signore apparve in sogno a Giuseppe in Egitto e gli disse: «Alzati, prendi con te il bambino e sua madre e va' nel paese d'Israele; perché sono morti coloro che insidiavano la vita del bambino». Egli, alzatosi, prese con sé il bambino e sua madre, ed entrò nel paese d'Israele. Avendo però saputo che era re della Giudea Archelào al posto di suo padre Erode, ebbe paura di andarvi. Avvertito poi in sogno, si ritirò nelle regioni della Galilea[20].

Stando a quanto emerge dal racconto evangelico, sarebbe stata la paura che un neonato potesse spodestarlo dal trono che avrebbe indotto il re Erode a perseguitare Gesù. Dal momento, tuttavia, che il re aveva in quel tempo 69 anni e che era in fin di vita – o perlomeno in stato di salute molto cagionevole, tanto che sarebbe morto all'età di 70 anni, cioè poco dopo l'evento descritto dai vangeli –, di cosa poteva aver paura Erode? Difatti era sostenuto dall'imperatore e godeva dell'appoggio delle legioni romane che avrebbero supportato il suo esercito regio. Anche una paura nei confronti dei suoi eredi non sarebbe dunque legittimamente fondata.
Attraverso una minuziosa ricerca comparata tra i vangeli e le opere di Flavio Giuseppe, crediamo che sia possibile rispondere in modo accurato a questa domanda.
Lo storiografo ebreo ci parla infatti di una Maria la cui storia corrisponde in maniera pressoché esatta, seppure con leggere varianti, a quella dei vangeli. Questa Maria, menzionata sia in *Guerra Giudaica* sia in *Antichità Giudaiche*, venne cacciata da Erode il Grande, in quanto avrebbe preso parte a una congiura nella quale si cercava di assassinare il re con un veleno proveniente dall'Egitto. Questo accadde proprio nello stesso periodo in cui la Maria dei vangeli fuggì, sempre in Egitto, cercata dal re.
Il personaggio di cui parliamo è chiamato da Flavio Giuseppe "Mariamne", forma grecizzata di "Miriam"[21], in italiano "Maria".
Vediamo cosa riferisce Flavio Giuseppe a proposito di questa Maria, terza moglie del re Erode il Grande:

Viveva a Gerusalemme un sacerdote molto noto di nome *Simone, figlio di*

---

19 Mt 2, 13.
20 Mt 2, 19-22.
21 Cfr. Sitografia n. 54. Sito consultato in data 11/11/2017.

Boethus, un alessandrino, che aveva una figlia considerata *la più bella del tempo*. Siccome di lei si parlava molto dai cittadini di Gerusalemme, e come capita, sulle prime Erode fu eccitato da quanto udiva, poi, dopo averla vista, fu colpito dall'avvenenza della ragazza; scacciò il pensiero di abusare del proprio potere per soddisfare pienamente il suo desiderio: aveva infatti buone ragioni di sospettare che sarebbe stato accusato di violenza e tirannia, e così ritenne che era meglio sposare la ragazza. Ma siccome, da una parte, Simone non era abbastanza illustre per diventare suo parente, ma d'altra parte era troppo importante per venire disprezzato, coronò il suo desiderio in una maniera ragionevole aumentando il prestigio della figlia e innalzando lui a una delle posizioni più onorifiche, in questo modo: depose subito Gesù, figlio di Fiabi, da sommo sacerdote, e a questo ufficio designò Simone, e poi contrasse matrimonio con sua figlia[22].

Il nome della figlia del sacerdote Simone era "Mariamne"[23], definita Mariamne II dagli studiosi[24]. Vi sono due motivi per cui il nome "Maria" compare qui nella sua forma grecizzata: il primo è dovuto al fatto che Flavio Giuseppe scrive le sue opere in greco, il secondo è riconducibile alla politica di Erode che, essendo favorevole a un processo di ellenizzazione, potrebbe aver modificato in tal senso il nome delle sue mogli[25]. Da notare che Simone Boethus viene definito "sacerdote" da Flavio Giuseppe già prima che il re Erode lo onorasse del titolo di *kohèn gadòl* o "sommo sacerdote". Inoltre lo storiografo aggiunge che il padre di Simone, Boethus, viveva ad Alessandria d'Egitto ed era verosimilmente anch'egli un sacerdote ebraico, dal momento che Flavio Giuseppe afferma che la famiglia di Simone era "troppo importante per venire disprezzata" e che la stirpe sacerdotale si trasmetteva di generazione in generazione. Maria, la figlia di Simone, era dunque di stirpe sacerdotale ed apparteneva a una famiglia ebraica d'Egitto.

Questa informazione sembra coincidere anche con la biografia di Maria,

---

22 AG XV, 320-322.
23 Cfr. GG I, 599.
24 Mariamne viene definita "II" dai moderni per distinguerla dalla sua omonima, Mariamne I, seconda moglie di Erode il Grande.
25 In effetti risulta ellenizzato anche il nome della seconda moglie di Erode. Nel caso della prima moglie di Erode, Doride, è addirittura possibile che il nome con il quale ella ci è nota le sia stato attribuito solo dopo che suo marito venne insignito del titolo di re. Sappiamo infatti che, prima di diventare regina, Doride era una cittadina ebraica di Gerusalemme di condizione sociale non elevata (Cfr. AG XIV, 300).

madre di Gesù. Infatti l'evangelista Luca riferisce che Elisabetta, moglie di Zaccaria e madre di Giovanni il Battista, era discendente di Aronne e, quindi, di stirpe sacerdotale:

> Al tempo di Erode, re della Giudea, c'era un sacerdote chiamato Zaccaria, della classe di Abìa, e aveva *in moglie una discendente di Aronne*[26].

L'evangelista prosegue raccontando che Maria, madre di Gesù, era "parente" di Elisabetta. Nell'episodio della cosiddetta "annunciazione" dice infatti l'angelo a Maria:

> Vedi: *anche Elisabetta, tua parente* (in greco *syngenes*, "della stessa stirpe", NdA), nella sua vecchiaia, ha concepito un figlio e questo è il sesto mese per lei, che tutti dicevano sterile[27].

Stando insomma a quanto riferisce l'evangelista Luca, Maria sarebbe "della stessa stirpe" o "congiunta di sangue" di Elisabetta, la quale sarebbe a sua volta di stirpe sacerdotale. Ne consegue che anche la madre di Gesù apparteneva a una famiglia sacerdotale. Inoltre, il fatto che durante la fuga si fosse rifugiata in Egitto rende probabile l'ipotesi secondo la quale Maria avrebbe avuto parenti ivi stanziati.

Nel racconto evangelico e nelle opere di Flavio Giuseppe troviamo quindi due donne di nome "Maria" che, in una perfetta sovrapposizione temporale, vale a dire intorno al 5 a.C., sono in relazione sia con Erode il Grande[28], sia con l'Egitto, dal momento che questo è il paese da dove proviene Maria, figlia di Simone, e verso dove fugge Maria, madre di Gesù. Secondo la ricerca riportata nel Cap. VII, infatti, Maria madre di Gesù discenderebbe proprio dagli oniadi, una famiglia sacerdotale *connessa con i boethusiani* che fondò una prospera comunità in Egitto. Non solo entrambe le donne provenivano da una ricca famiglia ebraica d'Egitto, ma entrambe sembrerebbero discendere anche da una famiglia sommo sacerdotale. Il fatto che Maria, madre di Gesù, fosse figlia di un sacerdote è confermato sia dalla ricerca proposta nel Cap. VII sia dal vangelo di Luca, secondo il quale Maria sarebbe "della stessa stirpe" di

---

26 Lc 1, 5.
27 Lc 1, 36.
28 L'una viene cacciata (ma più probabilmente, come stiamo per vedere, perseguitata legalmente), l'altra inseguita.

Elisabetta[29], levita e discendente di Aronne[30]. Per quanto riguarda Mariamne II, invece, è lo stesso Flavio Giuseppe che la definisce figlia del "sommo sacerdote Simone", come abbiamo visto sopra. Confrontiamo i dati fin qui raccolti con una tabella riepilogativa:

Maria Boethus	Maria madre di Gesù
Era di stirpe sacerdotale.	Era di stirpe sacerdotale.
Nel 5 a.c. congiura contro Erode e viene cacciata da Gerusalemme.	Nel 5 a.C. fugge da Erode.
Proveniva da un famiglia ebraica d'Egitto.	Fugge in Egitto e, come vedremo, proveniva dagli oniadi, una famiglia ebraica d'Egitto *connessa con Simone Boethus e i suoi discendenti.*

Dal secondo capitolo del vangelo di Matteo[31], inoltre, sembra intuirsi una qualche connessione tra il parto di Maria e la corte di Erode: essendo venuti a sapere della nascita di Gesù, i Magi si presentano a Gerusalemme per rendere omaggio al neonato. Sebbene difficilmente questo episodio possa essere considerato storicamente attendibile, è curioso il fatto che l'autore del vangelo di Matteo, invece di indirizzare subito i Magi verso Betlemme, luogo di nascita di Gesù, li abbia prima deviati verso Gerusalemme, luogo dove si trovavano le famiglie di Maria Boethus e di Giuseppe, padre di Gesù[32]. Gerusalemme era anche la città dove risiedeva la corte di Erode il Grande, il quale, secondo il racconto evangelico, sarebbe appunto venuto in contatto con i Magi per sapere dove sarebbe nato Gesù. L'autore del vangelo prosegue raccontando come Erode avesse radunato i sommi sacerdoti e gli scribi del popolo per interrogarli su dove sarebbe nato il Messia. Paradossalmente, i sommi sacerdoti che Erode avrebbe radunato per ottenere queste informazioni sarebbero stati proprio Simone Boethus, Mattia b. Teofilo, Joazar ed Eleazar, vale a dire il padre,

---

29 Lc 1, 36. Dal momento che, secondo la legge ebraica, lo *status* dei figli, in condizioni normali, era lo stesso del padre (v. *infra*), Elisabetta e Maria erano entrambe levite per discendenza paterna.
30 Lc 1, 5.
31 Cfr. Mt 2, 1-4.
32 Per quanto riguarda la la notizia secondo la quale la famiglia di Giuseppe sarebbe stata nativa di Gerusalemme, cfr. *Codex Jesus*, vol. II.

il cognato e i due fratelli di Maria Boethus.

Riteniamo a questo punto che le coincidenze siano abbastanza per approfondire l'analisi su Maria, estendendola poi all'intera famiglia boethusiana.

Ecco come Flavio Giuseppe descrive la congiura ai danni di Erode il Grande in *Guerra Giudaica* e in *Antichità Giudaiche*:

> Si trovò che anche *Mariamme* (Maria, NdA), la figlia del sommo sacerdote, *era partecipe della congiura; lo svelarono, infatti, i suoi fratelli sottoposti alla tortura*. Della colpa materna il re punì anche il figlio, *cancellando dal testamento Erode*, suo figlio, che vi era nominato come successore di Antipatro[33].

> In queste accuse venne coinvolta anche la figlia del sommo sacerdote, che era moglie del re, perché, *consapevole di ogni cosa, non aveva voluto dire nulla*. Per questo motivo Erode divorziò[34] da lei e *cancellò la parte del testamento nella quale suo figlio era nominato suo successore al trono*; depose inoltre il sommo sacerdote Simone, suo suocero, figlio di Boethus, e al suo posto designò Mattia, figlio di Teofilo, nativo di Gerusalemme[35].

> Il veleno fu portato *dall'Egitto* da Antifilo, al quale era stato dato da suo fratello, che è un medico, e Teudione lo portò da noi. Dopo fu preparato da Antipatro per usarlo contro di te; io lo ricevetti da Ferora, e io stesso l'ho custodito[36].

In *Guerra Giudaica* Flavio Giuseppe ci fa sapere che Maria era partecipe della congiura e che i suoi fratelli confessarono la sua implicazione; mentre in *Antichità Giudaica* Maria "*consapevole di ogni cosa, non aveva voluto dire nulla*". L'apparente discordanza tra le due versioni della stessa vicenda si spiega con una traduzione non accurata del testo italiano di *Antichità Giudaiche*. In effetti, nell'originale testo greco, entrambe le versioni della vicenda fanno riferimento a un totale coinvolgimento di Maria nella congiura contro Erode. L'episodio del vangelo di Matteo, nel quale Erode interroga il padre e i fratelli di Maria Boethus insieme agli scribi del popolo per sapere dove sarebbe nato Gesù, ricorda da vicino la

---

33 GG I, 599-600.
34 Secondo una traduzione più accurata, Erode avrebbe cacciato Maria Boethus da Gerusalemme.
35 AG XVII, 78.
36 AG XVII, 73.

vicenda, narrata da Flavio Giuseppe, dove Erode interroga i fratelli di Maria Boethus, insieme a molte altre persone, allo scopo di scoprire chi fosse implicato nella congiura. Anche nel caso in cui la somiglianza tra le due storie fosse solo una coincidenza, l'episodio dell'evangelista potrebbe comunque riflettere un fondamento di verità. Difatti, nel caso Maria Boethus e Maria madre di Gesù fossero la stessa persona, sarebbe naturale che Erode avesse interrogato i suoi parenti per sapere dove si fosse rifugiata Maria. Naturalmente, se alla base del racconto di Matteo vi fosse la vicenda della congiura di Maria Boethus o la volontà di Erode di scoprire dove fosse Maria, esso sarebbe stato rielaborato dalla teologia matteana, tanto da essere privato del contesto originale e utilizzato allo scopo di individuare Gesù come il Messia preannunciato nell'Antico Testamento. Dal punto di vista di Matteo, per es., Erode non avrebbe interrogato i sommi sacerdoti e gli scribi per scoprire dove fosse fuggita Maria Boethus, ma per sapere dove sarebbe nato il Messia con l'intento di ucciderlo. Nel racconto evangelico, insomma, il tutto si riduce a una mera cornice narrativa per mostrare al lettore come Gesù fosse davvero il Messia atteso da Israele.

Secondo il racconto di Flavio Giuseppe, il principale artefice della congiura contro Erode il Grande sarebbe stato Antipatro, figlio primogenito del re. Infatti Erode nominò il figlio di sua moglie Mariamne II, Erode II, come successore di Antipatro, il quale mal sopportava questa situazione, perché avrebbe voluto che la successione fosse passata ai suoi figli. Ma, ci dice Flavio Giuseppe, vi era anche un secondo motivo che rese Antipatro insofferente verso il padre, vale a dire il fatto che, nonostante egli stesse invecchiando, non riusciva a salire sul trono a causa di Erode che, a quasi settant'anni, era ancora in vita:

> E spesso poi Antipatro si era lamentato con la madre dicendole che ormai lui aveva i capelli bianchi, mentre il padre ringiovaniva ogni giorno di più, e che forse lo avrebbe preceduto nella morte prima di potere effettivamente regnare. E se anche quello una buona volta fosse morto (ma quando si sarebbe deciso?), la successione lui se la sarebbe potuta godere per assai breve tempo [...] Inoltre, il padre lo aveva anche privato della speranza nei figli; infatti non uno dei suoi figli Erode aveva nominato come prossimo successore dopo la sua morte, bensì Erode figlio di Mariamme. Ma su questo particolare egli era completamente rimbecillito dalla vecchiaia, se credeva che il suo testamento sarebbe rimasto valido, *perché ci avrebbe*

pensato lui a non far sopravvivere nessuno della famiglia[37].

Se ad Antipatro sarebbe risultata molto conveniente la morte di Erode il Grande, lo stesso non si potrebbe dire di Maria Boethus. Infatti, dopo la morte di Erode, il regno sarebbe passato ad Antipatro, il quale aveva programmato di uccidere Maria, suo figlio e i suoi parenti per evitare che il testamento di Erode privasse i suoi figli dell'eredità regia[38].

Bisognerebbe a questo punto porci un importante interrogativo: che motivo avrebbe avuto Maria di cercare di avvelenare suo marito Erode il Grande, dal momento che, in questo modo, avrebbe corso il pericolo di essere uccisa da Antipatro? Probabilmente il motivo sarebbe dovuto essere talmente grave da indurre Maria a correre questo pericolo.

Consapevoli di essere in un campo altamente ipotetico, tenteremo di dare risposta a questa domanda. Sappiamo dagli scritti di Flavio Giuseppe che Erode era molto possessivo nei confronti delle sue mogli, tanto da uccidere la sua seconda moglie, Maria l'Asmonea, per gelosia. Se fosse corretta l'ipotesi d'identificazione tra Maria Boethus e Maria madre di Gesù, allora avremmo a disposizione un ulteriore dato che ci permetterebbe di chiarire la questione: secondo i vangeli Maria sarebbe fuggita con Giuseppe.

Di conseguenza potrebbe essere possibile che Maria prese parte alla congiura contro Erode poiché si trovava incinta di un uomo che non era suo marito, condizione che di lì a poco non avrebbe potuto più nascondere. Naturalmente, non sarebbe stato facile per Maria far credere che il bambino che portava in grembo fosse figlio di Erode, dal momento che, anziano e sul letto di morte, difficilmente sarebbe riuscito ad avere rapporti con lei. L'ipotesi secondo cui Maria Boethus avrebbe cercato di anticipare il giorno della dipartita di suo marito, nonostante Erode sarebbe morto di lì a poco, per nascondere una possibile gravidanza spiega bene i dati che abbiamo a nostra disposizione. Ciò sarebbe accaduto, naturalmente, dopo aver partorito Erode II, che Flavio Giuseppe non ha dubbi nel definire "figlio di Erode il Grande" e che all'epoca avrebbe dovuto avere circa 18 anni. Questa ipotesi potrebbe essere avvalorata anche da un altro indizio: da quanto emerge da un'analisi riportata in *Codex Jesus*, vol. II, anche il fratello di Giuseppe sembrerebbe aver preso parte alla congiura contro Erode – o perlomeno sarebbe stato accusato anche lui insieme a Maria.

---

37 GG I, 587-588.
38 L'episodio di Antipatro, figlio di Erode, intenzionato a uccidere il figlio di Maria Boethus ricorda l'episodio evangelico dove Erode vuole uccidere Gesù.

Questa analisi potrebbe dunque testimoniare una vicinanza e una conoscenza tra la famiglia di Giuseppe e quella di Maria prima della scoperta della congiura.

Tornando all'analisi dell'episodio, bisogna dire che tra il racconto di Flavio Giuseppe, per il quale Erode si sarebbe limitato a cacciare Maria, e il racconto evangelico, secondo il quale Erode avrebbe perseguitato Maria e Giuseppe, volendo uccidere Gesù, riteniamo più attendibile quello evangelico, poiché risulterebbe anomalo che Erode, dopo aver ucciso Mariamne, sua seconda moglie, per gelosia, si fosse limitato solamente ad allontanare Maria, la quale non solo avrebbe preso parte a una congiura per ucciderlo, il che avrebbe senza dubbio comportato almeno conseguenze legali, ma lo potrebbe anche aver tradito. In effetti, Erode il Grande uccise anche suo figlio Antipatro per aver preso parte alla congiura insieme a Maria; sarebbe dunque quanto meno insolito che Maria ne fosse uscita indenne. Verosimilmente, Flavio Giuseppe non era bene al corrente di come si fosse svolta la vicenda e si limitò a congetturare che Erode avesse solamente cacciato e ripudiato Maria, probabilmente giungendo a tali considerazioni dopo aver riflettuto sul fatto che la donna sopravvisse a questo episodio.

Si tratta, naturalmente, di una ricostruzione ipotetica, dal momento che non è possibile sapere con certezza il motivo che avrebbe spinto Maria Boethus a prendere parte alla congiura. In verità, non si hanno certezze nemmeno in merito alla sua reale colpevolezza: le confessioni, secondo Flavio Giuseppe, sarebbero state ottenute con la tortura, metodo che oggi invaliderebbe la testimonianza in qualsiasi tribunale. Sebbene dunque non sia chiaro se Maria e Giuseppe avessero iniziato il loro rapporto prima o dopo il divorzio di Maria da Erode, stando ai vangeli per i due sarebbe seguito un periodo di latitanza. Inizialmente, secondo il racconto di Luca, sarebbero stati ospitati da Elisabetta, parente di Maria; per il parto avrebbero invece trovato una sistemazione di fortuna. Sarebbero poi fuggiti in Egitto, paese d'origine di Maria I Boethus e di Giuseppe (cfr. Cap. IX e *Codex Jesus vol. II* per quanto riguarda Giuseppe), per tornare solo una volta che sarebbero stati al sicuro da Erode. Nonostante Maria fosse anche madre di Erode II, nei vangeli non si fa menzione di un figlio che ella avrebbe portato con sé; ciò potrebbe significare che lo avesse lasciato alla corte di Erode il Grande. Difficilmente, tuttavia, una madre abbandonerebbe un figlio in tenerà età; questo potrebbe quindi significare che Erode II era già adulto nel 5 a.C. Difatti, Maria avrebbe sposato Erode il Grande nel 23 a.c.; dunque è possibile che Erode II fosse nato nel 22 a.c. Dal momento che Erode non riuscì a vendicarsi in altro modo su Maria, decise di diseredare suo figlio, eliminandolo dalla successione al trono.

Secondo questa ipotesi, dunque, Gesù *potrebbe* essere nato in un contesto *illegittimo*. Afferma il *Talmud* a proposito dell'illegittimità che:

> Un bastardo è tale per una [trasgressione della legge della] moglie del tuo vicino [cioè, per l'adulterio di una donna sposata con un uomo che non è suo marito][39].

Se fosse giusta l'ipotesi di identificazione tra Maria, madre di Gesù, e Maria Boethus, ci potremmo trovare di fronte a un classico caso di illegittimità. Riportiamo di seguito una breve ricerca di Alessio De Angelis sulla questione dell'illegittimità di Gesù.

2. Ipotesi dell'illegittimità di Gesù

In ambito accademico, già molti studiosi hanno sostenuto e avvalorato l'ipotesi dell'illegittimità di Gesù[40].

All'interno del vangelo, il primo indizio che potrebbe indicare una situazione di illegittimità nel concepimento e nella nascita di Gesù è, naturalmente, la nascita dallo "Spirito Santo". Nella *Introduzione di Alessio De Angelis* abbiamo già spiegato come nella ricerca storica non possono essere accettate posizioni di fede laddove non siano in accordo con i dati fornitici dalla scienza e ritenuti plausibili dalla ricerca storica. In questo caso, naturalmente, la scienza non è mai riuscita a dimostrare la possibilità che una donna possa rimanere incinta tramite l'intervento di una entità spirituale. Nella ricerca storica, finché questa ipotesi non potrà essere dimostrata *scientificamente*, *scientificamente* deve essere negata.

Bisognerebbe domandarci, allora, cosa possa aver portato gli evangelisti a

---

39 Trattato della *Mishnà Yebamot* 4, 13; traduzione italiana tratta da J.P. Meier, *op. cit.*, p. 102. Da notare che J. Klausner legge qui un'allusione velata all'illegittimità di Gesù Cristo. J.P. Meier respinge tuttavia questa ipotesi. Cfr. J.P. Meier, *op. cit.*, p. 102.

40 Cfr., per es., J. Schaberg, *The Illegitimacy of Jesus. A Feminist Theological Interpretation of the Infancy Narratives*, Harper & Row, San Francisco 1987; M. Smith, *Jesus the Magician*, Harper & Row, New York 1978, p. 47; R.E. Brown, *Birth of the Messiah*, Doubleday, Garden City (NY) 1977, pp. 534-542.

creare un racconto soprannaturale per giustificare la nascita di Gesù. Afferma infatti il vangelo:

> Ecco come avvenne la nascita di Gesù Cristo: sua madre Maria, essendo promessa sposa di Giuseppe, *prima che andassero a vivere insieme si trovò incinta per opera dello Spirito Santo*. Giuseppe, suo sposo, che era giusto e non voleva ripudiarla, decise di licenziarla in segreto[41].

Naturalmente, è possibile che questo racconto sia stato creato dalla teologia paolina per dimostrare che Gesù fosse figlio di Dio[42]. Tuttavia bisogna anche notare che il vangelo è esplicito nell'affermare che Gesù venne concepito *"prima che (i suoi genitori, NdA) andassero a vivere insieme"*. Dunque anche dal vangelo emergerebbe, seppure in minima parte, una condizione extra-matrimoniale nel concepimento di Gesù.

Secondo l'evangelista, Giuseppe e Maria sarebbero stati solo fidanzati quando Maria rimase incinta. Sebbene questo non fosse considerato fornicazione, era tuttavia una pratica disapprovata[43].

Se la dottrina teologica avesse creato *ex novo* l'idea di un concepimento divino nel grembo di Maria, avrebbe verosimilmente creato una storia in cui Maria sarebbe rimasta gravida dell'intervento divino all'interno di un contesto puramente matrimoniale.

Gli evangelisti Matteo e Luca avrebbero potuto semplicemente omettere il dettaglio del concepimento extra-matrimoniale di Gesù. Se non lo fecero, fu probabilmente perché cercarono di difendere Gesù da un'accusa che era mossa dai suoi avversari del I sec. d.C., che evidentemente facevano notare come vi fosse qualcosa di "illegittimo" nel concepimento di Gesù.

L'intervento dello "Spirito Santo" potrebbe dunque essere un espediente atto a difendere Gesù da un'accusa che doveva pendere su di lui ancora all'epoca della redazione dei vangeli; un'apologia della sua nascita e del suo concepimento extra-matrimoniale. Potrebbe essere questa la ragione alla base della creazione teologica che vedeva Gesù come "figlio di Dio". Difatti, sappiamo che Gesù, durante il suo ministero, mai si definiva "figlio di Dio", ma sempre e solo "figlio dell'Uomo"[44].

---

41 Mt 1, 18-19; cfr. Lc 1, 26-27.
42 Cfr., per es., Mc 1, 1; 3, 11; 5, 7; 14, 61; 15, 39 etc.
43 Cfr. J.P. Meier, *op. cit.,* p. 224, nota n. 77.
44 L'espressione ricorre circa 80 volte nei vangeli; cfr. Mt 8, 20; 9, 6; 10, 23; 11, 19; 12, 8; 12, 32; 12, 40 etc.

Insomma, il fatto che ci fosse qualcosa da nascondere che non si poteva tenere nascosto, portò ad avere qualcosa da giustificare.

Naturalmente, il dato secondo cui Maria e Giuseppe fossero fidanzati al momento del concepimento di Gesù per opera dello "Spirito Santo" sembrerebbe contraddire l'ipotesi secondo cui Giuseppe sarebbe stato l'amante di Maria nella corte di Erode il Grande. Questa contraddizione tuttavia è solo apparente, dal momento che può essere facilmente spiegata considerando che difficilmente l'evangelista avrebbe riportato nel vangelo un episodio così imbarazzante. Da qui la necessità di inserire nel vangelo l'espediente teologico e apologistico dello "Spirito Santo".

Il secondo indizio che potrebbe indicare una situazione di illegittimità nel concepimento e nella nascita di Gesù è il fatto che, nel vangelo di Marco, Gesù viene menzionato privo di patronimico (ovvero della dicitura: "figlio di *x* padre"), che all'epoca costituiva l'equivalente del nostro cognome, venendo identificato solamente tramite la madre, vale a dire tramite un matronimico:

> Non è questi (cioè Gesù, NdA) il *téktōn*[45], *il figlio di Maria*, e il fratello di Giacomo e di Joses, di Giuda e di Simone? Le sue sorelle non stanno qui da noi?» E si scandalizzavano a causa di lui[46].

Matteo, forse imbarazzato da questa assenza di patronimico, riprendendo il vangelo di Marco, sostituisce "figlio di Maria" con "figlio di-colui-che-fa" (falegname? architetto? capo costruttore?). Matteo ha dunque cercato di affiancare un patronimico a Gesù, ma, nel farlo, ha dimostrato di non

---

45 In greco τέκτων, "*téctōn*", parola dal significato oscuro che potrebbe significare "ingegnere", "capo costruttore", "primo artefice" o "architetto"; solitamente viene invece interpretato come "falegname". Seconfdo R. Riesner la parola aramaica dietro a *téctōn* sarebbe *neggara'*, che può significare anche "maestro", "artista", "studioso". L'espressione *b. neggara'* potrebbe dunque significare "discepolo", "studente". Se questa interpretazione fosse corretta, anche in questo passo evangelico i nazareni dubiterebbero di Gesù per il fatto che essi lo conoscono meramente come uno studente, un discepolo, e non come un *rabbi*. J.P. Meier rigetta questa interpretazione dal momento che egli considera Gesù un ebreo marginale proveniente da una piccola città della Galilea (Cfr. J.P. Meier, *op. cit.*, pp. 294-296), falegname di mestiere. Per quanto ci riguarda rigettiamo questa interpretazione; a tal proposito cfr. Cap. V sull'identificazione della patria di Gesù.
46 Cfr. Mc 6, 3. Tutte le traduzioni in italiano dei passi biblici sono tratte da Sitografia n. 61.

conoscere il nome di suo padre, dal momento che ricorre a una espressione ambigua per definirlo. Come fa notare anche J.P. Meier:

> Solo *Matteo* si riferisce a Giuseppe come carpentiere (*Mt* 13, 55). Specialmente quest'ultimo punto è degno di nota, poiché la designazione di Giuseppe, piuttosto che di Gesù, come il carpentiere sembra provenire da un'alterazione redazionale di *Matteo* del testo di *Mc* 6, 3[47].

In realtà il testo di *Mc* 6, 3 presenta delle varianti manoscritte in cui Gesù viene anche definito come "figlio del falegname", anziché "figlio di Maria". Tuttavia queste varianti non rappresentano un problema per la lettura del matronimico:

> È più probabile tuttavia che la frase: "Non è costui il figlio del falegname?", rappresenti un'assimilazione successiva del testo di *Marco* agli altri vangeli, specialmente a *Matteo*. Di fatto, *Marco* è spesso "corretto" nella tradizione manoscritta greca posteriore, per concordarlo con *Matteo* e/o *Luca*, specialmente quando la formulazione di *Marco* potrebbe essere sgradevole per uno scriba o un uditorio cristiano. Fu certamente il tono denigratorio delle osservazioni dei nazareni che, probabilmente, spinse *Matteo* e *Luca*, indipendentemente l'uno dall'altro, a cambiare "il falegname, figlio di Maria", in: "figlio del falegname", o: "figlio di Giuseppe". Di conseguenza, nonostante la varietà di letture nei manoscritti greci, possiamo concludere su una certa sicurezza che "figlio di Maria" sia ciò che *Marco* scrisse originariamente[48].

Sembra che l'uso del matronimico applicato ai figli illegittimi sia riscontrabile negli scritti tardivi samaritani, mandei e rabbinici[49]. J.P. Meier, sebbene ammetta che *"sicuramente riferirsi a un uomo come il figlio di sua madre, invece che come il figlio di suo padre, era inusuale nell'Antico Testamento e nel giudaismo al tempo di Gesù"*[50] cerca tuttavia di contestare il significato di "figlio illegittimo" attribuito all'espressione "figlio di Maria". In effetti è vero che nell'Antico Testamento vi è un caso in cui Ioab, Abisai e Asael, tre capi dell'esercito di Davide, vengono

---

47 J.P. Meier, *op. cit.*, p. 228.
48 *ivi*, p. 230.
49 Cfr. H. McArthur, *Son of Mary*, in *NovT* 15 (1973), p. 41; ma v. anche R.E. Brown, *op. cit.* p. 540.
50 J.P. Meier, *op. cit.*, p. 231.

indicati tramite un matronimico[51]. Difatti potrebbe essere possibile che in questo caso il matronimico si spieghi con una supposta fama di Zeruia, loro madre, o con una consuetudine arcaica di tracciare la discendenza lungo la linea femminile[52]. Tuttavia, tornando al caso di Maria, è difficile sostenere che il matronimico sia dovuto alla sua fama o a una consuetudine già arcaica all'epoca dell'Antico Testamento. Peraltro, riteniamo che neppure nel caso dei figli di Zeruia sia possibile escludere che fossero illegittimi, sebbene riteniamo possibili anche le altre ipotesi. In effetti, è difficile sostenere che l'uso negli scritti rabbinici, samaritani e mandei di indicare l'illegittimità tramite il matronimico fosse sorto dal nulla. Da un punto di vista linguistico tutte le espressioni fraseologiche hanno infatti la caratteristica di essere conservative. Inoltre l'uso di indicare la madre, quando si ignori il padre, è talmente utile e intuitivo che difficilmente non era stato concepito nel I sec. d.C. In definitiva, sebbene sia vero che il matronimico potrebbe non indicare con certezza assoluta il concetto di illegittimità, tuttavia riteniamo che questa ipotesi sia possibile nell'uso del I sec. d.C. Questa ipotesi potrebbe essere avvalorata dal fatto che *Matteo* e *Luca*, percependo l'intento denigratorio dei nazareni nei confronti di Gesù, decisero di rimuovere l'espressione "figlio di Maria". Se infatti, come sostiene J.P. Meier, "le altre descrizioni rinfacciate a Gesù dalla gente del posto non si riferiscono a nessuna immoralità o scandalo, ma semplicemente a banalità, tutte fin troppo note, riferite alle origini di Gesù" e se, come sostiene ancora il Meier, "non c'è alcuna indicazione che quest'informazione comporti una vergogna morale o uno scandalo, ma soltanto ordinarietà", allora perché gli evangelisti *Matteo* e *Luca* deciderebbero di censurare il matronimico di Gesù? Difatti queste osservazioni di J.P. Meier sembrano essere in contraddizione con quanto affermato da lui stesso poche pagine prima, quando scrive che "fu certamente il tono denigratorio delle osservazioni dei nazareni che, probabilmente, spinse *Matteo* e *Luca*, indipendentemente l'uno dall'altro, a cambiare "il falegname, figlio di Maria", in: "figlio del falegname", o: "figlio di Giuseppe"[53].

Bisogna anche notare che il vangelo più antico, quello di Marco, non menziona mai il nome del padre di Gesù, nemmeno in quei passi, come *Mc* 6, 3, in cui vi sarebbe stato bisogno. Il nome "Giuseppe" è quindi

---

51 *ibid.*

52 Cfr. *ibid.*

53 J.P. Meier, *op. cit.*, p. 230.

attestato solo in una tradizione successiva a quella del vangelo di Marco[54]. Questo nome, attribuito al padre putativo di Gesù, potrebbe anche essere un errore dovuto a un fraintendimento nell'interpretare un testo o una tradizione orale più antichi. In numerose occorrenze Gesù viene definito "figlio di Davide", dal momento che si riteneva che il Messia dovesse discendere dal re Davide. Ma vi era anche una credenza, correlata all'aspettativa del duplice Messia, secondo cui il Messia sarebbe potuto discendere dal patriarca Giuseppe, figlio di Giacobbe. Si potrebbe ipotizzare che Gesù, anticamente, così come veniva definito "figlio di Davide", allo stesso modo sarebbe stato chiamato anche "figlio di Giuseppe" (il patriarca dell'Antico Testamento). In aramaico una espressione del genere sarebbe stata resa con *bar*, che può significare sia "figlio" sia "discendente". Potrebbe quindi essere possibile che l'espressione "discendente di Giuseppe" (il patriarca) sia stata interpretata come "figlio di Giuseppe" (un supposto uomo che sarebbe stato sposo di Maria). In effetti secondo Mt 1, 16 Giuseppe verrebbe definito proprio "figlio di Giacobbe"; esattamente come "figlio di Giacobbe" era Giuseppe il patriarca. Inoltre entrambi sarebbero correlati a vicende connesse con l'Egitto e con il sogno[55]. Tuttavia, il fatto che Gesù avesse un fratello di nome Giuseppe sembrerebbe rendere possibile il fatto che il padre di Gesù si chiamasse davvero così.

Bisogna anche notare che, nel passo che abbiamo menzionato sopra, Gesù viene definito *téktōn*, che talvolta viene tradotto come "falegname". Tuttavia, secondo il vangelo Gesù era un *rabbi*, cioè un insegnante certificato, che si recava abitualmente nella sinagoga per insegnare[56] e leggere la *Torah*. Difficilmente dunque una persona così istruita sarebbe provenuta da una famiglia povera e avrebbe condotto un lavoro come quello di falegname. In effetti, sappiamo che Maria Boethus proveniva da

---

54 Tutte le problematiche relative alla supposta illegittimità di Gesù sembrerebbero infatti essere state superate nel vangelo di Giovanni, l'ultimo tra i vangeli a essere scritto, il quale definisce semplicemente Gesù come "figlio di Giuseppe di Nazaret". I vangeli potrebbero dunque tracciare la storia di come, originariamente, la presunta illegittimità di Gesù fosse avvertita così tanto come imbarazzante, da non essere affrontata in Marco, il vangelo più antico, e da portare alla costruzione di storie atte a giustificare questo imbarazzo nei vangeli, intermedi, di Matteo e di Luca, per poi essere definitivamente superata nel quarto e ultimo vangelo.

55 Cfr. Mt 2, 13.

56 Cfr. Mt 13, 54; Mc 1, 21; Lc 4, 16.

una famiglia di sommi sacerdoti.
Che Gesù fosse nato da un rapporto illecito potrebbe emergere anche dal vangelo di Giovanni:

> "Voi fate le opere del padre vostro". Gli risposero: "*Noi non siamo nati da prostituzione*, noi abbiamo un solo Padre, Dio!".[57]

In questo verso durante la disputa di Gesù con i farisei uno di loro grida di non essere nato da prostituzione. Non è possibile escludere che questo passo possa essere una allusione alle voci che circolavano sull'illegittimità di Gesù, sebbene siano possibili anche altre interpretazioni[58].
Anche nel vangelo di Nicodemo, un vangelo apocrifo del II sec. d.C. redatto in greco, leggiamo:

> Pilato dunque chiamò Gesù e gli disse: "Perché mai costoro ti accusano senza che tu proferisca parola?". Gesù rispose: "Se non fosse stato conferito loro il potere, non potrebbero parlare. Ognuno è signore della propria bocca per proferire il bene o il male. Questi sanno ciò che fanno!".
> *I sacerdoti Ebrei risposero a Gesù: "Che cos'è che noi sappiamo bene? Sappiamo anzitutto che tu sei stato concepito nell'adulterio*; in secondo luogo sappiamo che la tua nascita ebbe luogo a Betlemme e che per causa tua fu uccisa quella grande moltitudine di bambini; in terzo luogo sappiamo che tuo padre è Giuseppe e tua madre Maria. Voi siete andati in Egitto perché non godevate della fiducia del popolo".
> Alcuni tra gli Ebrei presenti erano giusti, e dissero: "Sul suo conto noi non affermiamo questo! *Giacché non fu concepito nell'adulterio, ma sappiamo che Giuseppe ricevette la mano di Maria: dunque non l'hanno concepito nell'adulterio".* Agli Ebrei che pretendevano che Gesù fosse venuto dall'adulterio, Pilato disse: "Sì, questa è una vostra asserzione, ma non è la verità, come è attestato proprio ora dai vostri stessi compatrioti che asseriscono essere lei sposata a suo marito"[59].

Il vangelo di Nicodemo testimonia che nel II sec. d.C. gli avversari del Cristianesimo affermavano che Gesù fosse nato da adulterio. L'autore del vangelo di Nicodemo tenta infatti di difendere Gesù da questa accusa considerata all'epoca infamante, facendo confutare, nel contesto narrativo da lui creato, le accuse di adulterio da parte di "Ebrei giusti" che

---

57 Gv 8, 41.
58 Cfr. J.P. Meier, *op. cit.*, pp. 233-236.
59 Vangelo di Nicodemo, 2, 2-3. Traduzione tratta da Sitografia n. 39.

testimoniavano il contrario. L'evangelista fa testimoniare il contrario anche a Pilato, il quale conclude attestando che questa "non è la verità". È dunque possibile che nel II sec. d.c. l'adulterio di Maria Boethus fosse ancora vivido nella memoria popolare. Per tale motivo i vangeli avrebbero cercato di legittimare il contesto in cui nacque Gesù, affermando che sarebbe nato grazie all'intervento dello "Spirito Santo" dopo il fidanzamento formale tra Giuseppe e Maria (*'ērûsîn*), ma prima dell'accoglienza ufficiale della moglie nella casa del marito (*nîsû'în*). Anche il *Vangelo di Tommaso* potrebbe costituire un indizio dell'illegittimità di Gesù. Difatti nel *lóghion 105* afferma:

> Colui che conosce il padre e la madre sarà chiamato figlio di una prostituta.

La parola greca πόρνη (*pórnē*) è difatti utilizzata con il significato di "prostituta" in questo detto copto[60]. J. Schaberg sostiene che questo detto potrebbe attingere a una tradizione pre-evangelica dell'illegittimità, riflessa in Gv 8, 41 e Mc 6, 3[61]; tuttavia il Meier cerca di contestare questo indizio dell'illegittimità affermando che "il *lóghion senza il contesto più ampio significa tutto e niente*"[62].
Forse non è un caso che nei vangeli Gesù salvi anche una adultera dalla lapidazione, sebbene poi si mostri anche duramente critico nei confronti dell'adulterio[63], oltre che verso sua madre (la quale viene "disconosciuta" nei sinottici[64], mentre viene severamente appellata da Gesù come "donna" – anziché "madre" – nel quarto vangelo, in un contesto dove viene anche rimproverata da suo figlio[65]). L'evangelista Giovanni potrebbe aver scelto di non riferire mai nel suo vangelo il nome della madre di Gesù dal momento che la storia della sua famiglia avrebbe potuto creare imbarazzo. Potrebbe essere sempre per lo stesso motivo che l'evangelista Marco sceglierebbe di iniziare il suo vangelo senza riferire le origini di Gesù, vuoto che gli evangelisti Matteo e Luca tentarono di riempire come poterono.

---

60 Cfr. Schaberg J., *op. cit.*, pp. 164-165.
61 *ibid.*
62 J.P. Meier, *op. cit.*, p. 225, nota n. 78.
63 Sembra tuttavia che l'episodio di Gesù che salva un'adultera sia stato inserito in una redazione tarda del Vangelo.
64 Mt 12, 46-50; Mc 3, 31-34; Lc 8, 19-21.
65 Gv 2, 1-5.

Naturalmente è difficile trovare indizi sull'illegittimità all'interno dei vangeli, dal momento che, se quest'ipotesi fosse corretta, gli evangelisti non avrebbero voluto far trapelare nulla.

Accuse di illegittimità vennero espresse esplicitamente anche dal filosofo pagano Celso nel II sec. d.C., il quale riferisce di aver sentito da un giudeo una storia sulla nascita illegittima di Gesù:

> T'inventasti la nascita da una vergine: in realtà tu sei originario da un villaggio della Giudea e figlio di una donna di quel villaggio, che viveva in povertà filando a giornata. *Inoltre costei, convinta di adulterio, fu scacciata dallo sposo,* falegname di mestiere. Ripudiata dal marito e vergognosamente randagia, essa ti generò quale figlio furtivo. Spinto dalla povertà andasti a lavorare a mercede in Egitto, dove venisti a conoscenza di certe facoltà per le quali gli egiziani vanno famosi. Quindi ritornasti, orgoglioso di quelle facoltà e grazie ad esse ti proclamasti Dio. Tua madre, dunque, fu scacciata dal falegname, che l'aveva chiesta in moglie, perché convinta di adulterio e fu resa incinta da un soldato di nome Pantera[66].

Sebbene il racconto di Celso *potrebbe* contenere un fondamento di verità, la sua testimonianza non è molto verosimile storicamente, dal momento che potrebbe essere una "parodia giudaica polemica del racconto cristiano del concepimento verginale"[67]. È evidente infatti che la storia è una presa in giro della *versione cristiana* del concepimento di Gesù, sebbene il riferimento all'adulterio potrebbe avere una base ben più antica, se è valida l'interpretazione secondo cui Maria madre di Gesù e Maria Boethus sarebbero la stessa persona.

Anche negli scritti rabbinici troviamo l'accusa secondo cui Maria si sarebbe resa rea di adulterio. Per es., come dimostrato anche da J. Klausner[68], il riferimento talmudico a *b. Panthera* sembra essere una allusione al Gesù dei cristiani:

> Si insegna che Rabbi Eliezer disse ai dottori: "Ben Stada non portò forse la stregoneria dall'Egitto in una ferita che era nella sua pelle?" Gli dissero: "Era uno stolto (folle) e non puoi addurre una dimostrazione basandoti su uno stolto". Ben Stada è Ben Pandira. Rabbi Chisda disse: "Il marito era Stada e l'amante era Pandira". No, il marito era Pappos Ben Yehudah e la

66 Celso, *Alēthès lógos*, I, 28.
67 J.P. Meier, *op. cit.*, p. 227.
68 J. Klausner, *Jesus of Nazaret. His Life, Times and Teaching*, Macmillan, New York 1925.

madre era Stada. No, la madre era Miriam la parrucchiera delle donne [ed era chiamata Stada]. Come diciamo in Pumbeditha: Ha lasciato [Stat Da] il marito[69].

Talvolta il termine *Panthera* viene interpretato come una distorsione giudaica della parola greca *parthenos*, che significa "vergine"[70]. Tuttavia l'ipotesi della lettura *parthenos* per *panthera* viene rigettata da J.D Tabor[71]. L'attributo "Stada", da *stath-tah-da*, significherebbe "colei che ha lasciato/abbandonato (il marito)"[72]. Il riferimento a *b. Stada* sembra appartenere alla stessa tradizione giudaica riportata da Celso e analizzata prima[73]. Di conseguenza, potrebbe essere anch'esso un riferimento ironico e polemico ai racconti dell'infanzia di Matteo e di Luca. Rimaniamo dunque dell'opinione che difficilmente i Giudei del II sec. d.C. avevano a disposizione informazioni storiche accurate sull'origine familiare di Gesù, tuttavia, se l'ipotesi identificativa tra Maria, madre di Gesù, e Maria Boethus fosse corretta, allora si potrebbe ipotizzare che l'unico dato verosimile nei racconti talmudici fosse il riferimento all'adulterio.

Nonostante vi siano, come abbiamo appena visto, alcuni elementi utili per avanzare l'ipotesi dell'illegittimità di Gesù, non possiamo avere la certezza del fatto che Giuseppe e Maria avessero avuto una relazione mentre quest'ultima sarebbe stata ancora sposata con Erode. Infatti, come abbiamo detto, non conosciamo né il vero motivo che avrebbe indotto Maria Boethus a congiurare contro Erode né abbiamo la certezza di una sua reale colpevolezza. Di conseguenza, non siamo in grado di escludere l'ipotesi

---

69 *Talmud babilonese*, Sanhedrin 67a; cfr. anche Shabbat 104b.

70 J. Klausner, *op. cit.*, p. 48.

71 Cfr. Sitografia n. 26, visitato il 26/08/2017.

72 Cfr. G. Tranfo, *La croce di spine*, Chinaski Edizioni, Genova 2008, p. 251.

73 Sarebbe facile far combaciare il racconto talmudico con la storia di Maria Boethus: Maria viene chiamata Stada, ovvero una donna "che ha lasciato (il marito)"; in effetti Maria Boethus avrebbe lasciato suo marito Erode per fuggire in Egitto con Giuseppe. Per quanto riguarda invece il nome "Pappos", esso potrebbe derivare dal greco a designazione di una persona anziana, come era appunto Erode il Grande al tempo in cui venne abbandonato da Maria. Queste presunte correlazioni sono tuttavia da considerare con cautela, dal momento che partono dal presupposto che i Giudei del II sec. d.C. fossero a conoscenza delle vere origini familiari di Gesù più di quanto ne sapessero gli evangelisti nel I sec. d.C. Bisogna però anche considerare che gli evangelisti potrebbero aver avuto validi motivi per sottacere questa storia, al contrario dei Giudei non cristiani del II sec. d.C.

secondo la quale Maria e Giuseppe si sarebbero fidanzati dopo il divorzio con Erode. Erode, dopo aver cacciato Maria, credendola colpevole, potrebbe averla perseguitata a causa dell'implicazione nella congiura. Il capo d'imputazione, tuttavia, sarebbe caduto in seguito alla morte di Erode, forse per volontà dei suoi eredi. In tal senso potrebbero aver influito le preghiere di Erode II, figlio di Maria e fratellastro di Archelao, Antipa e Filippo. Da notare che Mt 2, 22 informa che Maria e Giuseppe avevano paura di Archelao, motivo per cui avrebbero deciso di spostarsi in Galilea, dominio di Antipa. Questo potrebbe significare che non tutti gli eredi di Erode sarebbero stati disposti a far decadere le accuse su Maria: mentre Archelao potrebbe essere stato contrario, Antipa e Filippo potrebbero aver accettato le richieste del fratello. In seguito alla caduta in disgrazia di Archelao nel 6 d.C., la Giudea passò sotto la diretta giurisdizione romana, evento che avrebbe permesso a Giuseppe e a Maria di fare ritorno anche in questa terra.

3. Possibili obiezioni alla proposta identificativa

Un'obiezione che si potrebbe rivolgere all'identificazione di Simone Boethus con il padre di Maria, madre di Gesù, è che il padre della Maria dei vangeli si sarebbe chiamato Gioacchino, e non Simone. Il nome Gioacchino per indicare il padre di Maria in realtà non viene mai utilizzato in maniera evidente nei vangeli canonici; difatti comparirebbe solamente in tre vangeli apocrifi: il *Protovangelo di Giacomo* del II sec. d.C., il *Vangelo dello Pseudo-Matteo* o *Liber de ortu beatae Mariae Virginis* (del V sec. d.C.) e l'*Evangelium de nativitate Mariae* (del VI sec. d.C.).

> Gioacchino, secondo i resoconti di questi vangeli apocrifi, si unì in matrimonio con Anna in età avanzata, dopo che ella era stata già sposata. Il loro matrimonio non produsse prole, anche dopo venti anni, a causa della presunta sterilità di Gioacchino: umiliato pubblicamente, tanto che un uomo di nome Ruben gli aveva impedito di compiere sacrifici al Tempio per non aver dato figli a Israele. Gioacchino si ritirò nel deserto, tra i pastori, e mentre era separato da Anna, un angelo sarebbe apparso a sua moglie e le avrebbe annunciato l'imminente concepimento di una figlia: Maria[74].

Inoltre il vangelo più antico, quello di Marco, da cui i vangeli di Matteo e

---

74 Tratto da Sitografia n. 4, visitato in data 22/10/2015.

Luca dipendono, contiene, come abbiamo detto, un vuoto storico non indifferente riguardo alla nascita di Gesù. Le stesse genealogie di Matteo e Luca contengono contraddizioni di non facile risoluzione e gli autori successivi ampliano queste genealogie con ipotesi spesso prive di fondamento storico. In effetti assistiamo a un fenomeno di per sé molto eloquente: mentre i vangeli più antichi non fanno riferimento alcuno all'infanzia e alla genealogia di Gesù, col passare del tempo vengono aggiunti sempre più dati e riferimenti genealogici e biografici, con lo scopo di riempire un grande vuoto nella storia evangelica. Per tale motivo bisognerebbe, secondo il nostro parere, usare molta cautela quando si tenta di estrapolare dati storici dalle genealogie evangeliche. Difatti, sebbene non sia impossibile, non è facile ipotizzare che autori successivi a Marco fossero a conoscenza di informazioni molto attendibili riguardo le origini familiari di Gesù.

Per quanto concerne la tradizione apocrifa che vede attribuire il nome "Gioacchino" al padre di Maria, riteniamo che sia un errore generatosi a causa di un fraintendimento nella lettura del passo di Lc 3, 23, dove nella genealogia, che taluni credono e credevano essere quella di Maria[75], viene menzionato un certo "Eli", padre (nel possibile significato di "genero") di Giuseppe. Come spiegato da Andrea Di Lenardo nella *Prefazione* a *Codex Jesus*, vol. II, "Eli" letteralmente potrebbe significare "colui che sta in alto" e potrebbe essere una allusione al sommo sacerdozio del padre di Maria, Simone Boethus. Alcuni antichi autori cristiani, tuttavia, potrebbero aver interpretato "Eli" come una diminuzione di Eliakim/Yoakim, in italiano "Gioacchino". A causa di questo equivoco, dunque, potrebbe essere sorta la tradizione che vede attribuire a Gioacchino, e non a Simone, la paternità di Maria. Secondo questa ipotesi, che sarà più chiaramente esposta in *Codex Jesus*, vol. III, la genealogia di Luca potrebbe essere quella di Maria: Eli sarebbe infatti il suocero di Giuseppe, mentre Mattan sarebbe stato il genero di Eli e dunque il padre di Anna, madre di Gesù secondo gli apocrifi.

Nonostante quanto detto finora, riteniamo invece abbastanza veritiero il dato relativo al viaggio in Egitto della famiglia di Gesù, non solo perché confermato da fonti esterne, come Celso, e perché risulterebbe essere il luogo di provenienza della famiglia di Maria Boethus, ma pure per le

---

75 Cfr. *Prefazione di Andrea Di Lenardo,* in A. De Angelis, *Codex Jesus,* vol. II, Tivoli (Rm), Altera Veritas, 2017.

numerose analogie tra i miracoli effettuati da Gesù e gli antichi rituali egizi, analogie che verificheremo più avanti nel dettaglio. Inoltre, come vedremo in seguito, anche Giuseppe, proprio come Maria Boethus, risulterebbe essere di origine egiziana (cfr. Cap. IX e *Codex Jesus*, vol. II). Per finire, nel Cap. VII di questo libro dimostreremo come Gesù, in quanto oniade, dovrebbe essere un discendente degli Ebrei d'Egitto. L'informazione secondo la quale la famiglia di Gesù sarebbe fuggita in Egitto sarebbe dunque logica e coerente con i dati in nostro possesso.

Un'altra obiezione che potrebbe essere mossa all'identificazione della madre di Gesù con Maria Boethus potrebbe nascere dalla constatazione che, secondo il vangelo di Luca, Gesù sarebbe nato intorno al 6 d.C. In effetti, confrontando il vangelo di Luca con il vangelo di Matteo, notiamo una notevole discordanza cronologica: mentre Matteo colloca la nascita di Gesù sotto Erode, morto nel 4 a.C., Luca la colloca sotto il censimento di Quirino, nel 6 d.C. In realtà, come stiamo per vedere, Luca si riferisce più probabilmente al censimento avvenuto sotto Augusto nell'8 a.C.

> In quei giorni un decreto di Cesare Augusto *ordinò che si facesse il censimento di tutta la terra*. Questo primo censimento fu fatto quando era governatore della Siria *Quirino*. Andavano tutti a farsi registrare, ciascuno nella sua città. Anche Giuseppe, che era della casa e della famiglia di Davide, dalla città di Nazaret e dalla Galilea salì in Giudea alla città di Davide, chiamata Betlemme, per farsi registrare insieme con Maria sua sposa, che era incinta[76].

Se il censimento cui si riferisce l'evangelista Luca fosse il censimento di Quirino avvenuto nel 6 d.C., non si spiegherebbe il dato secondo cui esso avrebbe riguardato "tutta la terra". Il censimento del 6 d.C. era infatti limitato alle sole terre di Archelao. Questa apparente contraddizione può facilmente spiegarsi ipotizzando che il censimento cui faceva davvero riferimento Luca fosse quello universale di Cesare Augusto dell'8 a.C., che si protrasse negli anni, e non il censimento di Quirino, che si tenne quando i possedimenti di Erode Archelao passarono sotto la diretta amministrazione di Roma a causa della sua cattiva gestione.

Una volta eliminati i numerosi errori e le contraddizioni presenti nei vangeli, i dati più attendibili che possiamo ricavare sono la datazione della nascita di Gesù, collocata quando Erode il Grande era ancora in vita

---

76 Lc 2, 1-5.

durante il censimento di Cesare Augusto, e la connessione tra l'Egitto e la famiglia di Gesù.

Per approfondire la questione dell'identificazione di Gesù come un appartenente alla famiglia Boethus, dobbiamo continuare a indagare sulla Maria dei vangeli per vedere se corrisponde, attraverso la parentela, a Maria Boethus. Quanto segue è un elenco parziale della casata dei Boethus:

- *Simone Boethus*, figlio di Boethus;
- *Mariamne o Maria II*, figlia di Simone Boethus e terza moglie del re Erode il Grande ;
- *Erode I Filippo "Boethus"*, figlio di Mariamme e di Erode il Grande;
- *Joazar* (variante di *Eleazar*) *Boethus*, figlio di Simone Boethus e sommo sacerdote nel 4 a.C.;
- *Eleazar (Lazzaro*, in italiano) *Boethus*, figlio di Simone Boethus, attestato in Flavio Giuseppe e nel testo Mandaean Sidra d-Yahia; successe a suo fratello Joazar e fu sommo sacerdote dal 4 al 3 a.c;
- *Simone Canthèras/Caifa/Cefa*[77];
- *Giuseppe Boethus*, figlio di Gurion;
- *Nicodemo Boethus*, figlio di Gurion;
- *Simone Boethus*, figlio di Gurion;
- *Maria Boethus*, figlia di Nicodemo Boethus;
- *Maria Boethus*, figlia di Simone Boethus
- *Marta Boethus*, sorella di Maria, che sposerà Gesù b. (leggasi *ben* o *bar*, "figlio di") Gamala;
- *Gesù b. Gamala*;
- *Mattia Boethus*;
- *Salome Boethus*, figlia di Erode II.

In questo parziale elenco della casata dei Boethus, abbiamo escluso alcuni personaggi di cui parleremo nel seguito di questo libro, *Codex Jesus* vol. II. Quello che è importante notare in questa sede è come i nomi dei personaggi appartenenti alla casata Boethus corrispondano, esattamente con le stesse relazioni di parentela, ai nomi dei personaggi che ritroviamo nei vangeli. Tra i nomi principali ricorrono: Simone, Maria, Lazzaro, Marta, Nicodemo, Giuseppe, Mattia, Salome e, come vedremo, lo stesso

---

77 Cfr. *Codex Jesus*, vol. II.

Gesù. Nei capitoli successivi porteremo numerose altre prove a sostegno dell'appartenenza di Maria, madre di Gesù, alla famiglia boethusiana. Se dunque le coincidenze biografiche tra la madre di Gesù e Maria Boethus fossero frutto di una mera coincidenza, riteniamo comunque plausibile che Maria fosse perlomeno una parente di Maria Boethus e che fosse rimasta indirettamente coinvolta nella congiura del 6 a.C. Questa seconda ipotesi è confermata dal fatto che numeri parenti di Maria Boethus rimasero coinvolti dalle persecuzioni di Erode.

Nel prossimo capitolo Alessio De Angelis concentrerà l'analisi sulle figure di Nicodemo Boethus, Marta, Maria e Lazzaro.

Capitolo II
Identificazione di Marta e Maria II Boethus con Marta e Maria, sorelle di Lazzaro

Nel capitolo precedente abbiamo avanzato un'ipotesi di identificazione tra la Maria dei vangeli e Maria Boethus, descritta nelle opere di Flavio Giuseppe. Secondo quest'ipotesi, gli evangelisti e Flavio Giuseppe racconterebbero lo stesso episodio in maniera così parziale e soggettiva da risultare quasi irriconoscibile, a meno che non lo si sottoponga all'analisi di un attento studioso. Nel presente capitolo approfondiremo questa tematica indagando sugli altri esponenti della famiglia Boethus, al fine di verificare se l'ipotesi esposta nel primo capitolo possa avere qualche fondamento storico. In particolare, ci concentreremo sull'analisi delle figure di Marta, Maria e Lazzaro. Il vangelo di Giovanni è quello che fornisce più informazioni in merito a questi personaggi. In esso leggiamo:

> Era allora malato un certo Lazzaro di Betània, il villaggio di Maria e di Marta sua sorella. Maria era quella che aveva cosparso di olio profumato il signore e gli aveva asciugato i piedi con i suoi capelli; *suo fratello Lazzaro* era malato. Le sorelle mandarono dunque a dirgli: "signore, ecco, il tuo amico è malato". All'udire questo, Gesù disse: "Questa malattia non è per la morte, ma per la gloria di dio, perché per essa il Figlio di Dio venga glorificato". *Gesù voleva molto bene a Marta, a sua sorella e a Lazzaro*[78].

> Sei giorni prima della Pasqua, *Gesù andò a Betània*, dove si trovava Lazzaro, che egli aveva risuscitato dai morti. Equi gli fecero una cena: *Marta serviva e Lazzaro era uno dei commensali. Maria allora, presa una libbra di olio profumato di vero nardo, assai prezioso*, cosparse i piedi di Gesù e li asciugò con i suoi capelli, e *tutta la casa si riempì del profumo dell'unguento*. Allora Giuda Iscariota, uno dei suoi discepoli, che doveva poi tradirlo, disse: «Perché quest'olio profumato non si è venduto per trecento denari per poi darli ai poveri?». Questo egli disse non perché gl'importasse dei poveri, ma perché era ladro e, siccome teneva la cassa, prendeva quello che vi mettevano dentro. Gesù allora disse: «Lasciala fare, perché lo conservi per il giorno della mia sepoltura. I poveri infatti li avete

---

78 Gv 11, 1-5.

sempre con voi, ma non sempre avete me»[79].

Da questi brani possiamo notare che Maria, Marta e Lazzaro erano fratelli. I tre ospitano Gesù nella loro casa di Betania: mentre Marta è indaffarata a servire Gesù, sua sorella Maria lo cosparge con "una libbra di olio profumato di vero nardo, assai prezioso"[80]. Anche il vangelo di Luca riferisce lo stesso episodio, omettendo tuttavia di menzionare Lazzaro:

> In quel tempo, mentre erano in cammino, Gesù entrò in un villaggio e una donna, di nome Marta, lo ospitò.
> Ella aveva una sorella, di nome Maria, la quale, seduta ai piedi del Signore, ascoltava la sua parola. Marta invece era distolta per i molti servizi.
> Allora si fece avanti e disse: «Signore, non t'importa nulla che mia sorella mi abbia lasciata sola a servire? Dille dunque che mi aiuti». Ma il Signore le rispose: «Marta, Marta, tu ti affanni e ti agiti per molte cose, ma di una cosa sola c'è bisogno. Maria ha scelto la parte migliore, che non le sarà tolta»[81].

Luca, oltre a evitare di menzionare Lazzaro, non riferisce neppure il nome del villaggio – che da un parallelo con gli altri vangeli sappiamo essere Betania – o la vicenda dell'unzione. Qui infatti viene sottolineata l'opposizione tra Marta che serve e Maria che ascolta.
I vangeli di Matteo[82] e di Marco[83], invece, riprendono la vicenda dell'unzione di Gesù da parte di Maria di Betania raccontata da Giovanni. Secondo questi vangeli, la vicenda si svolgerebbe ugualmente a Betania, tuttavia non a casa di Lazzaro, ma di Simone il lebbroso.
Storicamente è difficile sostenere che Gesù, Marta e Maria siano stati ospitati a casa di un lebbroso. Difatti dalle principali fonti dell'epoca sappiamo che:

> Secondo Lv 13, 46 i lebbrosi dovevano vivere segregati e secondo 2 Re 7, 3-4 dovevano stare presso la porta d'ingresso delle città, e il lebbroso che osava entrare in un centro abitato veniva punito con la flagellazione (*Talmud Babilonese*, Pesahim 67[a])
> Anche Flavio Giuseppe afferma che era vietato ai lebbrosi di risiedere in

---

79 Gv 12, 1-8.
80 Gv 12, 3.
81 Lc 10, 38-42.
82 Mt 26, 6-13.
83 Mc 14, 3-10.

una città o in un villaggio (Contro Apione 1, 31)[84].

Dunque, se Simone era un lebbroso, non poteva assolutamente risiedere a Betania. Probabilmente si tratta di un errore di traduzione dal primitivo vangelo aramaico di Matteo al vangelo greco di Matteo e al vangelo di Marco.

Nel testo aramaico originario vi era "ha-Zanua", che significa "l'umile, il pio", che è stato decifrato come "ha-Zarua", che significa "il lebbroso".[85]

L'errore è forse dovuto al fatto che le lettere *nun* e *resh* si somigliano molto. Questo Simone potrebbe essere identificato con Simone Cantheras, sommo sacerdote e, secondo quest'ipotesi, zio di Gesù. In effetti nel *Talmud Babilonese* Simone Cantheras viene definito esattamente con lo stesso epiteto: *Simone il Pio*[86]. Tuttavia, tra poco vedremo che potrebbe essere possibile anche una seconda ipotesi.

Da notare che in Lc 2, 25 abbiamo anche un Simone, definito δίκαιος (*dikaios*), "Giusto"[87], ed εὐλαβής (*eulabès*), "Pio" o "Timorato di Dio", presente alla circoncisione di Gesù, dove lo tiene anche in braccio, e che potrebbe essere identificato col sommo sacerdote Simone, padre di Maria. Questa ipotesi è avvalorata dal fatto che questo Simone viene definito anziano all'epoca della nascita di Gesù, proprio come sarebbe dovuto essere anziano nel 6 a.C. ca. il padre di Maria Boethus.

Nel racconto di Matteo e di Marco ritroviamo anche i temi dell'unguento prezioso – che secondo Matteo sarebbe stato "un vaso di alabastro di olio profumato molto prezioso"[88], mentre Marco lo definisce "un vasetto di alabastro, pieno di olio profumato di nardo genuino di gran valore"[89] cui viene attribuito un valore di "trecento denari"[90] –, ma a eseguire l'unzione è una donna di cui non viene riferito il nome. Confrontando il racconto di Matteo e di Marco con quello di Luca e Giovanni, sappiamo che la donna anonima che versa l'unguento sul capo di Gesù è la stessa Maria di

---

84 Polidori V. (a cura di), *Studi sul Cristianesimo primitivo*, Youcanprint self-publishing, Venezia 2014, p. 5.
85 *ibid.*
86 Cfr. *Talmud Babilonese*, Mas. Sotah 33a.
87 Cfr. Cap. VII per le implicazioni relative all'aggettivo "giusto".
88 Mt 26, 7.
89 Mc 14, 3.
90 Mc 14, 5.

Betania.

Secondo l'*Abbot de Rabbi Nathan* (*ARN*)[91], una tale Maria (*Miriam*, in lingua ebraica) sarebbe figlia di Nakdimon/Nicodemo, uno degli uomini più illustri del periodo, che nel Cap. VII dimostreremo essere imparentato con Gesù e con Giovanni Battista. Per tale motivo, come vedremo sempre in seguito, egli potrebbe essere identificato con quel Nicodemo menzionato insieme a Giuseppe d'Arimatea nel vangelo di Giovanni. Difatti secondo Gv 19, 38-42 sarebbero stati proprio Nicodemo e Giuseppe d'Arimatea a occuparsi della sepoltura di Gesù, uffizio che era per legge riservato solo ai parenti del defunto. Approfondiremo tuttavia questa identificazione, qui accennata solo per necessità, nel Cap. IV del presente volume.

Nel talmudico *Trattato Kethuboth*[92] si riferisce, relativamente a Maria, la figlia di Nicodemo, che ella spendeva quotidianamente "quattrocento denari per l'acquisto di oli profumati", racconto che ricorda molto da vicino l'acquisto di "olio profumato molto prezioso" da parte di Maria di Betania riportato nei vangeli. Il vangelo di Giovanni parla invece di una "mistura di mirra e aloe di circa cento libbre"[93] anche a proposito di Nicodemo, oltre che di Maria. Nelle *Lamentazioni Rabbah* viene raccontato lo stesso episodio, ma il patronimico di Maria viene modificato, dal momento che viene qui definita, in più occorrenze, "figlia di Boethus"[94], e il costo dell'unguento viene elevato da quattrocento a cinquecento denari[95], cifre che sembrano essere riprese nei vangeli, dove il numero di sfamati da Gesù con il miracolo della moltiplicazione dei pani e dei pesci corrisponde a quattromila nel vangelo di Marco[96], ma viene aumentato a cinquemila nel vangelo di Matteo[97]. Altrove la figlia di Boethus viene invece indicata come "Marta"[98], di cui in altri brani talmudici viene riferita la pretesa, avanzata ogni sabato, di trenta denari

---

91 R. Eisenman, *Codice Gesù*, Piemme, Casale Monferrato (AL) 2008, p. 227.

92 *ivi*, pp. 228-29.

93 Gv 19, 39.

94 R. Eisenman, *op. cit.*, p. 228-29; ma v. anche 247 *et cetera*.

95 *ivi*, p. 233.

96 Mc 8, 9.

97 Mt 15, 16.

98 Cfr. *Talmud Babilonese*, Mas. Yoma 18a; Mas. Sukkah 52b; Mas. Yevamoth 61a; Mas. Kethuboth 104a.

d'oro[99] per l'acquisto di dolciumi[100]. Dice a proposito R. Eisenman:

> In Luca 10, 38 lo scenario è la casa di Marta, senza alcuna allusione a Lazzaro o a Betania, ma a un imprecisato villaggio. Di Marta però si dice che si lamenta, proprio come fanno le figlie di Nakdimon e di Boethus per l'esiguità della somma messa a loro disposizione per profumi o dolciumi. In realtà, però, Marta si lamenta per tutt'altro motivo: perché, mentre lei sfacchina, la sorella se ne sta comodamente seduta ai piedi di Gesù[101].

Notiamo inoltre che, mentre Marta figlia di Boethus è correlata nel *Talmud* all'acquisto dei dolciumi, nei vangeli serve invece in cucina per i commensali[102]. Entrambe sarebbero dunque in qualche modo associate al cibo. Esistono numerosi altri paralleli tra i talmudici Nicodemo, Marta e Maria e i corrispondenti personaggi evangelici.

Le parole sui poveri di Giuda Iscariota («Perché quest'olio profumato non si è venduto per trecento denari per poi darli ai poveri?»[103]), il quale si lamenta per lo spreco di denaro da parte di Maria di Betania, sembra riflettere la polemica talmudica sulla sincerità o meno del ricco Nicodemo nei confronti dei poveri, tematica che si ritrova, seppur con peso minore, anche attribuita a Marta e Maria nel *Talmud*[104]. Anche il dibatto sullo spreco di denaro da parte di Maria si rinviene spesso nel *Talmud*, come abbiamo visto sopra.

Il tema dei "piedi", che si ritrova nei vangeli nell'episodio dell'unzione di Gesù da parte di Maria, appare legato ai talmudici Nicodemo, Marta e Maria, seppure menzionato in circostanze diverse. Si legge per es. nel *Trattato Kethuboth*:

---

99 Prezzo che sembra riprendere i trenta denari d'argento per i quali venne venduto Gesù, cfr. Mt 26, 25 e paralleli.

100 R. Eisenman, *op. cit.*, pp. 233-234.

101 *ivi*, p. 234.

102 Notiamo, *en passant*, che in Atti 6, 2 si accenna alla tematica delle lamentele per la discriminazione delle vedove, costrette a occuparsi del servizio delle mense. Nei vangeli troviamo invece Marta, spesso descritta come vedova nei testi rabbinici, che si lamenta per essere lasciata da sola a occuparsi del servizio della mensa. Sembra dunque che anche il Nuovo Testamento conosca la tematica della vedovanza di Marta, sebbene il collegamento sia solo indiretto e passi unicamente per Atti 6, 2.

103 Gv 12, 5.

104 R. Eisenman, *op. cit.*, p. 238.

Quando Nakdimon usciva dalla propria casa per recarsi nella Casa degli Studi, *panni di lana[105] venivano stesi sotto i suoi piedi* e *i poveri* che lo seguivano li raccoglievano[106].

Oltre alla solita menzione ai poveri, notiamo che questo episodio sembra essere ripreso nei vangeli, dove la folla si accalca intorno a Gesù per toccare le sue vesti[107]. Ma bisognerebbe ricordare anche l'episodio di Lc 19, 35 dove si legge che i discepoli "gettati i loro mantelli sul puledro, vi fecero salire Gesù. Via via che egli avanzava, stendevano i loro mantelli sulla strada"[108]. Episodi simili che hanno a che fare con i piedi sono attribuiti anche a Maria figlia di Boethus, la quale camminava sopra tappeti o cuscini nel percorso che portava dalla sua casa al Tempio al fine di non sporcarsi i piedi[109]. I racconti rabbinici riportano numerosi aneddoti ironici su Marta e Maria secondo i quali nel periodo finale della loro vita, durante l'assedio di Gerusalemme del 70, caddero in disgrazia diventando estremamente povere[110]. Il racconto evangelico di Maria che si abbassa a ungere i piedi di Gesù con i suoi capelli potrebbe dunque essere una polemica ironica nei confronti della stessa che usava camminare addirittura sui cuscini per la strada pur di non sporcarsi i piedi e potrebbe riprendere la tematica della sua caduta in disgrazia. A testimonianza di quanto la figlia di Boethus durante la guerra fosse caduta in basso, nelle *Lamentazioni Rabbah*[111] si riferisce, da parte di *rabbi* Eleazar b. Zadok, che i suoi capelli vennero legati dai Romani a delle code di cavalli arabi, i quali vennero poi fatti cavalcare da Gerusalemme a Lydda. Ancora una volta ricorre il tema

---

105 Da notare che anche Giacomo il Giusto sembra portare lo stesso abbigliamento di Nicodemo, altro tratto che li accomuna oltre a quelli che saranno descritti nel Cap. VII. Cfr. anche *ivi*, p. 238.
106 *ibid.*
107 Cfr. Mt 9, 20-22 e paralleli.
108 Lc 19, 35-36; cfr. anche Mt 21, 8; Mc 11, 8 e Gv 12, 18.
109 Cfr. R. Eisenman, *op. cit.*, p. 239.
110 A tal proposito le *Lamentazioni Rabbah* riferiscono relativamente alla figlia di Nakdimon di averla vista raccogliere chicchi di grano "tra gli zoccoli dei cavalli in Acco" (*ivi*, p. 323). Di Marta Boethus viene invece narrato come, durante la guerra, avesse inviato la sua serva alla ricerca di cibo, la quale sarebbe tornata inizialmente con farina di qualità pregiata, in seguito con farina bianca, poi con farina non raffinata e infine con farina d'orzo. Alla fine Marta decise di uscire personalmente per cercare un po' di cibo, ma, dopo essersi tolta le scarpe, "un po' di sterco le rimase attacco ai piedi e morì" (*ivi*, p. 328; notasi ancora una volta il riferimento ai piedi).
111 *Lam. R.* 1, 16, 47-8; cfr. *b. Git* 56b.

dei capelli che sarà ripreso poi nei vangeli, quando Maria unge i piedi di Gesù utilizzando proprio la sua chioma. Lo stesso episodio viene attribuito talvolta a Maria, figlia di Nicodemo b. Gurion[112], talvolta a un'altra Maria, figlia di Simone b. Gurion (il fratello di Nicodemo b. Gurion). Naturalmente tutti questi racconti sono polemiche rabbiniche colme d'ironia da considerarsi prive di fondamento storico. Bisogna quindi tenere conto delle storie che intercorrono tra Marta e Maria, sorelle di Lazzaro, e Marta e Maria Boethus non come resoconti storici affidabili, ma piuttosto come prove dell'identificazione tra le due sorelle, nonché come testimonianze del fatto che gli evangelisti erano a conoscenza delle polemiche ironiche dei rabbini del I sec. d.C. nei loro confronti, polemiche forse condivise anche dagli stessi evangelisti.

Come il lettore attento avrà già potuto notare, dagli scritti rabbinici emergono numerose confusioni e sovrapposizioni tra Marta e Maria, dal momento che alcuni episodi vengono attribuiti talvolta all'una, talvolta all'altra[113]. Notiamo anche che Maria viene definita nelle *Lamentazioni Rabbah* sia come "figlia di Nicodemo"[114] sia come "figlia di Boethus"[115], evidenza che ci porterebbe a identificare i due personaggi. Lo studioso R. Eisenman ritiene che Marta e Maria non siano sorelle: Maria sarebbe figlia di Nicodemo b. Gurion, mentre Marta sarebbe figlia del sommo sacerdote Simone Boethus[116]. Questa interpretazione tuttavia, dovuta all'identificazione di Boethus, padre di Marta, con Simone figlio di Boethus, non può essere accettata, dal momento che il sommo sacerdote Simone Boethus, essendo nato intorno al 90-70 a.C.[117], difficilmente potrebbe aver avuto una figlia ancora viva intorno al 70 d.C.

Boethus, padre di Marta e Maria, sembra essere dunque identificabile con Nicodemo b. Gurion[118], non solo perché nelle *Lamentazioni Rabbah* Maria viene chiamata parimenti "Maria b. Nakdimon" e "Maria b. Boethus", ma

112 Cfr. Kethuboth 66b.
113 Si veda per es. la tematica della vedovanza, del matrimonio con Gesù b. Gamala, etc. (per quanto riguarda Marta v. *Talmud Babilonese*, Mas. Yoma 18a; Mas. Sukkah 52b; Mas. Yevamoth 61a; Mas. Kethuboth 104a, etc.; per quanto riguarda Maria v. R. Eisenman, *op. cit.*, p. 229, 324, etc.).
114 Cfr. *b. Ket* 66b, etc.; v. anche R. Eisenman, *op. cit.*, p. 323 etc.
115 R. Eisenman, *op. cit.*, p. 324, 326, 330 etc.
116 *ivi*, p. 229, 248-49 etc.
117 Cfr. Cap. VII.
118 Si ringrazia l'amico e studioso Andrea Di Lenardo per averci suggerito questa identificazione, essenziale per la nostra ricerca.

45

anche per il fatto che Boethus, padre di Maria, viene esplicitamente chiamato "Boethus Nahtum", vale a dire "Boethus Nicodemo"[119]. Onia[120] Nicodemo, padre di Maria, e Boethus Nicodemo, padre di Marta e Maria, sembrano dunque essere identificabili come la stessa persona; per tale motivo nel corso di questo studio proseguiremo chiamandolo "Onia Nicodemo Boethus". Il fatto che Marta e Maria siano sorelle, rende facilmente spiegabile le continue sovrapposizioni e confusioni che intercorrono tra le due. In effetti persino nei vangeli Maria dice le stesse cose di Marta:

> Marta disse a Gesù: «Signore, se tu fossi stato qui, mio fratello non sarebbe morto!»[121].

> Maria, dunque, quando giunse dov'era Gesù, vistolo si gettò ai suoi piedi dicendo: «Signore, se tu fossi stato qui, mio fratello non sarebbe morto!»[122].

Confusioni tra Marta e Maria sono attestate anche in alcune varianti nel vangelo di Giovanni. Per es., Gv 11 in P^{66} presenta numerose varianti testuali tra i nomi "Marta" e "Maria", i quali vengono scambiati rispetto all'ordine consueto[123]. Così, laddove nelle normali versioni Marta serve a tavola e Maria unge Gesù, si ha un capovolgimento dei ruoli, allorché Maria serve e Marta unge i piedi del Messia cristiano. Il fatto che Marta e Maria avessero unto il corpo di Gesù potrebbe costituire un altro indizio della loro parentela con Gesù, dal momento che all'epoca sarebbe stato quantomeno inopportuno se una donna estranea avesse avuto contatti fisici con un uomo che non era suo marito. Anche il fatto che Gesù si soffermasse spesso a Betania per trascorrervi la notte potrebbe suggerire un rapporto di parentela con Marta, Maria e Lazzaro, dal momento che essi risiedevano proprio in questa città[124].
Sebbene il confronto tra i testi rabbinici e i vangeli canonici sembri

---

119 R. Eisenman, *op. cit.,* p. 331.
120 Cfr. *Talmud Babilonese*, Mas. Taᶜanith 20a.
121 Gv 11, 21.
122 Gv 11, 32.
123 "John 11 in P^{66} contains an intriguing set of *variations* around the names *"Mary"* and *"Marta"* (E. Schrader, *Was Marta of Bethany Added to the Fourth Gospel in the Second Century?*, acquistabile presso Sitografia n. 3, visitato il 23/08/2017).
124 Mt 21, 17-18; Mc 11, 11-12.

suggerire che Nicodemo fosse il padre di Marta e Maria, sorelle di Lazzaro, tuttavia il vangelo di Giovanni, quando introduce per la prima volta Marta, Maria e Lazzaro[125], non riferisce che i tre fratelli siano figli di Nicodemo, sebbene egli sia già stato menzionato in precedenza[126]. Questa apparente anomalia potrebbe essere giustificata considerando che il vangelo di Giovanni non venne scritto da un unico autore, ma venne redatto da più persone con più fasi redazionali, probabilmente a distanza di qualche anno l'una dall'altra. Pertanto, è possibile che l'autore del capitolo 11 non tenesse a mente quanto scritto precedentemente dagli altri autori[127]; inoltre egli mostra l'intenzione di introdurre Lazzaro attraverso le due sorelle e le due sorelle attraverso l'episodio dell'unzione di Gesù. Probabilmente l'autore ritenne più efficace descrivere Marta e Maria riconducendole a un famoso episodio evangelico più che per il loro patronimico, di cui potrebbe addirittura non essere stato a conoscenza. Sebbene queste spiegazioni sembrino abbastanza convincenti per giustificare perché l'autore del capitolo 11 non abbia collegato Marta e Maria a Nicodemo, loro presunto padre, un'altra spiegazione sembra anche essere possibile: Nicodemo b. Gurion potrebbe non essere stato il padre di Marta e Maria. In effetti, precedentemente abbiamo visto come, nell'episodio dei capelli legati alle code dei cavalli, Maria venga menzionata una volta come figlia di Nicodemo b. Gurion e un'altra volta come figlia di Simeone, fratello di Nicodemo. È possibile che sia Nicodemo sia Simone avessero una figlia di nome Maria, omonimia che potrebbe aver creato confusione tra gli autori rabbinici. Marta, invece, viene sempre definita come "figlia di Boethus", nome con il quale veniva chiamato Nicodemo. Tuttavia bisogna considerare che anche Simeone, essendo fratello di Nicodemo, era un boethusiano. Pertanto, l'appellativo di "Boethus" potrebbe riferirsi a entrambi. Alla luce di queste osservazioni, non risulta chiaro se le Marta e Maria evangeliche fossero figlie di Nicodemo o di suo fratello Simeone.

È interessante notare che, secondo Mt 26, 6 e Mc 14, 3, Marta e Maria, nell'episodio dell'unzione, si sarebbero trovate a casa di "Simone il lebbroso", che precedentemente abbiamo visto essere una confusione per "Simone il Pio". Secondo l'evangelista Luca[128], che omette il nome di

---

125 Cfr. Gv 11, 1-2.
126 Cfr. Gv 1-9 e 7, 50.
127 O, in alternativa, quanto scritto da sé stesso anni prima.
128 Lc 7, 36.

Simone, questo personaggio era fariseo come Nicodemo[129]. Confrontando il vangelo di Giovanni con i sinottici, potremmo dedurre che Marta, Maria e Lazzaro vivessero a casa di Simone il Pio. Il fatto che Marta servisse a tavola e che vivesse ancora a casa con la sorella Maria, significa che le due donne non erano ancora sposate e che erano quindi molto giovani. Dunque Simone il Pio, proprietario della casa[130] nella quale Marta serviva a mensa, potrebbe identificarsi come il padre di Marta e di Maria. Questa ipotesi si incastra bene anche col fatto che l'autore del vangelo di Giovanni non identifica mai Nicodemo come il padre di Marta e Maria sebbene, abbiamo visto, questa osservazione non risulti particolarmente problematica per l'ipotesi che vede Nicodemo come il padre di Marta e Maria. In effetti, tematiche talmudiche come la dispersione dei profumi vengono associate non tanto a Marta, Maria e Simone b. Gurion, quanto a Marta, Maria e Nicodemo b. Gurion; inoltre non è possibile escludere che, nell'episodio dell'unzione, Marta e Maria si trovassero, insieme a Nicodemo, a casa dello zio Simone. L'ambiguità delle fonti non permette di scegliere con relativa sicurezza quale tra le due ipotesi sia la più probabile, per questo motivo preferiamo non esporci e lasciare aperte entrambe le possibilità. Ciononostante, per mere ragioni di brevità continueremo a riferirci a Marta e a Maria come figlie di Nicodemo, purché il lettore tenga a mente l'eventualità che la loro paternità possa essere attribuita anche a Simone, fratello di Nicodemo[131].

Per quanto riguarda invece Lazzaro, notiamo che questo è un nome molto comune tra i boethusiani, poiché ricorre sia come fratello di Maria, figlia di Simone Boethus, sia come Lazzaro, figlio di Gesù b. Gamala e, verosimilmente, Marta Boethus. Notiamo anche che l'associazione di due fratelli di nome Maria e Lazzaro ricorre più volte, sia nella casata dei Boethus (con Lazzaro e Maria, figli di Simone Boethus) sia nei vangeli

---

129 Nel capitolo IV vedremo come l'espressione "fariseo" attribuita a Simone e Nicodemo possa indicare una classe di cristiani seguace di Giacomo il Giusto. Come si vedrà in *Codex Jesus*, voll. II e III, probabilmente Nicodemo era fariseo probabilmente in quanto il nonno paterno era Simone b. Hillel, importante esponente del partito farisaico. Da parte di madre, invece, sarebbe stato di discendenza oniade, al partito del quale si sarebbe convertito in seguito all'incontro con Gesù.

130 Cfr. Mt 26, 6 e Mc 14, 3.

131 Riteniamo che sarebbe infatti pleonastico specificare ogni volta la possibilità del doppio patronimico per le sue sorelle, dal momento che la questione è stata già affrontata in questo capitolo.

(Lazzaro, fratello di Maria). Ne consegue che anche Lazzaro, fratello di Marta e Maria Boethus, risulta essere sia un Boethus sia un figlio di Nicodemo. In effetti abbiamo evidenziato come Lazzaro fosse un nome tipico nella famiglia boethusiana[132].

---

132 Questo è riscontrabile non solo in Eleazar, figlio di Simone Boethus, ma anche in Joazar, figlio di Boethus, dal momento che "Joazar" è una variante di "Eleazar".

CAPITOLO III
GESÙ, DIO RISORTO O UOMO SOPRAVVISSUTO?

Spesso vi è, anche tra autorevoli studiosi, un grande timore nell'analizzare storicamente e scientificamente episodi ritenuti cruciali per la fede di molti religiosi. Sebbene nei giorni odierni per gli studiosi sia notevolmente più agevole affrontare tematiche, anche spinose, relative al Gesù storico, vi sono argomenti ancora difficili da affrontare, dal momento che potrebbero urtare la sensibilità di alcuni religiosi. L'episodio della morte e risurrezione di Gesù potrebbe essere proprio uno di questi. In effetti, se a essere creduto risorto fosse un personaggio di rilevanza non religiosa, non avremmo problemi a cercare razionalmente e scientificamente risposte a simili credenze. Per tale motivo, riteniamo che, al giorno d'oggi, la possibilità che un uomo sia davvero morto e risorto non deve essere ritenuta più verosimile rispetto all'ipotesi secondo la quale sarebbe stato *creduto* morto. Non possiamo accettare neppure l'opinione secondo la quale la risurrezione non possa essere indagata scientificamente dal momento che sarebbe avvenuta in un contesto metafisico, al di fuori del nostro campo di investigazione. Affermare con tanta semplicità che possa essere accaduto un fenomeno, quello di un morto che torna in vita, mai accertato nella storia dell'umanità e sopra il quale la scienza nutre grandi perplessità, significa non essere parziali nell'indagine storica che deve essere talmente distaccata e asettica da superare perfino le nostre paure e i nostri pregiudizi più intimi. È con questa consapevolezza e particolare approccio critico che ci accingiamo a condurre un'indagine sulla resurrezione di Gesù, al fine di far emergere un accurato quadro storico e scientifico dell'accaduto.

Prima di questo, occorrerà tuttavia far presente che, stando ai vangeli, la risurrezione di Gesù non fosse di tipo metaforico o spirituale, come si potrebbe credere, ma terrena e carnale[133]. Oltre ai passi evangelici, citati in nota e che invitiamo il lettore meticoloso a leggere, scrive per es. Girolamo, padre apologista:

> Inoltre, "il vangelo detto degli Ebrei", che ho tradotto recentemente in greco e latino, che Origene usa spesso, dichiara, dopo la risurrezione del

---

133 Cfr. Lc 24, 13-43; Gv 21, 9-15 etc.

Salvatore: "Ora il signore, dopo aver dato i suoi indumenti sepolcrali al servo del sacerdote, apparve a Giacomo, poiché Giacomo aveva giurato che non avrebbe mangiato pane dal momento in cui aveva bevuto dal calice del signore fino a che lo avrebbe visto risorto dai morti". E poco tempo dopo il signore dice: "portare una tavola e del pane". E subito si aggiunge [nel testo]: "*Egli prese il pane e lo benedisse, lo spezzò* e lo diede a Giacomo il Giusto e gli disse: "Fratello mio, mangia il tuo pane, poiché il Figlio dell'Uomo è risorto dai morti"[134].

Notiamo che Gesù mangia addirittura insieme ai suoi amici che lo avevano dato per morto, interagendo con loro in tutti i sensi come un qualsiasi uomo mortale. Difatti, secondo i vangeli di Luca e di Giovanni[135], nel sepolcro vuoto di Gesù vengono trovate le bende che lo avvolgevano; prova questa che il corpo di Gesù non fu trafugato, dato che in tal caso non avrebbe avuto senso rimuovere le bende. Dagli *Atti degli apostoli* sappiamo invece che Paolo di Tarso sosteneva che Gesù fosse ancora in vita:

Gli accusatori gli si misero attorno, ma non addussero nessuna delle imputazioni criminose che io immaginavo; avevano solo con lui alcune questioni relative alla loro particolare religione e riguardanti un certo *Gesù, morto, che Paolo sosteneva essere ancora in vita*[136].

Non è chiaro se in questo contesto Paolo facesse riferimento a una vita "spirituale" di Gesù o a una prosecuzione della sua vita carnale. Difatti, per risolvere con certezza questa problematica, bisognerebbe capire se, durante la redazione di questo passo, la dottrina dell'ascensione di Gesù fosse già stata introdotta.
Analizzando il racconto della morte e della deposizione del corpo di Gesù, non possono non risaltare alcune anomalie che meritano di essere approfondite:

Erano le nove del mattino quando lo crocifissero. E l'iscrizione con il motivo della condanna diceva: *Il re dei Giudei*. Con lui crocifissero anche due ladroni, uno alla sua destra e uno alla sinistra. [...] Venuto mezzogiorno, si fece buio su tutta la terra, fino alle tre del pomeriggio. Alle tre Gesù gridò con voce forte: *Eloì, Eloì, lemà sabactàni?, che significa:*

---

134 Girolamo, *De viris illustribus*, 2.
135 Cfr. Lc 24, 1-12 e Gv 20, 1-18.
136 Atti 25, 18, 19.

Dio mio, Dio mio, perché mi hai abbandonato? Alcuni dei presenti, udito ciò, dicevano: «Ecco, chiama Elia!». Uno corse a inzuppare di *aceto* una spugna e, postala su una canna, gli *dava da bere*, dicendo: «Aspettate, vediamo se viene Elia a toglierlo dalla croce». Ma Gesù, dando un forte grido, spirò[137].

Essi allora presero Gesù ed egli, portando la croce, si avviò verso il luogo del Cranio, detto in ebraico *Gòlgota*, dove lo crocifissero e con lui altri due, uno da una parte e uno dall'altra, e Gesù nel mezzo [...] Dopo questo, Gesù, sapendo che ogni cosa era stata ormai compiuta, disse per adempiere la Scrittura: «*Ho sete*». Vi era lì un vaso pieno d'aceto; posero perciò una spugna imbevuta di *aceto* in cima a una canna e gliela accostarono alla bocca. E dopo aver ricevuto l'aceto, Gesù disse: «Tutto è compiuto!». E, chinato il capo, spirò. Era il giorno della Preparazione e i Giudei, perché i corpi non rimanessero in croce durante il sabato (era infatti un giorno solenne quel sabato), chiesero a Pilato che fossero loro spezzate le gambe e fossero portati via. Vennero dunque i soldati e spezzarono le gambe al primo e poi all'altro che era stato crocifisso insieme con lui. Venuti però da Gesù e vedendo che era gia morto, non gli spezzarono le gambe, ma uno dei soldati gli colpì il fianco con la lancia e subito ne uscì sangue e acqua. Chi ha visto ne dà testimonianza e la sua testimonianza è vera e egli sa che dice il vero, perché anche voi crediate[138].

Secondo Giovanni, Gesù sarebbe morto il giorno della *Parasceve*, vale a dire la vigilia di Pasqua, periodo in cui ci si preparava per la festa[139].
Si parla spesso dell'utilizzo di chiodi per legare i condannati alla croce. In realtà Paolo di Tarso ci informa che Gesù non venne crocifisso con chiodi, ma legato a un palo che terminava a forcina, con un supporto al livello del sedere chiamato *pegma*, utilizzato come appoggio per sostenere il peso del corpo e consentire un po' di riposo al condannato. In effetti sappiamo che in quel periodo i chiodi erano costituiti di ferro, materiale che serviva per la fabbricazione di armi e di edifici. Considerando che erano migliaia le crocifissioni che avvenivano in un periodo caratterizzato da numerose rivolte e ribellioni, possiamo supporre che difficilmente i Romani avrebbero sprecato in questo modo quel prezioso minerale. Inoltre, anche ammesso che i chiodi venissero impiegati in episodi sporadici, è difficile immaginare che venissero utilizzati sia per i polsi che per i piedi.

---

137 Mc 15, 25-37; cfr. Mt 27, 45-50.
138 Gv 19, 17-35.
139 Gv 29, 28-31.

Nel vangelo di Giovanni la parola usata in greco per indicare la croce è *stauros*:

Stavano presso lo *stauros* di Gesù sua madre, la sorella di sua madre, Maria di Clèofa e Maria di Màgdala[140].

Alla parola greca *stauros* viene attribuito il significato di "palo verticale", legno che si poteva usare per vari scopi, tra cui anche quello di recintare un appezzamento di terra.

Nel passo biblico del Deuteronomio, il termine ebraico tradotto con "palo" è `ets, che significa "albero" o "palo di legno". La parola aramaica 'a', corrispondente al termine ebraico `ets, compare in Esdra 12 e si riferisce a chi violava il decreto del re persiano: "Sarà tolta una trave dalla sua casa ed egli vi sarà messo al palo"[141]. Nel tradurre i passi biblici del Deuteronomio e di Esdra, i traduttori della *Septuaginta* – o Bibbia dei Settanta – usarono la parola greca ξύλον (*xýlon*), lo stesso termine usato da Paolo nella *Lettera ai Galati* e da Pietro nella *Prima lettera di Pietro*: *"[Gesù] portò i nostri peccati nel proprio corpo, sul legno"*[142].

Sappiamo che durante le crocifissioni solitamente i condannati morivano dopo interi giorni di agonia[143]. La morte sopravveniva per arresto respiratorio in seguito alla prolungata posizione che portava al collasso dei polmoni:

La posizione a braccia aperte e il corpo che scende in basso per il peso creano problemi meccanici alla respirazione. I muscoli pettorali e intercostali devono permettere al torace di potersi espandere per respirare, ma il peso del corpo si contrappone alla loro azione, ed ecco che si somma al dolore lancinante dei chiodi anche uno stato asfittico da difficoltà respiratoria. Difficoltà che il condannato cerca di combattere, opponendosi alla forza di gravità, sollevando il corpo sia con le braccia sia con le gambe, facendo perno sui chiodi che le bloccano sul legno della croce. Questo movimento di spinta, che genera un dolore spaventoso, si manifestava probabilmente in maniera alternata sulle gambe e le braccia. Per essere più chiaro, per respirare meglio, prima il condannato spinge di più su una gamba, sempre facendo perno sul chiodo infilato nei piedi, contorcendo contemporaneamente il torace da una parte e tirando di più un braccio

---

140 Gv 19, 25.
141 Si ringrazia per queste informazioni Sitografia n. 5, visitato il 27/08/2017.
142 1Pt 2, 24.
143 Cfr. A. Ventola, *La Lancia e la Resurrezione*, autopubblicato, Roma 2013, p. 127.

rispetto all'altro. Così può eseguire meglio 2-3 atti respiratori. Poi, sfinito dal dolore, si riposa anche utilizzando quella specie di sellino chiamato *pegma*. Dopo un certo tempo, probabilmente qualche minuto, quando la respirazione comincia a essere più affannata, ecco che riprende a spingere con l'altra gamba, aiutandosi contorcendo il torace dalla parte opposta e tirando di più l'altro braccio. E Ancora, dopo 2-3 respiri profondi, di nuovo spossato, si riposa sul *pegma*. E così via decine, dozzine di volte per tutto il tempo fino alla morte del condannato che può avvenire anche dopo qualche giorno[144].

Per quanto riguarda il caso di Gesù, invece, egli sarebbe stato crocifisso all'ora terza (9 di mattina) e morì all'ora nona (15 di pomeriggio)[145], dopo un'agonia durate appena sei ore. A testimonianza del fatto che si tratta si un episodio insolito, l'evangelista Marco specifica che anche Pilato "si meravigliò che fosse già morto"[146].
Secondo resoconto evangelico, mentre ai due ladroni vengono spezzate le gambe (*crurifragium*), Gesù viene trafitto con una lancia[147]. Il *crurifragium* era una manovra che consisteva nello spezzare le ginocchia e le tibie del condannato al fine di anticiparne la morte:

Da quel momento la morte avveniva in non più di 30-40 minuti, per asfissia e per collasso cardio circolatorio anche da probabile shock emorragico per fuoriuscita del sangue dai vasi sanguigni delle gambe colpite. L'emorragia avrebbe tolto così parte del sangue dalla circolazione generale, facilitando il collasso da bassa pressione sanguigna [...] I condannati, avendo le gambe rotte, per di più gonfie di sangue per le ossa fratturate, non potevano più utilizzarle per spingere il corpo verso l'alto facendo forza attraverso i piedi, alleggerendo così i muscoli pettorali e intercostali del torace e respirare meglio. Non potendo più effettuare questo movimento di spinta verso l'alto, erano costretti a farlo con le braccia, ma, come è intuibile, la resistenza umana in quelle condizioni drammatiche era ridotta al minimo – ed ecco che il tempo di svenire e morire per asfissia perché non più in grado di sollevarsi per respirare si riduceva al minimo[148].

La necessità di effettuare il *crurifragium* era principalmente causata da due motivi: la legge ebraica non consentiva di seppellire i cadaveri dopo il

---

144 *ivi*, pp. 126-127.
145 Mt 15, 34.
146 Mc 15, 44.
147 Gv 19, 33-34.
148 A. Ventola, *op. cit.*, p. 167-168.

tramonto[149]; inoltre era la *parasceve*, e al tramonto[150], oltre a essere giorno di sabato, giorno sacro per gli Ebrei, sarebbe iniziata la Pasqua ebraica[151]. In quel periodo il tramonto sarebbe giunto intorno alle 18:58-19:02[152], pertanto era necessario aver già sepolto il morto e aver effettuato i riti funebri entro quest'ora. Dal momento che Gesù sarebbe spirato intorno alle 15 di pomeriggio[153], ne consegue che i suoi parenti avrebbero avuto meno di 4 ore per deporre il corpo, trasportarlo nel sepolcro, eseguire il rito funebre e seppellirlo. Fu proprio a causa del poco tempo a disposizione che, su richiesta dei parenti[154], venne eseguito il *crurifragium*. Quando tuttavia i soldati giunsero da Gesù, si accorsero, non senza sorpresa, che era già morto[155]. Fu probabilmente a causa dell'inusualità dell'accaduto che uno dei soldati, invece di spezzare le gambe anche a Gesù, gli colpì il fianco con una lancia. Era infatti possibile che Gesù fosse soltanto svenuto, di conseguenza il colpo di lancia era destinato a certificare la morte del condannato perforandogli il cuore. In effetti, quando Giuseppe d'Arimatea si reca a richiedere il corpo di Gesù da Pilato, il prefetto chiese conferma al centurione sulla morte di Gesù. Dal momento che gli era stato perforato il cuore con una lancia, è evidente che il centurione avesse rassicurato Pilato sul fatto che la prassi per la certificazione di morte fosse stata correttamente eseguita. In effetti quando il soldato romano trafisse il costato di Gesù vide del sangue fuoriuscire, fatto che indurrebbe a credere che il suo cuore fosse effettivamente stato trafitto.

Tuttavia il resoconto evangelico riferisce che, durante l'atto della perforazione, dal fianco di Gesù sarebbero fuoriusciti "sangue e acqua"[156].

Si potrebbe pensare che sia uscito prima il sangue e poi l'acqua perché si tratterebbe di sangue sedimentato, ossia che siano usciti prima i globuli rossi perché stanno in basso e poi il siero, che sembra acqua, perché sta in

---

149 G. Pagliarino, *Sindòn, la misteriosa sindone di Torino*, Editrice GDS, Vaprio d'Adda (MI) 2013, p. 34, nota n. 26; cfr. anche A. Ventola, *op. cit.*, p. 166.

150 Da notare che, mentre secondo la cultura occidentale il nuovo giorno inizia dalla mezzanotte, per la cultura ebraica esso iniziava col tramonto, non appena diveniva visibile la prima stella.

151 Cfr. Gv 19, 31.

152 Cfr. A. Ventola, *op. cit.*, p. 164.

153 Mc 15, 34.

154 Gv 19, 31.

155 Gv 19, 33.

156 Gv 19, 34.

alto[157].

Tuttavia questa spiegazione da un punto di vista strettamente medico e scientifico sembra non essere convincente. Infatti la sedimentazione spontanea del sangue ha bisogno di non meno di sei ore per avvenire[158] e, considerato che Gesù morì intorno alle 15 di pomeriggio, ciò porterebbe a concludere che il colpo di lancia sarebbe stato inferto non prima delle nove di sera. Se così fosse, tuttavia, Giuseppe d'Arimatea non avrebbe potuto, secondo le leggi ebraiche, seppellire Gesù, dal momento che il tramonto sarebbe già calato da almeno due ore. Insomma tra la morte di Gesù e la perforazione con la lancia passerebbe un tempo troppo breve per giustificare una separazione fra la parte corpuscolata e quella fluida[159]. Inoltre di notte sarebbe stato difficile distinguere il siero dal sangue, al momento che esso sarebbe simile all'acqua. Peraltro la sedimentazione del sangue ne avrebbe aumentato a tal punto la viscosità da renderne difficoltosa, se non impossibile, la fuoriuscita tramite la ferita[160]. Difatti la VES (Velocità di Eritro-Sedimentazione del sangue) aumenta in caso di traumi e morti violente[161], come quella subita da Gesù, di conseguenza il suo sangue si sarebbe dovuto condensare molto più velocemente di una persona morta in condizioni normali, per la quale la sedimentazione si presenterebbe già dopo due ore[162].
L'ipotesi della rottura e quella della perforazione del cuore non convincerebbero, perché, in tal caso, sarebbe fuoriuscito solo sangue, senza acqua[163].

Il sangue da rottura del cuore avrebbe avuto bisogno di tempo per sedimentare, e anche qui i globuli rossi sedimentati non sarebbero usciti per la grande viscosità [...] Insomma, se il cuore si fosse spaccato da solo da poco tempo avremmo solo sangue dalla ferita della lancia; se si fosse spaccato da molto tempo non avremmo niente, perché il sangue sedimentato farebbe da tappo per l'alta viscosità dei globuli rossi sedimentati. Lo stesso vale anche se fosse stata la lancia a perforare il

---

157 A. Ventola, op. cit., p. 28.
158 ibid.
159 ivi, p. 58.
160 ibid.
161 ivi, p. 45.
162 ivi, p. 44.
163 ivi p. 218.

cuore: se fosse arrivata tanto in profondità da spaccare il cuore, avremmo sangue *in toto*, se invece Gesù fosse morto da tempo, non avremmo nulla, sempre a causa della sedimentazione del sangue[164].

Che spiegazione avrebbe, dunque, la fuoriuscita di "acqua e sangue" causata dalla ferita inferta dal soldato al costato di Gesù? Il dott. A. Ventola (Roma, classe 1954), laureato in Medicina e Chirurgia all'Università "La Sapienza" di Roma e specializzato in CardioAngioChirurgia all'Università di Bari, nonché ufficiale medico del Corpo Militare della Croce Rossa Italiana a Nassiriya nel 2003, ritiene che la fuoriuscita di "sangue e acqua" dal fianco di Gesù fosse dovuta a una operazione involontaria di pericardiocentesi:

Il cuore è circondato da un liquido che sembra acqua perché è molto limpido e, in alcune situazioni patologiche, aumenta tantissimo: è il liquido pericardico[165].

Il pericardio è un foglietto ("sierosa", per gli addetti ai lavori, cui appartiene anche la "sierosa pleurica" che avvolge i polmoni) a contatto diretto con la superficie del cuore e lo avvolge completamente[166].

Questo strato unico di cellule attaccato sul cuore e sulla superficie interna del sacchetto fibroso, fra l'altro molto resistente, che avvolge il cuore stesso, forma uno spazio nel quale v'è un liquido, il *liquido pericardico* in quantità di pochi centimetri cubi, circa 10-20 cc[167].

La pericardite, ricordo, è l'infiammazione del pericardio, può essere associata anche a un aumento del liquido pericardico. In questi casi esso può essere anche chiaro e limpido, oppure senza le caratteristiche della limpidezza o addirittura contenere sangue. Nella pericardite acuta, l'aumento del liquido pericardico può avvenire velocemente e può contenere, come detto, sangue, se si è verificato in seguito a un trauma [...] L'aumento veloce del liquido pericardico, che a un primo sguardo può sembrare acqua per la sua trasparenza, può portare alla sofferenza del cuore e dei suoi battiti, e conseguentemente anche della circolazione sanguigna. Ciò avviene perché il liquido pericardico esercita una pressione sulla membrana pericardica che, come detto, essendo inestensibile non cede; non

---

164 *ibid.*
165 *ivi*, p. 48.
166 *ivi*, p. 49.
167 *ivi*, p. 50.

cedendo, l'aumento pressorio si scarica sul cuore stesso[168].

Un aumento ancora maggiore fino a 120-170 cc. di liquido pericardico può essere sufficiente, diciamo così, a comprimere il cuore fino a "strozzarlo", creando una situazione clinica grave, pericolosa per la vita. In questo caso si parla di *Tamponamento cardiaco*, che porta velocemente alla morte, salvo non s'intervenga subito, liberando il cuore dal liquido pericardico in eccesso, attraverso un atto medico particolare: la *pericardiocentesi*[169].

Il liquido pericardico formatosi velocemente per una malattia virale, traumatica, asfittica o da posizione innaturale, come quella di chi è crocifisso, vista l'inestensibilità del pericardio comincia a comprimere il cuore, ossia comincia a esercitare una pressione sul cuore[170].

A questo punto la lancia di Longino ha svuotato dal liquido pericardico il cuore, liberandolo dalla compressione attraverso la ferita. Si è trattata di una vera e propria pericardiocentesi, mettendo il cuore in condizione di riattivarsi, dopo un probabile suo arresto iniziale per la compressione del tamponamento cardiaco. Sicuramente è stata una *pericardiocentesi* violenta, cruenta, senza anestesia, effettuata in una condizione di non dolore, perché Gesù era svenuto, collassato, forse era già iniziata la morte relativa, sicuramente non ha sentito dolore.

Secondo il dott. A. Ventola, insomma, la spiegazione medico-scientifica che spiega meglio i dati a nostra disposizione è che il sangue e l'acqua fuoriusciti dal costato di Gesù furono prodotti da una pericardite acuta. In effetti – spiega il dott. Ventola – una quantità normale di liquido pericardico (circa 10-20 cc., che corrispondono a una normale siringa per iniezioni un po' più grande) "difficilmente avrebbe attraversato tutti gli strati dei tessuti del torace, al ritiro della punta della lancia del soldato romano Longino".

La quantità normale di liquido pericardico è così limitata nel suo volume, che se fosse stata "liberata" dalla punta della lancia avrebbe forse solo "bagnato" la parte interna dei muscoli intercostali. Invece ci troviamo di fronte a testimoni oculari che hanno descritto "sangue e acqua".
Qual è allora la quantità di liquido pericardico occorrente non solo ad attraversare la soluzione di continuo, ossia la lacerazione o ferita del torace,

168 *ivi*, p. 51.
169 *ivi*, p. 52.
170 *ivi*, p. 71.

procurata dalla punta della lancia del soldato romano, ma anche da apparire così abbondante all'esterno del torace stesso e così visibile macroscopicamente, tanto da essere descritta dai testimoni presenti e tramandata fino a noi attraverso i vangeli? Sicuramente una quantità tale che, molto probabilmente, non solo ha avuto la forza di attraversare il "passaggio attraverso la carne", ossia attraverso la ferita nel costato dei muscoli intercostali di Gesù, ma anche associata a essa una pressione tale da apparire all'esterno vistosamente dopo la fuoriuscita del sangue. Pertanto, doveva essere necessariamente in quantità superiore a quella normale di 10-20 cc., sicuramente oltre i 200 cc (all'incirca come una tazza d'acqua, NdA)[171].

Perciò è mio convincimento, relativo al sangue e in particolar modo all'"acqua", che per apparire in quel modo e in quella quantità, ha voluto dire che Gesù, forse per le sofferenze patite e i maltrattamenti subiti, le botte, il freddo e le ferite, insomma per tutti questi stress abbia sottoposto gli organi del suo corpo a una sofferenza tale da "esprimersi" clinicamente con varie patologie. Per es., fra queste, una pericardite sierosa definita anche "idropericardio". Essa comporta una produzione in eccesso di liquido pericardico e in quantità tale da comprimere così tanto il cuore da creare probabilmente un tamponamento cardiaco[172].

Sembrerebbe dunque che la lancia del soldato romano abbia eseguito una involontaria pericardiocentesi a Gesù, permettendo al liquido pericardico, che stava comprimendo il cuore, di fuoriuscire. In realtà si dovrebbe parlare più precisamente di liquido "idropericardico", dal momento che in alcuni casi il liquido pericardico può aumentare senza alterare le sue caratteristiche di limpidezza, sembrando simile all'acqua[173]. Gesù sarebbe entrato in una situazione di *morte relativa*, cioè nella prima fase della morte caratterizzata da una assenza delle attività vitali; situazione tuttavia reversibile se si interviene tempestivamente[174]. Infatti:

La pericardiocentesi da perforazione del torace in questa fase è stata importantissima, perché togliendo la compressione sull'atrio e sul ventricolo destro da parte del liquido pericardico, il cuore ha ripreso la sua dimensione vera per il sangue che precipitava dentro il suo atrio e il suo ventricolo. Il sangue, precipitando velocemente dentro di essi, secondo la

---

171 *ivi*, p. 77-78.
172 *ivi*, p. 84.
173 Cfr. *ivi*, p. 92.
174 Cfr. Sitografia n. 6, visitato il 27/08/2017.

Legge del Cuore di Dario Maestrini, ha stirato le migliaia di cellule cardiache, stimolando la contrazione dei ventricoli, e il cuore ha ripreso a battere[175].

Abbiamo detto che sembrerebbe che la lancia non abbia trafitto il cuore di Gesù. In effetti dobbiamo considerare sia che il liquido pericardico ha contribuito alla protezione del cuore[176] sia che la lancia non colpì Gesù in maniera perfettamente verticale. Bisogna infatti considerare che il torace di Gesù sulla croce non era più basso di circa 2,70-3 m., mentre le lance dell'epoca romana non erano più lunghe di 1,60 m.; l'altezza media dei soldati romani non superava invece il metro e 60[177].

> Pertanto la lancia non poteva, per causa di forza maggiore, entrare verticalmente al torace, bensì molto tangenzialmente alla superficie del torace stesso. La lancia per poter entrare perpendicolarmente, considerando un'angolazione del torace di Gesù crocifisso sporgente in avanti di circa 10°-15°, sarebbe dovuta essere lunga non meno di 4 metri[178].

Si potrebbe obiettare che difficilmente un particolare così preciso, come il fatto che dal costato fossero usciti "sangue e acqua", potesse essere ricordato, tanto da essere riportato nei vangeli. Se consideriamo, tuttavia, che a rimanere più impressi nella memoria sono spesse volte gli eventi più insoliti e particolari, non sembra particolarmente difficile accettare questo dettaglio come veritiero.

Fino a ora abbiamo parlato dell'"acqua". Quanto al sangue, "era sangue che aveva ancora mantenuto le sue caratteristiche vitali, perché Gesù, dopo l'urlo, svenne e, pur andando in arresto cardiorespiratorio dopo pochi minuti dallo svenimento, dando inizio alla prima fase della morte, le cellule del sangue erano ancora vive e avevano ancora la vitalità, e la lancia ferì il costato proprio in questa fase, ossia dopo pochi minuti dallo svenimento"[179].

Difatti sembrerebbe che Gesù, dopo aver emesso l'ultimo grido[180], fosse svenuto a causa di una sincope "paradossa", causata dalla posizione

---

175 A. Ventola, *op. cit.*, pp. 129-130.
176 *ivi*, p. 198.
177 *ivi*, p. 152.
178 *ibid.*
179 *ivi*, p. 47.
180 Mc 15, 37; Mt 27, 50.

verticale, dalla forte sudorazione e dallo stress emotivo e fisico subito[181].

L'immobilità dei muscoli delle gambe, non solo per i chiodi, ma anche per l'esaurimento completo delle forze [...] non aiuta il ritorno al cuore del sangue, che rallenta così tanto da riempire tutte le vene che vanno al cuore. Le vene e l'atrio destro del cuore, aumentando la quantità di sangue in esse contenuto, ma sostandosi con lentezza, il ventricolo sinistro non riesce a mantenere la pressione sufficiente a nutrire il cervello. Ecco allora che Gesù non ha più il sangue sufficiente a mantenere lo stato di coscienza e perde i sensi improvvisamente: ha la sincope. La sincope presenta dei segni premonitori prima che avvenga [...] che sono pallore, sudorazione, diminuzione della vista e anche panico per la sensazione di morte imminente[182].

È dunque possibile che il senso di paura mostrato da Gesù nei suoi ultimi momenti sulla croce, la frase "Dio mio, Dio mio, perché mi hai abbandonato"[183] siano tutti elementi che indicherebbero il sopraggiungere della sincope. Da notare che l'atto dello svenimento ha in parte aiutato la circolazione sanguigna, grazie alle ginocchia piegate e alla testa reclinata[184].

Verosimilmente Gesù ha percepito i segni premonitori della sincope e si è spaventato, ha creduto di morire e ha detto la frase che noi sappiamo, poi ha perso i sensi. Durante la sincope vaso-vagale, la frequenza cardiaca può arrivare anche a 20-30 battiti al minuto, con periodi di asistolia (assenza di battito) anche di molti secondi. Il paziente con questo quadro clinico può sembrare morto, ma non lo è e si può riprendere se messo in posizione orizzontale[185].

Va comunque considerato che un uomo che ha patito tutto ciò che sappiamo – umiliazioni, lesioni personali, fino alla tortura della crocifissione –, pur ritornando in vita perché "strappato dalla morte", comunque è rimasto svenuto in una prima fase. Perciò è probabile anche, facendo una considerazione logica oltre che clinica, che [...] nella prima fase, nella quale era ancora svenuto, verosimilmente non sia stato riconosciuto ancora come "vivo" da chi gli stava intorno e forse neanche da

---

181 Cfr. A. Ventola, *op. cit.*, pp. 118-119.
182 *ivi*, p. 128.
183 Mt 27, 36; Mc 15, 34.
184 A. Ventola, *op. cit.*, p. 130
185 *ivi*, p. 128.

chi lo aveva accolto fra le proprie braccia dopo la deposizione dalla croce. È più probabile, sempre facendo una considerazione clinica, che le persone care che lo amavano, i parenti, i discepoli e gli amici, si siano accorti del suo ritorno in vita durante il trasporto verso il sepolcro o, addirittura, nel sepolcro stesso[186].

Subito dopo essere stato involontariamente rianimato con una pericardiocentesi, gesto con il quale il soldato credette di aver inferto il colpo di grazia al condannato, Giuseppe d'Arimatea si recò di fretta da Pilato per richiederne il corpo, dal momento che mancavano 3 ore e mezza circa al tramonto. Non è chiaro dove alloggiasse Pilato nel momento della crocifissione di Gesù, tuttavia, basandoci sulle informazioni forniteci dagli storici, possiamo restringere il campo a due possibilità La Fortezza Antonia o il Palazzo di Erode[187]. Quale che la sua residenza in quel momento fosse, entrambe sembrano distare dal Golgota, luogo della crocifissione di Gesù, non più di 300-400 metri[188]. Se consideriamo che Giuseppe d'Arimatea era di fretta a causa del tramonto, possiamo stimare avesse impiegato non più di 3-4 minuti per giungere alla residenza di Pilato. Lì, verosimilmente, venne velocemente accolto, sia perché era un importante membro del Sinedrio, appartenente a una delle famiglie più ricche e importanti di Gerusalemme, sia perché i Romani conoscevano bene le usanze ebraiche, capendo quindi la necessità di concedere subito il permesso per la deposizione della salma[189]. Difatti nel I sec. d.C. la Giudea era teatro di innumerevoli rivolte; pertanto i Romani cercavano, per quanto possibile, di non dare adito a ribellioni di questo tipo. Considerando anche il tragitto di ritorno, possiamo stimare che Giuseppe d'Arimatea avesse impiegato non più di 20 minuti, dal momento in cui Gesù svenne subendo la pericardiocentesi, per andare da Pilato, chiedere l'autorizzazione e tornare. La posizione orizzontale conseguente alla

---

186 ivi, p. 35.
187 ivi, p. 193.
188 ibid.
189 Bisogna anche notare che, nel vangelo di Nicodemo, sembrerebbe che si accenni a un tentativo di corruzione del centurione per fargli tirar giù dal palo Gesù: "Dopo la condanna, Pilato aveva ordinato di scrivere il titulus in lettere greche, Romane ed ebraiche, in base a ciò che era stato detto dagli Ebrei, cioè: "Egli è il re degli Ebrei". Anna e Caifa dissero: [...] "Il fatto è invece che i discepoli hanno dato molto denaro ai soldati e hanno preso il corpo di Gesù" (Vangelo di Nicodemo 3, 6; tratto da Sitografia n. 7, visitato in data 27/08/2017).

deposizione permise al sangue di circolare meglio e al corpo di riprendersi progressivamente dalla sincope. Il cimitero si trovava a circa 1,5 km dal luogo della crocifissione, all'incirca nella parte opposta del Golgota. La strada che vi conduceva non era piana, ma con diverse pendenze; di conseguenza è possibile che, anche se Gesù fosse rinvenuto in quel momento, Giuseppe d'Arimatea e Nicodemo, che lo trasportavano, non se ne fossero accorti prima di arrivare al sepolcro[190]. A questo punto nel vangelo di Giovanni leggiamo:

> Dopo questi fatti, Giuseppe d'Arimatèa, che era discepolo di Gesù, ma di nascosto per timore dei Giudei, chiese a Pilato di prendere il corpo di Gesù. Pilato lo concesse. Allora egli andò e prese il corpo di Gesù. Vi andò anche Nicodèmo, quello che in precedenza era andato da lui di notte, *e portò una mistura di mirra e di aloe di circa cento libbre*. Essi presero allora il corpo di Gesù, e lo avvolsero in bende insieme con oli aromatici, com'è usanza seppellire per i Giudei. Ora, nel luogo dove era stato crocifisso, vi era un giardino e nel giardino un sepolcro nuovo, nel quale nessuno era stato ancora deposto. Là dunque deposero Gesù, a motivo della Preparazione dei Giudei, poiché quel sepolcro era vicino[191].

Stando alla narrazione evangelica, Giuseppe e Nicodemo cosparsero Gesù con circa "cento libbre di aloe e mirra". L'aloe è una pianta altamente curativa, utilizzata con fini farmacologici già dai sumeri.

> Le sue proprietà medicinali sono principalmente:
> *antinfiammatorie, antipiretiche (abbassa la febbre), analgesiche, antivirali, antifungine, batteriostatiche, disintossicanti, antipruriginose, cura delle ustioni, anticoagulante, cicatrizzante per le ferite.* Attualmente si sta studiando anche come *antitumorale[192]*.

Anche la mirra possiede facoltà simili:

> Le sue proprietà principali sono *antisettiche* e *antinfiammatorie* si impiega nelle creme per le ferite, le emorroidi e nelle ulcere. Per queste caratteristiche la mirra, come l'aloe, è utilizzata anche come farmaco. [...] Utilizzare i farmaci per far guarire i cadaveri, ovviamente, non ha senso[193].

---

190 A. Ventola, *op. cit.*, p. 164,
191 Gv 19, 38-42.
192 A. Ventola, *op. cit.*, p. 175.
193 *ivi*, p. 176.

Cento libbre di aloe e mirra corrispondono grosso modo a 32-33 kg, all'incirca pari a tre secchi da 10 litri abbondanti[194].

> Ho il convincimento che Giuseppe d'Arimatea quando ha preso fra le sue braccia Gesù, dopo la deposizione o durante il tragitto verso il sepolcro o addirittura nel sepolcro stesso, si sia accorto che Gesù era vivo. E senza dire niente a nessuno, il momento storico come possiamo immaginare lo richiedeva, forse si rivolse solo a Nicodemo (suo fratello, secondo l'ipotesi riportata nei Capp. IV e VII, NdA). Gli disse di comprare le 100 libbre di aloe e mirra, come detto, nella quantità di circa 33 kg. col fine di curare le mostruose ferite sul corpo di Gesù[195].

È possibile che Nicodemo a Giuseppe, dopo aver medicato Gesù nel sepolcro, durante la notte lo abbiano trasportato nella propria dimora, dove lo potrebbero aver ospitato fino alla sua totale guarigione. Questa ipotesi è supportata dal fatto che, il giorno dopo il sabato, le donne non trovarono il corpo di Gesù nella tomba, nella quale erano presenti solo le bende (probabilmente abbandonate da Giuseppe e Nicodemo una volta capito che non sarebbero servite)[196].

L'episodio di Nicodemo che compra 33 kg di mistura di aloe e mirra non può fare a meno di ricordarci i racconti talmudici correlati allo sperpero di unguenti da parte di Nicodemo e delle sue due figlie, Marta e Maria. Se Nicodemo ospitò Gesù nella sua casa, è possibile che la storia dell'acquisto quotidiano di unguenti non fosse una esagerazione talmudica[197]. Naturalmente i gerosolimitani, i quali non sapevano che l'aloe e la mirra servivano per la guarigione di Gesù, scambiarono l'eccessivo uso di questi unguenti per uno spreco e capriccio di qualche ricco eccentrico. La polemica talmudica per lo spreco di questi unguenti si ritrova di riflesso, come abbiamo visto, in tutto il Nuovo Testamento. L'evangelista, evidentemente non pratico delle consuetudini ebraiche, dovette pensare

---

194 *ivi*, p. 183.
195 *ivi*, p. 184.
196 Cfr. Gv 20, 1-10.
197 Da notare che, se questa ricostruzione fosse esatta, potremmo considerare più probabile l'eventualità che Marta e Maria fossero figlie di Nicodemo, anziché di suo fratello Simone, dal momento che quest'ultimo non viene mai associato all'episodio degli unguenti.

che l'aloe e la mirra servissero per la sepoltura di Gesù[198]. Questo potrebbe dimostrare che la fede degli evangelisti per la supposta risurrezione di Gesù era sincera.

Per ultimo, bisogna considerare che una delle prove più importanti per dimostrare che Gesù sopravvisse alla morte, fu il fatto che, stando al resoconto evangelico, una volta guarito fu avvistato da numerosi testimoni oculari. Dal momento che scientificamente non abbiamo prove che sia possibile risorgere dalla morte, eccetto per i casi di morte relativa, nell'indagine storica non è possibile prendere in considerazione l'ipotesi del miracolo della risurrezione di Gesù. Abbiamo invece visto che, oltre a spiegare l'origine della credenza nella risurrezione, l'ipotesi della sopravvivenza di Gesù sembra spiegare perfettamente tutti i dati a nostra disposizione.

Dopo essere sopravvissuto alla condanna a morte, Gesù fu probabilmente costretto a un periodo di latitanza, mostrandosi sporadicamente ai suoi discepoli, fatto che porterà, forse involontariamente, alla costruzione del mito della risurrezione.

Secondo i vangeli, il capo d'imputazione del processo a Gesù consisteva nell'essersi dichiarato "re dei Giudei"; è probabile che successivamente i suoi discepoli, nonché i redattori del vangelo, nel tentativo di creare una apologia del processo di Gesù, iniziarono a sostenere che con questa affermazione il loro maestro intendesse riferirsi a un regno spirituale, non "di questo mondo". Questa tesi è avvalorata dal fatto che nei vangeli ricorre spesso il *topos* secondo cui gli avversari di Gesù fraintendono spesso le sue parole applicando alla lettera ciò che sarebbe da intendersi come metaforico.

Dal momento che l'ipotesi secondo cui Gesù potrebbe essere sopravvissuto alla sua condanna a morte richiede sicuramente un ulteriore approfondimento, riprenderemo questa tematica in *Codex Jesus*, vol. III, dove amplieremo lo studio corredandolo con numerose altre argomentazioni.

---

198 Cfr. Gv 19, 40.

CAPITOLO IV
PROVE DELL'IDENTIFICAZIONE TRA GESÙ CRISTO E GESÙ B. GAMALA

Nel capitolo precedente abbiamo parlato della possibilità che Gesù non sia morto negli anni '30, ma sia sopravvissuto al processo. Se questa ipotesi è corretta, possiamo immaginare che iniziò per Gesù un periodo di esilio che sarebbe durato diversi anni o forse addirittura decenni, dal momento che si era inimicato non solo le più alte autorità giudaiche del periodo, ma anche l'imperatore per lesa maestà. Di conseguenza, è addirittura possibile che in questi anni sia uscito non solo dai confini della Giudea di quel periodo, ma addirittura dalla stessa *Res Publica Romana*. Se infatti si fosse venuto a sapere che era in qualche modo sopravvissuto alla condanna, avrebbe sicuramente corso il rischio di essere condannato di nuovo. È comunque possibile immaginare che sia stato aiutato nella fuga da parenti e familiari. In effetti, se togliamo la parte relativa all'ascensione, che risulta essere stata aggiunta solo in un secondo momento al Nuovo Testamento, il vangelo si conclude con Gesù che appare fisicamente ai discepoli, senza ulteriormente specificare cosa sia accaduto in seguito. L'inesaustivo vuoto con il quale si chiudeva il vangelo, verosimilmente ritenuto imbarazzante dai discepoli successivi alla redazione originaria del vangelo, potrebbe essere stato colmato con la tematica dell'ascensione al cielo.

Da un punto di vista storico, insomma, rimaniamo con una grande lacuna che si apre con l'apparizione ai discepoli di un Gesù ancora in vita, lacuna che tenteremo di colmare in questo capitolo.

Le fonti principali che utilizzeremo per questo studio sono gli scritti rabbinici e le opere di Flavio Giuseppe, fonti nelle quali troviamo numerosi personaggi che hanno nome "Gesù". È stato proprio dall'attenta analisi dei tratti biografici di questi personaggi che abbiamo iniziato la nostra ricerca, per verificare se corrispondessero, almeno in parte, con la biografia di Gesù secondo il lascito dei vangeli.

Tra tutti i personaggi che abbiamo analizzato, quello che ha fornito risultati più esaurienti è stato sicuramente Gesù ben/bar Gamala.

Nelle varie attestazioni in cui questo personaggio ricorre, il suo nome oscilla tra "Gesù figlio di Gamàla"[199] (GG), "Gesù di Gamalà"[200] (AUG) e "Gesù di Gamaliele"[201] (AG). La confusione tra "Gamaliele" e "Gamala" è verosimilmente dovuta alla rarità dell'espressione "figlio di Gamala", dal momento che "Gamala", al di là di questi passi, non è mai attestato come nome proprio né in Flavio Giuseppe né nel *Talmud*. La medesima confusione tra i due termini è presente anche nel *Talmud* in relazione a due personaggi: Hanin b. Gamala/Gamaliel e, non a caso, proprio Gesù b. Gamala/Gamaliel.

Nel *Talmud Babilonese* Hanina viene definito "b. Gamaliel" in almeno 25 attestazioni[202], mentre solo in due occorrenze[203] viene definito "b. Gamala", e nemmeno in tutti i manoscritti, dal momento che altri nello stesso punto correggono in "b. Gamaliel"[204].

Per quanto riguarda invece le attestazioni di Gesù b. Gamaliel/Gamala nel *Talmud Babilonese*, egli viene definito "b. Gamala" in almeno 7 attestazioni[205], mentre in una sola attestazione[206] viene definito, a seconda dei manoscritti, anche "b. Gimel", "b. Gomel" e, infine, "b. Gamaliel"[207].

Da tutto questo possiamo dedurre che, per quanto riguarda Gesù, la variante corretta del suo nome sia "Gesù b. Gamala", mentre "b. Gamaliel" è un errore dovuto al fatto che "b. Gamala" è un'espressione insolita e rara tra i Giudei dell'epoca; per tale motivo Flavio Giuseppe e alcuni autori del *Talmud* hanno creduto opportuno sostituirla con "b. Gamaliel" per via della

---

199 Γαμάλα μὲν υἱὸς Ἰησοῦς. GG IV, 260.
200 Ἰησοῦν τὸν τοῦ Γαμαλᾶ AUT 193; Ἰησοῦς ὁ τοῦ Γαμαλᾶ AUT 204.
201 Ἰησοῦς ὁ τοῦ Γαμαλιήλου AG XX, 213; Ἰησοῦν δὲ τὸν τοῦ Γαμαλιήλου AG 223.
202 Mas. Berachoth 22a, Mas. Shabbath 100a, Mas. Pesachim 3a, Mas. Yoma 87b, Mas. Megilah 25b, Mas. Nedarim 53a, Mas. Sotah 36a, Mas. Gittin 7a, Mas. Kiddushin 49a, Mas. Kiddushin 61a, Mas. Kiddushin 61b, Mas. Kiddushin 62a, Mas. Kiddushin 81b, Mas. Baba Bathra 160a, Mas. Baba Bathra 164a, Mas. Sanhedrin 59a, Mas. Avodah Zarah 34b, Mas. Avodah Zarah 39b, Mas. Menachoth 42b, Mas. Menachoth 54a, Mas. Menachoth 63a, Mas. Berachoth 22a, Mas. Nidah 8a, Mas. Nidah 8b, Mas. Nidah 23a.
203 Mas. Sanhedrin 111a, Mas. Makkoth 23a.
204 *The Babyloniam Talmud (Complete Soncino English Translation)*, p. 6970, nota n. 37.
205 Mas. Yoma 18a, Mas. Yoma 37a, Mas. Yevamoth 61a, Mas. Baba Bathra 21a, Mas. Baba Bathra 21a, Mas. Gittin 30b, Mas. Menachoth 54b.
206 Mas. Menachoth 54b.
207 *The Babyloniam Talmud (Complete Soncino English Translation)*, p. 8234, nota n. 18.

somiglianza con questo nome, forse credendo che il primo termine fosse una abbreviazione del secondo[208].

Riguardo l'espressione "ben/bar Gamala", a prima vista può sembrare un patronimico ("figlio di Gamala"), ma la particella "ben" (in ebraico) o "bar" (in aramaico) può anche designare una appartenenza geografica[209]. Questa espressione potrebbe dunque correlarsi alla città di Gamala, in Gaulanitide, sebbene, leggendo il *Talmud*, scopriamo che invece i Giudei la consideravano piuttosto situata in Galilea[210], regione dalla quale proveniva Gesù, che veniva appunto chiamato "il Galileo"[211]. In effetti da una approfondita analisi sulla descrizione fatta dai vangeli della città di Nazaret, che, ricordiamo, non è attestata archeologicamente nel I sec. d.C., risulterebbe che la città natale di Gesù Cristo fosse appunto Gamala (questa tematica sarà approfondita nel Cap. V). L'espressione "Gesù ben/bar Gamala" potrebbe quindi significare "Gesù che proviene da Gamala"[212]. Anche lo studioso R. Eisenman concorda con questa

---

208 Naturalmente, per quanto riguarda invece Hanina, il suo nome corretto è "Hanina b. Gamaliel", dal momento che solo in 2 attestazioni su 25 viene definito "b. Gamala" e che, in entrambe le occorrenze, "Gamala" viene corretto con "Gamaliel".

209 Ringraziamo per queste informazioni Sitografia n. 8, visitato il 25 luglio 2017.

210 Cfr. Mas. Arachin 32a e 32b.

211 Cfr. Mt 26, 69 e Lc 23, 6.

212 Nelle varie attestazione nelle opere di Flavio Giuseppe, il vocabolo "Gamala" risulta essere sicuramente indeclinabile. In GG IV, 2 abbiamo ἡ Γάμαλα al femminile. Al genitivo troviamo ἐκ Γάμαλα in AUT 179; al dativo ἐν Γάμαλα in AUT 185. Fin qui sembrerebbe tutto regolare, ma invece in AUT 114 abbiamo τὰ Γάμαλα, dove Gamala non è femminile, ma neutro plurale. È interessante che abbiamo in AUT 44, 45, 70, 101, 102, 271, 308 anche τὰ Γίσχαλα (che in GG IV, 84 è invece femminile; esattamente come Gàmala). Quindi Flavio Giuseppe trasforma alcuni nomi di città da femminile a neutro plurale nel passaggio da GG ad AUT. Inoltre può darsi che abbia corretto sulla base di Strabone, che riporta τὰ Γάβαλα in Geografia, XVI, 2. Dalle uniche due attestazioni di Gàmala in AG non si può invece dedurre il genere del sostantivo. È dunque perfettamente possibile che nell'espressione "Gesù di Gamàla/Gamalà" ci si riferisse alla città di Gamala, sebbene altrove il termine "Gàmala" sia scritto con l'accento sulla prima sillaba, invece che sulla seconda o sulla terza. Questo tuttavia non costituisce un problema, poiché accadeva spesso – e, in verità, continua ad accadere tutt'oggi nell'ebraico moderno – che l'accento nella traslitterazione in un'altra lingua venisse modificato. Ringraziamo ancora per questa osservazione Sitografia n. 8, visitato il 25/07/2017.

interpretazione[213]. In effetti, come abbiamo detto, "Gamala" non viene mai utilizzato come nome proprio né nelle opere di Flavio Giuseppe né nel *Talmud*. È vero che in *Guerra Giudaica* Gesù viene definito esplicitamente "figlio" (in greco: *hyiòs*) "di Gamala", ma questo può facilmente spiegarsi considerando che si tratta di un semitismo, di un calco, cioè, dell'aramaico "bar", che spesso va appunto tradotto come "figlio", sebbene in questo contesto andrebbe più appropriatamente tradotto come "proveniente da". Questa formula di derivazione geografica, al posto del solito patronimico, attribuita a Gesù di Gamala è molto interessante, poiché può significare che, esattamente come per Gesù Cristo, anche per Gesù di Gamala si ignorasse il patronimico e che non si sapesse quindi con certezza l'identità di suo padre.

La prima menzione che Flavio Giuseppe fa di Gesù di Gamala è collocabile cronologicamente nel 63 d.C., poco dopo il riferimento alla morte di Giacomo, fratello di Gesù Cristo. Flavio Giuseppe riferisce che venne eletto sommo sacerdote proprio in questo anno, mentre dal *Talmud* sappiamo che sposò per levirato la moglie di suo fratello, grazie alla quale venne nominato sommo sacerdote da re Agrippa. Stando al *Talmud*[214], la moglie di Gesù b. Gamala era Marta Boethus, la stessa Marta sorella di quella Maria che unse i piedi a Gesù Cristo. In altre occasioni, invece, la moglie di Gesù b. Gamala viene indicata come Maria[215]. Da notare che nel vangelo di Giovanni si dice che "Gesù voleva molto bene a Marta, a sua sorella e a Lazzaro".

Bisogna notare che Gesù di Gamala sposò la moglie di suo fratello morto prima del 63 d.C. e che Giacomo, fratello di Gesù Cristo, morì esattamente un anno prima, nel 62 d.C. Potrebbe essere dunque possibile che Gesù di Gamala sia proprio Gesù Cristo, il quale avrebbe sposato – esattamente come richiedeva la legge ebraica – Miriam/Marta Boethus, la moglie di suo fratello Giacomo morto nel 62 d.C. In effetti Marta Boethus "sembra possedesse un'imponente tomba di famiglia nella valle del Cedron, proprio sotto il pinnacolo del Tempio dal quale, secondo le fonti paleocristiane, sarebbe stato gettato Giacomo il Giusto. Ed è forse proprio per questo che

---

213 R. Eisenman, *op. cit.*, p. 250. A. Di Lenardo ci fa anche notare Lc 23, 27, dove si parla delle "figlie di Gerusalemme" per indicare chiaramente una provenienza geografica (cfr. anche Sofonia III, 14: "figlia di Sion").
214 Cfr. *Talmud Babilonese*, Mas. Yoma 18a; Mas. Sukkah 52b; Mas. Yevamoth 61a; Mas. Kethuboth 104a.
215 R. Eisenman, *op. cit.*, p. 324

la tomba, indicata come Tomba di San Giacomo, divenne meta di pellegrinaggi"[216]. Insomma Giacomo sembra essere stato sepolto proprio nella tomba di Marta Boethus, fatto che sembrerebbe confermare che Giacomo il Giusto fosse suo marito. Nel *Talmud Babilonese*[217] si fa anche riferimento a un figlio di Marta avuto dal suo precedente matrimonio[218]. Difatti sembrerebbe che levirato fosse possibile anche nel caso in cui la moglie del defunto non fosse riuscita ad assicurargli almeno due figli maschi. Se il marito di Marta fosse Giacomo, questo figlio potrebbe essere Giuda il Giusto, l'unico figlio[219] di Giacomo il Giusto di cui si potrebbe aver menzione[220].

Tuttavia il *Trattato Yoma* riferisce un episodio nel quale allude ai sette figli morti di Maria, di cui l'ultimo si chiamerebbe *Do'eg b. Josef* ("Gesù figlio di Giuseppe"?)[221]. Dal momento che il secondo marito di Marta si chiama Gesù, "Josef" dovrebbe essere un riferimento al primo marito di Marta. Giuseppe dovrebbe essere quindi il nome del fratello di Gesù b. Gamala. È interessante notare che Josef/Giuseppe è anche il nome di un altro fratello di Gesù (cfr. Cap. IX). Di conseguenza sia Gesù Cristo sia Gesù b. Gamala avrebbero un fratello di nome Giuseppe. Il riferimento al martirio dei sette figli di Marta non dovrebbe comunque ritenersi storicamente affidabile, dal momento che riecheggerebbe la storia del martirio dei sette fratelli narrato nel *Secondo libro dei Maccabei*[222]. È anche possibile tuttavia che "Josef" sia un errore o una deformazione per "Jaqov" (Giacomo), forse dovuto alla similarità tra i due nomi[223]. In ogni caso, è rilevante che, almeno stando a R. Eisenman, il figlio di Josef si chiamerebbe "Gesù". Se il marito di Marta fosse stato Giuseppe invece di Giacomo, è possibile che la sepoltura di Giacomo nella tomba di Marta fosse stata desiderata da Gesù, il quale avrebbe voluto fornire una degna sepoltura al fratello.

A prescindere dalla questione su chi fosse il primo marito di Marta

---

216 *ivi*, p. 245.
217 *Talmud Babilonese*, Mas. Sukkah 52b.
218 *The Babyloniam Talmud (Complete Soncino English Translation)*, p. 2285, nota n. 49, reperibile presso Sitografia n. 9, visitato il 23/08/2019.
219 In realtà c'è anche la possibile che fosse suo fratello, sebbene sarebbe dovuto essere molto, forse troppo, anziano in quell'epoca.
220 Cfr. Cap. VII.
221 R. Eisenman, *op. cit.*, p. 332.
222 2Mac. 7, 1-42.
223 Lasciamo a un linguista esperto di lingua ebraica il compito di valutare la correttezza di questa ipotesi.

Boethus, Gesù b. Gamala divenne, in seguito al matrimonio, genero di Onia Nicodemo Boethus, proprio come anche Gesù Cristo era, verosimilmente, parente di Nicodemo, dal momento che egli si sarebbe occupato della sepoltura del Messia cristiano, prerogativa riservata solo ai parenti. Secondo il vangelo di Giovanni, anche Giuseppe d'Arimatea prese parte alla sepoltura di Gesù insieme a Nicodemo; possiamo quindi dedurre che anche egli fosse suo parente. In effetti sappiamo da Flavio Giuseppe che il fratello di Nicodemo Boethus si chiamava proprio Giuseppe[224]: è possibile dunque che si tratti proprio dello stesso Giuseppe d'Arimatea menzionato nel vangelo e che Nicodemo e Giuseppe d'Arimatea fossero fratelli, entrambi figli di Gurion I[225]. Anche la Jewish Encyclopedia identifica Nicodemo b. Gurion con il Nicodemo discepolo/parente di Gesù[226]. Nel Cap. VII si dimostrerà che Gesù era parente, oltre che di Nicodemo del vangelo di Giovanni, anche di Onia Nicodemo Boethus. Questa evidenza avvalora, ancora un volta, l'ipotesi di identificazione dei due personaggi.

Nel presentare Nicodemo, l'evangelista Giovanni lo definisce come "un fariseo" e "un capo dei Giudei"[227], ma bisogna considerare che il Nuovo

---

224 Questo dato si deduce dalla somma delle seguenti informazioni. Sappiamo che Nicodemo era ancora vivo sotto la guerra giudaica (cfr. Giṭ. 56a e Sitografia n. 10, visitato il 25 luglio 2017). Inoltre in GG II, 451 viene menzionato Gurion, figlio di Nicodemo, insieme ad Anania e a Giuda; mentre in GG II, 563 viene menzionato Giuseppe, figlio di Gurion, insieme ad Anano; infine in GG IV, 159 troviamo Gurion, figlio di Giuseppe, insieme a Simone figlio di Gamaliel. Da questi dati ricaviamo che Giuseppe è fratello oppure figlio di Nicodemo; tuttavia se fosse figlio avremmo quattro generazioni coesistenti sotto la guerra, nonostante Gurion b. Giuseppe fosse già adulto. Di conseguenza la soluzione più probabile è che Giuseppe e Nicodemo fossero fratelli. Inoltre in GG IV, 358 viene menzionata anche la morte di un Gurion. Sebbene non sia chiaro se si tratti di Gurion figlio di Nicodemo o di Gurion figlio di Giuseppe, è però interessante notare come Flavio Giuseppe lo definisca: *"insigne per la sua posizione e per i suoi natali, ma di tendenze democratiche e ispirato a sistemi liberali più di qualunque altro mai tra i Giudei (ibid.)".* Questa descrizione sembra essere in accordo con la condotta di un cristiano del I sec. d.C. e potrebbe avvalorare l'identificazione di Nicodemo e/o di Giuseppe con i rispettivi personaggi evangelici, dal momento che avrebbero cresciuto i loro figli con valori coerenti con la filosofia cristiana antica.

225 Anche il *Talmud* è esplicito nel definire Nicodemo come figlio di Gurion I; cfr. *b. Ket* 66b dove si parla di "Miriam, figlia di Nakdimon ben Gurion".

226 Cfr. Sitografia n. 52.

227 Gv 1, 3.

71

Testamento con "farisei" intende solitamente i cristiani di Gerusalemme, seguaci di Giacomo il Giusto, che aderiscono al partito della circoncisione[228]. Sembra dunque che Nicodemo debba essere annoverato tra i seguaci di Giacomo il Giusto e questo potrebbe essere facilmente spiegato con l'ipotesi secondo la quale Giacomo sarebbe stato il genero di Nicodemo. Anche se il primo marito di Marta fosse stato Giuseppe, la spiegazione cambierebbe solo di poco, dal momento che a questo punto Giacomo sarebbe semplicemente il fratello del genero di Nicodemo. Giuseppe d'Arimatea viene invece descritto come un "uomo ricco"[229], "membro autorevole del sinedrio"[230] e "persona buona e giusta"[231]; descrizioni che ben si accordano con la definizione di "capo dei Giudei" che Giovanni dà di Nicodemo. In effetti sappiamo che Nicodemo e suo fratello Giuseppe, oltre a essere annoverati nel *Talmud* tra le famiglie più ricche di Gerusalemme, erano entrambi di famiglia sacerdotale e membri autorevoli del sinedrio. Dal momento che nel Cap. VII dimostreremo che Onia Nicodemo Boethus era parente di Gesù, ne consegue che anche Giuseppe, il fratello di Nicodemo, aveva una relazione di parentela con Gesù Cristo, evidenza confermata, come abbiamo visto, anche dai vangeli. Anche Gesù b. Gamala era imparentato con lo stesso Giuseppe, fratello di Onia Nicodemo Boethus, dal momento che si trattava del fratello del suocero. Da notare, inoltre che Gesù Cristo e Gesù b. Gamala non risultano essere imparentati con dei generici Nicodemo e Giuseppe, ma entrambi esattamente con Onia Nicodemo Boethus e suo fratello Giuseppe (cfr. Cap. VII).

Da notare che mentre il discepolo Nicodemo nel vangelo di Giovanni viene collegato alla tomba di Gesù, Nicodemo Boethus nelle fonti talmudiche viene invece associato alla monumentale tomba della famiglia reale di Adiabene[232]; in entrambi i casi ricorrerebbe, insomma, la tematica di un Nicodemo associato a una tomba. Bisogna anche dire che Nicodemo, suocero di Gesù, era uno dei pochi a sapere se Gesù sopravvisse alla

---

228 Difatti in Atti 15, 5, ambientato a Gerusalemme, si legge: "Ma si alzarono alcuni della setta dei farisei, che erano diventati credenti, affermando: è necessario circonciderli e ordinar loro di osservare la legge di Mosè".
229 Mt 27, 57.
230 Mc 15, 43; cfr. Lc 23, 50.
231 Lc 23, 50; cfr. Cap VII per le implicazione dell'aggettivo "giusto" relativo a Giuseppe d'Arimatea.
232 Cfr. R. Eisenman, *op. cit.*, p. 378.

condanna degli anni '30, dal momento che fu proprio lui a salvarlo tirandolo giù dalla croce.

Ancora dal *Talmud* sappiamo che Gesù b. Gamala era padre di Lazzaro[233], avuto probabilmente con Marta dopo il 62 d.C[234]. In effetti sappiamo non solo che Lazzaro era il nome del fratello di Maria I Boethus – e quindi il nome dello zio di Gesù –, ma anche il nome del fratello di Marta e Maria, da quanto si evince dal vangelo di Giovanni. Dal momento che, secondo l'usanza ebraica, le madri erano solite dare ai figli i nomi del padre o di un fratello[235], possiamo dedurre che sia proprio Marta la moglie con la quale Gesù b. Gamala ebbe questo figlio, la quale avrebbe dato al bambino il nome di suo fratello Lazzaro[236]. In realtà, poiché il matrimonio tra Marta e Gesù b. Gamala era di tipo leviratico, sebbene Lazzaro fosse figlio di sangue di Gesù b. Gamala, da un punto di vista legale egli sarebbe stato considerato piuttosto il figlio di Giacomo il Giusto e frutto della sua discendenza. Questo, solo a condizione che Lazzaro fosse stato il primo figlio avuto tra Marta e Gesù b. Gamala. Possiamo dunque notare che Gesù b. Gamala era collegato non solo agli stessi nomi cui era anche legato Gesù Cristo (Marta, Maria, Nicodemo, Giuseppe, Lazzaro, nonché il suo stesso nome, Gesù), ma esattamente alle stesse identiche persone che ebbero contatti diretti e legami di parentela con il Gesù dei vangeli. Inoltre notiamo che a succedere a Gesù b. Gamala nella carica di sommo sacerdote è stato proprio Mattia figlio di Boethus[237], il che potrebbe

233 Cfr. Mas. Gittin 30b e Mas. Menachoth 54b.
234 Possiamo stimare che Marta avesse avuto all'incirca 40 anni intorno al 62 d.C., dal momento che suo padre, Nicodemo, era coetaneo di Gesù e che secondo i vangeli abitava ancora insieme alla sorella intorno al 34 d.C., particolare che sembrerebbe indicare che non era ancora in età adolescenziale. È possibile che l'unzione di Gesù sia avvenuta in realtà intorno al 63 d.C., in concomitanza con l'elezione a sommo sacerdote. Ma più probabilmente l'unzione degli anni '30 si riferisce al rito con il quale Gesù sarebbe stato consacrato sacerdote.
235 Cfr. Lc 1, 60-61.
236 Questo sembra inoltre confermare che Marta e Maria, figlie di Boethus, siano da identificare con le corrispettive donne evangeliche. Il fatto che la Marta talmudica attribuisca a suo figlio il nome "Lazzaro" indica che ella aveva probabilmente o un padre o un fratello che portava questo nome; mentre le Marta e Maria evangeliche avevano un fratello di nome Lazzaro.
237 Mattia, che in GG viene definito "Boethus", in AG viene invece definito "figlio di Teofilo". Tuttavia è praticamente impossibile che si tratti dello stesso Mattia figlio di Teofilo, sommo sacerdote nel 4-5 a.C., dal momento che, essendo adulto,

confermare l'ipotesi secondo la quale anche Gesù b. Gamala sarebbe stato un boethusiano, dal momento che era frequente sostituire un sommo sacerdote con un suo parente, anche se a volte questa usanza non veniva rispettata. "Mattia" rappresenta peraltro un altro nome di sapore evangelico, dal momento che questo era il nome dell'apostolo che prese il posto di Giuda dopo il suo suicidio. Il "Boethus" menzionato in *Guerra Giudaica* come padre di Mattia potrebbe, peraltro, essere proprio Onia Nicodemo Boethus[238]; se questa ipotesi fosse corretta, sarebbe allora un altro fratello di Maria e di Marta e si capirebbe perché sia stato proprio lui a succedere nel sommo sacerdozio a Gesù b. Boethus: fu infatti proprio Marta, secondo il *Talmud*, a far eleggere Gesù sommo sacerdote. Lo stesso potrebbe aver fatto, dunque, per il fratello. In alternativa, come vedremo in seguito, Mattia figlio di Boethus potrebbe essere nipote di Mattia figlio di Teofilo e di una figlia di Simone Boethus.

Tra i numerosi aforismi talmudici relativi a Nicodemo Boethus, nella sezione in cui si dibatte sulla sincerità o meno della sua carità nei confronti dei poveri[239], vi compare il detto "il carico dipende dal cammello"[240], che può parafrasarsi come "quanto più si possiede, tanto più si è in dovere di dare". Fa notare R. Eisenman[241] che l'allusione al cammello (*gamal* in ebraico) in relazione a Nicodemo potrebbe essere un riferimento al genero di questi, Gesù b. Gamala, per via della sua provenienza dalla città di Gamala, che deve il suo nome alla particolare forma che aveva il monte sopra la quale risiedeva, simile alle gobbe di un cammello. La famosa frase di Gesù "È più facile che un cammello passi per la cruna di un ago, piuttosto che un ricco entri nel regno di Dio"[242] sembra essere un riferimento all'aforisma che gli Ebrei applicarono a Nicodemo, nonché allo stesso Gesù b. Gamala. Bisogna anche dire che Nicodemo, suocero di

---

forse anziano, intorno al 5 a.C., sarebbe troppo anziano per essere nuovamente sommo sacerdote nel 65-66 d.C. L'errore potrebbe essere attribuibile a un amanuense o forse direttamente a Flavio Giuseppe.

238 Infatti Simone Boethus non avrebbe l'età anagrafica per avere un figlio ancora vivo intorno al 70 d.C.

239 Da notare anche che il tema di Nicodemo, che farebbe elemosina solo per vanagloria, si ritrova nei vangeli traslitterato su Giuda, a cui, specifica l'evangelista, non importava veramente dei poveri (cfr. R. Eisenman, *op. cit.*, p. 352).

240 *ivi*, p. 258.

241 *ivi*, p. 250; ma cfr. anche p. 239 e 259.

242 Mt 10, 25.

Gesù, era uno dei pochi a sapere che egli sopravvisse alla condanna degli anni '30, dal momento che fu proprio lui a salvarlo tirandolo giù dalla croce. Pure da un punto di vista filologico troviamo una coerenza, anche linguistica, tra i discorsi di Gesù Cristo nei vangeli sinottici e i discorsi di Gesù b. Gamala riportati da Flavio Giuseppe. Nei vangeli di Matteo, Marco, Luca leggiamo:

> Andarono intanto a Gerusalemme. Ed entrato nel Tempio, si mise a scacciare quelli che vendevano e comperavano nel Tempio; rovesciò i tavoli dei cambiavalute e le sedie dei venditori di colombe e non permetteva che si portassero cose attraverso il Tempio. E insegnava loro dicendo: «Non sta forse scritto: La mia casa sarà chiamata casa di preghiera per tutte le genti? Voi invece ne avete fatto *una spelonca di ladri!*[243]».

Leggiamo invece nell'invettiva di Gesù b. Gamala riportata in *Guerra Giudaica* da Flavio Giuseppe:

> *Briganti che nella loro insuperabile empietà profanano finanche il pavimento sacro*, che ognuno può vedere aggirarsi senz'alcun timore ubriachi nei luoghi santi e intenti a digerire nel loro ventre insaziabile le spoglie delle loro vittime[244].

Notiamo che in entrambi i discorsi ricorre non solo la tematica di alcuni briganti che profanano il Tempio, ma vengono utilizzati finanche gli stessi vocaboli per esprimere i medesimi concetti. Dice infatti Gesù Cristo che il Tempio è diventato una "spelonca di ladri" (σπήλαιον λῃστῶν, "spèlaion leistôn"), espressione nella quale viene utilizzato il vocabolo leistès ("ladro", "brigante"), lo stesso vocabolo utilizzato anche da Gesù b. Gamala per definire i briganti che profanano il pavimento sacro[245]. Lo studioso che volesse individuare altre corrispondenze ideologiche o

---

243 Mc 11, 15-17; cfr. Lc 19, 45, 46; Mt 21, 12-13.
244 GG IV, 242.
245 Leggiamo in fatti nell'originale greco di GG IV, 241-242: τὰ γὰρ θύματα καὶ καθάρματα τῆς πόλεως ὅλης, κατασωτευσάμενα τὰς ἰδίας οὐσίας καὶ προγυμνάσαντα τὴν ἀπόνοιαν ἐν ταῖς πέριξ κώμαις τε καὶ πόλεσι, τελευταῖα λεληθότως παρεισέρρευσαν εἰς τὴν ἱερὰν πόλιν, λῃσταὶ δι' ὑπερβολὴν ἀσεβημάτων μιαίνοντες καὶ τὸ ἀβέβηλον ἔδαφος, οὓς ὁρᾶν ἔστι νῦν ἀδεεῖς ἐμμεθυσκομένους τοῖς ἁγίοις καὶ τὰ σκῦλα τῶν πεφονευμένων καταναλίσκοντας εἰς τὰς ἀπλήστους γαστέρας.

lessicologiche tra Gesù Cristo e Gesù b. Gamala o il lettore curioso di leggere l'intero discorso di Gesù b. Gamala riportato da Flavio Giuseppe può confrontare l'*Appendice n. 1*.

Si potrebbe obiettare che, mentre Gesù b. Gamala era addirittura un sommo sacerdote, nel vangelo non vi sarebbe alcuna evidenza che lascerebbe intuire un servizio sacerdotale da parte di Gesù, dal momento che egli sarebbe appartenuto alla tribù di Giuda e non a quella di Levi. In realtà, se si osserva con più attenzione, si scopre che la situazione potrebbe essere più complessa di così.

Dal vangelo di Luca[246] sappiamo che Maria viene definita "parente" di Elisabetta, la quale sarebbe una discendente di Aronne[247]. Nel Cap. VII, inoltre, dimostreremo che Elisabetta era infatti una discendente degli oniadi, una illustre famiglia sacerdotale. Ne consegue che anche Maria, essendo sua parente, potrebbe appartenere a una famiglia sacerdotale. In effetti nel Cap. I abbiamo identificato la madre di Gesù con la figlia del sommo sacerdote Simone e nel Cap. VII vedremo che la sua discendenza sacerdotale non si limiterebbe alla casata dei Boethus. Secondo il *Libro dei Numeri*[248] il servizio religioso dei Leviti dovrebbe decorrere dall'età di 25 o 30 anni[249], ma, secondo il *Libro delle Cronache*[250], successivamente re Davide abbassò tale soglia a 20 anni, sebbene altre opinioni ritengano che l'età in cui i giovani potevano iniziare il loro servizio sacerdotale fosse 30 anni[251]. In effetti Gesù inizierebbe il suo periodo di predicazione quando aveva "all'incirca 30 anni"[252] e ciò potrebbe corrispondere con l'inizio del suo servizio sacerdotale[253]. Anche il rito dell'unzione da parte di Maria di Betania potrebbe essere un riferimento alla sua consacrazione a sacerdote[254], sebbene successivamente sia stata rielaborata in chiave messianica dalla teologia evangelica. Come vedremo, oltre a essere nipote del sommo sacerdote Simone Boethus e a essere imparentato con Elisabetta, discendente di Aronne, Gesù risulterebbe essere imparentato

---

246 Lc 1, 36.
247 Lc 1, 5.
248 Nu 8, 24.
249 Nu 4, 35.
250 1Cr 23, 24.
251 Chizkuni su *Devarim*, cap. 18.
252 Lc 3, 23.
253 Si ringrazia l'amico e studioso Andrea Di Lenardo per questa osservazione.
254 Cfr. Es 28, 41 e 30, 30; Le 7, 36 e 10, 7; Nu 3, 3.

anche con la famiglia sacerdotale degli oniadi.
Proseguendo nella nostra analisi, possiamo trovare numerose altre convergenze tra Gesù Cristo e Gesù b. Gamala. Per es. in un passo del *Talmud di Gerusalemme* leggiamo:

> O me Infelice per i boethusiani. O me infelice per le loro maledizioni. O me infelice per i figli di Anano. O me infelice per le loro calunnie [...]. Perché essi sono Sommi Sacerdoti, i loro figli sono tesorieri, i loro generi sono capitani del Tempio, i loro servitori percuotono il popolo con le mazze.

In questo brano talmudico le famiglie dei boethusiani e di Anano sono associate in un contesto negativo. La famiglia di Anano era quella coinvolta nella crocifissione di Gesù e nella lapidazione di Giacomo. Anche in *b. Pes* 57a il clan dei boethusiani viene accusato di "colpire il popolo con i bastoni". È possibile che le fonti di cui sopra facciano riferimento a un episodio di cui parla Flavio Giuseppe nel XX libro di *Antichità Giudaiche*, cronologicamente collocato poco dopo l'uccisione di Giacomo fratello di Gesù, quando Gesù b. Gamala era appena diventato sommo sacerdote:

> Il re poi depose Gesù, figlio di Damneo, dal sommo sacerdozio e designò suo successore Gesù, figlio di Gamaliel (vale a dire Gesù b. Gamala, NdA). Perciò sorse una ostilità tra quest'ultimo e il suo predecessore. Ognuno di essi raccolse una banda di gente molto temeraria e spesso avveniva che, dopo lo scambio di insulti, si andasse oltre, pigliandosi a sassate. Anania sovrastava tutti, facendo buon uso della sua ricchezza per attrarre quanti erano disposti a ricevere doni di corruzione. Da parte loro, Costobaro e Saul, raccolsero bande di malviventi; loro stessi erano di stirpe reale e raccolsero favori a motivo della loro parentela con Agrippa, ma erano sfrenati e pronti a spogliare le proprietà dei più deboli. Fu da quel momento, in particolare, che la malattia piombò sulla nostra città e ogni cosa andò scadendo di male in peggio[255].

Se i passi relativi ai boethusiani cui fanno riferimento i testi rabbinici alludono a questo episodio riportato in *Antichità Giudaiche*, significa che Gesù b. Gamala viene implicitamente annoverato tra i boethusiani[256]. Difatti lo ritroviamo che rivaleggia con altri personaggi, tra i quali figura

---

255 AG XX, 213-214.
256 Anche R. Eisenman, *op. cit.*, p. 356, sembra annoverare Gesù b. Gamala tra i boethusiani.

Anania, della casata di Anano. Secondo l'opinione di Flavio Giuseppe e dei redattori del *Talmud*, vi sarebbe stato uno scontro armato tra fazioni che avrebbe coinvolto anche il popolo, vittima delle prepotenze dei sommi sacerdoti. Sembrerebbe, insomma, che la famiglia di Anano sia stata rivale sia della famiglia di Gesù Cristo che della famiglia di Gesù b. Gamala – vale a dire dei Boethus. Anche questa evidenza avvalerebbe l'ipotesi di identificazione tra i due personaggi. Vero è che, poco prima della sua morte, Gesù b. Gamala sembri allearsi con Anano per evitare la distruzione di Gerusalemme, tuttavia, se si osserva bene, si noterà che si tratta più di una comunione d'intenti che di una vera e propria alleanza. D'altra parte, la gravità della circostanza e la prospettiva della distruzione del Tempio di Gerusalemme, nonché dell'intera città, potrebbe aver portato Gesù e Anano a dimenticare momentaneamente i vecchi rancori.

Un'altra prova dell'identificazione tra Gesù Cristo e Gesù b. Gamala potrebbe aversi se si considerano le informazioni offerteci dalla tomba di Talpiot. Le opinioni in merito all'attribuzione di questa tomba alla famiglia di Gesù Cristo sono contrastanti, ciononostante riteniamo opportuno verificarle al fine di vagliare tutte le possibilità. Dal momento che numerosi libri sono stati scritti sulla scoperta di questa tomba, molti dei quali saranno menzionati in nota a piè di pagina, eviteremo in questa sede di soffermarci sulle analisi tecniche, limitandoci alle informazioni essenziali da fornire al lettore al fine di mostrare come le iscrizioni presenti nella tomba possano essere ben spiegate grazie all'ipotesi d'identificazione di Gesù Cristo con Gesù b. Gamala.

La tomba venne scoperta il 28 marzo 1980 a Talpiot Est, cinque chilometri ca. a sud della Città Vecchia di Gerusalemme, dall'archeologo israeliano Yosef Gat e risalirebbe al I sec. d.C[257]. Nella tomba erano presenti dieci ossari, di cui 6 presenterebbero in ebraico, aramaico e greco le seguenti iscrizioni:

1) *Yeshua bar Yosef*: "Gesù, figlio di Giuseppe", sebbene il nome "Gesù" non sia chiarissimo e sia da alcuni interpretato come *Hanun*[258].

---

257 Si legga Sitografia n. 11 (visitato il 23/08/2017) per un'ottima sintesi degli studi condotti sulla tomba.
258 Cfr. Heiser, Michael, *Evidence Real and Imagined: Thinking Clearly About the "Jesus Family Tomb"* pp. 9-13.

2) *Miriam*: "Maria", identificata con Maria madre di Gesù[259].

3) *Yose*: forma grecizzata di "Giuseppe", identificato con l'omonimo fratello di Gesù menzionato nel vangelo di Marco[260].

4) *Yehuda bar Yeshua*: "Giuda figlio di Gesù", identificato dal giornalista investigativo e ricercatore indipendente Simcha Jacobovici[261] con un ipotetico figlio di Gesù.

5) *Matiyahu*: che può tradursi con "Matteo" o "Mattia".

6) *Mariamenou e Mara*: potrebbe significare "Mariamne e Mara" oppure "Mariamne conosciuta anche come Mara (Maestra)". Mariamne è, come abbiamo già visto nel Cap. I, la forma grecizzata di *Miriam*, "Maria".

Si è spesso affermato che tutte le iscrizioni presenti sugli ossari contengono nomi comuni[262]. In realtà, come fa notare l'esimio studioso e prof. J.D. Tabor, questa affermazione non risulta essere veritiera, come è stato dimostrato da numerosi studi[263]. In effetti il nome *Yose*, forma grecizzata per "Giuseppe", è estremamente raro e ricorre, nel vangelo di Marco, attribuito al fratello di Gesù esattamente nella medesima forma.

Il 21 ottobre 2002 fu annunciato da parte di *Discovery Channel* il ritrovamento del decimo ossario della tomba di Talpiot, creduto perduto, che riporterebbe l'iscrizione *"Yaakov bar Yoseph achui de Yeshua"*, vale a dire "Giacomo, figlio di Giuseppe, fratello di Gesù". Per tale motivo il decimo ossario venne soprannominato "Ossario di Giacomo". Il possessore del decimo ossario, Oded Golan, fu in seguito accusato di truffa e falsificazione e messo sotto processo per falso[264]. Tuttavia nel 2012 Oded Golan fu definitivamente assolto dal tribunale di Gerusalemme, dal momento che non ci sarebbero state prove di falsificazione e che l'accusa non sarebbe riuscita a dimostrare le imputazioni "oltre ogni ragionevole dubbio"[265]. Golen riuscì a essere assolto dalle accuse mostrando una foto

---

259 Cfr. Jennifer Viegas, *Jesus Family Tomb Believed Found*, Discovery Channel, 25 febbraio 2007.

260 Mc 6, 3.

261 Cfr. *The Lost Tomb of Jesus*, di J. Cameron.

262 Cfr. Alan Cooperman, *'Lost Tomb of Jesus' Claim Called a Stunt*, The Washington Post, 28 febbraio 2007.

263 Cfr. Sitografia n. 12, visitato il 23/08/2017.

264 Nadav Shragai, *The art of authentic forgery*, Haaretz, 14 aprile 2008.

265 Sitografia n. 13, visitato il 23/08/2017.

dell'ossario risalente al 1976, cioè 4 anni prima del ritrovamento della tomba di Talpiot. Nel 2015 il geologo Aryeh Shimron effettuò nuovi testi sulla composizione dei residui di terreno presenti nell'Ossario di Giacomo, trovando tracce di magnesio, ferro e silicio perfettamente compatibili con quelle della tomba di Gesù[266]. I dati ottenuti differivano notevolmente dai residui di altri ossari, anche da quelli distanti appena 60 metri come la tomba di "Talpiot B"[267]. Ricordiamo che poc'anzi abbiamo notato come Giacomo sembra essere stato sepolto nella tomba di Marta Boethus; di conseguenza affermare che il suo ossario si trovasse a Talpiot potrebbe sembrare contraddittorio. In realtà quest'apparente contraddizione può essere facilmente superata se si considera che la sua salma possa essere stata spostata dopo la morte della moglie (v. *infra*). D'altra parte, non è neppure difficile immaginare il perché Marta non sia stata sepolta nella sua tomba di Gerusalemme: quando ella morì, la città venne distrutta e cadde in mano romana, è dunque possibile che i suoi parenti abbiano deciso di seppellirla in una tomba poco distante. Una delle maggiori obiezioni che vengono mosse all'identificazione della tomba di Talpiot come la tomba di Gesù, consiste nell'evidenziare come essa fosse una tomba ricca, mentre Gesù sarebbe invece provenuto da una famiglia povera o modesta. In realtà, come stiamo evidenziando in questo studio, questa obiezione può essere superata se si considera che si tratti della tomba di Gesù b. Gamala e che Gesù Cristo proveniva da una famiglia di sommi sacerdoti.

Di particolare interesse per il nostro studio è il possibile riferimento a *"Mariamenou e Mara"* in uno degli ossari della tomba di Talpiot. Mentre il nome "Mariamne" solleva pochi o nessun dubbio, il nome "Mara" sembra essere una forma alternativa del più comune nome "Marta"[268]. Nel documentario *The Lost Tomb of Jesus* di J. Cameron è stata mostrata un'analisi del DNA mitocondriale condotta sui residui di ossa dagli ossari di *"Yeshua bar Yosef"* e *"Mariamenou e Mara"*. Dai risultati dell'analisi è emerso che i due, o tre, individui non erano figli della stessa madre[269]. È dunque possibile che il sepolcro di *"Mariamenou e Mara"* ospitasse le spoglie di almeno una delle mogli di *"Yeshua bar Yosef"*. In effetti, come

---

266 Cfr. Sitografia n. 14, visitato il 23/08/2017.
267 Cfr. Sitografia n. 11, visitato il 23/08/2017.
268 J.D. Tabor, S. Jacobovici, *The Jesus Discovery: The New Archaeological Find That Reveals The Birth of Christianity,* Simon & Schuster Paperbacks, New York 2012, p. 115.
269 Cfr. Sitografia n. 11, visitato il 23/08/2017.

abbiamo visto nel Cap. II, dagli scritti rabbinici emergerebbe che Gesù b. Gamala avrebbe sposato, prima l'una e poi l'altra, entrambe le sorelle: Marta e Maria. Tra gli autori antichi non ci sono moltissime attestazioni di Ebrei che erano sposati con più mogli contemporaneamente, sebbene Flavio Giuseppe sembri smentire questa affermazione quando in *Antichità Giudaiche* afferma che "presso di noi (*i.e.* "noi Ebrei", NdA) è usanza avita (*sic!*) avere più mogli contemporaneamente"[270]. Inoltre questo presupporrebbe che, se prendessimo alla lettera il *Talmud*, Gesù b. Gamala avesse sposato le due sorelle entrambe per levirato. D'altra parte siamo consapevoli che gli scritti rabbinici presentano numerosi errori e confusioni sulle figure di Marta e Maria, di conseguenza è possibile che la storia dell'una sia stata sovrapposta con la vita dell'altra. Se prendiamo in considerazione questa eventualità, che costituirebbe peraltro un caso tutt'altro che raro tra gli scritti rabbinici, vediamo aprirsi di fronte a noi numerose ipotesi sullo stato maritale di Marta e Maria. Dal momento che il *Talmud Babilonese* ritiene che fosse Marta la consorte di Gesù b. Gamala, riteniamo che questa sia l'informazione più attendibile, dal momento che contiene meno confusioni e imprecisioni su questo tema rispetto alle *Lamentazioni Rabbah*. Sappiamo anche che il primo marito di Marta era un fratello di Gesù b. Gamala, che può essere identificato sia con Giacomo il Giusto che con Giuseppe-*Yose*. In effetti notiamo che nella tomba di Talpiot sono presenti entrambi i fratelli di Gesù, sia Giacomo che Giuseppe. Questo fatto avvalora l'ipotesi che almeno uno dei due possa essere stato il primo marito di Marta, che sarebbe dunque stata sepolta con entrambi i mariti. Potrebbe non essere un caso che nel vangelo di Matteo viene posto a Gesù il quesito relativo alla donna che, per levirato, aveva sposato uno a uno tutti quanti i fratelli[271]. Un caso simile, seppure più moderato, potrebbe essere accaduto alla famiglia di Gesù. Per es. A. Di Lenardo ci fa notare la possibilità secondo cui Marta avrebbe sposato prima Giuseppe, con cui avrebbe avuto Gesù (il "Gesù Giusto" menzionato in *Col* 4, 10-11?), poi Giacomo, da cui avrebbe avuto Giuda Giusto, vescovo di Gerusalemme, e infine Gesù. Per quanto riguarda Gesù, invece,

---

270 AG XVII, 14; da notare inoltre che Flavio Giuseppe applica queste parole proprio a Erode, figlio di Mariamme "Boethus". Potrebbe essere possibile che la poligamia tra gli Ebrei fosse più diffusa di quanto crediamo noi moderni. Se si cerca bene, si possono trovare un paio di attestazioni anche nel *Talmud* (cfr. Sitografia n. 15, visitato il 24/08/2017)
271 Mt 22, 23-33.

potrebbe avere in precedenza sposato Maria – da cui avrebbe avuto quel Giuda della tomba di Talpiot, morto prematuramente – e successivamente sua sorella Marta per levirato. Se così fosse, quel Lazzaro b. Gamala menzionato nel *Talmud* potrebbe essere un secondo figlio di Gesù b. Gamala avuto o da Maria o da Marta. Questa interpretazione ci sembra particolarmente convincente. In effetti, A. Di Lenardo ci fa ancora notare come sia nei vangeli sia nella tomba di Talpiot uno dei fratelli di Gesù viene chiamato *Joses*, un diminutivo più adatto a un giovane che a un adulto. Se così fosse, allora Giuseppe sarebbe morto abbastanza presto, fatto che potrebbe spiegare perché sia a malapena menzionato nei vangeli e perché, a differenza degli altri tre fratelli, non ebbe ruoli significativi all'interno del cristianesimo primitivo[272].

Nel caso invece in cui non si fosse manifestata la possibile evenienza secondo cui Marta avrebbe sposato per levirato tutti e tre i fratelli – Giuseppe, Giacomo e Gesù –, è possibile che Giuseppe fosse il marito non di Marta, ma di sua sorella Maria, come infatti asserisce il *Trattato Yoma*. Successivamente, i redattori rabbinici avrebbero sovrapposto la vicenda di Marta con quella di sua sorella Maria, attribuendogli l'episodio del matrimonio leviratico con Gesù b. Gamala. Se nella tomba di Talpiot si trovano dunque le due sorelle – Marta e Maria – è anche possibile che si trovino i loro tre mariti: Giuseppe per Maria, Giacomo e Gesù per Marta[273] . Tuttavia l'iscrizione *"Mariamenou e Mara"* può essere interpretata anche come *"Maria, conosciuta anche come "la Maestra"*. James D. Tabor per es. condivide pienamente questa interpretazione[274]. Se questa traduzione fosse corretta, allora potrebbe essere possibile che la moglie di Gesù b. Gamala potesse essere "Maria la Maestra", espressione che dai posteri venne forse male interpretata e storpiata in "Maria e Marta". Se così fosse, se, cioè, Maria e Marta fossero state in origine la

---

272 Sempre A. Di Lenardo ci fa notare come di Veronica l'emorroissa, personaggio che sembra coincidere con Marta l'emorroissa, si dice che avesse sposato Zakkai, che in aramaico significa "il Giusto", appellativo attribuito sia a Giacomo sia a Giuseppe (cfr. Cap. VII). Nei vangeli apocrifi dell'infanzia si afferma inoltre che Giuseppe avesse avuto una moglie. Da notare infine che vi sono altri casi attestati di levirato plurimo: il caso più eloquente è quello di Giacobbe-Israele, sposato con Lia e Rachele.

273 Oppure, secondo l'altra ipotesi, Giuseppe, Giacomo e Gesù per Marta, Maria per Gesù.

274 J.D. Tabor, S. Jacobovici, *op. cit.*, p. 115; cfr. anche 226.

stessa persona, sdoppiata a causa di una cattiva interpretazione del soprannome (evenienza molto probabile, se si considera che il soprannome di "Maestra" attribuito a una donna doveva risultare perlomeno strano per un ebreo vissuto nel I sec. d.c.), allora si spiegherebbe ancora più facilmente il perché negli scritti rabbinici vi sia una forte sovrapposizione tra Marta e Maria, tanto che, oltre a essere entrambe figlie di Boethus, sembrano sposare lo stesso uomo, entrambe per levirato e nello stesso periodo, senza contare le numerose altre sovrapposizioni. Se i redattori rabbinici dell'epoca incorsero in questo errore, è possibile che lo abbiano fatto anche gli evangelisti, dal momento che entrambi sembrano riprendere le stesse fonti e tradizioni orali.

È interessante notare come, secondo il *Talmud Babilonese*, Gesù b. Gamala fosse promotore di una importante riforma scolastica quando divenne sommo sacerdote. Difatti, mentre prima i figli venivano educati soprattutto dal padre, mentre le scuole pubbliche erano aperte solo agli adulti[275], egli fu il primo a introdurre le scuole pubbliche per i bambini da sei anni in su[276]. Inoltre sembra, caso raro nella storia, che le scuole fossero aperte anche per le bambine[277]. Questo lascerebbe ipotizzare che la riforma di Gesù b. Gamala avesse creato la necessità di istituire la funzione delle "maestre" per la prima volta nella storia di Giudea e ci consentirebbe di datare il *terminus post quem* della morte di "Maria la Maestra" al 63 d.C., anno in cui Gesù b. Gamala divenne sommo sacerdote. Il *terminus ante quem* della tomba sembra invece essere il 70 d.C., vale a dire la distruzione di Gerusalemme[278]. La datazione più probabile per la morte di "Maria la Maestra" sembra dunque essere tra il 63 e il 70 d.C. (*terminus intra quem*). In effetti sappiamo che Miriam/Marta Boethus morì poco prima della caduta di Gerusalemme nel 70 d.C. Tra le varie iscrizioni sugli ossari, ve n'è anche una relativa a *Matiyahu* ("Matteo" o "Mattia"), che è stato ipotizzato essere un fratello di Gesù[279]. Questa ipotesi tuttavia non convince dal momento che in nessuna fonte paleocristiana viene menzionato un tal "Mattia" come fratello di Gesù. In effetti, abbiamo visto

---

275 *The Babyloniam Talmud (Complete Soncino English Translation)*, p. 471, nota n. 23, reperibile al presso Sitografia n. 9 (visitato il 23/08/2017); cfr. anche p. 4896, nota n. 12, e p. 654, nota n. 38.
276 *Talmud Babilonese*, Mas. Baba Bathra 21a.
277 *Talmud Babilonese*, Mas. Shabbath 12a.
278 Cfr. Sitografia n. 11, visitato il 23/08/2017.
279 *ibid.*

come "Mattia, figlio di Boethus" possa essere un fratello di Maria/Marta Boethus, il quale morì anch'egli poco prima della disfatta di Gerusalemme insieme a tre dei suoi figli[280]. In alternativa, se Mattia figlio di Boethus non fosse figlio di Nicodemo, ma nipote di una figlia di Simone Boethus e di Mattia figlio di Teofilo, allora questo Mattia potrebbe essere figlio di un cugino di Gesù. Insomma molti dei personaggi presenti nella tomba di Talpiot sembrano corrispondere con la famiglia di Gesù b. Gamala, anche da un punto di vista cronologico. Nella seguente tabella possiamo riassumere la nostra proposta identificativa:

Tomba di Talpiot	Famiglia di Gesù b. Gamala
Gesù, figlio di Giuseppe (morto prima del 70 d.C.)	*Gesù da Gamala* (morto nel 68 d.C.)
Giuseppe, fratello di Gesù (morto prima del 70 d.C.)	*Giuseppe, fratello di Gesù da Gamala* (forse morto poco prima del 63 d.C.)
Giacomo, fratello di Gesù (morto prima del 70)	(nessun dato)
Marta e *Maria* (morte prima del 70 d.C. o tra il 63 e il 70 se si considera "Maria la Maestra")	*Marta "Boethus"* e *Maria "Boethus"*, mogli di *Gesù da Gamala* (morte nel 69-70 d.C.)
Mattia (morto prima del 70 d.C.)	*Mattia "Boethus", fratello di Marta e Maria* (morto nel 69-70 d.C.)
Maria	(nessun dato)
Giuda, figlio di Gesù	(nessun dato)

Come si può notare, tutti i dati che abbiamo a nostra disposizione sulla famiglia di Gesù b. Gamala corrispondono perfettamente con i dati delle iscrizioni degli ossari di Talpiot, sospettata di essere la tomba di Gesù Cristo. Se la tomba di Talpiot fosse la tomba di Gesù b. Gamala, allora ne risulterebbe che egli avesse anche un fratello di nome Giacomo, una madre o una sorella di nome Maria e un figlio di nome Giuda. A tal proposito, bisogna notare che Giuda era anche il nome del figlio di Giacomo il Giusto. Secondo la legge ebraica, il primo figlio nato da un matrimonio

---

280 GG V, 527.

leviratico deve essere considerato, per legge, figlio del fratello defunto. Di conseguenza può essere possibile che Giuda possa essere stato il primo figlio nato tra Marta e Gesù b. Gamala. In questo caso, nonostante Giuda fosse a tutti gli effetti figlio di Gesù b. Gamala, egli sarebbe stato considerato anche figlio di suo fratello Giacomo. Se così fosse, allora il Giuda della tomba di Talpiot potrebbe davvero essere il figlio di Gesù, sebbene per legge fosse considerato anche il figlio di suo fratello Giacomo, in accordo con le fonti paleocristiane. Tutto questo avvalorerebbe ancora di più l'ipotesi dell'identificazione di Gesù Cristo con Gesù b. Gamala. L'unico ostacolo a questa teoria sarebbe il fatto che Giuda, figlio di Giacomo, risulti essere ancora in vita all'inizio del II sec. d.C. Dunque questa identificazione potrebbe essere vera solo a condizione che Giuda si fosse fatto seppellire nella tomba di Talpiot agli inizi del II sec. d.C. oppure se le fonti paleocristiane abbiano fatto confusione con le date.

Abbiamo detto che Gesù b. Gamala fu il primo a istituire la scuola per i bambini e le bambine da 6 anni in su. In effetti nel Nuovo Testamento troviamo un grande interesse di Gesù nei confronti dei bambini:

Allora Gesù chiamò a sé un bambino, lo pose in mezzo a loro e disse: «In verità vi dico: *se non vi convertirete e non diventerete come i bambini*, non entrerete nel regno dei cieli. Perciò chiunque diventerà piccolo come questo bambino, sarà il più grande nel regno dei cieli. *E chi accoglie anche uno solo di questi bambini in nome mio, accoglie me.* […] *Guardatevi dal disprezzare uno solo di questi piccoli*, perché vi dico che i loro angeli nel cielo vedono sempre la faccia del Padre mio che è nei cieli[281].

Allora *gli furono portati dei bambini* perché imponesse loro le mani e pregasse; ma i discepoli li sgridavano. Gesù però disse loro: «*Lasciate che i bambini vengano a me*, perché di questi è il regno dei cieli». E dopo avere imposto loro le mani, se ne partì[282].

Chi scandalizza uno di questi piccoli che credono, è meglio per lui che gli si metta una macina da asino al collo e venga gettato nel mare[283].

Voi mi chiamate Maestro e Signore e dite bene, perché lo sono[284].

---

281 Mt 18, 2-5 e 10; cfr. Mc 9, 42 e Lc 17, 2.
282 Mt 19, 13-15; cfr. Mc 10, 14-15 e Lc 18, 16-17.
283 Mc 9, 42.
284 Gv 13, 3.

Da quanto emerge, sia Gesù Cristo sia Gesù b. Gamala dedicano una grande importanza ai bambini; oltre a ciò non bisogna dimenticare che Gesù è proprio un *rabbi*, un maestro autorizzato, e da quanto si evince dai vangeli accade spesso che molti genitori portino i propri bambini da Gesù[285]. Dunque non ci sarebbe da stupirsi se anche Marta, sua moglie, fosse stata una "Maestra". In effetti, stando al *Talmud*, sarebbe stata proprio lei a far eleggere Gesù sommo sacerdote. Questo potrebbe indicare una comunione politica d'intenti tra Gesù b. Gamala e sua moglie Marta. Un ultimo appunto va fatto alla definizione "b. Yosef" attribuita a Gesù nella tomba di Talpiot. Difatti nel Cap. I abbiamo ipotizzato che Gesù fosse considerato un figlio illegittimo e, come tale, privo di patronimico. Se la tomba di Talpiot fosse veramente il sepolcro della famiglia di Gesù, allora questo potrebbe indicare che Giuseppe avesse accettato Gesù come figlio legittimo; in alternativa, la dicitura "b. Yosef" potrebbe indicare che Giuseppe fosse solamente suo padre putativo. Potrebbe anche essere possibile che solo i parenti di Gesù – che probabilmente conoscevano l'identità di suo vero padre – e i suoi seguaci fossero soliti definirlo "b. Yosef", mentre sarebbe stato conosciuto presso il popolo solo come "b. Gamala" o come "figlio di Maria". Tuttavia, non bisogna nemmeno dimenticare l'eventualità secondo cui Giuseppe fosse legittimamente stato padre di Gesù e marito di Maria. La situazione, dunque, rimane incerta e ci potrebbe costringere a differenziare il patronimico utilizzato a livello familiare da quello legittimamente in uso a livello formale e/o popolare.

Una proposta identificativa come quella esposta in questo capitolo apre indubbiamente numerosi interrogativi e perplessità che necessitano di approfondimenti e di risposte. Tra le obiezioni più importanti, si potrebbe notare che, in tutta la documentazione cristiana ed extra-cristiana in nostro possesso, non si fa nessuna menzione esplicita di attività correlate a Gesù Cristo dopo l'episodio della supposta "resurrezione" conseguente al processo e alla condanna sotto Ponzio Pilato.

Per rispondere a questa importante obiezione, bisogna considerare che la maggior parte, se non la totalità, dei testi paleocristiani giunti fino a noi appartengono alla sfera del pensiero paolino. Nel presente capitolo abbiamo visto come in *Antichità Giudaiche* XX, 213-14 sembri esservi uno scontro armato tra la fazione di Gesù b. Gamala e quella di Costobaro e Saulo, personaggio che nel Cap. XII ipotizzeremo essere proprio il Saulo

---

285 Lc 18, 5 e paralleli.

del Nuovo Testamento, meglio noto come Paolo di Tarso. Bisognerebbe interrogarsi cosa portò la fazione di Gesù a scontrarsi con quella di Suolo. Prima di tutto, bisogna considerare che Paolo sembrerebbe non aver conosciuto mai Gesù negli anni '30, dal momento che all'epoca non era ancora un suo seguace. Al momento della supposta morte di Gesù il Cristianesimo non esisteva ancora e Gesù doveva apparire come un martire israelita agli occhi dei suoi seguaci. Attorno a lui si era creata una comunità di "discepoli" nel senso originario della parola, vale a dire una congrega di persone che si riunivano per ascoltare gli insegnamenti di un *rabbi*. Dopo che Gesù, creduto morto, fu costretto a un lungo esilio, lontano dalle scene politiche e religiose del periodo, il suo successore divenne suo fratello Giacomo, il quale sembrerebbe il capo di una piccola comunità di carattere politico-religioso.

> "I discepoli dissero a Gesù: "Sappiamo che tu ci lascerai. Chi sarà la nostra guida allora?" Gesù rispose: "Ovunque siate, *andate da Giacomo il Giusto*, per amore del quale sono stati fatti il cielo e la terra"[286].

Anche Epifanio di Salamina definisce Giacomo *"il primo degli uomini a cui il Signore affidò il suo trono sulla terra"*[287].
È in questo periodo che Paolo iniziò a perseguitare i seguaci di Giacomo[288], fino al momento della sua presunta conversione. In effetti Paolo non si convertì mai ai precetti della comunità di Giacomo, ma riformò a modo suo tutti gli insegnamenti fino a divenire il capo di una comunità autonoma. Il carattere violento di Paolo si evince non solo dagli *Atti degli apostoli*, ma anche dalla descrizione che ne fa Flavio Giuseppe (cfr. Cap. XI).
Giacomo si caratterizzava per una assoluta dedizione verso la Torah e l'osservanza della legge, inoltre faceva assoluto divieto di mescolarsi con i Gentili (i non Ebrei). Paolo, dal canto suo, negava la validità della Torah e non faceva osservanza delle leggi[289]; inoltre si mescolava tra i Gentili e sembrerebbe essere il responsabile della deificazione di Gesù, dal momento che egli fu il primo a definirlo "dio"[290]. In effetti nei vangeli

---

286 Vangelo di Tommaso, 12.
287 Epifanio, *Contro le eresie*, 78, 7, 7.
288 Atti 8, 3.
289 Gal 2, 11-16.
290 Tit 2, 13.

Gesù non afferma mai di essere divino, ma si definisce sempre "figlio dell'uomo". Anche l'idea di Gesù come un agnello sacrificale morto per redimere l'umanità dai suoi peccati sembrerebbe essere una costruzione teologica paolina, dal momento che queste parole contrastano con le idee espresse nell'Antico Testamento[291]. Considerato che Gesù nominò esplicitamente Giacomo il Giusto come suo successore, è lecito pensare che i due avessero una affinità di idee e di pensiero. Da quanto risulterebbe dai vangeli, invece, Gesù avrebbe violato spesso le leggi ebraiche, comportamento, questo, in netto contrasto con le ideologie di suo fratello Giacomo. Probabilmente questo apparente disaccordo tra Gesù e Giacomo il Giusto non è storicamente veritiero, ma riflette il contrasto tra Paolo e Giacomo. Difatti Paolo avrebbe attribuito le proprie idee a Gesù, al fine di farle accettare ai suoi seguaci. Se così non fosse, non si capirebbe perché Giacomo il Giusto veniva considerato il legittimo successore di Gesù, dal momento che sarebbero stati in disaccordo su molte questioni.

La comunità retta da Paolo crebbe in pochissimi anni in maniera così esponenziale da raggiungere, sulla soglia del 60 d.C., gran parte della estesissima *Res Publica Romana*.

Ma Giacomo il Giusto sembra non essere l'unico avversario politico e religioso di Paolo. Difatti nella *Lettera ai Galati* Paolo accusa Simon Pietro di ipocrisia e rompe i rapporti con lui[292], ma anche con l'ebraismo poiché, poco più avanti, dichiara superata la legge di Mosè[293], predicata invece da Giacomo e, verosimilmente, dall'insegnamento originale di Gesù, epurato dal revisionismo paolino. Anche nella *Prima lettera ai Corinzi* si parla di divisioni tra i fedeli convertiti da Pietro e i fedeli convertiti da Paolo[294]. Dalla *Seconda lettera ai Corinzi* si deduce invece che Paolo venne accusato, da parte della comunità cristiana, potremmo dire, "originale", di ambizione[295], di dichiararsi apostolo, pur non essendolo – tanto che nella sua apologia definisce ironicamente Giacomo e Pietro e i loro collaboratori "superapostoli", "falsi apostoli", "operai fraudolenti" etc. –, di aver creato un proprio vangelo (fatto che ammetterebbe lo stesso Paolo nell'*incipit* della *Lettera ai Galati*), deviando

---

291 Cfr. Ez 18, 20.
292 Cfr. Gal 2, 11-14.
293 Cfr. Gal 2, 16-21; ma cfr. anche i restanti capitoli della lettera.
294 Cfr. 1Co 1, 10-15.
295 Cfr. 2Co 10, 12-18.

dall'insegnamento originale[296]. Gli episodi evangelici dove Gesù rimprovera Simon Pietro, definendolo "satana" (cfr. Mc 8, 33), dove Pietro rinnega Gesù (Lc 22, 54-62) e, ancora, dove Gesù rinnega la sua famiglia (Mc 3, 31-34), potrebbero nascondere la polemica di Paolo di Tarso contro Pietro, Giacomo e l'intera famiglia di Gesù, dal momento che i vangeli – e probabilmente anche tutte o alcune lettere – vennero scritti dai seguaci di Paolo.

Vi era dunque un forte contrasto tra la comunità retta da Giacomo e Simone e quella creata da Paolo, tanto che le due entrarono in aperto conflitto. Secondo i *Riconoscimenti pseudoclementini* Paolo, acceso dall'ira, si rese autore di una grave aggressione fisica nei confronti di Giacomo, il quale venne spintonato giù dalla scalinata del Tempio, causandogli la frattura di entrambe le gambe[297]. In effetti Paolo risulta essere parente di Agrippa II (cfr. Cap. XI), il quale nel 62 d.C. pose come sommo sacerdote Anano, che, forse non a caso, condannò a morte Giacomo il Giusto[298]. È dunque probabile che fosse Paolo il vero mandante dell'esecuzione di Giacomo il Giusto. Fu proprio in questo periodo, vale a dire dopo la morte di Giacomo, successore di Gesù, che compare sulla scena Gesù b. Gamala, mai menzionato prima di questa vicenda. Sembra dunque che Gesù, il quale aveva deciso, dopo gli sciagurati eventi accaduti sotto Pilato, di ritirarsi definitivamente dalla vita religiosa e politica, dopo la morte di suo fratello Giacomo sia stato costretto dagli eventi a riapparire pubblicamente, prendendo in mano le redini della situazione. Insomma, sarebbe stato proprio l'omicidio del fratello a convincere Gesù a tornare sulla scena politica. È naturale pensare che si fosse schierato contro Paolo, dal momento che non solo aveva demolito i principî sopra i quali Gesù e Giacomo avevano fondato la loro umile comunità, ma, probabilmente, si era addirittura insanguinato le mani dell'omicidio di suo fratello Giacomo, avendo almeno parte della responsabilità della sua morte.

È proprio questo punto della storia che Flavio Giuseppe ci parla dello scontro armato tra la fazione di Gesù b. Gamala e quella di Saulo/Paolo di Tarso, scontro in cui entrarono in gioco anche Gesù b. Damneo e Anania, come riferisce sempre Flavio Giuseppe. Negli *Atti degli apostoli* troviamo menzione di questo scontro nel litigio, descritto da Luca, intercorso tra

---

296 Cfr. 2Co 11, 1-5, etc.
297 R. Eisenman, *op. cit.*, p. 46-53; cfr. anche R. Eisenman, *Giacomo il fratello di Gesù*, Piemme, Casale Monferrato (AL) 2008.
298 AG XX, 200.

Paolo e Anania[299]. Nel breve periodo del suo sommo sacerdozio Gesù applicò una serie di riforme che non dovettero piacere a Paolo. Difatti, come abbiamo visto sopra, Gesù istituì le scuole anche per le bambine creando, verosimilmente, la figura istituzionale della maestra.

La stessa moglie di Gesù sarebbe stata, come abbiamo visto, una "Maestra". Da quanto emerge dal Nuovo Testamento, sembrerebbe che Paolo – o, come crediamo più verosimile, un suo seguace – si sarebbe scagliato fortemente contro questa riforma politica[300]. Scrive infatti:

> *Non concedo a nessuna donna di insegnare*, né di dettare legge all'uomo; piuttosto se ne stia in atteggiamento tranquillo. Perché prima è stato formato Adamo e poi Eva; e non fu Adamo a essere ingannato, ma fu la donna che, ingannata, si rese colpevole di trasgressione. Essa potrà essere salvata partorendo figli, a condizione di perseverare nella fede, nella carità e nella santificazione, con modestia[301].

> Voi, mogli, state sottomesse ai mariti, come si conviene nel Signore[302].

> [le donne] … a essere prudenti, caste, dedite alla famiglia, buone, sottomesse ai propri mariti, perché la parola di Dio non debba diventare oggetto di biasimo[303].

> Come in tutte le comunità dei fedeli, *le donne nelle assemblee tacciano* perché non è loro permesso parlare; stiano invece sottomesse, come dice anche la Legge[304].

> E infatti non l'uomo deriva dalla donna, ma la donna dall'uomo; né l'uomo fu creato per la donna, ma la donna per l'uomo[305].

---

299 Atti 23.

300 Naturalmente, per sostenere questa teoria contestiamo la datazione canonica delle lettere di Paolo, nonché l'attribuzione all'apostolo della maggior parte o della totalità di queste lettere. Preferiamo tuttavia non trattare la questione in questa sede.

301 1Ti 2, 12; da notare che la menzione delle "donne insegnanti" può indicare che la lettera sia stata redatta dopo la riforma di Gesù b. Gamala. La questione della datazione delle lettere e della loro eventuale attribuzione a Paolo sarà trattata in altra sede.

302 Col 3, 18.

303 Tit 2, 5.

304 1Co 14, 34.

305 1Co 18, 11.

Se vogliono imparare qualche cosa, interroghino a casa i loro mariti, perché è sconveniente per una donna parlare in assemblea. Forse la parola di Dio è partita da voi? O è giunta soltanto a voi?[306]

Le mogli siano sottomesse ai mariti come al Signore; il marito infatti è capo della moglie, come anche Cristo è capo della Chiesa, lui che è il salvatore del suo corpo. E come la Chiesa sta sottomessa a Cristo, così anche le mogli siano soggette ai loro mariti in tutto[307].

L'uomo non deve coprirsi il capo, poiché egli è immagine e gloria di Dio; la donna invece è gloria dell'uomo. E infatti non l'uomo deriva dalla donna, ma la donna dall'uomo; né l'uomo fu creato per la donna, ma la donna per l'uomo. Per questo la donna deve portare sul capo un segno della sua dipendenza...[308].

Giudicate voi stessi: *è conveniente che una donna faccia preghiera a Dio col capo scoperto?* Non è forse la natura stessa a insegnarci che è indecoroso per l'uomo lasciarsi crescere i capelli, mentre è una *gloria per la donna lasciarseli crescere? La chioma le è stata data a guisa di velo*[309].

Con tutta probabilità Paolo di Tarso – o un suo seguace che scrisse la lettera, attribuendola pseudo-epigraficamente all'apostolo – si riferisce proprio alla moglie di Gesù, quando condanna tutte le donne che insegnano, proibendo a tutte le donne della sua comunità di applicare la riforma inaugurata da Gesù. Lo stesso vale anche per il riferimento ai capelli, divenuto quasi proverbiale negli scritti rabbinici quando si parla di Marta e Maria Boethus. Difatti potrebbe esserci un collegamento tra i capelli strappati di Marta e Maria nelle vicende talmudiche e il disprezzo per le donne coi capelli corti da parte di Paolo di Tarso.
Paolo approfittò dell'assenza di Gesù tra gli anni '30-'60 per creare un culto religioso sulla sua figura; ma al ritorno di Gesù nel 63 d.C. il Cristianesimo si era già trasformato in un fenomeno talmente dirompente da essere divenuto ormai incontrollabile, essendo già approdato con successo a Roma, la capitale della *Res Publica Romana*. Considerata l'aperta guerriglia che si era venuta a creare con la comunità gestita a

---

306 1Co 14, 35.
307 Ef 5, 22.
308 1Co 11, 7.
309 1Co 11, 13-15.

Gerusalemme da Gesù, Paolo dovette rinnegare l'identità di Gesù b. Gamala, affermando che si trattava di un truffatore. In effetti Paolo non aveva mai conosciuto Gesù prima d'ora; inoltre, essendo passati almeno trent'anni dalla sua scomparsa, egli dovette apparire molto mutato nell'aspetto esteriore. D'altronde, accaddero già molte volte casi in cui perfetti sconosciuti si fingevano personalità importanti al fine di guadagnare gloria, successo e potere. Famoso era, presso gli Ebrei, il caso del "falso Alessandro", raccontato in *Antichità Giudaiche* da Flavio Giuseppe:

> Disposti in tal modo questi affari da Cesare, apparve un giovane giudeo di nascita, ma educato nella città di Sidone da un liberto romano, che *si presentò come parente di Erode per la somiglianza nei lineamenti fisici che aveva con Alessandro, il figlio di Erode* che era stato ucciso da lui: si trattava di una somiglianza riconosciuta da coloro che avevano visto Alessandro. [...] La ragione è che credevano alle sue storie garantite dalla sua somiglianza fisica, tanto che anche in coloro che avevano conosciuto bene Alessandro, egli ispirava piena fiducia: era la stessa persona, non altri; anche costoro giuravano a quanti lo circondavano che lui era la stessa persona[310].

Flavio Giuseppe continua raccontando come il "falso Alessandro", nonostante inizialmente fosse riuscito a ingannare tutti, ottenendo molto denaro e privilegi, alla fine fu smascherato da Cesare, il quale scoprì che si trattava solamente di un complotto ben organizzato[311].

Dal momento che episodi simili a questo erano ancora vividi nell'immaginario popolare, tanto da essere addirittura ricordati da Flavio Giuseppe, è possibile che Paolo avesse cercato di asserire che Gesù b. Gamala non fosse veramente Gesù, ma un "falso profeta", tanto che i suoi seguaci attribuirono nei vangeli queste parole a Gesù:

> *Guardatevi dai falsi profeti che vengono a voi in veste di pecore, ma dentro son lupi rapaci*[312].

> Guai quando tutti gli uomini diranno bene di voi. Allo stesso modo infatti facevano i loro padri *con i falsi profeti*[313].

---

310 AG XVII, 324-329.
311 AG, XVII, 337.
312 Mt 7, 15.
313 Lc 6, 26.

E il diavolo, che li aveva sedotti, fu gettato nello stagno di fuoco e zolfo, dove sono anche la bestia e *il falso profeta: saranno tormentati giorno e notte per i secoli dei secoli*[314].

Verrà giorno, infatti, in cui non si sopporterà più la sana dottrina, ma, per il prurito di udire qualcosa, *gli uomini si circonderanno di maestri secondo le proprie voglie, rifiutando di dare ascolto alla verità per volgersi alle favole*[315].

È lui che ha dato alcuni come apostoli, altri come profeti, altri come evangelisti, altri come pastori e dottori [...] *affinché non siamo più come bambini sballottati e portati qua e là da ogni vento di dottrina per la frode degli uomini, per l'astuzia loro nelle arti seduttrici dell'errore*[316].

Gesù rispose: «Guardate che nessuno vi inganni; *molti verranno nel mio nome, dicendo: Io sono il Cristo, e trarranno molti in inganno*. Sentirete poi parlare di *guerre e di rumori di guerre*. Guardate di non allarmarvi; è necessario che tutto questo avvenga, ma non è ancora la fine. Si solleverà popolo contro popolo e regno contro regno; vi saranno carestie e terremoti in vari luoghi; ma tutto questo è solo l'inizio dei dolori. Allora vi consegneranno ai supplizi e vi uccideranno, e sarete odiati da tutti i popoli a causa del mio nome. Molti ne resteranno scandalizzati, ed essi si tradiranno e odieranno a vicenda. *Sorgeranno molti falsi profeti e inganneranno molti;* per il dilagare dell'iniquità, l'amore di molti si raffredderà. Ma chi persevererà sino alla fine, sarà salvato[317].

In quest'ultimo passo il riferimento a Gesù b. Gamala appare ancora più evidente. "Molti verranno nel mio nome, dicendo: "Io sono il Cristo, e trarranno molti in inganno" si potrebbe riferire a Gesù b. Gamala che, tornato nel 63 d.C., affermò di essere lui Gesù Cristo, convincendo verosimilmente parte dei seguaci della fazione di suo fratello Giacomo. "Sentirete parlare di guerra e di rumori di guerre" si riferirebbe invece alle parole di Gesù b. Gamala che, come vedremo nell'Appendice n. 1, si batté cercando di convincere zeloti e Idumei a non intraprendere la guerra contro i Romani. "Si solleverà popolo contro popolo e regno contro regno" è un chiaro riferimento alla guerra giudaica, mentre le allusioni ai "terremoti" e

---

314 Ap 20, 10.
315 2Ti 4, 3-4.
316 Ef 4, 11-14.
317 Mt 24, 4-13.

alle "carestie" si riferiscono a episodi accaduti sempre durante la guerra del 70 d.C. Grazie a questo riferimento cronologico riusciamo a datare l'avvento del "falso profeta" a poco prima di questa data, periodo che coincide perfettamente con l'attività di Gesù b. Gamala. "Sorgeranno molti falsi profeti e inganneranno molti" con tutta probabilità i molti che saranno ingannati sono alcuni seguaci di Giacomo che crederanno all'identificazione di Gesù b. Gamala con Gesù Cristo.

Con la morte di Gesù b. Gamala, avvenuta a distanza di soli 5 anni dal suo ritorno, il movimento paolino trionfò definitivamente, da qui i numerosi riferimenti alla sconfitta del falso profeta. È possibile che la stragrande maggioranza dei cristiani, convertita dopo gli anni '30 e che non conobbe mai Gesù Cristo, si sia lasciata sedurre dalle parole di Paolo, tanto che l'avvento di Gesù b. Gamala non passò mai come il ritorno di Gesù Cristo, ma solamente come l'inganno di un falso profeta. Chissà se il ritorno di Gesù sotto le vesti di Gesù b. Gamala non abbia creato l'idea dell'attesa del ritorno del vero Gesù Cristo.

Per concludere, abbiamo visto come il Nuovo Testamento, se sottoposto a uno sguardo attento e meticoloso, sembrerebbe alludere velatamente in più passi a Gesù b. Gamala; sembrerebbe inoltre esserci stato uno scontro tra fazioni cristiane nella quale prevalse quella ostile a Gesù b. Gamala, o perché non riconoscevano in lui lo stesso Gesù creduto morto sotto Pilato o perché i processi teologici sulla figura di Gesù accrebbero così prepotentemente che l'aspetto carnale del Cristo perse completamente importanza a favore di quello celeste e spirituale. Scrive infatti a tal proposito Paolo di Tarso:

> [...] ormai noi non conosciamo più nessuno secondo la carne; e anche se abbiamo conosciuto Cristo secondo la carne, ora non lo conosciamo più così[318].

Per concludere, ripercorriamo in breve i capisaldi dell'identificazione tra Gesù Cristo e Gesù b. Gamala che abbiamo esposto in questo capitolo:

1) entrambi si chiamano Gesù;
2) entrambi sono caratterizzati da un'assenza di un patronimico, evidenza, questa, che potrebbe designare come entrambi fossero considerati di padre incerto o ignoto;

---

318 2Co 5, 16.

3) entrambi sembrano essere associati alla città di Gamala e provenire dalla Galilea (cfr. Cap. V);

4) entrambi sono parenti di Onia Nicodemo Boethus e di suo fratello Giuseppe;

5) entrambi hanno conosciuto intimamente Marta e Maria Boethus (Gesù b. Gamala sposerebbe Maria e/o Marta, mentre Gesù Cristo, secondo il vangelo, "gli voleva molto bene");

6) entrambi risultano avere un fratello di nome Giuseppe;

7) entrambi hanno un fratello che muore prima del 63 d.C.

8) Giacomo il Giusto, fratello di Gesù Cristo, sembra essere stato sepolto nella tomba della moglie di Gesù b. Gamala;

9) Giacomo il Giusto potrebbe essere stato il primo marito di Marta, nonché il genero di Nicodemo, e Nicodemo sembra essere stato un seguace di Giacomo il Giusto;

10)   Gesù b. Gamala fa la sua comparsa subito dopo l'assassinio di Giacomo, fratello di Gesù Cristo;

11)   Gesù b. Gamala ha un figlio con Marta di nome Lazzaro e Gesù Cristo avrebbe uno zio di nome Lazzaro (cfr. Cap. I); inoltre Lazzaro è anche il nome del fratello di Marta;

12)   entrambi sembrano appartenere alla famiglia "Boethus";

13)   il detto di Gesù relativo al cammello sembra essere un riferimento dell'evangelista all'aforisma talmudico su Gesù b. Gamala;

14)   entrambi presentano una coerenza linguistica e di pensiero[319];

15)   entrambi sembrerebbero essere stati dei sacerdoti;

16)   Gesù b. Gamala sembra aver avuto dissidi con Paolo e Paolo sembra parlare male di Gesù b. Gamala e di sua moglie nelle sue opere;

---

319 Per quanto riguarda il pensiero, ci riferiamo al fatto che nei vangeli Gesù invitasse gli Ebrei a pagare le tasse a Cesare, così come anche Gesù b. Gamala sembra essere filo-romano. Preferiamo non discutere in questa sede l'ipotesi secondo cui Gesù sarebbe stato arrestato negli anni '30 per una possibile rivolta attuata o progettata. Facciamo tuttavia notare che, nel caso questa interpretazione fosse corretta, allora dovremmo ipotizzare una maturazione politica di Gesù in vecchiaia: da giovane rivoluzionario, opposto al sistema, a sommo sacerdote e vecchio riformista. Se questa interpretazione fosse corretta, Gesù, dopo aver rischiato la morte con la crocifissione, potrebbe, da anziano, aver cambiato strategia, decidendo di riformare la società dall'interno, invece che con la forza delle armi.

17)   entrambi dedicano una grande importanza ai bambini (Gesù Cristo mostra un notevole interesse per i bambini e Gesù b. Gamala apre le scuole per bambini e bambine, sposando anche, probabilmente, un'insegnante);

18)   la tomba di Talpiot, considerata la tomba di Gesù Cristo, corrisponde perfettamente anche con la tomba di Gesù b. Gamala.

All'inizio del capitolo abbiamo detto che anche Gesù, esattamente come Gesù b. Gamala, sembra provenire dalla città di Gamala. Nel prossimo capitolo approfondiremo questa affermazione, dal momento che lo studio della vera patria di Gesù è di fondamentale importanza per la ricerca storica in generale e per l'identificazione con Gesù b. Gamala in particolare.

CAPITOLO V
NAZARET, LA VERA PATRIA DI GESÙ?

Nel Cap. IV abbiamo accennato al fatto che la patria di Gesù sembrerebbe non essere Nazaret, ma Gamala. In questo capitolo approfondiremo brevemente questa affermazione.

1. La città di Nazaret

In tutto il Nuovo Testamento, la città di Nazaret viene menzionata solo nei quattro vangeli e negli *Atti degli apostoli*, per un totale di 13 occorrenze[320]. Essa non viene mai menzionata né da Flavio Giuseppe, né dagli scritti rabbinici, né da nessun altro storiografo dell'epoca. Nel 1955 furono eseguiti degli scavi nei dintorni della moderna Nazaret da parte di padre Bellarmino Bagatti (1905-1990), i cui risultati sono documentati nella pubblicazione *Gli scavi di Nazaret I, dalle origini al secolo XII*[321]. Gli unici oggetti risalenti al I secolo sembrano essere soltanto alcuni epitaffi e reperti tombali:

> In quest'opera è riportato che "*attestazioni archeologiche di vita nel posto sono le tombe del periodo medio del Bronzo e, come resti di abitazioni, dal periodo medio del Ferro fino a noi*". Nelle tombe sono stati ritrovati vari oggetti di vita quotidiana quali ceramiche, pietre lavorate, cocci di vasi, ecc... Complessivamente sono stati individuati poco più di venti sepolcri, da certi particolari si può datare uno di questi attorno al 200 a.C. Cronologicamente è attestata la presenza di tombe della media età del bronzo (2.000-1.500 a.C.), di silos con ceramiche della media età del ferro (900-539 a.C.), dopodiché, ininterrottamente, risultano ceramiche e

---

320 Cfr. Mt 2, 23; Mt 4, 13; Mt 21, 11; Mc 1, 9; Lc 1, 26; Lc 2, 4; Lc 2, 39; Lc 2, 51; Lc 4, 16; Gv 1, 45; Gv 1, 46; Atti 2, 22; Atti 10, 38.
321 Bagatti B., *Gli scavi di Nazaret I, dalle origini al secolo XII*, OFM Press, Gerusalemme 1967; ma si confronti anche J.D. Crossan, *The Historical Jesus*, Harper Collins, San Francisco 1991, pp. 15-16; R. Horsley, *Galilea. Storia, politica, popolazione*, Paideia, Brescia 2006, pp. 252-253; J.P. Meier, *op. cit.*, Queriniana, Brescia 2006, p. 267, nota 77; J. Gnilka, *Jesus von Nazaret. Botschaft und Geshichte*, Verlkag Herder, Freiburg,1991.

costruzioni del periodo ellenistico (332-63 a.C.), fino ai tempi moderni. I resti delle occupazioni più antiche sono, tuttavia, piuttosto limitati, mentre i resti del periodo ellenistico sono di gran lunga più ampi.

La distribuzione dei sepolcri può essere utilizzata per stabilire i confini della città antica, infatti la legge ebraica stabilisce che le sepolture non possono essere collocate all'interno di un centro abitato. La presenza di antiche tombe nell'attuale città potrebbe indurre a pensare che anticamente nessun villaggio o città ebraica sorgesse nelle vicinanze di queste, quindi nell'attuale zona in cui Nazaret è edificata, tuttavia il *Talmud* afferma che la distanza minima tra il confine di una città e le tombe più vicine deve essere pari a 50 *ammot* soltanto. Poiché 50 *ammot* corrispondono all'incirca a 50 cubiti romani, tale distanza era soltanto di 22 metri, dunque relativamente esigua. Del resto tra il muro di confine dell'insediamento di Khirbet Qumran e la tomba più vicina a esso nel cimitero principale contenente 1100 tombe intercorrono soltanto 27 metri, sebbene Khirbet Qumran fosse abitata da Ebrei osservanti[322].

Altri scavi furono condotti negli anni '50 da Bagatti (1955-62) che, risalente al I sec. d.c., rinvenne unicamente reperti tombali, epigrafi, silos e cisterne, oltre ai resti di un probabile e controverso edificio religioso, probabilmente databile al II-III sec. d.C. I silos e le cisterne apparterrebbero invece al I sec. d.C., il che potrebbe dimostrare l'esistenza di un piccolissimo villaggio rurale, stimato a meno di 500 abitanti secondo R. Horsley[323]. La Nazaret dei vangeli viene invece definita πόλις *(pólis)*, "città",[324] e non villaggio. Infatti per indicare questi piccoli borghi in greco esistono termini più tecnici, come il sostantivo κώμη *(kòme)*, impiegato all'incirca una settantina di volte nella *Septuaginta* e 27 volte nel Nuovo Testamento[325], dove si fa spesso distinzione tra "città" (πόλις) e "villaggio" (κώμη). Tuttavia, come fa giustamente notare G. Bastia, questa corrispondenza non è sempre, rigidamente rispettata[326]. Quanto meno, si potrebbe considerare questo dato come un indizio del fatto che la Nazaret

---

322 Sitografia n. 46 di G. Bastia, visitato il 29/08/2017; a proposito di questo autore invitiamo a leggere anche l'ottimo lavoro svolto in Sitografia n. 47, visitato il 29/08/2017.

323 R. Horsley, *Galilea. Storia, politica, popolazione*, Paideia, Brescia 2006, pp. 252-253. Tale cifra sembrerebbe invece essere stata gonfiata da J. P. Meier.

324 Cfr. Mt 2, 23; Lc 1, 26.

325 Cfr. Mt 9, 35; Mt 10, 11; Lc 8, 1; 13, 22 etc.

326 Cfr. Sitografia n. 46. visitato il 29/08/2017.

dei vangeli potesse essere una città, e non un villaggio. Tuttavia, nel vangelo di Giovanni viene riferita una frase che farebbe pensare che Gesù fosse nato davvero in un piccolo villaggio:

Filippo incontrò Natanaèle e gli disse: "Abbiamo trovato colui del quale hanno scritto Mosè nella Legge e i Profeti, Gesù, figlio di Giuseppe di Nazaret". Natanaèle esclamò: "*Da Nazaret può mai venire qualcosa di buono?*". Filippo gli rispose: "Vieni e vedi"[327].

La frase "*Da Nazaret può mai venire qualcosa di buono?*" sembrerebbe intendere che Nazaret fosse un villaggio troppo piccolo per poter dare alla luce qualcosa di buono. Tuttavia sarebbero possibili molte altre interpretazioni, apparentemente molto più convincenti di questa. Per es. secondo S. Barbaglia l'aggettivo "*Agathòs*" ("buono", "valente") sembra "richiamare il "*tov*" ebraico, che era una delle designazioni di Yahweh"[328] nell'Antico Testamento. Il significato della frase sarebbe perciò: "*Da Nazaret può mai venire qualcosa di/da Dio?*". In effetti, questa interpretazione si addice meglio al contesto di Gv 1, 45.

La domanda non verte sulla qualità della città, bensì sull'origine del Messia, che non viene per Giovanni né da Betlemme, né da Nazaret, ma dal padre[329].

Nemmeno questo brano di Giovanni sembrerebbe indicare, dunque, che la Nazaret dei vangeli fosse un piccolo villaggio. Infatti, come vedremo tra poco, mentre nella Nazaret dei vangeli era stata edificata una sinagoga, dagli scavi condotti nella Nazaret moderna questa sembra assente. In effetti, è difficile sostenere che un piccolo villaggio, composto da meno di 500 persone, potesse possedere addirittura una sinagoga.
Insomma, gli scavi archeologici condotti sulla Nazaret moderna non sono riusciti a dimostrare l'esistenza di una città, chiamata Nazaret, nel I sec. d.C. Al contrario, hanno testimoniato che in questo luogo sorgeva, al massimo, un piccolo villaggio privo di sinagoga, ma nessun indizio lascia sospettare che proprio Nazaret fosse il nome di questo villaggio.
Tuttavia nel 1962 fu ritrovata, in alcuni scavi condotti a Cesarea Marittima,

---

327 Gv 1, 45-46.
328 Sitografia n. 46, paragrafo 5.1, visitato il 29/08/2017.
329 *ibid.*

una epigrafe in ebraico che sembrerebbe menzionare il nome "Nazaret". Il ritrovamento è stato documentato da M. Avi-Yonah in *A List of Priestly Courses from Cesarea*[330].
Nel dettaglio della seconda riga dell'iscrizione sarebbero riportate quattro lettere parzialmente danneggiate (נצרת) ma comunque abbastanza leggibili: una *tsadi* (suono "TS"), una *resh* (suono "R") e una *taw* (suono "T"). Secondo Avi-Yonah, queste quattro lettere della iscrizione potrebbero essere un riferimento alla città di Nazaret. Tuttavia si tratta pur sempre di una interpretazione e il consenso accademico non è unanime. Infatti la parte destra della lapide è rotta, per cui l'iscrizione potrebbe anche fare riferimento a un nome diverso da Nazaret, come per esempio il toponimo γεννησαρετ (*Gennesarèt*), testimoniato anche nel Nuovo Testamento. L'interpretazione di "Gennesaret" viene tuttavia respinta da G. Bastia[331]. Secondo altre interpretazioni, invece, l'iscrizione potrebbe riportare *ne'tzer taish* ("giovane caprone"), *notzèr taishò* ("custode del suo caprone") *Notzèret* ("guardiana") etc., mentre la lettura "Nazaret" non sarebbe convincente[332]. In ogni caso l'epigrafe non risale al I sec. d.C.; difatti gli studiosi propongono una datazione posteriore al III-IV sec. d.C[333].
Per determinare se la Nazaret dei vangeli corrisponda con la Nazaret moderna, leggiamo la descrizione che ne fanno i vangeli e confrontiamola con i dati che abbiamo a nostra disposizione:

> Si recò a Nazaret, dove era stato allevato; ed *entrò, secondo il suo solito, di sabato nella Sinagoga e si alzò a leggere*. Gli fu dato il rotolo del profeta Isaia; apertolo trovò il passo dove era scritto: "Lo spirito del signore è sopra di me/per questo mi ha consacrato con l'unzione/e mi ha mandato per annunciare ai poveri un lieto messaggio,/per proclamare ai prigionieri la liberazione e ai ciechi la vista;/per rimettere in libertà gli oppressi, e predicare un anno di grazia del signore". Poi arrotolò il volume, lo consegnò all'inserviente e sedette. Gli occhi di tutti nella sinagoga stavano fissi sopra di lui. Allora cominciò a dire: "Oggi si è adempiuta questa

---

330 M. Avi-Yonah, *A List of Priestly Courses from Cesarea*, Israel Exploration Journal, 12, 1962.
331 Cfr. Sitografia n. 46. visitato il 29/08/2017.
332 Cfr. Sitografia n. 48, visitato il 29/08/2017.
333 M. Rigato, *Il titolo della croce di Gesù: confronto tra i Vangeli e la Tavoletta-reliquia della Basilica Eleniana a Roma*, Pontificia Università Gregoriana, Roma 2003, p. 55.

scrittura che voi avete udito con i vostri orecchi". [...] All'udire queste cose, tutti nella sinagoga furono pieni di sdegno; si levarono, *lo cacciarono fuori della città e lo condussero fin sul ciglio del monte sul quale la loro città era situata, per gettarlo giù dal precipizio.* Ma egli passando in mezzo a loro se ne andò. Poi discese a Cafarnao, una città della Galilea[334].

Dall'analisi di questo passo lucano, constatiamo che nella città di Gesù vi era una sinagoga. Inoltre la città si trovava sulla sommità di un monte, il quale doveva scendere a strapiombo, poiché vi era un precipizio dal quale volevano gettare Gesù. Dal vangelo di Marco invece leggiamo:

> Intanto si ritirò presso il mare [ovvero il lago Tiberiade, NdA] con i suoi discepoli e lo seguì con molta folla [...]. Salì poi sul monte, chiamò a sé quelli che egli volle ed essi andarono con lui [...]. Entrò in casa e si radunò attorno a lui molta folla, al punto che non potevano nemmeno prendere cibo. Allora i suoi, sentito questo, uscirono per andare a prenderlo [...]. Giunsero sua madre e i suoi fratelli e, stando fuori, lo mandarono a chiamare [...]. Poi di nuovo si mise a insegnare lungo il mare e si riunì intorno a lui una folla enorme [...][335].

Anche in questo passo del vangelo di Marco si parla di un monte, sopra il quale sembra esserci anche la famiglia di Gesù. Da questo passo si evince che Gesù si reca spesso, anche più volte nell'arco di una giornata, dalla casa dei suoi familiari al lago Tiberiade per predicare. Se ne deduce che la Nazaret dei vangeli dovrebbe essere situata in prossimità del lago[336]. La Nazaret moderna dista invece almeno 25 km dal lago Tiberiade[337]. una distanza eccessiva per essere considerata in prossimità delle sponde del lago.

Continuiamo ad analizzare altri passi del Nuovo Testamento che ci permettono di verificare gli spostamenti di Gesù.

> Terminati questi discorsi, Gesù partì dalla Galilea e *andò nel territorio*

---

334 Lc 4, 16-30.
335 Mc 3, 7 § 4, 1.
336 Tuttavia non eccessivamente adiacente a esso, dal momento che in Mt 4, 13 si dice che Gesù si trasferì da Nazaret a Cafarnao, *"presso il mare"*. Da questo passo sembrerebbe dunque che, al contrario di Cafarnao, Nazaret non fosse propriamente una città marittima. Ciononostante, non doveva nemmeno distare troppo dal lago.
337 La distanza è stata controllata con *Google Earth*.

della Giudea, al di là del Giordano[338].

Lasciata Nazaret, *venne ad abitare a Cafarnao, presso il mare*, nel territorio di Zabulon e di Neftali, *al di là del Giordano*[339].

Secondo questi due passi tratti dal vangelo di Matteo, per andare dalla Galilea alla Giudea e da Nazaret a Cafarnao, bisognerebbe andare "*al di là del fiume Giordano*", e dunque attraversarlo. Se prendessimo come punto di riferimento l'attuale Nazaret e la Galilea, questi passi risulterebbero errati, in quanto, per fare questi due tragitti, non bisogna attraversare il Giordano (si confronti la cartina geografica della Palestina riportata in calce al libro).

Abbiamo detto che, secondo il resoconto lucano, la Nazaret evangelica sarebbe situata sulla cima di un monte nei pressi di un precipizio, il quale si troverebbe poco fuori le mura della città. Come fa notare G. Bastia, nel Nuovo Testamento il termine ὄρος (*óros*), "montagna", ha un significato piuttosto generico e potrebbe indicare tanto una collina quanto una alta montagna; insomma una evidente elevazione del terreno rispetto al territorio circostante. La moderna città di Nazaret sorge in una zona leggermente collinare, sebbene chi si trovi all'interno della città difficilmente potrebbe percepire i vari rilievi come vere e proprie alture. Come si può infatti notare dall'immagine sottostante, tratta da *Google Earth*, sebbene la Nazaret moderna, ripresa da sud guardando verso nord, si trovi in una estesa area collinare, essa non spicca rispetto al territorio circostante.

---

338 Mt 19, 1.
339 Mt 4, 13.

È vero che, all'interno della città, essendo una zona collinare, vi sono vari dislivelli. Tuttavia questi dislivelli difficilmente superano i 100 m, con inclinazioni mai impervie e impraticabili[340]. Sebbene dunque non sia totalmente impossibile che il termine ὄρος potesse essere impiegato per descrivere questa zona collinare, risulta comunque difficile, secondo la nostra opinione, che l'evangelista l'avesse impiegato per descrivere la Nazaret odierna. Affermiamo questo perché l'altura sembra non essere una caratteristica così evidente di questa città, tanto da essere utilizzata per individualizzarla e identificarla. Dal momento che nella città non vi sono alture con inclinazioni tali da generare dei precipizi come quello da cui gli abitanti volevano gettare Gesù, la tradizione ha identificato questo luogo con il *Monte del Precipizio*, situato ca. 2 km a Sud-Est di Nazaret con un'altezza di 488 metri, poco più di 128 m dai punti più bassi della città. Tuttavia è difficile immaginare una scena di furore popolare tale da spingere Gesù per 2 km su questo monte, per poi buttarlo giù. Inoltre, la Nazaret moderna non è edificata su questo monte, mentre secondo Lc 4, 29 la città dove abitava Gesù era collocata sullo stesso monte dal quale lo si voleva gettare.

---

340 Dalle nostre personali rilevazioni effettuate con *Google Earth*, ci sembra che il punto più alto della città non superi i 480 m. La Basilica dell'Annunciazione, uno dei punti più bassi della città, sarebbe invece situata a 360 m.

Riepiloghiamo le caratteristiche principali della Nazaret evangelica e confrontiamole con quelle della Nazaret attuale.

La Nazaret dei vangeli	La Nazaret moderna
La città si trova in Galilea. Difatti, durante il processo, Pilato avrebbe mandato Gesù a essere giudicato da Erode Antipa, tetrarca della Galilea e della Perea[341].	La città si trova in Galilea, sotto la giurisdizione di Antipa.
La città si trova sopra un'altura, non sappiamo quanto elevata, presso la quale vi è un precipizio con un'inclinazione tale da poter uccidere una persona. Dal momento che la città viene identificata per la sua altura, è possibile che essa sia abbastanza rilevante da essere notata come sua caratteristica peculiare.	La città si trova in zona collinare, ma non risalta rispetto al territorio circostante. Si registra un dislivello massimo di 110 metri tra la zona più alta e quella più bassa della città. La città non può essere caratterizzata da un'altura tale da essere connotativa per individuarla.
La città si trova in prossimità del lago Tiberiade, sebbene non giaccia direttamente sulle sue sponde.	La città dista 25 km dal lago.
La città è dotata di una sinagoga del I sec. d.C., dove Gesù era solito insegnare.	L'archeologia non ha mai rinvenuto una sinagoga relativa al I sec. d.C. A questo periodo sembra essere presente solo una piccola comunità rurale di ca. 500 individui. A causa dell'esiguità della popolazione, è difficile sostenere che nel I sec. d.C. ci potesse essere una sinagoga.
La città potrebbe essere – ma non necessariamente – di notevole	La città era un piccolo centro agricolo e rurale. Il termine πόλις

---

341 Lc 23, 7.

estensione, dal momento che viene definita πόλις (pólis), "città".	poteva anche indicare una piccola comunità autonoma di questo tipo.
La città si trova a est del fiume Giordano.	La città di trova a ovest del fiume Giordano.

Per concludere, possiamo affermare che la Nazaret moderna non corrisponda, o corrisponda davvero poco, alla Nazaret menzionata nei vangeli. Addirittura, non è nemmeno certo che nel I sec. d.C. fosse esistita una città o un villaggio di nome "Nazaret". Nel Nuovo Testamento Gesù viene definito Ναζωραῖος/Ναζαρηνός (Nazoraìos/Nazarenós), che secondo alcuni studiosi potrebbero essere titoli settari[342]. Per es., secondo Lidz Gesù si sarebbe formato presso la setta gnostica dei Mandei, che si chiamavano anche Nasareni[343]. È perciò possibile che gli evangelisti abbiano – volutamente o per errore – scambiato un titolo settario per una derivazione geografica.

2. La città di Gamala

Uno dei primi studiosi a identificare la Nazaret dei vangeli con la città di Gamala fu D. Donnini, in Gamala. Il segreto delle origini di Gesù[344]. Leggiamo le caratteristiche di questa città per come ci viene descritta da Flavio Giuseppe:

> Da un'alta montagna si protende infatti uno sperone dirupato il quale nel mezzo s'innalza in una gobba che dalla sommità declina con uguale pendio sia davanti sia di dietro, tanto da rassomigliare al profilo di un cammello; da questo trae il nome, anche se i paesani non rispettano l'esatta pronuncia del nome. Sui fianchi e di fronte termina in burroni impraticabili mentre è un po' accessibile di dietro, dove è come appesa alla montagna; ma anche qui gli abitanti, scavando una fossa trasversale, avevano sbarrato il passaggio. Le case costruite sui ripidi pendii erano fittamente disposte l'una sopra l'altra: sembrava che la città fosse appesa e sempre sul punto di cadere dall'alto su se stessa. Affacciava a mezzogiorno, e la sua sommità

---

342 Cfr. Sitografia n. 47, visitato il 30/08/2017.
343 ibid.
344 D. Donnini, Gamala. Il segreto delle origini di Gesù, Coniglio Editore, Roma 2010.

meridionale, elevandosi a smisurata altezza, formava la rocca della città, sotto cui *un dirupo privo di mura piombava in un profondissimo burrone*: dentro le mura c'era un burrone e ivi la città terminava. La città, che per le sue difese naturali era così imprendibile, Giuseppe [si tratta di Flavio Giuseppe: l'autore si riferisce a sé stesso chiamandosi in terza persona, NdA] l'aveva cinta di mura e rafforzata con gallerie e trincee[345].

Secondo la descrizione di Flavio Giuseppe, la città di Gamala sarebbe situata su di un monte con ripidi pendii e, quindi, con un precipizio corrispondente a quello descritto nei vangeli dal quale volevano far precipitare Gesù. Di seguito l'immagine del monte di Gamala visto da Nord-Est guardando verso Sud-Ovest:

Scrive a proposito di Gamala G. Bastia:

Se la parte più elevata della città ospitava un dirupo, allora potrebbe essere questo il precipizio in cui gli abitanti della città cercarono di gettare Gesù:

---

345 GG IV, 5-8.

ne segue che essi non avevano avuto necessità di uscire dalla città scendendo verso il basso per trovare un precipizio, sarebbe stato sufficiente salire verso l'alto per trovare nella parte più alta della città un dirupo. In realtà la presenza di un simile burrone nelle vicinanze della città e sulla sommità del monte è oggetto di discussione. Sebbene Giuseppe parli di un burrone, φάραγξ (*pháranx*, NdA) nel testo greco, è necessario qui osservare che per quanto le immagini di Gamla sembrino illustrare una città piena di dirupi da tutte le parti, specialmente sulla sommità del monte, come del resto affermato nel sopra citato passo di Guerra Giudaica, in realtà a Gamla esiste un solo precipizio definibile come tale, neppure molto alto[346].

G. Bastia riporta quindi l'opinione di D. Syon, il quale afferma che il precipizio presente a Gamala sulla sommità del monte sarebbe alto 6-7 metri ca.; dunque non necessariamente un uomo potrebbe morire da quest'altezza. A questo proposito è opportuno fare un paio di precisazioni. *In primis*, bisogna notare che il racconto lucano, secondo il quale il popolo avrebbe spinto Gesù fuori dalla città per poi gettarlo da un precipizio per ucciderlo, potrebbe essere una esagerazione dell'autore. È rischioso prendere alla lettera dati fornitici da persone che non erano presenti ai fatti e che non hanno neppure mai conosciuto Gesù, scrivendo almeno 50 anni dopo la sua morte. Per es., ammesso che questo episodio sia storicamente veritiero e che non sia una mera polemica contro gli avversari di Gesù, è possibile che avessero solo l'intenzione di fargli del male. Si potrebbe inoltre morire anche cadendo da piccole distanze, dal momento che bisogna considerare molti fattori, come il modo in cui si cade, l'età che si ha al momento della caduta, il peso, la costituzione, la superficie del terreno etc. Bisognerebbe piuttosto domandarci se Luca, quando parla di "precipizio", potesse intendere un burrone di soli 6-7 metri.

In secundis, bisogna considerare che l'evangelista potrebbe non aver inteso un vero e proprio burrone, quanto una discesa talmente scoscesa da poter causare la morte di una persona. In effetti, dai rilevi geografici di Gamala effettuati su *Google Earth*, sembra che la discesa frontale del monte di Gamala raggiunga picchi di inclinazione del -43, 4%, come si può notare dall'immagine sottostante, dove il monte è visto nel suo caratteristico profilo (il sinistro, in questo caso) simile alle gobbe di un cammello:

---

346 Sitografia n. 47, visitato il 30/08/2017.

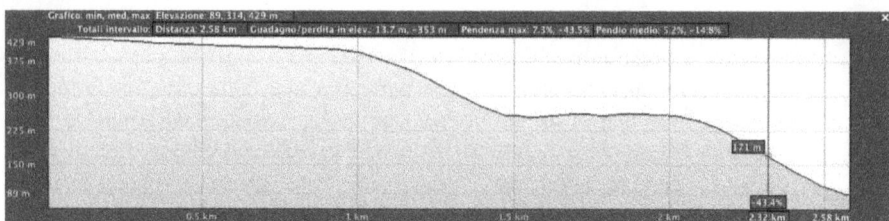

Se consideriamo invece le due discese ai fianchi del monte, l'inclinazione risulta avere picchi del -61%:

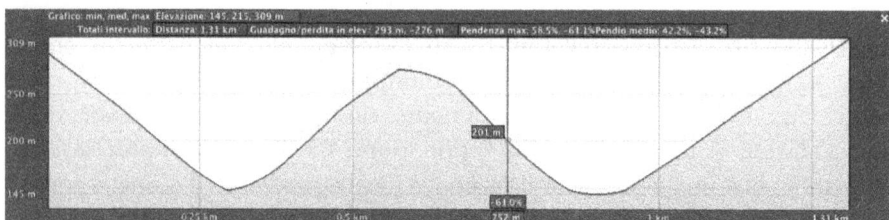

Per quanto riguarda la moderna Nazaret, invece, difficilmente risultano esserci discese con picchi di inclinazione superiori al -25%.
Prendendo quindi in riferimento la montagna da Nord-Est guardando verso Sud-Ovest, potrebbe essere anche possibile che il popolo avesse voluto gettare Gesù dal lato destro del monte, dal momento che questo risulta essere leggermente più ripido rispetto al sinistro. G. Bastia e D. Syon identificano anche un secondo possibile burrone, poco distante dalla città di Gamala, dal quale il popolo avrebbe potuto far precipitare Gesù:

> Secondo Syon burroni più profondi si possono trovare uscendo da Gamla, attraversando il muro difensivo (che non esisteva al tempo di Gesù) e recandosi per esempio attraverso un antico sentiero esattamente nel punto in cui è stata scattata l'immagine ad alta definizione (da est verso ovest) di Gamla: lì è presente ancora oggi un precipizio avente caratteristiche compatibili con quello richiesto da Lc. 4, 29. Questo precipizio, comunque, si trova a circa quattrocento metri da Gamla, su di un un altro sperone della stessa montagna.
> […] Luca afferma espressamente che Gesù fu portato fuori della città per essere ucciso, del resto questo è coerente con il *Talmud* secondo cui una condanna poteva essere eseguita almeno sei miglia lontano dal Beth Din (vale a dire 6.91 km, NdA) e in generale fuori dal centro abitato. Tuttavia il secondo precipizio cui allude Syon si trova soltanto a trecento metri da

Gamla, una distanza certamente molto piccola.

[...] questo potrebbe essere in disaccordo con Luca, laddove dice che il precipizio si trovava sul monte in cui sorgeva la città.

Secondo G. Bastia, dunque, il burrone distante 300-400 m. è un buon candidato per essere identificato con il precipizio di Luca. In effetti, come fa notare lo studio di G. Bastia, in Lc 4, 29 Gesù viene fatto uscire dalla città per essere gettato nel burrone; ed effettivamente per raggiungere questo burrone bisogna proprio uscire dalla città. Bastia fa tuttavia notare anche alcune problematiche nell'identificazione di questo burrone con quello menzionato da Luca. Per es., secondo la legge ebraica espressa nel *Talmud*, il luogo in cui doveva essere eseguita una lapidazione in seguito a una condanna a morte deve distare almeno 6.91 km dal tribunale ebraico (*Beth Din*) che aveva emesso la sentenza. La seconda problematica che fa notare G. Bastia è relativa al fatto che, secondo Luca, il precipizio si doveva trovare nel luogo dove sorgeva la città.

Queste obiezioni tuttavia non appaiono convincenti per una serie di motivi:

1) nell'episodio descritto in Lc 4, 29, Gesù non viene condannato a morte tramite lapidazione per sentenza emessa dal tribunale ebraico, ma viene quasi linciato dalla folla inferocita;

2) difficilmente delle persone che violano la legge volendo uccidere un uomo si curano di rispettare una legge di importanza minore rispetto a quella che stanno infrangendo;

3) una scena di furore popolare in cui Gesù viene trascinato fuori dalle mura della città per quasi 7 km per essere poi gettato da un burrone non sembra essere molto credibile;

4) secondo il vangelo di Luca, il precipizio dal quale gli abitanti di Nazaret volevano gettare Gesù, dopo averlo cacciato dalla città, si trovava sullo stesso ciglio del monte sul quale la loro città era situata; questo dimostra che non è possibile che Gesù sia stato portato quasi 7 chilometri lontano dalla città, altrimenti il vangelo non avrebbe detto che il burrone si trovava sullo stesso ciglio del monte.

Risulta invece più credibile se Gesù sia stato cacciato a 300-400 metri dalla città. Inoltre, il secondo burrone menzionato, presente a Gamala, sembra essere vicino al ciglio del monte su cui giaceva la città. Vero è che Luca afferma che il burrone si trovava "sullo stesso ciglio del monte", ma questa affermazione potrebbe essere poco accurata o, in alternativa, questo potrebbe significare che Luca considerava che la sponda dove si affacciava il burrone, poco lontano dalla città, fosse lo stesso ciglio sul quale sorgeva la città o, addirittura, se invece tale informazione fosse vera, potrebbe essere possibile che il burrone fosse uno dei lati del monte. Tuttavia riteniamo che non si dovrebbe prendere troppo alla lettera il testo lucano, dal momento che l'evangelista possedeva solo fonti di seconda mano, non essendo un testimone oculare.

Una terza obiezione che si muove all'identificazione di Gamala con la Nazaret evangelica è il fatto che, mentre Gesù viene definito Galileo e portato davanti ad Antipa per essere processato, Gamala, secondo Flavio Giuseppe, risiederebbe invece in Gaulanitide (oggi *Golan*), sotto la giurisdizione di Erode Filippo, fratello di Antipa.

Sembra comunque che anche questa obiezione non costituisca un problema insormontabile. Difatti, sebbene Flavio Giuseppe affermi – forse correttamente – che questa città si trovasse in Gaulanitide, il *Talmud* – forse erroneamente – la colloca in Galilea[347]. Questo errore del *Talmud* potrebbe indicare che all'epoca, almeno presso il popolo, il concetto di Galilea fosse assai più vasto rispetto ai confini "ufficiali". Scrive G. Bastia a proposito della città di Gamala:

> Oltre a questo, da un punto di vista economico la città era orientata più verso Tiberiade che non Cesarea di Filippo o il resto della Gaulanitide, sono state infatti ritrovate più monete di Erode Antipa che di Filippo. Questo, ancora una volta è dovuto probabilmente al fatto che la maggior parte della Gaulanitide sotto Filippo era abitata da gentili mentre Tiberiade da Ebrei e gli abitanti di Gamla preferivano tendenzialmente mantenere rapporti commerciali con gli altri Ebrei più che con i gentili[348].

Potrebbe essere dunque possibile che gli abitanti di Gamala, sebbene *geograficamente* fossero collocati nella Gaulanitide, sotto la giurisdizione di Filippo, da un punto di vista religioso, culturale e linguistico si sentivano affini agli abitanti delle Galilea, sotto la giurisdizione di Antipa. Se infatti anche Giuda si definiva – o veniva definito – "Galileo" pur essendo un Gaulanita[349], non si potrebbe escludere che lo stesso potesse

---

347 Cfr. *Talmud Babilonese*, Mas. Arachin 32b.
348 Sitografia n. 47, visitato il 30/08/2017.
349 Cfr. AG XVIII, 4.

essere avvenuto per Gesù. In effetti nel vangelo di Marco si afferma che anche Pietro, come Gesù, era "galileo", dal momento che il suo accento era simile o identico a quello degli abitanti della Galilea[350]. Insomma secondo questo vangelo l'essere "galileo" è un fatto puramente linguistico, non geografico. Secondo il vangelo di Luca, invece, Pilato domanda se Gesù è galileo dopo aver saputo che la sua predicazione iniziò in Galilea – ed è solo per tale motivo che lo manda da Antipa. Ancora una volta, il fatto che Gesù avesse iniziato la sua predicazione in Galilea, non significa che egli fosse originario di questa regione.

Sembra che gli abitanti di Gamala fossero tanto legati ad Antipa, quanto Antipa lo era alla città di Gamala. In effetti, alla morte di Filippo, Antipa entra in guerra contro Areta, affrontandolo proprio nel territorio di Gamala. Questo dimostra che Antipa considerò sempre, in qualche modo, Gamala come una sua legittima proprietà, tanto da volerla addirittura rivendicare militarmente[351].

Da un punto di vista geografico, invece, Gamala risulta essere collocata a est del Giordano, esattamente come la Nazaret dei vangeli (cfr. *supra*). La città, inoltre, si trova non troppo lontana dal lago Tiberiade: oggi ne dista meno di 10 km, ma è possibile che nel I sec. d.C. il lago si estendesse per una superficie molto maggiore di quella attuale, arrivando più vicino a Gamala rispetto a oggi. Un altro dato importante da riferire è che a Gamala è stata ritrovata una sinagoga datata al I sec. d.C.; altro dato che corrisponde con la Nazaret evangelica[352].

Confrontiamo ora le caratteristiche principali della Nazaret evangelica e con quelle della città di Gamala:

---

350 Cfr. Mc 14:69-73.
351 AG XVIII, 113. Da notare che in greco si parla del distretto della Γαμαλική (*Gamalikè*), che letteralmente significa "relativo a Gamala".
352 Cfr. Sitografia n. 47, visitato il 30/08/2017.

La Nazaret dei vangeli	La città di Gamala
La città si trova in Galilea. Difatti, durante il processo, Pilato avrebbe mandato Gesù a essere giudicato da Erode Antipa, tetrarca della Galilea e della Perea[353].	La città si trova *geograficamente* in Gaulanitide, ma da un punto di vista *religioso, culturale* e *linguistico* gli abitanti della città si ritenevano – e forse venivano ritenuti – "galilei". Difatti Giuda veniva definito "galileo" pur essendo nato in Gaulanitide. Gesù, invece, viene accostato ai Galilei da un punto di vista meramente linguistico. Il *Talmud* testimonia invece che, da un punto di vista popolare, Gamala veniva considerata situata in Galilea.
La città si trova sopra un'altura, non sappiamo quanto elevata, presso la quale vi è un precipizio con un'inclinazione tale da poter uccidere una persona. Dal momento che la città viene identificata per la sua altura, è possibile che essa sia abbastanza rilevante da essere notata come sua caratteristica peculiare.	La città si trova sopra un alto monte, presso il quale vi è più di un precipizio con un'inclinazione tale da poter uccidere una persona. Uno dei precipizi, peraltro, sembra corrispondere perfettamente con quello descritto dall'evangelista Luca.
La città si trova in prossimità del lago Tiberiade, sebbene non giaccia direttamente sulle sue sponde.	La città dista meno di 10 km dal lago Tiberiade e sembra che prima che le acque del lago si ritirassero ne distasse ancora meno.
La città è dotata di una sinagoga del I sec. d.C., dove Gesù era solito insegnare.	La città è dotata di una sinagoga del I sec. d.C., che potrebbe essere la stessa dove Gesù era solito insegnare.
La città potrebbe essere – ma non necessariamente – di notevole estensione, dal momento che viene	La città era di notevole estensione e un importante centro culturale, dal momento che possedeva anche una

---

353 Lc 23, 7.

definita πόλις (*pólis*), "città".	sinagoga.
La città si trova a est del fiume Giordano.	La città di trova a est del fiume Giordano.

Da quanto emerso da questo studio, sembra che la città di Gamala sia un'ottima candidata per essere identificata con la Nazaret evangelica. Per tale motivo l'epiteto di "b. Gamala" attribuito al sommo sacerdote Gesù non solo non è in contrasto con i dati relativi a Gesù che abbiamo a nostra disposizione, ma, anzi, potrebbe essere considerato un altro elemento che ne avvalori l'identificazione.

Si potrebbe fare un'ultima obiezione all'ipotesi dell'identificazione di Gesù Cristo con Gesù b. Gamala. Difatti, mentre quest'ultimo risulta essersi normalmente sposato, sembra che Gesù Cristo avesse scelto di rimanere celibe per tutta la vita. Per capire quanto c'è di vero in questa affermazione è opportuno approfondire la questione dello stato maritale di Gesù.

CAPITOLO VI
CHIAREZZE SULLO STATO MARITALE DI GESÙ

Sebbene negli ultimi secoli l'umanità abbia compiuto notevoli progressi nel campo scientifico, etico, culturale, quando si propone ai più una tesi che si discosti almeno in parte dall'opinione comune, è difficile che essa possa venire, non dico accettata, ma pur solo serenamente vagliata al lume della ragione o perlomeno criticamente discussa, sopratutto quando si affrontano tematiche che, in una qualche maniera, competono la sfera religiosa. È difatti opinione largamente diffusa che Gesù restò celibe per tutto l'arco della sua esistenza, dedicando la sua vita interamente al ministero cristiano.

In realtà il Nuovo Testamento, come stiamo per verificare, è apparentemente silente sul celibato di Gesù: esso non afferma esplicitamente né che egli fosse sposato e neppure il contrario. Tale silenzio è stato interpretato in vari modi dai ricercatori moderni: c'è chi lo giustifica ritenendo scontato e sotto inteso che Gesù avesse convogliato a nozze e c'è pure chi, giungendo a conclusioni diametralmente opposte, ritiene tale silenzio probante nel dimostrare il celibato di Gesù. In realtà, come fa giustamente notare il Meier, non possediamo abbastanza materiale per rispondere con assoluta sicurezza a un quesito così importante. La conclusione cui egli giunge è che "non possiamo essere assolutamente sicuri che Gesù fosse sposato oppure no"[354]. Eppure il pensiero comune continua a dare per scontata l'opinione che Gesù non fosse sposato, non prendendo seriamente gli studi che valutano anche la possibilità opposta. A tal proposito afferma J.P. Meier:

> Come per la questione dell'illegittimità di Gesù, il solo fatto di domandare se Gesù fosse sposato colpirà alcuni lettori come imprudente, altri come volgare e altri ancora come blasfemo. Effettivamente, non c'è giustificazione per porre la condizione maritale di Gesù allo stesso livello, o nella stessa categoria della questione della sua illegittimità. In molte culture, anche in quelle che affermano di essere illuminate, l'illegittimità comporta un certo marchio sociale, per quanto innocente e buona possa

---

354 J.P. Meier, *op. cit.*, p. 344.

essere la persona illegittima. Il marchio sembra turbare molto di più i devoti quando è imputato a un grande capo religioso e, a maggior ragione, a una persona riconosciuta da molti come loro Signore e Salvatore. Ovviamente, l'essere sposato di per sé non comporta un tale marchio. Anche se molti teologi patristici e medievali consideravano il celibato consacrato uno stato di vita più elevato del matrimonio, non considerarono – almeno nei loro momenti migliori – il matrimonio come qualcosa di disonorevole. Da Mosè a Simon Pietro a Thomas More, grandi santi sono stati sposati, senza che il loro stato fosse sentito come un impedimento alla loro santità o alla loro capacità di guida. Il caso di Gesù è, naturalmente, unico, in quanto l'ortodossia cristiana lo confessa parola eterna di Dio fatto uomo, il Figlio di Dio nella carne mortale. Data questa devozione alla divinità di Cristo (come l'opinione tradizionale tra i cattolici che il celibato sia superiore al matrimonio come stato di vita), la fede quasi universale della generalità dei cristiani che Gesù rimase celibe è comprensibile dal punto di vista della fede cristiana ortodossa.

Comunque, la ricerca del Gesù storico [...] opera con regole differenti e più restrittive [...]. Poiché il Gesù della storia è per definizione il Gesù aperto all'investigazione di ciascuno e di tutti gli studiosi che usano fonti e criteri storici accettati, la prospettiva della fede, benché per nulla negata, non può essere utilizzata nelle argomentazioni dei moderni ricercatori. Di conseguenza, dobbiamo domandarci: sulla base delle fonti storiche a nostra disposizione, possiamo dire se Gesù fosse sposato oppure no?[355]

Non è neppure possibile escludere che tale condizionamento derivi, in parte, dall'osservazione del celibato obbligato imposto alla casta sacerdotale cattolica, al quale non è consentito sposarsi o avere rapporti sessuali con donne. In realtà i sostenitori del celibato sacerdotale giustificano tale prassi più con i detti e le sentenze di Saulo Paolo, che scelse una condotta di vita da celibe, che non con quelli derivati direttamente da Gesù. Talvolta, invece, e sopratutto in tempi antichi, il celibato si è reso necessario come deterrente per il nepotismo. Inoltre, bisogna ricordare che molti tra gli apostoli e i seguaci di Gesù, come Simone soprannominato Pietro, ricordato per essere stato il primo papa, secondo il Nuovo Testamento erano normalmente sposati. A ulteriore dimostrazione che non vi è accordo unanime nemmeno sulla legittimità del celibato sacerdotale, quando essa si basi sui detti del Nuovo Testamento, è il fatto che numerose autorità religiose si sono nel tempo fermamente opposte alla prassi del celibato: da Nicola di Antiochia (II secolo d.C.) a

---

355 *ivi*, pp. 325-326.

Léon-Joseph Suenens (1904-1996), il quale nel concilio vaticano II (1963) ottenne l'abolizione del celibato obbligatorio almeno per i diaconi. Nelle chiese orientali, invece, il celibato è facoltativo, come stabilito nel 692 d.C. dal concilio trullano. Nonostante, dunque, a una buona parte della casta sacerdotale cristiana non sia consentito sposarsi, bisogna essere consapevoli che questa prassi non è derivata da un divieto esplicito contenuto nei vangeli, ma da una interpretazione arbitraria che è stata fatta delle sentenze di Saulo Paolo *in primis*.

In effetti, dobbiamo ammettere che dai testi che ci sono pervenuti non conosciamo praticamente nulla dei primi trenta-quaranta anni di vita di Gesù: noti ci sono solamente gli ultimi due o tre anni di ministero e la morte. Il fatto che una moglie o uno o più figli non vengano esplicitamente menzionati nell'arco del ministero, di per sé non prova che egli non fosse sposato o non avesse avuto dei figli negli anni o nei decenni precedenti agli episodi narrati.

Come abbiamo detto, presso i cristiani cattolici la possibilità che Gesù fosse normalmente sposato e avesse avuto uno o più figli è spesso avvertita come un ostacolo al suo ruolo di "figlio di Dio". Probabilmente questa opinione, che oggi accomuna molti fedeli, è il risultato di una continua lotta al celibato attuata, in alcuni periodi storici, da alcuni esponenti della Chiesa. Come stiamo per vedere, il celibato era spesso avvertito come una condizione superiore a quella dello stato maritale dal momento che celibe fu uno dei personaggi principali della prima Chiesa cristiana, ovverosia Paolo di Tarso.

Basandosi sui suoi insegnamenti, numerosi furono i padri della Chiesa che si schierarono a difesa del celibato sacerdotale: tra i primi ricordiamo Tertulliano e Clemente Alessandrino, vissuti nel II secolo d.C. Papa Siricio nel 385 d.C. fu il primo a emanare decreti relativi al celibato[356]. Qualche decennio prima, il concilio di Elvira, celebratosi nel 306 d.C., nel canone 33 vietò agli ecclesiastici la pratica dei rapporti sessuali, pena la deposizione[357] (cui papa Siricio nel 385 d.C. aggiunse la scomunica). Considerata dunque l'antichità di questa prassi, per quanto discutibile essa sia da un punto di vista storico e filologico, è, almeno in parte, comprensibile l'attitudine inconscia delle persone e, spesso, anche degli studiosi a dare per scontato il celibato di Gesù senza prima discuterlo

---

356 Cfr. Siricio, *Lett. directa ad decessorem*, 2 febbraio 385, 7, in pl. 13, 1137.
357 Cfr. Merriam-Webster's Encyclopedia of World Religions, Merriam-Webster, 1999, p. 190.

criticamente. In realtà questa posizione favorevole alla pratica del celibato non fu nella Chiesa cristiana primitiva così omogenea come si potrebbe pensare, dal momento che numerosi furono anche i teologi cristiani che si opposero fermamente a questa prassi.

La questione dello stato maritale del Gesù storico fu sollevata per la prima volta in maniera semiseria nel 1970 da William E. Phipps, autore de *Was Jesus Married? The Distortion of Sexuality in the Christian Tradition*, il quale, sebbene abbia il merito di aver affrontato per la prima volta una tematica di fondamentale importanza ed esponga talvolta delle ottime argomentazioni, d'altra parte compromette la serietà del suo studio quando commette alcuni errori metodologici e, soprattutto, quando contamina la purezza della ricerca storica con una battaglia personale contro l'opinione della Chiesa cristiana relativa alla sessualità.

All'interno del suo libro, Phipps ripercorre tutta la letteratura anticotestamentaria e rabbinica allo scopo di dimostrare che presso la comunità ebraica dell'epoca il matrimonio risultava la norma e che la pratica del celibato fosse impensabile per i rabbini del periodo. In realtà, come ha evidenziato Meier, questa analisi è vera solo in parte. In effetti, sebbene siano numericamente poco rilevanti, esistono sia nell'Antico Testamento sia nella letteratura rabbinica alcuni casi certi di celibato, come il *rabbi* Simeon b. Azzai o personaggi biblici di rilievo come il profeta Geremia. Ancora, secondo le notizie riportateci da Flavio Giuseppe, Filone e Plinio il Vecchio, almeno una parte degli esseni del I secolo seguiva il celibato, sebbene si trattasse perlopiù di uomini in tarda età, mentre i più giovani non sempre dimostravano di seguire fino alla morte questa pratica. Dunque se da una parte Phipps tende a dipingere un mondo eccessivamente monocromatico, negando l'esistenza del celibato presso gli Ebrei del I secolo d.C., dall'altra Meier ha dimostrato che questa pratica fosse invece possibile presso la comunità ebraica del periodo. Tuttavia si ha l'impressione che egli ponga eccessivamente in evidenza la prassi del celibato presso gli Ebrei del I sec.: sebbene possiamo senza dubbio affermare che non fosse impossibile che un uomo ebreo del I secolo seguisse l'ideale del celibato, rimane comunque inusuale per il contesto del periodo. La percentuale di probabilità che anche Gesù seguisse una vita da celibe è infatti estremamente bassa e, a meno che non ci siano forti indizi a dimostrare il contrario, l'assenza di una menzione esplicita di una moglie di Gesù all'interno dei vangeli durante i tre anni di ministero dovrebbe più correttamente essere interpretata come se l'autore non avesse validi motivi per menzionarla. Interpretare il silenzio dei vangeli su una moglie di Gesù come prova del fatto che egli fosse celibe significa non tenere in considerazione il contesto del periodo e sostenere una ipotesi che, oltre a essere difficilmente dimostrabile, è anche statisticamente difficile. Sebbene Meier sia molto equilibrato nelle sue affermazioni e non si sbilanci eccessivamente nelle sue analisi, ritiene comunque che esistano alcuni indizi che farebbero propendere per l'ipotesi che Gesù fosse celibe.

In primis egli fa notare che il Nuovo Testamento è molto eloquente nel parlare dell'esistenza di una madre, un padre putativo e alcuni fratelli e sorelle germani di Gesù, tanto da indicarci anche i nomi di quest'ultimi. Alcuni padri della Chiesa come Egesippo ci parlano addirittura di uno zio e di un cugino di Gesù. Inoltre il Nuovo Testamento non ha imbarazzo nel riferire che alcune donne, tra cui Maria Maddalena, seguivano Gesù durante il suo ministero. Pertanto, se consideriamo la loquacità con la quale il Nuovo Testamento parla dei parenti di Gesù, l'assenza di una menzione di una moglie sembrerebbe indicare, secondo Meier, che "non c'erano né mogli né figli". In realtà questa osservazione non risulta così valida come sembrerebbe. Infatti essa si basa sul presupposto che non esistano motivi per i quali gli evangelisti abbiano volontariamente omesso di menzionare esplicitamente una presunta moglie di Gesù.

In effetti sappiamo per certo che Saulo Paolo, per sua stessa ammissione, aveva dedicato la sua intera vita al celibato:

> Ai non sposati e alle vedove dico: *è cosa buona per loro rimanere come sono io* (vale a dire celibe, NdA)*; ma se non sanno vivere in continenza, si sposino; è meglio sposarsi che ardere*[358].

Dunque Paolo era celibe ed esortava alla pratica del celibato, affermando che coloro che si sposano lo fanno perché non sono capaci di vivere in continenza. Non si può in questa affermazione non notare una chiara allusione a Gesù b. Gamala, dal momento che, come abbiamo visto nel capitolo precedente, sembrerebbe che Paolo, o un suo seguace, redattore della lettera, ne avesse criticato la moglie.

Se quindi ipotizziamo che Gesù, secondo il normale contesto ebraico, fosse sposato, come si devono interpretare queste dure parole di Paolo contro il matrimonio? È evidente che Paolo avrebbe non solo contraddetto Gesù b. Gamala, ma sarebbe addirittura arrivato ad accusarlo

---

358 1Co 7, 8-9.

implicitamente di non essere in grado di vivere in continenza. Paolo era dunque fermamente convinto della superiorità del celibato rispetto al matrimonio, ma non avrebbe potuto esortare gli Ebrei a tale pratica se il suo maestro fosse stato sposato. Considerato che i vangeli sinottici seguono la tradizione paolina, non risulta difficile comprendere perché essi abbiano appositamente deciso di eliminare ogni menzione esplicita di una moglie nella narrazione del ministero di Gesù. Per quanto fosse più lontano dalla teologia paolina, anche l'evangelista Giovanni sembra condividere i medesimi ideali relativi al celibato, giustificandolo piuttosto con ragioni di purezza. Difatti egli nel suo vangelo tende, proprio come Paolo, a trascendere la natura umana di Gesù, enfatizzando la sua natura divina e spirituale. Verosimilmente, un Messia vinto da pulsioni erotiche e umane non si adattava bene alla visione teologica giovannea. In effetti, in *Apocalisse* egli scrive relativamente ai centoquarantaquattromila "eletti":

> Sono coloro che non si sono contaminati con donne; sono, infatti, vergini e seguono l'Agnello dovunque vada. Essi furono riscattati tra gli uomini quali primizie per Dio e per l'Agnello. Nella loro bocca non s'è trovata menzogna: sono senza macchia[359].

Da quanto emerge da questa descrizione, è possibile dedurre che l'evangelista Giovanni, esattamente come Saulo Paolo e taluni tra i primi cristiani, compresi anche gli evangelisti sinottici, avessero una opinione positiva del celibato. Pertanto è comprensibile il motivo che li avrebbe potuti spingere a tacere relativamente al matrimonio di Gesù. Naturalmente questi potrebbero non essere gli unici motivi che avrebbero potuto indurre gli evangelisti a tralasciare la narrazione di una moglie.

La seconda osservazione proposta da Meier riguarda l'informazione riportata dai sinottici secondo la quale alcuni discepoli, allo scopo di seguire Gesù, furono costretti ad abbandonare la propria famiglia e le proprie mogli, mentre lo stesso non verrebbe detto di Gesù.

> Pietro allora disse: «Noi abbiamo lasciato tutte le nostre cose e ti abbiamo seguito». Ed egli rispose: «In verità vi dico, non c'è nessuno che abbia lasciato casa o moglie o fratelli o genitori o figli per il regno di Dio, che non riceva molto di più nel tempo presente e la vita eterna nel tempo che verrà»[360].

---

359 Ap 14, 4-5.
360 Lc 18, 28-30.

Anche questa osservazione risulta poco solida e si basa su un presupposto indimostrabile: quello secondo il quale, se Gesù fosse stato sposato, avrebbe verosimilmente abbandonato la propria famiglia a causa della sua attività di predicatore itinerante. In realtà non è vero che l'attività di predicatore di Gesù l'avrebbe costretto ad abbandonare una sua presunta moglie, dal momento che la avrebbe potuta portare dietro di sé in qualità di sua discepola, come fece anche con altre donne[361].

Inoltre l'affermazione di Pietro secondo la quale i discepoli avrebbero lasciato le loro "cose" per seguire Gesù, sembra essere più una enfatizzazione dell'evangelista per dimostrare come gli apostoli avessero messo Gesù davanti a ogni altra cosa, compresi i beni più cari, come l'affetto di mogli, fratelli o genitori. Bisognerebbe dunque fare attenzione a non leggere in questo passo più di quanto l'evangelista stesso avesse voluto dire.

La terza osservazione esposta da Meier riguarda l'episodio in cui Gesù si reca a Nazaret, dove viene identificato attraverso suo padre, sua madre e i suoi fratelli; tuttavia non compare nessun riferimento e nessuna menzione a una moglie e a un figlio nella sua vita trascorsa a Nazaret, concludendo che l'assenza di questa menzione è indice del fatto che Gesù fosse celibe. In realtà ancora una volta Meier parte da un presupposto, ritenendo che, se Gesù avesse avuto una moglie, avrebbe dovuto trascorrere la sua vita con lei nella sua città natale. In effetti siamo costretti ad ammettere che non sappiamo nulla dell'arco di tempo che si estende dai 12 a 30 anni di vita di Gesù. Pertanto il Meier fa un buona considerazione quando afferma che "l'assenza di ogni riferimento a moglie o figli probabilmente indica che non c'era una moglie o un figlio nella sua vita passata a Nazaret", tuttavia salta le conclusioni quando ne deduce che, se Gesù non abitava con sua moglie a Nazaret, è perché egli non fosse sposato. Inoltre non abbiamo nessuna garanzia che le parole degli abitanti di Nazaret, riportate dagli evangelisti Matteo e Marco, rispecchino la verità dei fatti e non fossero piuttosto una creazione letteraria di Q o di Marco. Non dimentichiamo, inoltre, che gli evangelisti avrebbero avuto ragioni per sottacere ogni riferimento allo stato matrimoniale di Gesù.

Riguardo le attestazioni di personaggi celibi nella Palestina del I sec., Meier annovera tra gli sporadici casi anche quello di Giovanni Battista.

---

361 Cfr. Lc 8, 3 etc.

Pur ammettendo che "le nostre fonti non parlano esplicitamente del celibato di Giovanni", Meier espone alcune argomentazioni che lo fanno propendere per il celibato di questo personaggio. Dapprima egli considera che, nel Nuovo Testamento, di Giovanni viene detto che percorresse la valle del Giordano e il deserto di Giuda e che "visse in regioni deserte"[362]. Premesso che ciò non necessariamente comporta l'impossibilità di conseguire a nozze – probabilmente infatti questo stile di vita veniva assunto solo per un determinato periodo[363] – non possiamo neppure ritenere molto attendibili i resoconti degli evangelisti, dal momento che numerose volte hanno dimostrato di non conoscere bene episodi storici del periodo e che essi scrivono a distanza di molto tempo dai fatti narrati senza basarsi, al contrario di autori come Flavio Giuseppe, su documentazioni storiche del periodo. Pertanto trarre una simile considerazione basandosi unicamente sui testi evangelici potrebbe risultare eccessivamente incauto. Difatti è possibile che Giovanni abbia trascorso una vita normale per gran parte della propria esistenza e che, esattamente come per Gesù, il suo ministero riguardasse solamente gli ultimi anni di vita. Nemmeno il detto di Mt 3, 7-10 // Lc 3, 7-9 è probante per l'ipotesi di un Giovanni celibe: pur ammesso che il detto Q sia attinente alla realtà – e non abbiamo nessuna garanzia di ciò –, il fatto che Giovanni evidenziasse che gli Ebrei non avrebbero dovuto fare troppo affidamento alla discendenza da Abramo[364] non è indice di una cattiva considerazione del matrimonio e della procreazione in generale. In effetti, Giovanni affermerebbe di non fare *troppo* affidamento sulla discendenza da Abramo, senza negare totalmente questa possibilità. Più interessante è la considerazione che Meier fa relativamente a Mc 6, 29:

> I suoi [di Giovanni, NdA] discepoli vennero, presero il suo cadavere e lo posero in un sepolcro[365].

Come Meier fa giustamente notare, l'evangelista potrebbe implicare che

---

362 Lc 1, 80.
363 Più precisamente, 40 giorni nel caso di Gesù, mentre tre anni nel caso di Flavio Giuseppe (v. *infra*).
364 Cfr. Lc 3, 8: "Dimostrate piuttosto con i fatti che vi siete convertiti e non cominciate a dire tra di voi: come padre abbiamo Abramo! Io vi dico che Dio è capace di suscitare figli ad Abramo anche da queste pietre".
365 Mc 6, 29.

non c'era una famiglia che potesse provvedere alle cerimonie funebri: difatti sono i discepoli a occuparsene. Anche questa volta, tuttavia, come riconosce lo stesso Meier, non possiamo essere sicuri che Marco rispecchi effettivamente la realtà dei fatti. In effetti l'evangelista è interessato a porre in evidenza il ministero di Giovanni, il suo ruolo di precursore di Gesù e il fatto che molti suoi discepoli passarono tra le fila di Gesù. Pertanto egli aveva tutto l'interesse a far risaltare l'importanza dei suoi discepoli, molti dei quali si sarebbero convertiti, secondo i vangeli, al Cristianesimo.

A conclusione di questa breve analisi sullo stato matrimoniale di Giovanni, possiamo affermare che non vi sono prove definitive che indichino la sua adesione alla prassi del celibato e che, considerata la scarsa documentazione che abbiamo in proposito, se non vi sono forti evidenze che indichino il contrario si dovrebbe più verosimilmente ritenere che Giovanni fosse normalmente sposato coerentemente col contesto del periodo. Essendo così dibattuta la questione sullo stato maritale di Giovanni (in realtà Flavio Giuseppe non fa menzione neppure di una sua predicazione nel deserto), egli non può essere utilizzato al fine di risolvere la medesima questione relativa a Gesù.

L'ultima osservazione riguarda il passo di Mt 19, 12, nel quale Gesù fa un esplicito riferimento agli eunuchi, affermando che ci sono alcuni che si sono resi tali per il "Regno dei Cieli":

> Vi sono eunuchi che sono nati tali dal grembo della madre e vi sono eunuchi che sono stati resi così dagli uomini e *vi sono eunuchi che si sono resi eunuchi a causa del Regno dei Cieli*[366].

Nel passo in questione Gesù compie tre riferimenti principali: *in primis* parla di coloro che sono nati eunuchi dal grembo materno[367]; *in secundis* si riferisce a coloro che sono stati evirati da altri uomini, facendo probabilmente riferimento agli schiavi negli *harem* del Vicino Oriente; *in tertiis* menziona coloro che, di propria volontà, si sono evirati "a causa del regno dei cieli", ovvero per ideali spirituali di castità e astinenza. Secondo la teologia cristiana, per la quale sarebbe imbarazzante l'immagine di un Gesù autoeviratosi a fini di astinenza, Gesù farebbe riferimento a una

---

366 Mt 19, 12.
367 A. Di Lenardo fa notare come il riferimento agli eunuchi fin dal ventre materna fosse una satira anti-giudaica paolina contro Giacomo, "santo fin dal ventre materno" e capo del partito favorevole alla circoncisione.

"evirazione metaforica", intendendo con ciò una castità perpetua. Sebbene questa lettura non sia totalmente da escludere, tuttavia l'interpretazione più letterale potrebbe essere anche la più corretta. Il padre apologista Origene, per es., prendendo alla lettera questo passo giunse ad automutilarsi i genitali. Prescindendo dall'interpretazione corretta che andrebbe fornita a questo passo, sarebbe opportuno tentare di stabilire se esso provenga direttamente da Gesù o se piuttosto esso fosse opera di una redazione autonoma dell'evangelista.

Questo passo è inserito all'interno della disputa sul divorzio e Matteo è l'unico evangelista a riportarlo. Se ne deduce che esso sia una creazione di Matteo, il quale ha deciso di inserire questo inciso collegandolo alla digressione sul divorzio tramite i vv. 10-11 che fanno da ponte per il v. 12 relativo all'eunuco. Tuttavia alcuni indizi[368] lasciano intuire che il v. 12 non sia una redazione matteana, pertanto potrebbe appartenere alla Chiesa primitiva cui Matteo faceva riferimento allo scopo di giustificare e proteggere alcuni membri della comunità che decisero, come Saulo Paolo, di intraprendere la strada del celibato volontario e che furono per questo malvisti dalla popolazione locale o forse addirittura dai cristiani stessi. Secondo Meier, questo passo potrebbe non derivare dalla Chiesa di Matteo, ma risalirebbe addirittura a Gesù stesso. Egli giunge a questa conclusione attraverso vari criteri:

1) Il criterio dell'imbarazzo. Attraverso questo criterio, Meier sostiene che la metafora di un uomo che evira sé stesso per indicare il celibato sarebbe talmente sconvolgente, violenta e priva di paralleli che potrebbe derivare da un Gesù "non convenzionale e sconvolgente". A questo punto del libro sarebbe necessario aprire una breve digressione sui criteri metodologici che richiederebbe una trattazione a parte. In questa sede, ci limiteremo a far notare che talvolta gli studiosi tendono a fare troppo affidamento su criteri che non sempre si rivelano validi in tutte le occasioni. Infatti, come fa giustamente notare anche il Meier, "ciò che noi oggi potremmo considerare imbarazzante per la Chiesa primitiva non lo era necessariamente ai suoi occhi"[369]. La presenza certa di cristiani celibi (come Saulo Paolo) nella Chiesa primitiva è difatti un motivo più che sufficiente per ritenere completamente giustificata la presenza di questo passo all'interno della comunità senza che esso destasse necessariamente

---

368 Come la costruzione *dià* con l'accusativo che, come fa notare A. Sand, *Reich Gottes*, pp. 107-108, non ricorre mai altrove nel vangelo secondo Matteo.

369 J.P. Meier, *op. cit.*, p. 163.

imbarazzo. Quanto alla presunta violenza di una metafora di qualcuno che evira sé stesso per descrivere il celibato, bisogna prima di tutto far notare che non necessariamente questa espressione deve essere considerata una metafora. Secondo un'altra possibile interpretazione letterale, gli uomini in questione non sarebbero uomini celibi ma eunuchi che giunsero davvero a evirarsi al fine di raggiungere più facilmente la purezza della castità. Pur ammettendo che l'espressione sia una metafora per indicare i celibi, non possiamo giungere alla conclusione che non esistessero paralleli per metafore così forti. Difatti andrebbe considerata anche tutta la tradizione orale non pervenuta che è andata perduta per sempre. Anche volendo sostenere che una metafora simile sia unica in tutta la tradizione scritta e orale del periodo, essa non sarebbe comunque una prova che derivi da Gesù stesso. Difatti nulla vieta che i membri della Chiesa primitiva non fossero in grado di giungere a metafore tanto ardite, che non necessariamente avrebbero dovuto creare imbarazzo ai loro occhi.

2) Il criterio della discontinuità. Per definizione stessa, il criterio della discontinuità "si concentra su parole o fatti di Gesù che non possono derivare né dal giudaismo del tempo di Gesù né dalla Chiesa primitiva dopo di lui"[370]. Già dalla definizione è possibile capire come questo criterio non possa essere utilizzato per il passo in questione. Difatti lo stesso Meier ammette la possibilità che tale passo possa derivare dalla comunità di Matteo[371], pertanto come è possibile escludere con certezza che questo passo possa derivare dalla Chiesa primitiva, come pretenderebbe il criterio della discontinuità? Dal momento che non è possibile dimostrare che questo criterio non sia con assoluta certezza derivabile dalla comunità cristiana primitiva, non è possibile avvalersi di esso per sostenere che derivi da Gesù. Inoltre, come fa notare anche Morna Hooker, questo criterio presuppone ciò che non possediamo, vale a dire una conoscenza completa di tutto ciò che le tradizioni scritta e orale del giudaismo del periodo e del Cristianesimo primitivo avrebbero o non avrebbero potuto o dovuto dire.

3) Criterio della coerenza. Questo criterio è per natura molto debole, dal momento che si limita ad attestare che quanto stabilito dai criteri precedenti sia "coerente" coi detti di Gesù. In realtà, abbiamo visto come i

---

370 *ivi*, p. 165.

371 *ivi*, p. 340: "Certo, è possibile che questo detto sia stato creato dalla Chiesa primitiva per giustificare uno stato di celibato religioso volontario fra alcuni suoi membri".

due criteri sopra menzionati non siano probanti per dimostrare che il v. 12 derivi da Gesù e che non sia piuttosto una creazione della Chiesa di Matteo. Non solo: anche tutte le osservazioni precedenti non si sono dimostrate particolarmente solide al fine di ipotizzare che Gesù fosse celibe; pertanto tale detto non sarebbe nemmeno coerente con le informazioni raccolte fino a ora. Questo ci fa quindi sospettare che esso sia proprio una creazione della comunità cristiana primitiva, la quale aveva lo scopo di giustificare il celibato di alcuni suoi adepti. In effetti anche il criterio della molteplice attestazione è coerente con questa osservazione: difatti è possibile reperire questo detto relativo all'eunuco solo nel vangelo di Matteo. Il fatto che esso sia assente nei restanti tre vangeli trova spiegazione proprio nel fatto che aveva avuto origine proprio nella Chiesa di Matteo. Gli unici riferimenti certi relativi al celibato presenti nel Nuovo Testamento, difatti, risalgono solo alla Chiesa primitiva, successiva alla morte di Gesù: ci riferiamo alla *Lettera ai Corinti* di Paolo e alla *Apocalisse* di Giovanni.

In effetti lo stesso Meier sembrerebbe trovare numerose difficoltà a giustificare il celibato di Gesù. Egli fa giustamente notare che "alcuni dei motivi che abbiamo considerato (l'assunzione dell'ideale della purità cultuale sacerdotale nella spiritualità laica, l'ideologia della guerra santa, la misoginia) non quadrano con il suo messaggio e la sua condotta di fondo. Gesù non condivise lo zelo farisaico per l'estensione delle regole di purità, per non parlare dell'estremismo dei superosservanti esseni"[372]. Ciononostante, va anche detto che questi ideali potrebbero non derivare da direttamente Gesù, quanto piuttosto da Paolo.

Infine bisogna ricordare che Gesù secondo i vangeli si pose in evidenza per la "sua facile associazione a discepole di sesso femminile e ad altre donne"[373].

In conclusione, possiamo affermare che non esistono prove o indizi convincenti a favore del celibato di Gesù (o di Giovanni Battista). Dal momento che non vi è nulla che dimostri fortemente il contrario, il silenzio apparente del Nuovo Testamento sullo stato maritale di Gesù dovrebbe essere inquadrato nell'ottica del contesto del periodo. Basandoci su questo silenzio, bisognerebbe considerare improbabile l'ipotesi che Gesù fosse celibe. Si badi bene, tuttavia, che con questa breve analisi non si è voluto

---

372 *ivi*, p. 339.
373 *ivi*, p. 339.

dimostrare che Gesù si fosse sposato nei suoi primi 30-40 anni di vita. Purtroppo, come abbiamo già detto, non abbiamo abbastanza elementi validi per sostenere questa teoria e, per quanto ci riguarda, sebbene sembri improbabile, Gesù avrebbe potuto essere anche celibe nella fase iniziale della sua vita. Lo scopo di questo studio era infatti quello di evidenziare che non vi è incoerenza tra il silenzio del Nuovo Testamento sullo stato maritale di Gesù e la menzione di una sua moglie quando sarebbe tornato sotto le vesti di Gesù b. Gamala[374]. Infine, abbiamo anche notato come i numerosi riferimenti al celibato da parte di Paolo sembrino spesso alludere allo stato maritale di Gesù b. Gamala, giudicato negativamente dall'apostolo o più verosimilmente, da un suo seguace.

---

374 Approfittiamo dell'occasione per far notare come difficilmente Gesù b. Gamala si sarebbe auto-attribuito un nome così particolare privo di patronimico. Furono piuttosto i suoi contemporanei a definirlo con una perifrasi geografica, dal momento che non erano particolarmente chiare le sue origini familiari.

CAPITOLO VII
IPOTESI DELL'APPARTENENZA DI GESÙ ALLA
DINASTIA ONIADE

Nei precedenti capitoli abbiamo spesso fatto riferimento al fatto che Gesù potesse essere un oniade. Questa ipotesi è nata dalla constatazione che il sommo sacerdote Simone, figlio di Onia I, menzionato da Flavio Giuseppe in *Antichità Giudaiche* XII, 43 e 157, e i suoi discendenti erano soprannominati con l'epiteto di "Giusto", epiteto che sembra ricorrere anche nella famiglia di Gesù. Inoltre, come vedremo, anche essi risulterebbero essere discendenti di re Davide, motivo per cui si potrebbe ipotizzare che fossero antenati di Gesù.

Vaglieremo in questa sede più in dettaglio le argomentazioni a sostegno di questa ipotesi genealogica. Iniziamo osservando che anche Gesù nei vangeli viene chiamato "Giusto".

1. Gesù Cristo Giusto

Leggiamo nella prima lettera di Giovanni:

> Figlioli miei, vi scrivo queste cose perché non pecchiate; ma se qualcuno ha peccato, abbiamo un avvocato presso il Padre: *Gesù Cristo Giusto*[375].

Il termine greco qui utilizzato è proprio lo stesso impiegato per il suo antenato Simone: *Díkaios*, "Giusto", qui utilizzato senza articolo determinativo, come fosse parte integrale del suo nome. Notiamo infatti che in numerosi altri passi del Nuovo Testamento questo soprannome ricorre spesse volte attribuito a Gesù, definito "Giusto" quasi per antonomasia. Talvolta, sembra essere impiegato anche per evidenti giochi di parole. Dice per es. Gesù in Matteo:

> Chi accoglie voi accoglie me e chi accoglie me accoglie Colui che mi ha mandato. Chi accoglie un profeta come profeta, avrà la ricompensa del profeta, e *chi accoglie un giusto come giusto, avrà la ricompensa del*

---

375 1Gv 2, 1, CEI.

giusto[376].

Qui Gesù, traducendo il testo più letteralmente, afferma:

[...] Colui che accoglie (un) profeta per (il) nome di profeta, riceverà (il) salario di profeta, e *chi accoglie (il) Giusto per il nome di Giusto, riceverà (il) salario di Giusto.*

Come è possibile notare, è evidente il gioco di parole relativo al "nome di Giusto", che potrebbe essere, come stiamo per vedere, un soprannome tipico di tutta la famiglia di Gesù. Continuiamo ad analizzare altri passi in cui Gesù viene definito "Giusto".

Mentre egli sedeva in tribunale, sua moglie gli mandò a dire: «*Non avere a che fare con quel Giusto*; perché oggi fui molto turbata in sogno, per causa sua»[377].

Visto ciò che era accaduto, il centurione glorificava Dio: «*Veramente quest'uomo era Giusto*».[378]

Quale dei profeti i vostri padri non hanno perseguitato? Essi uccisero quelli che preannunciavano *la venuta del Giusto* (o anche *"la venuta di Giusto"*, NdA), del quale voi ora siete divenuti traditori e uccisori[379];

Egli soggiunse: Il Dio dei nostri padri ti ha predestinato a conoscere la sua volontà, a *vedere il Giusto* e ad ascoltare una parola dalla sua stessa bocca[380],

Avete condannato e ucciso *il Giusto* ed egli non può opporre resistenza[381].

Se sapete che *egli è Giusto*, sappiate anche che chiunque opera la giustizia, è nato da lui[382].

Figlioli, nessuno v'inganni. Chi pratica la giustizia è giusto com'egli è

---

376 Mt 10, 40-41, CEI.
377 Mt 27, 19, CEI.
378 Lc 23, 47, CEI.
379 Atti 7, 52, CEI.
380 Atti 22, 14, CEI.
381 Gc 5, 6, CEI.
382 1Gv 2, 29, CEI.

Giusto[383].

Se quello di *Giusto* fosse un soprannome attribuito a tutta la famiglia di Gesù – o perlomeno a molti componenti –, è possibile che i passi appena menzionati siano tutti giochi di parole tra *Giusto* inteso come soprannome di Gesù e dei suoi familiari e l'aggettivo *giusto* relativo alle sue qualità morali. Il gioco di parole consisterebbe nell'affermare la coincidenza tra il suo nome familiare e le sue qualità morali, secondo la norma *nomen omen*, "un nome, un presagio". Questo sarebbe dunque il significato di frasi come *"veramente egli era Giusto"* (intendendo non solo nel nome, ma anche nelle azioni), *"chi accoglie Giusto per il nome di Giusto, riceverà (il) salario di Giusto"* (oscillando nel significato tra il suo soprannome, *"Giusto"*, e l'aggettivo di "uomo giusto"), o ancora *"figlioli, nessuno v'inganni. Chi pratica la giustizia è giusto com'egli è Giusto"* (intendendo che chi pratica la giustizia è giusto nelle qualità morali come Gesù è Giusto nel nome che porta). Se inoltre qui "Giusto" fosse inteso come nome di Gesù, si capirebbe perché questo termine sia stato ripetuto due volte (ovvero: *"giusto" com'egli è "Giusto"*)[384].

Anche Simeone, un uomo presente durante la circoncisione di Gesù nel settimo giorno di vita, il quale si intrattiene in un breve dialogo con Maria e che potrebbe essere proprio suo padre Simone, figlio di Boethus, viene definito "giusto e timorato". Tuttavia in questo brano il termine "giusto" viene utilizzato esclusivamente con valore di aggettivo:

> Ora a Gerusalemme c'era un uomo di nome Simeone, *uomo giusto* e timorato di Dio, che aspettava il conforto d'Israele[385];

Ma leggiamo anche nell'apocrifo vangelo di Pietro e Nicodemo:

> Domandarono al maestro Levi: "E tu come sai queste cose?". Levi rispose: "Non sapete ch'io ho imparato la legge da lui?". Il sinedrio gli disse: "Vogliamo vedere tuo padre". Mandarono a chiamare suo padre. Lo interrogarono ed egli rispose: "Perché non credete a mio figlio? *Il beato e giusto Simeon lo istruì nella legge*". Il sinedrio domandò a rabbi Levi: "È vera la parola che hai detto?". Rispose: "È vera!"[386].

---

383 1Gv 3, 7, CEI.
384 In effetti per esprimere lo stesso concetto sarebbe stato più naturale dire: "chi pratica la giustizia è giusto come lui", e non "come egli è Giusto".
385 Lc 2, 25, CEI.
386 Vangelo di Pietro e Nicodemo 16, 3.

Oltre ai vangeli canonici, anche molti vangeli apocrifi sono soliti accostare a "Gesù" il soprannome o l'epiteto di "Giusto":

Beelzebub rispose: "Di che hai paura? È un profeta e tu dici che è Dio? *Hai confuso Dio con un profeta e un giusto.* Io l'afferro e poi gettiamolo subito (giù). Chi pensano che sia salito in cielo?"[387]

Dolore di Pilato. Pilato fece chiamare il capitano, che era andato da Erode per la crocifissione, lo condusse a casa sua e gli disse: "Tu hai ben visto, fratello, ciò che Erode e gli Ebrei hanno commesso *contro quest'uomo giusto.* Lo hanno posto ingiustamente sulla croce, così che sulla terra è accaduto tutto ciò[388].

[...] Così pure Giuseppe venne e disse loro: "Perché siete irritati verso di me per il fatto che ho chiesto il corpo di Gesù? Vedete l'ho posto nella mia tomba nuova, dopo averlo avvolto in un panno di lino, e ho fatto rotolare la pietra all'ingresso della caverna. Voi *non vi siete comportati bene verso il Giusto*, giacché non vi siete pentiti quando l'avete crocifisso, anzi lo avete ancora trapassato con una lancia"[389]

Io sono il Giusto[390] (è Gesù che parla, NdA).

Io sono il Giusto. Io non Giudico (anche qui è Gesù che parla, NdA)[391].

[...] Per i sacerdoti non c'è pace, dice il Signore. Li coglierà la morte e con essi il senato dei figli di Israele avendo essi steso iniquamente la mano *contro il giusto Gesù.* [..] Noi abbiamo fatto patire il Giusto [...]"[392].

Preghiera e morte di Pilato e Procla. L'imperatore riprese a interrogare nuovamente Pilato e poi ordinò a un arconte, di nome Albio, di troncargli la testa, dicendo: "Avendo egli elevato le mani contro un *uomo giusto, detto Cristo,* cadrà senza speranza di salvezza"[393],[394].

---

387 Vangelo di Bartolomeo, 9.
388 Vangelo di Gamaliele 1, 54.
389 Vangelo di Pietro e Nicodemo 12, 1; cfr. anche 2, 1; 4, 1 e 11, 1.
390 2Ap Giacomo 48, 9.
391 2Ap Giacomo 59, 22, 23.
392 Ciclo di Pilato 1, 2, 5-6.
393 Ciclo di Pilato 5, 0, 8.
394 Notiamo *en passant* che in questo brano Gesù viene definito, da parte dell'autore cristiano dell'opera, "detto Cristo", dal momento che a parlare è Pilato. L'espressione è pressoché simile, se non identica, alla stessa menzione di Gesù farebbe Flavio

[...] "Tu, Pilato perché hai permesso che fosse mandato a morte, senza il parere del piissimo signore Cesare Augusto, *Gesù che il popolo dichiara giusto?"*. Pilato rispose: "Non ho potuto passare sopra alle parole degli Ebrei secondo le quali egli si diceva re[395]"

Il soprannome "Giusto" viene riferito, come abbiamo detto, anche ad altri componenti della famiglia di Gesù. Scrive per es. Egesippo (110-180 d. C. ca.) su Giacomo, fratello di Gesù:

> «Allora ugualmente anche a Giacomo, chiamato il Fratello del Signore, poiché in verità anche costui era detto figlio di Giuseppe, e Giuseppe era padre di Cristo, poiché la Vergine, essendogli stata promessa, prima che essi andassero a vivere insieme, fu trovata ad aver concepito per opera dello Spirito Santo, come insegna la sacra scrittura dei vangeli; in verità, dunque, a questo Giacomo, che gli antichi *chiamarono anche con il soprannome di "Giusto"* per la superiorità della (sua) virtù, narrano che, per primo, fu affidato il seggio dell'episcopato della Chiesa di Gerusalemme»[396].

Anche Egesippo, dunque, riporta una antica tradizione secondo la quale Giacomo, fratello di *Gesù Cristo Giusto*, veniva soprannominato "Giusto". Questa medesima tradizione è riscontrabile in numerosi altri vangeli apocrifi:

> I discepoli dissero a Gesù, "Sappiamo che tu ci lascerai. Chi sarà la nostra guida?" Gesù disse loro, "Dovunque siate dovete andare *da Giacomo il Giusto*, per amore del quale nacquero cielo e terra[397].

Giuseppe nel XX libro di AG. L'opinione secondo cui il passo di Flavio Giuseppe sarebbe sicuramente autentico, dal momento che difficilmente un cristiano avrebbe definito Gesù con le parole "detto Cristo" (difatti, secondo questa logica, da un punto di vista di un cristiano Gesù *era* il Cristo), cade di conseguenza, dal momento che, come dimostra questo passo, un cristiano può ricorrere a questa espressione se a parlare di Gesù è una terza persona non cristiana. Questa particolare retorica servirebbe dunque ad aumentare la veridicità del racconto. Con questa osservazione non si vuole affermare che il brano di AG XX in cui viene menzionato Gesù sia per forza di cose interpolato; riteniamo comunque che questa sia una delle molte possibilità da valutare.

395 Ciclo di Pilato 7, 0, 5; cfr. anche 7, 0, 8.
396 SE II, 1, 2.
397 Vangelo di Tommaso, 12.

Dopo la risurrezione del Salvatore, anche il vangelo detto secondo gli Ebrei, recentemente tradotto da me in lingua greca e latina e del quale fa spesso uso Origene, afferma: "Dopo aver dato il sudario al servo del sacerdote, il Signore andò da Giacomo e gli apparve". Giacomo infatti aveva assicurato che, dal momento in cui aveva bevuto al calice del Signore, non avrebbe più preso cibo fino a quando non l'avesse visto risorto dai dormienti. E poco dopo (prosegue): "Portate la tavola e il cibo" dice il Signore. E subito - detto: "Prese il pane, lo benedisse, *lo spezzò e diede a Giacomo il Giusto,* dicendo: "Fratello mio, mangia il tuo pane, poiché il figlio dell'uomo - risorto dai dormienti"[398],

Perciò il tuo nome è *"Giacomo il Giusto"*[399].

Questo è il discorso pronunziato in Gerusalemme *da Giacomo il Giusto* e scritto da Mareim, uno dei sacerdoti. Egli lo narrò a Teuda, *padre di questo Giusto,* poiché era suo parente[400].

Io invece, mi intrattenevo con i sacerdoti. Non rivelai (loro) nulla sulla nostra parentela, poiché essi dicevano tutti concordemente: "Venite! Lapidiamo il Giusto!"[401].

Dagli stessi apocrifi, vediamo che anche Giuseppe, fratello di Gesù, viene chiamato "Giusto":

[...] (Giuseppe) Generò anche figli e figlie: quattro figli e due figlie. Questi sono i loro nomi: Giuda, Giusto, Giacomo, Simeone; le due figli e si chiamavano Assia e Lidia[402].

Giusto e Simeone, i due figli più vecchi di Giuseppe, si sposarono e andarono ad abitare a casa loro[403].

In questi passi il nome "Giusto" non ricorre nella sua forma greca (*Díkaios*) ma latina, seppur grecizzata: "Ioûstos". Naturalmente, che il Giuseppe di *Storia di Giuseppe il falegname* sia il Giuseppe fratello di Gesù emerge da un parallelo con Mc 6:3 e Mt 13:55, dove i fratelli di Gesù menzionati sono Giacomo, Giuseppe, Simone, Giuda.

---

398 Vangelo degli Ebrei e Nazarei, 10, citato da Gerolamo, *De viris illustribus*, 2.
399 1Ap Giacomo 31, 33.
400 2Ap Giacomo, 44,10-13.
401 2Ap Giacomo 60, 10-13.
402 Storia di Giuseppe il falegname, 2, 1.
403 Storia di Giuseppe il falegname 11, 1.

È interessante notare che in *Atti degli apostoli* viene menzionato un tal "Giuseppe Barsabba/Barsaba Giusto", un discepolo di Gesù che gli apostoli proposero affinché sostituisse il fuoriuscito Giuda:

> Essi ne presentarono due: *Giuseppe, detto Barsabba[404], che era soprannominato Giusto*, e Mattia[405].

> [...] *Allora Barsaba Giusto*, dai piedi larghi, Orione il cappadoce e Festo, il Galata, primi tra i servi di Nerone dissero: "Anche noi siamo al servizio del re dei secoli!" [...][406].

Anche in questo brano il discepolo Giuseppe viene soprannominato non *"Díkaios"*, ma *"Ioûstos"*, che rappresenta, come abbiamo detto poc'anzi, la trascrizione e l'adattamento del vocabolo latino *Iustus* ("Giusto") scritto con caratteri greci. Più in là nel libro degli *Atti* troviamo anche un Giuda, detto Barsabba, che sembra essere parente di Giuseppe Barsabba Giusto:

> Allora parve bene agli apostoli e agli anziani con tutta la Chiesa, di scegliere tra di loro alcuni uomini da mandare ad Antiochia con Paolo e Barnaba: Giuda, detto Barsabba, e Sila, uomini autorevoli tra i fratelli[407].

Tra Giuseppe Iustus, fratello di Gesù, Giacomo, Simone e Giuda e Giuseppe Barsabba Iustus, parente (fratello?) di Giuda Barsabba, emerge un forte parallelo non solo per la condivisione di un parente di nome Giuda, ma anche per la forma latinizzata del soprannome "Giusto", anomala rispetto alla variante greca *"Díkaios"* che abbiamo incontrato finora. In effetti anche secondo Jacopo da Varagine[408] *Giuseppe Giusto*, fratello di Giacomo il Giusto, Simone e Giuda, *era soprannominato "Barsabba"*, implicando il fatto che i due "Giuseppe Iustus" siano la stessa persona, chiamata semplicemente *Giuseppe* in Marco e in Matteo e

---

404 Secondo una variante abbiamo "Barnabas" in luogo di "Barsabbas": "Acts 1.23 var (replacement for Judas): Joseph called Barsabbas (var Barnabas D 1831 it aeth)", tratto da Sitografia n. 41, visitato il 27/03/2017; ma anche "Barsabbas" in luogo di "Barnabas" in Atti 4:36.
405 Atti 1, 23.
406 Atti di Paolo (martirio di san Paolo apostolo) 2.
407 Atti di Paolo (martirio di san Paolo apostolo) 15, 22.
408 Jacopo da Varazze, *Legenda aurea* CXXXI: *Haec autem Maria ex Alpheo viro suo quatuor filios genuit, scilicet Jacobum minorem, Joseph justum, qui et Barsabas, Simonem et Judam.*

Giuseppe Barsabba Giusto in *Atti degli apostoli*. Questa identificazione tuttavia potrebbe non essere così scontata e andrebbe investigata ulteriormente.

"Giusto" è un soprannome che ricorre anche per il terzo vescovo di Gerusalemme, Giuda Giusto:

> Poiché da questo periodo in poi cessano di essere eletti vescovi circoncisi, è ora necessario elencarli dall'inizio. Il primo fu Giacomo, detto fratello del Signore; secondo dopo di lui fu Simeone; *terzo Giusto*; quarto Zaccheo; quinto Tobia; sesto Beniamino; settimo Giovanni; ottavo Mattia; nono Filippo; decimo Seneca; undicesimo Giusto; dodicesimo Levi; tredicesimo Efrem; quattordicesimo Giuseppe e infine, quindicesimo, Giuda[409].

> Morto anche Simeone nel modo suddetto, salì al soglio episcopale di Gerusalemme un *giudeo*[410] *di nome Giusto*: era uno dei numerosissimi circoncisi che credevano in Cristo[411].

I primi due vescovi di Gerusalemme furono Giacomo il Giusto e Simone, fratelli di Gesù. Il terzo vescovo, Giusto, altrove definito "Giuda"[412], potrebbe essere dunque un parente di Gesù, poiché lo furono anche il primo e il secondo vescovo di Gerusalemme. In effetti secondo le *Costituzioni apostoliche* il terzo vescovo di Gerusalemme viene menzionato come "Giuda di Giacomo"; si tratta, quindi, del fratello o del figlio di Giacomo il Giusto, a ulteriore dimostrazione che il soprannome di "Giusto" si trasmetteva per via ereditaria. Tuttavia, potrebbe anche essere possibile che questo Giuda fosse il fratello di Giacomo, sebbene sarebbe forse troppo anziano stando alle cronologie canoniche. In realtà, non ci sentiamo di escludere totalmente quest'ipotesi, dal momento che le genealogie canoniche potrebbero anche essere difettose o imprecise.

Troviamo ancora la traduzione latina del soprannome *Díkaios* in un personaggio menzionato da Paolo nella lettera ai Colossesi, tal *Gesù detto*

---

409 Jacopo da Varazze, *Legenda aurea* IV, 5, 3.

410 Un Ἰουδαῖος (*Ioudaîos*, "giudeo") di nome Ἰοῦστος (*Ioûstos*, "Giusto"): poiché il nome di *Iustus* è "Giuda" (v. *infra*), è anche possibile che in questo passo il vocabolo *"ioudaîos"* ("giudeo") sia una svista dell'autore per Ἰουδᾶς (*Ioudâs*, "Giuda"). Dunque *Ioudâs Ioûstos* ("Giuda Giusto") potrebbe essere una variante più corretta di *Ioudaîos Ioûstos* ("il giudeo Giusto").

411 SE III, 35.

412 Cfr. Epifanio di Salamina, *Panarion, Manicheans* 20, 1; dove il terzo vescovo di Gerusalemme viene chiamato "Giuda".

Ioustòs, un ebreo cristiano annoverato tra i più stretti amici di Paolo durante la sua prima prigionia a Roma. È possibile che anche questo *Gesù Giusto* fosse un componente della famiglia di Gesù.

2. Ricostruzione della linea genealogica di Gesù

Ora che abbiamo appurato che Gesù e la sua famiglia venivano distinti con il soprannome di "Giusto", cerchiamo per quanto possibile di ricostruire il loro albero genealogico.
Abbiamo visto che Gesù era figlio di Maria, figlia di Simone, a sua volta figlio di Boethus:

> *Viveva a Gerusalemme un sacerdote* molto noto di nome *Simone, figlio di Boethus,* un alessandrino, che aveva una figlia considerata la più bella del tempo. Siccome di lei si parlava molto dai cittadini di Gerusalemme, e come capita, sulle prime Erode fu eccitato da quanto udiva, poi, dopo averla vista, fu colpito dall'avvenenza della ragazza; scacciò il pensiero di abusare del proprio potere per soddisfare pienamente il suo desiderio: aveva infatti buone ragioni di sospettare che sarebbe stato accusato di violenza e tirannia, e così ritenne che era meglio sposare la ragazza. Ma siccome, da una parte, Simone non era abbastanza illustre per diventare suo parente, ma d'altra parte era troppo importante per venire disprezzato, coronò il suo desiderio in una maniera ragionevole aumentando il prestigio della figlia e innalzando lui a una delle posizioni più onorifiche, in questo modo: depose subito Gesù, figlio di Fiabi, da sommo sacerdote, e *a questo ufficio designò Simone* (siamo intorno al 23 a.C., NdA), e poi contrasse matrimonio con sua figlia[413].

In *Antichità Giudaiche* XIX, 297-298 leggiamo:

> Compiuti pienamente i suoi doveri verso Dio, Agrippa rimosse Teofilo, figlio di Anano, da sommo pontefice, e nel suo alto ufficio mise *Simone figlio di Boethus, soprannominato Cantheras.* Simone aveva due fratelli e il padre Boethus; *la figlia di Simone era sposata al re Erode,* come ho detto sopra. Simone, come i suoi fratelli e suo padre, ottennero il sommo pontificato, come era avvenuto ai tre figli di Simone, figlio di Onia, sotto il governo dei Macedoni, come abbiamo riferito in precedenza[414].

---

413 AG XV, 320-23.
414 AG XIX, 297-298.

Secondo la traduzione che L. Moraldi fa di questo brano di *Antichità Giudaiche*, Simone Canthera, sommo sacerdote nel 41-43 d.c., sarebbe padre di Mariamme II, moglie di Erode il Grande; mentre il Boethus menzionato sarebbe nonno di Mariamme e padre di Simone, coerentemente con quanto affermato in precedenza nel XV libro di *Antichità Giudaiche*.

Tuttavia, secondo quanto dice Flavio Giuseppe in *Antichità Giudaiche* XV, 322, Simone figlio di Boethus venne già designato sommo sacerdote nel 23 a.c.; di conseguenza sarebbe altamente improbabile che fosse stato eletto nuovamente sommo sacerdote da Agrippa nel 41-43 d.c., vale a dire 63-66 anni dopo il suo primo mandato. Infatti sua figlia Mariamne aveva almeno 14 anni quando sposò il re Erode; se ne deduce che ella sia nata intorno al 37 a.c. Supponendo che Simone Boethus avesse generato Mariamme intorno ai vent'anni d'età, egli avrebbe dovuto avere circa 100 anni nel suo secondo mandato del 41-43 d.c. Risulta pertanto problematico sostenere l'identificazione di Simone Cantheras con Simone, figlio di Boethus, padre di Mariamme II.

In effetti una traduzione più corretta del testo greco di *Antichità Giudaiche* XIX, 397 sarebbe:

δύο δ᾽ ἦσαν ἀδελφοὶ τῷ Σίμωνι καὶ πατὴρ Βοηθός, οὗ τῇ θυγατρὶ βασιλεὺς συνῴκησεν Ἡρώδης, ὡς ἀνωτέρω δεδήλωται.

Simone (Cantheras, NdT) aveva due fratelli e un padre (di nome) Boethus, del quale il re Erode sposò la figlia, come è stato detto prima.

Il testo greco non è chiarissimo in questo caso e, sebbene intuitivamente sembrerebbe che Mariamme fosse figlia di Boethus, anziché di Simone Cantheras, grammaticamente l'interpretazione rimane ambigua. La soluzione ci viene offerta dal contesto; difatti in *Antichità Giudaiche* XIX, 398 Flavio Giuseppe specifica che *"Simone, come i suoi fratelli e suo padre, ottennero il sommo pontificato"*. Secondo lo storiografo ebreo, quindi, il padre di Simone Cantheras venne designato sommo sacerdote come tutti e tre i suoi figli (vale a dire Simone Cantheras, Eleazar e Joazar, anch'essi definiti "figli di Boethus[415]"). Questa informazione rende ancora più problematica l'identificazione di Simone Cantheras come il Simone, figlio di Boethus e padre di Mariamme, menzionato in *Antichità Giudaiche*

---

415 Cfr. AG XVII, 339.

XV, 320. Difatti, se fossero la stessa persona, non si spiegherebbe perché Flavio Giuseppe affermi che il padre di Simone Cantheras, l'alessandrino Boethus, sia stato eletto sommo sacerdote come i suoi figli, dal momento che Boethus non fu mai designato sommo sacerdote. Se invece Mariamme fosse la figlia di Simone, qui chiamato Boethus (soprannome che verosimilmente acquisì da suo padre[416]), e se questo Simone Boethus non fosse Simone Cantheras, bensì suo padre, allora l'informazione fornitaci da Flavio Giuseppe sarebbe coerente con i dati a nostra disposizione, poiché Simone Boethus venne eletto sommo sacerdote come i suoi tre figli Joazar b. Boethus (4 a.C.), Eleazar b. Boethus (4-3 a.C.), Simone Cantheras b. Boethus (41-43 d.C.). Inoltre non avremmo più la difficoltà relativa a un Simone Cantheras che si fa carico del suo secondo sommo sacerdozio in prossimità dei 100 anni d'età. Come ulteriore conferma della nostra ipotesi, notiamo che in *Antichità Giudaiche* XVII, 164 Joazar viene definito "fratello di Mariamme" e, di conseguenza, figlio di Simone Boethus. Se infatti Simone Cantheras fosse padre di Mariamme, ne conseguirebbe che sarebbe anche padre di Joazar e di suo fratello Eleazar; ma allora chi sarebbero i due fratelli di Simone Cantheras, menzionati come sommi sacerdoti in *Antichità Giudaiche* XIX, 298? D'altra parte, Joazar viene definito "figlio di Boethus"[417] e "fratello di Mariamme"[418], la quale è definita a sua volta "figlia di Simone"[419]. Ciò dimostra in maniera inequivocabile che "Boethus" è un soprannome di Simone, e non altra persona rispetto a Simone stesso.

Grazie all'analisi contestuale possiamo quindi concludere che nella lettura problematica di *Antichità Giudaiche* XIX, 297 Mariamme sia da attribuirsi come figlia di Simone Boethus e non di Simone Cantheras, che risulta invece essere suo fratello insieme a Joazar ed Eleazar.

Tutto ciò implica inoltre che il nome "Boethus", attribuito al padre di Simone Boethus, potrebbe essersi trasmesso dal capostipite ad alcuni esponenti della sua dinastia, fino ad arrivare a Gesù, definito *Boethós* nella *Seconda apocalisse di Giacomo*, dove leggiamo infatti:

Egli (Gesù) non era in collera,

---

416 Cfr. AG XV, 320.
417 AG XVII, 339
418 AG XVII, 164.
419 AG XV, 320-323.

Egli era, invece, un padre benevolo (*Chrēstós*)[420].
[...]
Io sono "il Giusto" (*Díkaios*).
Io non giudico.
Io non sono un padrone,
sono invece un aiuto (*Boethós*)[421].

È possibile che l'autore della *Seconda apocalisse di Giacomo* abbia anche qui creato appositamente un gioco di parole secondo il solito principio *nomen omen*: Gesù è *Chrēstós* ("Benevolo"), *Díkaios* ("Giusto") e *Boethós*[422] ("Soccoritore"), poiché il suo nome doveva rispecchiare esattamente le sue caratteristiche morali[423]. Il gioco di parole è ancora più evidente se consideriamo che il testo, essendo nato in un contesto di auralità, era stato probabilmente scritto per essere recitato a cristiani analfabeti, per i quali i termini *Christós e Chrēstós* (rispettivamente "Messia" e "benevolo") risultavano essere, dal punto di vista del suono e della pronuncia, indistinguibili.

A testimonianza del fatto che il nome "Boethus" si fosse trasmesso a una parte della discendenza, troviamo in *Guerra Giudaica* V, 527 un "Mattia, figlio di Boethus, discendente di sommi sacerdoti" protagonista di alcune vicende della prima guerra giudaica[424]. È altamente improbabile che il Mattia ivi menzionato fosse figlio di Simone Boethus, sia perché sarebbe dovuto essere molto anziano per generare un figlio ancora vivo nella prima guerra giudaica, sia perché in *Antichità Giudaiche* XIX, 297 viene specificato che Simone Cantheras aveva solo due fratelli maschi (e non tre, quanti ne avrebbe dovuti avere se anche Mattia fosse stato suo fratello). È certamente possibile che Simone Cantheras abbia avuto altri fratelli e che Flavio Giuseppe abbia menzionato solo quelli di particolare importanza che diventarono sommi sacerdoti, ma anche in questo caso ci saremmo dovuti aspettare che fosse annoverato pure Mattia, in quanto anch'egli sommo sacerdote[425].

---

420 2Ap Giacomo 59, 12.
421 2Ap Giacomo 59, 22-25.
422 Cfr. anche 2Ap Giacomo 55, 15, dove Gesù viene ancora definito *"Boethós"*.
423 Per l'alternanza *Chrēstós/Christós* si veda il Cap. X.
424 Notiamo anche che non solo il figlio di Boethus, Simone, assume il soprannome (o il nome) del padre, ma anche Nicodemo, suo discendente, mantiene le stesse qualifiche.
425 A ciò bisogna anche aggiungere che Flavio Giuseppe instaura in AG XIX, 297-

Ciò dimostra che Mattia, sebbene venga definito come "figlio di Boethus", non sia in realtà figlio di Simone Boethus, ma, verosimilmente, di un altro discendente della famiglia Boethus, testimoniando in questo modo che il soprannome "Boethus" potrebbe essere stato ereditato da altri membri della famiglia oltre al capostipite Boethus, a suo figlio Simone Boethus (definito "Boethus" in *Antichità Giudaiche* XVII, 339 e XIX, 297), al padre di Mattia, a Onia Nicodemo[426] Boethus menzionato nel *Talmud*[427], nonché al Gesù dei vangeli (ma solo secondo un apocrifo tardo e in un ambiguo gioco di parole).

Nell'apocrifo *Dormizione di Maria* troviamo inoltre un tale *"Mattia detto Giusto"*:

> Questi sono i nomi dei discepoli del Signore che furono trasportati sulla nube: Giovanni, evangelista, e Giacomo, suo fratello, Pietro e Paolo, Andrea, Filippo, Luca, Barnaba, Bartolomeo e Matteo, *Mattia detto Giusto*, Simone Cananeo, Giuda e suo fratello, Nicodemo, Massimiano e molti altri che non si possono elencare[428].

Questa testimonianza rafforza il *tandem* Giusto-Boethus, lasciando aperta l'ipotesi della identificazione di Mattia figlio di Boethus con l'apostolo Mattia detto Giusto. Più avanti, vedremo che anche Nicodemo Boethus viene annoverato tra i discepoli di Gesù. Se il Boethus padre di Mattia fosse proprio Nicodemo Boethus, allora si spiegherebbe anche il soprannome di "Giusto" riferito a Mattia, dal momento che, come stiamo per vedere, questo epiteto era correlato ai "produttori di pioggia" tra i quali viene annoverato proprio Nicodemo.

---

298 anche un confronto tra la famiglia di Onia e la famiglia di Boethus, ove fa notare come entrambi abbiano avuto tre figli sommi sacerdoti. Se Mattia fosse stato un quarto figlio di Simone Boethus, allora il parallelo non avrebbe avuto senso, dal momento che la famiglia Boethus avrebbe avuto quattro figli sommi sacerdoti, mentre la famiglia di Onia soltanto tre.

426 Cfr. *Talmud Babilonese* Mas. Ta'anith 20a.

427 Cfr. *Talmud Babilonese*, Mas. Yoma 18a; Mas. Sukkah 52b; Mas. Yevamoth 61a; Mas. Kethuboth 104a.

428 *Dormizione di Maria*, 8. Da notare, come evidenzia anche A. Di Lenardo, che l'autore della *Dormizione* è chiaramente un seguace di Paolo, dal momento che inserisce "Paolo" in un contesto privato della famiglia di Gesù (*i.e.* la morte di Maria) e si rifiuta di nominare Giacomo, mettendolo addirittura alla fine dell'elenco e menzionandolo come un anonimo "fratello" di Giuda.

Come abbiamo visto, tutti i Boethus sono accompagnati da un nome giudaico, eccetto il capostipite "Boethus", padre di Simone, la cui identità cercheremo di scoprire nel prossimo volume tramite una comparazione coi documenti dell'epoca.

Da quanto emerso finora, sebbene non ci siano noti i nomi dei genitori di Boethus, sappiamo che:

1) Gesù e la sua famiglia avevano in comune il soprannome di "Giusto" (*Díkaios*, in greco);
2) Simone, padre di Maria, era sacerdote già prima che Erode il Grande ne sposasse la figlia (dunque discendeva da una famiglia di leviti);
3) Boethus era un giudeo che proveniva da Alessandria d'Egitto;
4) Gesù e la sua famiglia si rifugiarono in Egitto[429] per scampare alla persecuzione di Erode il Grande, indizio che avessero dei parenti ivi stanziati;

Gli unici a essere individuati con il soprannome di "Giusto" nelle opere di Flavio Giuseppe sono i discendenti della famiglia del sommo sacerdote Onia I:

> Morto il sommo sacerdote Onia, gli succedette suo figlio *Simone che fu soprannominato "il Giusto"* per la sua pietà verso Dio e per l'amore che portava ai suoi compatrioti[430].

> Poiché, quando morì Eleazaro, il sommo pontificato lo prese suo zio Manasse, e dopo la sua morte, l'ufficio passò a *Onia, figlio di Simone, detto il Giusto*[431].

Stando a quanto afferma Flavio Giuseppe, Simone il Giusto era discendente di una famiglia sommo sacerdotale[432] che si può ricondurre

---

429 Cfr. Mt 2, 13-23.
430 AG XII, 43.
431 AG XII, 157.
432 Era infatti figlio del sommo sacerdote Onia I (AG XII, 43), figlio del sommo sacerdote Jaddo (AG XI, 347), figlio del sommo sacerdote Joanne (AG XI, 302), figlio del sommo sacerdote Joda (AG XI, 297), figlio del sommo sacerdote Eliasib (*ibid.*), figlio del sommo sacerdote Joakeimo/Eliakeimo (AG XI, 158), figlio di Gesù/Giasone (AG XI, 121), figlio del sommo sacerdote Josedek (AG XI, 73), figlio del sommo sacerdote Seraiah (1Cr 6, 14), vissuto al tempo dell'esilio

fino a Zadok[433] e ad Aronne, primo sommo sacerdote del popolo ebraico al tempo dell'esodo dall'Egitto. Secondo il vangelo di Luca, Maria, madre di Gesù, sarebbe parente di Elisabetta[434], di stirpe levita e, quindi, discendente di Aronne[435] – come abbiamo già detto. Questo indizio lascia supporre che anche Maria, essendo parente di Elisabetta, potesse essere della discendenza di Aronne (cfr. Cap. I). Se dunque Gesù fosse stato di stirpe levita per via materna, è lecito ipotizzare che egli fosse un discendente del sommo sacerdote Simone il Giusto.

Simone il Giusto è, come abbiamo visto, il padre del sommo sacerdote Onia II, a sua volta padre di Simone II. Il figlio di Simone II era il sommo sacerdote Onia III, padre di Onia IV, di cui Flavio Giuseppe dice:

> Il figlio del sommo sacerdote Onia, che portava lo stesso nome del padre, *fuggito dal re Tolomeo, detto Filopatore, viveva in Alessandria*, come abbiamo detto sopra, vedendo che era dilapidata dai Macedoni e dai loro re [...][436].

> Il sommo sacerdote Onias, che aveva trovato scampo presso Tolomeo, ottenne da lui un territorio nel distretto di Heliopolis e vi costruì una cittadina che rassomigliava a Gerusalemme e un Tempio simile; ma di ciò torneremo a parlare a suo luogo[437].

Siamo intorno al 170 a.C.: Onia IV, figlio di Onia III e pronipote di Simone il Giusto, fugge presso Tolomeo in Egitto, dove costruisce una cittadina simile a Gerusalemme. Continua Flavio Giuseppe:

> Così Pelusio fu presa, ma di avanzare oltre gli fu impedito dagli *abitanti del paese detto di Onias, che erano Giudei egizi*. Antipatro li convinse non solo a non fare più resistenza, ma anche a fornire all'esercito quanto gli abbisognava: pertanto nemmeno quelli di Menfi vennero a contrastare il passo, ma anzi volentieri si unirono a Mitridate[438].

---

babilonese e discendente di Zadok.
433 Notiamo come uno Zadok sia presente anche nella genealogia di Gesù menzionata in Mt 1:14.
434 Lc 1,3.
435 Lc 1, 5.
436 AG XIII, 62.
437 GG I, 33.
438 GG I, 190.

Anche qui viene menzionata una regione detta "di Onia" abitata da Giudei egizi[439]; si tratta dei Giudei che andarono ad abitare il distretto dove Onia IV costruì un tempio ebraico. Flavio Giuseppe ci narra poi i particolari della fondazione di questo distretto giudaico in Egitto:

> L'imperatore, insospettito delle inesauste tendenze rivoluzionarie dei Giudei e temendo che si raccogliessero di nuovo in forze attirando anche altri dalla loro parte, ordinò a Lupo di distruggere il Tempio giudaico *nel cosiddetto distretto di Onias*, che si trova in Egitto e fu costituito con tale denominazione nelle seguenti circostanze. *Onias figlio di Simone, uno dei sommi sacerdoti di Gerusalemme,* al tempo in cui Antioco re di Siria portò guerra ai Giudei fuggì ad Alessandria, dove dal re Tolomeo, in odio ad Antioco, gli vennero riservate cordiali accoglienze; egli allora promise che gli avrebbe assicurata l'alleanza del popolo giudaico se avesse accettato una sua proposta[440].

In questo brano di *Guerra Giudaica* si attribuisce la fuga in Egitto e la fondazione del distretto non a Onia IV, figlio di Onia III, come sostenuto in *Antichità Giudaiche* XIII, 63 dallo stesso Flavio Giuseppe, ma a Onia III, figlio di Simone II, padre di Onia IV e sommo sacerdote nel 240-218 a.C. Non è chiaro se si tratta di un errore di Flavio Giuseppe che confonde il padre con il figlio.

Infatti, secondo J. Wellhausen, seguito da A. Momigliano, la tradizione che attribuisce a Onia IV la fondazione del Tempio di Heliopolis potrebbe essere nata da un tentativo, da parte dei sacerdoti del Tempio di Gerusalemme, di nascondere il fatto che fosse stato proprio Onia III a fondare il Tempio[441]. Questo allo scopo di delegittimare il Tempio di Heliopolis che, se fondato da un sommo sacerdote legittimo, quale era appunto Onia III, avrebbe potuto causare problemi di natura economica, politica e religiosa al Tempio di Gerusalemme. J. Wellhauseun giunge a questa conclusione a causa del fatto che l'assassinio di Onia III nel Tempio di Dafne per opera di Andronico sembra essere un calco dell'uccisione del figlio di Seleuco IV per mano del medesimo Andronico. La storia dell'omicidio di Onia III sarebbe stata inventata con l'intento di attribuire a suo figlio Onia IV la fondazione del Tempio.

Flavio Giuseppe nella sua opera sembra riprendere la seconda versione,

---

439 Cfr. anche AG XIV, 131.
440 GG VII, 421-423.
441 Cfr. Sitografia n. 55. Sito consultato in data 11/11/2017.

secondo la quale il fondatore del "distretto di Onia" sarebbe stato Onia IV, di cui lo storiografo ebreo continua in questo modo a descrivere le gesta:

> Il re s'impegnò a fare nei limiti delle sue possibilità, e Onias gli chiese il permesso di costruire in una qualsiasi località dell'Egitto un Tempio da destinare al culto del Dio secondo i riti tradizionali. Così da un lato i Giudei sarebbero divenuti ancora più ostili ad Antioco, che aveva saccheggiato il Tempio di Gerusalemme, dall'altra avrebbero nutrito per lui maggiori simpatie, e in gran numero si sarebbero raccolti presso di lui grazie alla libertà del culto. Tolemeo accolse la proposta e gli assegnò un distretto a centottanta stadi di distanza da Menfi, nel nomo che si chiama Eliopolitano. Qui Onias impiantò una fortezza e poi costruì il tempio - non a somiglianza di quello di Gerusalemme, ma a forma di torre - usando grossi blocchi di pietra e facendogli raggiungere l'altezza di sessanta cubiti. Tutto questo però Onias non lo fece con buone intenzioni, ma per l'astio che nutriva contro i Giudei di Gerusalemme spinto dal rancore per il suo esilio, e con l'erezione di questo tempio sperava di attirarvi la moltitudine sottraendola a quelli[442].

Secondo Flavio Giuseppe, nel IX sec. a.C. Joda, un sommo sacerdote oniade, avrebbe sposato la sorella di Ochozia, uno degli ultimi discendenti della stirpe di Davide. Secondo questa fonte, dunque, almeno in un'occasione gli oniadi avrebbero incrociato la loro stirpe con quella dei discendenti di re Davide. Questo potrebbe spiegare perché, secondo alcune fonti, Gesù sarebbe disceso da Davide tramite sua madre Maria[443].
Se Gesù Cristo Giusto acquisì la discendenza da re Davide tramite Simone Giusto, è possibile supporre che la linea genealogica che porta da Simone il Giusto a Gesù Cristo Giusto passasse per Onia IV, in quanto quest'ultimo fondò una comunità di Giudei egizi in Egitto, luogo d'origine di Boethus secondo *Antichità Giudaiche* XV, 320 e in cui visse Gesù, secondo quanto si deduce da Mt 2, 13-23 che parla di una fuga in Egitto. Peraltro Flavio Giuseppe in *Antichità Giudaiche* XIII, 62 specifica che Onia IV vivesse proprio ad Alessandria, la stessa città da dove proveniva Boethus, padre di Simone.
Proseguendo lungo la linea genealogica di Simone Giusto, leggiamo che Flavio Giuseppe menziona due figli di Onia IV, Chelkia/Hilkiah e Anania:

---

442 GG VII, 424-431.
443 Cfr. la *Prefazione* a *Codex Jesus*, vol. II.

Perché la regina Cleopatra, in rotta col figlio Tolomeo, soprannominato Lathyro, aveva designato suoi capitani *Chelkia e Anania, figli di Onia, che aveva eretto il Tempio nel nomo di Heliopoli, simile a quello di Gerusalemme,* come sopra abbiamo riferito. Affidato a costoro l'esercito, Cleopatra non faceva nulla senza la loro approvazione, come testimonia anche Strabone di Cappadocia scrivendo quanto segue: "La maggioranza, infatti, sia di quelli che erano ritornati dall'esilio, sia di quelli che in seguito furono inviati a Cipro da Cleopatra, passarono subito da Tolomeo. E soltanto i Giudei del distretto di Onia rimasero fedeli a lei, perché i loro concittadini Chelkia e Anania godevano di un favore speciale presso la regina". Questo è quanto afferma Strabone[444].

La Cleopatra di cui si parla in questa sede è Cleopatra III, regina d'Egitto dal 116 al 101 a.c. Dalle fonti risulta che Chelkia/Hilkiah morì inseguendo Tolomeo prima della morte della regina Cleopatra III; prima, dunque, del 101 a.C[445].

Nel XIV libro di *Antichità Giudaiche*, Flavio Giuseppe ci parla della vicenda in "un certo Onia":

Ora *un certo Onia, uomo giusto e caro a Dio, in un periodo di siccità pregò Dio di fare terminare la calamità, e Dio ascoltò la sua preghiera, e mandò la pioggia*; quest'uomo, quando vide che la guerra civile seguitava a infuriare, si nascose; ma fu preso e portato all'accampamento dei Giudei e gli si domandò di lanciare una maledizione contro Aristobulo e i suoi sediziosi seguaci, proprio come aveva, con le sue preghiere, posto fine al periodo di siccità. Ma quando, nonostante il suo rifiuto e le sue scuse fu costretto a parlare alla plebe, egli, ritto in mezzo a loro, parlò così: "O Dio, re di tutti, siccome questi uomini che mi circondano sono Tuo popolo, e quelli che sono assediati sono Tuoi sacerdoti, Ti supplico di non prestare loro orecchio contro questi uomini, né dare compimento a quanto costoro Ti domandano contro gli altri". Allorché egli pregò in questo modo, i Giudei cattivi che stavano attorno a lui, lo finirono. Ma Dio subito li punì per un simile atto selvaggio ed esigette soddisfazione per l'assassinio di Onia. Mentre i sacerdoti e Aristobulo erano assediati, sopraggiunse la festività detta Pasqua nella quale abbiamo l'abitudine di offrire a Dio molti sacrifici[446].

Prima di tutto, bisogna notare che la traduzione corretta non è *"un certo*

---

444 AG XIII, 285-287; cfr. anche 349; 354-355.
445 AG XIII, 351.
446 AG XIV, 22-25.

Onia, uomo giusto", ma *"un certo Onia, che ha nome Giusto"*. L'episodio è ambientato intorno al 65 a.c. e il nome "Onia il Giusto" ha una tradizione che rimanda alla famiglia di Simone il Giusto; non a caso, anche L. Moraldi identifica questo Onia come un suo discendente, chiamandolo "Onia V"[447].

Anagraficamente, egli potrebbe essere figlio di Chelkia/Hilkiah o di Anania[448]; per quanto riguarda invece la capacità di far piovere e, più in generale, di controllare le attività meteorologiche, notiamo che essa è una peculiarità spesso associata ai "Giusti"[449].

Difatti non solo Onia V era un Giusto portatore di pioggia, ma anche Giacomo il Giusto. Difatti, riferisce Epifanio che nel corso di una carestia Giacomo fece piovere:

> Una volta, durante una grave carestia, sollevò le mani verso il cielo e pregò; subito il cielo fece cadere la pioggia.[450]

Lo studioso R. Eisenman[451] ha mostrato i numerosi parallelismi tra la morte di Onia il Giusto e di Giacomo il Giusto, avvenuta in "uno scenario analogo e per accuse analoghe"[452], fatto che induce a pensare che Giacomo fosse ritenuto suo discendente ed erede non solo da un punto di vista prettamente morale.

Il *Talmud* attribuisce a Onia V Giusto un nipote di nome "Abbà Hilkiah"[453] (che significa "padre di Hilkiah"), un altro "produttore di pioggia", forse padre di quell'Hilkiah prefetto della cavalleria di Erode Agrippa I[454], nonché padre di Giulio Archelao[455] e di Giuda[456]. Il fatto che Onia V Giusto avesse un pronipote di nome Hilkiah, conferma ancora una volta la sua

---

447 Cfr. L. Moraldi, *Antichità Giudaiche*, UTET, Torino 2006, p. 1289.
448 Riteniamo più probabile che Onia V Giusto fosse figlio di Hilkiah, piuttosto che di Anania. Difatti, come vedremo tra poco, è attestato un suo pronipote che porta proprio il nome di Hilkiah.
449 Oltre al precedente passo relativo a Onia V Giusto, notiamo anche *Talmud Babilonese*, Mas. Gittin 56a.
450 Cfr. *Haeres.* 78, 14, 1-3; cfr. R. Eisenman, *op. cit.*, p. 143.
451 R. Eisenman, *op. cit.*, capp. 5 e 6.
452 *ivi*, p. 166.
453 Cfr. *Talmud Babilonese*, Mas. Ta'anith 23a.
454 AG XIX, 353.
455 AG XIX, 355.
456 GG V, 6.

appartenenza alla discendenza di Onia IV. Inoltre questo conferma che anche i discendenti di Onia V erano dei "Giusti" che avevano il dono di indurre o di far cessare la pioggia. Sempre R. Eisenman ha mostrato che esistono numerosi collegamenti e parallelismi tra Giacomo il Giusto e il suo contemporaneo Abba Hilkiah[457]. Difatti:

> Non solo Giacomo e Abba Hilkiah erano grosso modo contemporanei e parimenti capaci di far piovere quando imperversava la siccità, ma entrambi erano oggetto di un timore reverenziale da parte di amici e nemici[458].

Questi collegamenti potrebbero essere più facilmente spiegati tenendo in considerazione la parentela che sarebbe intercorsa tra i due. La parte della *Lettera di Giacomo* in cui si parla dei "lavoratori truffati" sembrerebbe inoltre alludere alla vicenda di Abba Hilkiah il quale non voleva "truffare" i suoi servitori[459].

Secondo le fonti talmudiche, Onia V Giusto aveva una figlia, madre di *Hanan ha-Nebha* ("Giovanni il Nascosto"), nome col quale Giovanni il Battista è conosciuto nel *Talmud*[460]. Dice a tal proposito R. Eisenman:

> Oltre a definire *"Zaddik"* e "prediletto da Dio" Honi, che "pregò Dio di far smettere di piovere" e le "cui preghiere furono ascoltate", Flavio Giuseppe descrive come, in questi frangenti, egli si "sia nascosto", ovviamente per proteggersi. Non manca però un'allusione all'ideologia del "nascondersi", ideologia riferita anche a un altro presunto discendente di Honi e, come lui, "produttore di pioggia", Hanan o Hanin ha-Nebha, vale a dire "Hanan il Nascosto". Questo Hanin o Hanan (Giovanni, in italiano) è descritto come figlio di una delle figlie di Honi, e dunque suo nipote. Per giunta, non solo in Flavio Giuseppe viene talvolta indicato come "Giovanni il Nascosto" il Giovanni Battista dei vangeli, ma alcuni testi affermano che Elisabetta, madre del Battista, era figlia di "un certo Anon", ovvero Onias o Honi. Si tenga presente che secondo Luca, la madre di Giovanni Battista e la madre di Gesù erano parenti (1, 36), pertanto, presumibilmente, entrambe avevano sangue sacerdotale, quanto meno in linea materna. Abbiamo già visto come nel "Vangelo dell'infanzia", attribuito a Giacomo e pertanto definito anche *Protovangelo di Giacomo*, si affermi che Elisabetta, madre

---

457 R. Eisenman, *op. cit.*, p. 172-77.
458 *ivi*, p. 177.
459 *ivi*, p. 178.
460 Cfr. *Talmud Babilonese*, Mas. Ta'anith 23b.

di Giovanni, nascose il figlio in una grotta (22, 3). Nello stesso testo, però, si descrive Maria che "nasconde il Bambino Gesù in una grotta" (18, 1), mentre nel *Vangelo di Luca* si dice che Elisabetta "si tenne nascosta per cinque mesi" (1, 24)[461].

Nella *Lettera di Giacomo*, 5, 16-18, il fratello di Gesù parla della grande importanza alla "preghiera del Giusto fatta con insistenza", con riferimento a Elia (che, secondo i vangeli, sarebbe una incarnazione precedente di Giovanni Battista), definito "uomo della nostra stessa natura"[462], e all'episodio in cui egli ottenne la cessazione della pioggia per tre anni e sei mesi grazie alle sue preghiere. In effetti abbiamo notato non solo che Giovanni Battista e Onia il Giusto sono parenti, ma anche che entrambi vengono accostati a Elia[463]. La definizione che Giacomo dà di Elia ("uomo della nostra stessa natura") sembra indicare una consapevolezza nell'essere annoverati tra i "Giusti" portatori di pioggia.
Nel vangelo di Marco, anche Giovanni il Battista viene indicato come "uomo giusto", sebbene qui il vocabolo abbia funzione di mero aggettivo e non di soprannome:

> Per questo Erodìade lo odiava e voleva farlo uccidere, ma non poteva, perché Erode temeva Giovanni, sapendolo uomo *giusto* e santo, e vigilava su di lui; nell'ascoltarlo restava molto perplesso, tuttavia lo ascoltava volentieri[464].

Le parole "uomo giusto e santo (*oblías*)" sono le stesse che ritroviamo riferite a Giacomo, definito "giusto e santo (*oblías*)", nella letteratura paleocristiana. Questo si potrebbe spiegare col fatto che sia Giovanni il Battista sia Giacomo il Giusto discendevano da Onia il Giusto. L'espressione greca *díkaios kaì oblías* ("giusto e santo") potrebbe dunque essere una perifrasi formulare per indicare i "produttori di pioggia".
Sempre nel *Talmud* troviamo un altro "produttore di pioggia": Buni/Bunni/Boni/Onia Nicodemo Boethus, padre di Maria e Marta, associate nel *Talmud* – come abbiamo visto nel Cap. II – all'episodio della dispersione dei profumi e in altri episodi che ricordano molto da vicino gli

---

461 R. Eisenman, *op. cit.*, p. 166-67.
462 Con questa espressione lo stesso Giacomo sembra annoverarsi tra i Giusti portatori di pioggia.
463 R. Eisenman, *op. cit.*, p. 165 e 170.
464 Mc 6, 19-20, CEI.

stessi dei vangeli[465] che hanno come protagonisti Maria, Marta e Gesù. La descrizione di Boni/Onia Nicodemo[466] Boethus come una persona in grado di far piovere[467], nonché lo stesso nome che egli porta, dimostra l'appartenenza di questa figura alla dinastia di Onia V Giusto, dal momento che tutti i suoi discendenti sembrano essere descritti con questa peculiare caratteristica. Infatti sia Abba Hilkiah sia Hanan ha-Nebha (Giovanni il Battista) sono "Elia redivivi", "produttori di pioggia" e discendenti di Onia; se ne deduce che anche Onia Nicodemo Boethus, essendo un "produttore di pioggia", sia un discendente di Onia. In effetti secondo il *Talmud Palestinese* Onia il Giusto avrebbe un nipote, anch'egli di nome Onia e "produttore di pioggia"[468], che potrebbe essere lo stesso Onia Nicodemo Boethus. Anche il fatto che Nicodemo venga descritto come un "mercante favolosamente ricco" sembra essere una conferma della sua appartenenza alla discendenza oniade[469]. Il soprannome di "Boethus" portato da Nicodemo sembrerebbe legare inoltre i boethusiani con la discendenza di Onia V Giusto.

Nel libro XIV, 222, di *Antichità Giudaiche*, Flavio Giuseppe menziona anche un tal "Gionatan, figlio di Onia", ma non è chiaro se l'Onia qui menzionato sia Onia V Giusto o un suo figlio.

La descrizione talmudica di Giovanni il Battista come un nipote (ma più probabilmente un pronipote) di Onia V Giusto potrebbe inoltre spiegare il rapporto di parentela, testimoniato da *Lc* 1, 36, che intercorre tra Elisabetta e Maria madre di Gesù.

Dal momento che sono almeno più di due i discendenti di Boethus (*i.e.* Gesù, i suoi fratelli e Nicodemo) che discendono anche da Onia V Giusto, ne consegue che esista una linea di continuità tra i boethusiani e gli oniadi. Si potrebbe affermare che i boethusiani siano un ramo specifico degli oniadi. Boethus, padre di Simone Boethus, potrebbe essere un discendente di Onia V Giusto, probabilmente un figlio, considerando la cronologia della loro vita. Questa ipotesi genealogica è supportata anche dal fatto che sia Nicodemo che Maria, madre di Gesù, discendono contemporaneamente sia da Boethus, padre di Simone, che dalla stirpe di Onia V Giusto. Per

---

465 Cfr. Mt 26, 6-13; Lc 7, 36-50; Gv 12, 1-11.
466 Cfr. R. Eisenman, *op. cit.*, p. 331, per verificare l'alternanza tra i nomi Nicodemo e Boethus, che designano lo stesso personaggio.
467 *ivi*, p. 145.
468 *Talmud Palestinese*, *Ta'an* 66b.
469 Cfr. *infra*.

quanto riguarda Giovanni Battista, invece, oltre a essere un discendente di Onia V Giusto, è anche figlio di Elisabetta, della stessa stirpe di Maria, madre di Gesù. Di conseguenza anche Giovanni Battista potrebbe essere un boethusiano per parte materna.

Notiamo, infine, che un discepolo di nome Nicodemo compare almeno tre volte all'interno del vangelo di Giovanni: in *Gv* 3, 1-21, dove ascolta un insegnamento di Gesù; in *Gv* 7, 45-51, dove difende Gesù dalle accuse dei Farisei; e, infine, in *Gv* 19, 39-42, dove aiuta Giuseppe d'Arimatea a deporre il corpo di Gesù. In effetti il *Talmud Babilonese* annovera "Buni", il nome con cui lo stesso *Talmud* chiama anche Onia Nicodemo Boethus[470], tra gli apostoli di Gesù:

> I nostri rabbi insegnavano: Gesù aveva cinque discepoli, Matthai, Nakai, Nezer, Buni e Todah. [471].

Todah potrebbe essere un riferimento a Giuda Taddeo, apostolo di Gesù, da identificarsi, probabilmente, con suo fratello Giuda; *Matthai* potrebbe invece essere colui che diventerà in seguito il sommo sacerdote Mattia, figlio di Boethus[472] – anch'egli annoverato tra i Giusti[473], come abbiamo

---

470 Cfr. *Talmud Babilonese*, Mas. Taᶜanith 20a.

471 *Talmud Babilonese*, Mas. Sanhedrin 43a.

472 Boethus, padre di Mattia Boethus, potrebbe essere identificabile con Onia Nicodemo Boethus oppure con il figlio di Mattia b. Teofilo e della figlia di Simone Boethus (cfr. AG XVII, 78). In entrambi i casi, Mattia Boethus, annoverato tra gli apostoli e soprannominato "il Giusto", potrebbe essere un cugino di Gesù. Da notare che in *Antichità Giudaiche* Flavio Giuseppe, riferendosi al sommo sacerdote "Mattia, figlio di Boethus" (così menzionato in *Guerra Giudaica*), lo definisce erroneamente "Mattia, figlio di Teofilo", confondendolo probabilmente con il sommo sacerdote Mattia, figlio di Teofilo, officiante intorno al 5 a.C. Difatti, come abbiamo già detto, bisogna escludere che si tratti dello stesso personaggio, perché Mattia figlio di Teofilo sarebbe troppo anziano per essere eletto nuovamente nel 66 d.C., quando ebbe inizio la guerra giudaica. In effetti secondo *Guerra Giudaica* questo Mattia non sarebbe figlio di Teofilo, ma di Boethus, confermando che si tratti di un errore. Nel caso in cui questo Mattia fosse figlio di Mattia b. Teofilo e della figlia di Simone Boethus, potrebbe spiegarsi la confusione che Flavio Giuseppe fa tra i due personaggi.

473 Il fatto che l'apostolo Mattia sia annoverato tra i "Giusti" potrebbe essere un'ulteriore indizio a conferma dell'identificazione tra i boethusiani e gli oniadi. Infatti da una parte abbiamo Mattia "figlio di Boethus", dall'altra Mattia "il Giusto" (quest'ultimo, come abbiamo visto, caratteristico soprannome oniade).

visto sopra –, nonché successore di Gesù b. Gamala o, in alternativa, potrebbe essere un riferimento all'apostolo Matteo. Per quanto riguarda invece *Nakai*, secondo R. Eisenman potrebbe stare per "Nicodemo"[474]; è dunque possibile che sia un doppione di *Buni* (Onia), mentre *Nezer* potrebbe essere un riferimento a Giacomo il Giusto, dal momento che questi viene spesso descritto come un "nazireo". La doppia presenza dei nomi *Buni* e *Nakai* confermerebbe insomma che Buni/Boni/Onia Nicodemo Boethus fosse un discepolo di Gesù.

Nel Cap. IV abbiamo inoltre visto che Onia Nicodemo Boethus aveva anche un fratello di nome Giuseppe, che potrebbe dunque essere lo stesso Giuseppe d'Arimatea. In effetti a occuparsi della sepoltura di Gesù secondo il vangelo di Giovanni[475] furono proprio Nicodemo e Giuseppe d'Arimatea, entrambi parenti di Gesù, dal momento che solamente ai parenti erano concessi questi uffizi.

Anche Kokkinos[476], inoltre, sembra associare i boethusiani agli oniadi sulla base della lettura di *Antichità Giudaiche* XIX, 298, dove Flavio Giuseppe pone sullo stesso piano la famiglia di Simone Boethus e quella di Simone il Giusto.

Notiamo, per concludere, che Onia V Giusto stabilisce un saldo punto di collegamento tra la famiglia Boethus (tramite Onia Nicodemo Boethus), Giovanni il Battista (tramite sua madre Elisabetta) e *Gesù Cristo Giusto* (tramite il suo bisnonno Boethus, il soprannome di "Giusto", la parentela con Nicodemo, con Giovanni Battista e l'origine egiziana della sua famiglia). Nei voll. II e III di *Codex Jesus*, vedremo che Onia Nicodemo Boethus era, da parte del padre Gurion, nipote di Simone b. Hillel; di conseguenza egli dovette ereditare sia la stirpe oniade sia la stirpe boethusiana esclusivamente tramite la madre. Questa osservazione sembra suggerire ancora una volta che i boethusiani siano un particolare ramo degli oniadi che vede il suo capostipite in Boethus, probabilmente uno dei figli di Onia V Giusto, sia perché anagraficamente Boethus potrebbe essere il figlio di Onia, sia perché entrambi sono sacerdoti provenienti dall'Egitto, sia perché le caratteristiche del "portatore di pioggia" Onia V confluirono nei discendenti di Boethus. Come abbiamo visto prima, Elisabetta sarebbe

---

474 R. Eisenman, *op. cit.*, p. 383.
475 Gv 19, 39-42.
476 Cfr. Kokkinos N., *The Herodian Dynasty: Origins, Roles in Society and Eclipse*, Spink, London 2010, p. 218.

figlia di un certo Anon/Onia[477], che sarebbe dunque nonno di Giovanni Battista. È difficile identificare Anon/Onia, padre di Elisabetta, con Onia V Giusto, dal momento che, essendo morto nel 65 a.c., Elisabetta sarebbe dovuta essere troppo anziana per poter partorire Giovanni intorno al 7-6 a.C[478]. Per questo motivo, l'Onia, padre di Elisabetta, potrebbe essere identificato con un supposto figlio di Onia V Giusto, che chiameremo Onia VI, il quale potrebbe essere un fratello di Boethus oppure lo stesso Boethus. Difatti è sovente attestato un doppio nome per i sacerdoti ebraici: al nome ebraico talvolta viene affiancato un soprannome greco[479]. Il nome completo del figlio di Onia V Giusto potrebbe essere, dunque, Onia VI Boethus, padre di Simone Boethus e, forse, di quel Gionata, figlio di Onia, menzionato in *Antichità Giudaiche* XIV, 222. Questo Gionata potrebbe forse essere identificato con Gionata, padre di Onia e di Salome, menzionato nel frammento Mur 30 ritrovato da J.J. Milik nelle grotte di Murabba'at. Un altro discendente di Onia V Giusto e parente di Boethus potrebbe essere Anael, sommo sacerdote dal 37 al 30 a.C. (con un intervallo di pochi mesi nel 36 a.C.). Il nome Anael (variante dei nomi "Anania" e "Onia"), associato alla carica di sommo sacerdote, sembra suggerire l'appartenenza agli oniadi. Infatti, secondo *Antichità Giudaiche*, Anael sarebbe discendente di una famiglia di sommi sacerdoti, come appunto furono molti esponenti della casata oniade. Tuttavia Flavio Giuseppe afferma che Anael non proviene dall'Egitto, come i discendenti di Onia IV, ma dalla città di Babilonia[480], in Mesopotamia, dove vi era una storica comunità ebraica. Questa informazione viene contraddetta dal Talmud, dove Anael viene definito "Anael l'Egiziano[481]", confermando quindi la sua provenienza dall'Egitto. Questa apparente contraddizione si potrebbe spiegare ipotizzando che Flavio Giuseppe abbia confuso la città

477 Si tratta di due varianti dello stesso nome.
478 Infatti, stando a Lc 1, 26, Giovanni sarebbe stato di soli sei mesi più grandi di Gesù. Nonostante il numero sia probabilmente da considerarsi simbolico (per es. potrebbe simboleggiare l'alternarsi del Sole nascente al Sole calante), potrebbe ritenersi veritiera l'informazione secondo cui Giovanni Battista non avrebbe molti più anni di Gesù.
479 Come nel caso di Simone il Giusto, Onia il Giusto, Gesù/Giasone, Onia/Menelao etc.
480 AG XV, 22 e 39.
481 "Egizio" e "Alessandrino" erano all'incirca sinonimi; cfr. Schürer E., Millar F., Vermes G., Goodman M., *The History of the Jewish People in the Age of Jesus Christ*, volume 2, p. 229, T&T Clark, Edinburgh 2000.

di Babilonia, in Mesopotamia, con la Babilonia d'Egitto, corrispondente all'attuale Cairo Vecchio. In alternativa, è anche possibile che "Babilonia" indicasse l'area adiacente alla Fortezza di Babilonia, la quale era situata a Heliopolis, la città dove Onia III/IV fondò il tempio concorrente a quello di Gerusalemme. Infatti la gestione del Tempio di Heliopolis rimase prerogativa dei sacerdoti oniadi fino alla sua chiusura dovuta alla prima guerra giudaica[482]. Probabilmente, quindi, i sommi sacerdoti Ananel e Simone Boethus officiarono come sacerdoti, almeno per un determinato periodo, al Tempio fondato dal loro antenato, prima di essere chiamati da Erode per gestire quello, più importante, di Gerusalemme. Da quanto emerso, possiamo ipotizzare che il sommo sacerdote Ananel potesse essere un altro figlio di Onia V Giusto[483] – e quindi fratello del supposto Onia VI Boethus – oppure un nipote o, ancora, il figlio di un cugino[484]. Approfondiremo ulteriormente la genealogia oniado-boethusiana, qui accennata solo per necessità, nei voll. II e III di *Codex Jesus*.

Tornando alle caratteristiche dei "portatori di pioggia", leggendo i vangeli si denota che anche Gesù sembra possedere facoltà simili a quelle di Onia V Giusto, Abba Hilkiah, Giacomo il Giusto e Nicodemo. Nel vangelo secondo Marco, per es., leggiamo:

> Nel frattempo si sollevò una gran tempesta di vento e gettava le onde nella barca, tanto che ormai era piena. Egli se ne stava a poppa, sul cuscino, e dormiva. Allora lo svegliarono e gli dissero: "Maestro, non t'importa che moriamo?". Destatosi sgridò il vento e disse al mare: "Taci, calmati!". Il vento cessò e vi fu grande bonaccia[485].

In questo passo Gesù è in grado di far cessare una tempesta di vento. Un miracolo simile è attribuito anche a Elia, Onia e Nicodemo, i quali non solo erano in grado di provocare la pioggia, ma anche di farla cessare e di far tornare il sereno[486]. Anche il miracolo di Gesù che riempie le ceste

---

482 Cfr. GG VII, 421-422.
483 Infatti, se fosse fratello di Onia V Giusto (e se Onia V Giusto fosse figlio di Hilkiah o di Anania) sarebbe troppo vecchio per officiare fino al 30 a.C.
484 Questo nel caso in cui Onia V Giusto fosse figlio, per es., di Hilkiah, mentre il padre di Ananel fosse figlio di Anania, fratello di Hilkiah.
485 Mc 4, 37-39; ma cfr. anche Lc 12, 54, dove Gesù parla della pioggia.
486 R. Eisenman, *op. cit.*, p. 211.

d'acqua[487] e che trasforma l'acqua in vino[488] sembra richiamare il miracolo del riempimento dei pozzi di Nicodemo[489] – o viceversa. In effetti, mentre Nicodemo riempirebbe dodici cisterne, Gesù riempirebbe "dodici ceste"[490]; inoltre Gesù le riempirebbe "fino all'orlo"[491], mentre Nicodemo "fino a farle traboccare"[492]. In questi miracoli ricorre per entrambi anche la tematica della "gloria", al centro della preghiera per quanto riguarda Nicodemo[493], puntualizzata invece dal narratore per quanto riguarda Gesù[494]. Anche la parabola del servo infedele presente in Luca[495] sembra ricalcare in molti punti il miracolo di Nicodemo. Inoltre anche Gesù, proprio come Onia, Giacomo, Giovanni Battista, Abba Hilkiah e Nicodemo viene paragonato a Elia e addirittura da alcuni scambiato per lui[496].

Ricapitolando, la nostra ipotesi che vede Gesù come discendente di Simone il Giusto è supportata dai seguenti indizi:

1) Maria, madre di Gesù, è di stirpe sacerdotale e gli oniadi sono sacerdoti di Gerusalemme e di Alessandria;
2) Gesù e la sua famiglia vengono soprannominati "Giusto" e Simone e Onia V vengono soprannominati "Giusto";
3) Gesù e la sua famiglia sono dei "portatori di pioggia" e Onia V e i suoi discendenti sono "portatori di pioggia".
4) Dal vangelo di Matteo si potrebbe dedurre che la famiglia di Gesù avesse dei parenti in Egitto, dal momento che venne ospitata in questo Paese, mentre Boethus era un giudeo di Alessandria d'Egitto e Onia IV, fondatore di un distretto di Giudei egizi in Egitto, viveva ad Alessandria, come i suoi figli Anania e Hilkiah;
5) Elisabetta è figlia o nipote di Onia V Giusto e, secondo Lc 1, 36, Elisabetta e Maria sono parenti;

---

487 Cfr. Mt 14-16 e Mc 6-8.
488 Cfr. Gv 2, 1-9.
489 Cfr. R. Eisenman, *op. cit.*, p. 217, 223 e 423.
490 Cfr. Gv 6, 13; Mt 14, 20; Mc 6, 7-8.
491 Gv 2, 7.
492 R. Eisenman, *op. cit.*, p. 265.
493 *ivi*, p. 267.
494 Gv 2, 11.
495 Lc 16.
496 Mc 8, 28.

6) Gesù appartiene alla famiglia Boethus e Onia Nicodemo Boethus discende da Onia V Giusto;

7) Nicodemo Boethus è discendente di Onia V Giusto e da Gv 19, 39-42 si deduce che Nicodemo e Gesù sono parenti.

Questi e numerosi altri indizi che valuteremo nei voll. II e III di *Codex Jesus* sembrerebbero dimostrare che il Gesù dei vangeli era quindi imparentato con due discendenti di Onia V Giusto – Giovanni il Battista e Nicodemo – e anche con un boethusiano (lo stesso Nicodemo, di cui poi sposerà anche una figlia); evidenze, queste, che confermano ulteriormente la discendenza di Gesù da parte degli oniado-boethusiani. A questo proposito va anche fatto notare che "Gesù" era un nome ricorrente presso gli oniadi: vanno ricordati il sommo sacerdote Gesù, figlio del sommo sacerdote Josedek[497], Gesù, figlio del sommo sacerdote Joda[498], e il sommo sacerdote Gesù, figlio del sommo sacerdote Simone II[499]. È quindi possibile che Gesù fosse un nome familiare, dal momento che troviamo nuovamente un Gesù, loro discendente, con la stessa funzione di sommo sacerdote: Gesù b. Gamala. D'altra parte, nella genealogia di Gesù troviamo tipici nomi oniadi, come Zadok[500] (nome del capostipite oniade), Josek[501] (probabile abbreviazione di Josedek), Joda[502], Eleazar[503] e Levi[504], nome che potrebbe denotare un'appartenenza alla tribù sacerdotale dei leviti.

Da questo studio è quindi emerso che Abba Hilkiah, Nicodemo Boethus, Giovanni Battista e Giacomo il Giusto (nonché lo stesso Gesù) sarebbero discendenti di Onia V Giusto, tutti "portatori di pioggia" ed "Elia redivivi". Non è quindi un caso che la famiglia di Gesù, i cui membri sono anch'essi "portatori di pioggia" ed "Elia redivivi", sia imparentata con almeno due membri appartenenti agli oniadi: Giovanni Battista e Nicodemo Boethus. Difatti il titolo di "Giusto" – molto probabilmente correlato alla capacità di controllare le condizioni atmosferiche, dal momento che Dio, secondo

---

497 AG XI, 73.
498 AG XI, 297-298.
499 AG XII, 238.
500 Mt 1, 14.
501 Lc 3, 23.
502 *ibid.*
503 Mt 1, 15.
504 Lc 3, 24 e 29.

l'antica credenza ebraica, esaudiva solo le preghiere degli uomini retti –
venne ancora tramandato dalla famiglia di Gesù ai suoi discendenti, tra cui
sono annoverati Giuda Giusto, figlio di Giacomo, e Gesù Giusto (v. *supra*).
Secondo Grätz[505] anche tutti gli alabarchi d'Egitto, compreso Alessandro
l'alabarca, fratello di Filone d'Alessandria, sarebbero discendenti di Onia
IV, che emigrò proprio in Egitto dove i suoi figli divennero generali. Dello
stesso parere è anche A. Filipponi[506], il quale scrive:

> Il sistema oniade, dopo la persecuzione di Caligola, pur ripristinato da
> Claudio, entra in crisi perché impedito nel proselitismo e decade nel
> periodo Flavio, ma *la sua organizzazione amministrativa diventa cardine*
> *per le comunità cristiane*, che, col forzoso e violento obbligo del deposito
> dei beni riconvertiti in denaro liquido, prosperano autonomamente sotto il
> controllo dei *dioiketai-episcopoi*[507].

> Noi cristiani, inoltre, abbiamo fatto *christianos* Filone, e nemmeno abbiamo
> preso in considerazione che *Christos* potesse essere stato *filoniano*, cioè
> uomo seguace del pensiero legalistico oniade e perfino capace di realizzarlo
> secondo la prospettiva scismatica emporistica e comunitaria propria dei
> discendenti di Onia IV[508].

Questi collegamenti tra Cristianesimo primitivo e sistema oniade, ben
evidenziati da A. Filipponi, potrebbero essere maggiormente spiegati alla
luce dell'appartenenza di Gesù alla discendenza di Onia IV. Potrebbe
essere possibile, per es., che mentre Simone Boethus fosse un discendente
di Hilkiah[509], figlio di Onia IV, Alessandro l'Alabarca e suo fratello Filone
d'Alessandria discendessero da suo fratello, Anania.
Per concludere, possiamo affermare che Gesù e la sua famiglia acquisirono
il soprannome di "Giusto", utilizzato a mo' di epiteto, grazie alla
discendenza con Simone Giusto e Onia V Giusto. Successivamente, con la
perdita della memoria storica, è possibile che il soprannome di "Giusto"

---

505 Grätz, *Monatsschrift*, XXX, 206.
506 Cfr. Sitografia n. 42, visitato il 21/08/2017.
507 *ibid.*
508 Sitografia n. 43, visitato il 21/08/2017.
509 Diciamo in particolare da Hilkiah perché sappiamo per certo che "Hilkiah" è il
nome di un discendente di Onia V Giusto, da cui discendono anche Gesù e
Giovanni Battista, mentre non abbiamo prove evidenti della discendenza di Filone
e dell'alabarca Alessandro da Onia V. Potrebbe infatti essere possibile che Onia V
Giusto sia un figlio o un nipote di Hilkiah, figlio di Onia IV.

sia stato confuso per un mero epiteto e continuato a essere usato a volte con valore aggettivale. Questo spiegherebbe perché nei vangeli il vocabolo venga impiegato talvolta col valore di soprannome e talvolta con valore di aggettivo. In alternativa, è anche possibile che l'aggettivo serva a rimarcare il carattere dei "Giusti", dal momento che questa attitudine morale era imprescindibile al fine di essere considerati dei "portatori di pioggia". Infine, notiamo che talvolta il soprannome greco *Díkaios* è stato tradotto col vocabolo latino *Iustus* con un *modus operandi* che ricorda l'alternanza greco/latino di epiteti come quello, paradigmatico, di *Augustus*, tipico titolo portato dagli imperatori che veniva tradotto in greco con *Sebastós*.

Un ultimo appunto va fatto in merito alla discendenza davidica di Gesù professata nei vangeli[510]. Secondo Matteo e Luca, Gesù discenderebbe da re Davide tramite Giuseppe, suo padre putativo[511]. Da parte materna, invece, l'analisi condotta in questo capitolo lascerebbe supporre che Gesù fosse di stirpe levita. Come abbiamo detto nel Cap. IV, è possibile che l'unzione di Gesù sulla soglia dei 30 anni possa essere una parodia[512] del rito per la consacrazione sacerdotale che, sembrerebbe, veniva effettuato proprio intorno al compimento del trentesimo anno d'età. In questo senso possono spiegarsi i numerosi riferimenti ai "Giusti" relativi a Gesù, Giacomo, Giuda, Mattia, Giovanni Battista, Nicodemo, etc.: sarebbero stati tutti leviti discendenti dal sommo sacerdote Zadok, che in ebraico significa, appunto, "Giusto".

---

510 Cfr. Mt 1, 20; 9, 27; 12, 23; 15, 22; 20, 30-31; 21, 9-15; Lc 1, 69; 18, 39; 20, 41-42; ma anche Mc 10, 47-48; Rm 1, 4; 2Tim 2, 8.

511 Cfr. Mt 1, 1-16 e Lc 3, 23-38.

512 È importante sottolineare come la polemica non sarebbe degli evangelisti nei confronti di Gesù, ma nei confronti di Maria e Marta di Betania, colpevoli sia di essere "progressiste" sia di aver ottenuto il sommo sacerdozio per Gesù b. Gamala tramite un pagamento oneroso versato nelle casse di Agrippa. Proprio questo potrebbe essere il significato di Maria che unge i piedi di Gesù: la polemica potrebbe consistere nell'alludere che una donna che avesse ardito intromettersi nella politica dell'epoca sarebbe potuta addirittura arrivare a occuparsi lei direttamente del rito di consacrazione, funzione di cui, da sempre, si occupavano gli uomini. La polemica nei confronti di Marta e Maria si deduce anche dalle invettive di Paolo nei confronti delle donne che osavano esprimere il loro parere in pubblico e che volevano rivendicare il ruolo di insegnanti. Ricordiamo, infatti, che Gesù b. Gamala avrebbe permesso anche alle donne di insegnare e che la stessa Maria sarebbe potuta essere un'insegnante, da quanto emergerebbe dalle iscrizioni della tomba di Talpiot.

Lo *status* di "discendente di Davide" attribuito a Gesù dai suoi seguaci sembra invece che possa essere spiegato in diversi e molteplici modi. *In primis* bisogna notare che il numero di generazioni in entrambe le genealogie corrisponde a multipli di sette, numero di importante valore simbolico nella letteratura biblica. Questo significa che le due genealogie, oltre a essere inserite successivamente nella redazione neotestamentaria, hanno un significato simbolico che compromette il loro valore storico. Difatti in entrambe viene delineata una discendenza patrilineare da Davide a Giuseppe, eventualità altamente improbabile se consideriamo sia la difficoltà relativa al fatto che una stirpe possa susseguirsi per mille anni esclusivamente attraverso una discendenza maschile sia il fatto che la casata di Davide perse potere in seguito alla deportazione babilonese e all'avvento della stirpe dei Maccabei, fatto che compromise l'esigenza di protrarre la stirpe solamente per via maschile. In effetti, notiamo che nel vangelo di Matteo vengono omessi tutti gli antenati durante la deportazione a Babilonia. Insomma, se pure fosse da ritenere veritiera la discendenza da Davide di Giuseppe, essa sarebbe necessariamente passata anche tramite alcune donne. Scrive a tal proposito S. Tarocchi, docente di Sacra Scrittura:

> Se Giuseppe (e dunque Gesù) era di stirpe davidica, doveva trattarsi di un ramo collaterale e di modesta importanza, non di origine aristocratica. Anche se era (ed è) difficile sostenere l'appartenenza di Maria alla discendenza di Davide (è più probabile che essa appartenga alla tribù di Levi, come la «parente» Elisabetta e lo stesso Zaccaria), già gli antichi scrittori e alcuni vangeli apocrifi (es. il *Protovangelo di Giacomo*) sostenevano il contrario.
> Forse la questione può essere risolta in maniera differente: per comprendere un mosaico non è cosa buona guardarlo troppo da vicino. In sostanza, le attese di Gesù come compimento delle speranza messianiche hanno fatto sì che la comunità primitiva gli cercasse in ogni modo delle origini davidiche, di per sé non necessarie date anche le implicazioni politiche. La monarchia di Davide, dopo l'esilio babilonese, infatti ricupera un senso messianico solo a partire dall'epoca maccabaica (II secolo), un tipo di messianismo, tuttavia, che coesiste con altri del tutto differenti.
> Nonostante la professione di fede di Paolo nell'esordio della lettera ai Romani («[Gesù] nato dalla stirpe di Davide secondo la carne», Rom 1,3), lo stesso Gesù sembra prendere le distanze da una origine davidica pura e semplice. Nel suo ministero a Gerusalemme, per esempio, ragionando secondo le prospettive esegetiche del suo tempo, ne rimette in discussione

il senso: «Come mai dicono gli scribi che il Messia è figlio di Davide? Davide stesso [= il Salmo 110], infatti, ha detto, mosso dallo Spirito Santo: Disse il Signore al mio Signore: Siedi alla mia destra, finché io ponga i tuoi nemici come sgabello ai tuoi piedi» (Mc 12, 35). E aggiunge: «Davide stesso lo chiama Signore: come dunque può essere suo figlio?» (Mc 12, 37)[513].

È quindi probabile che Gesù non discendesse carnalmente da Davide: i suoi discepoli potrebbero aver elaborato una discendenza allo scopo di legittimare Gesù come Messia degli Ebrei. L'espressione "figlio di Davide" riferita a Gesù compare per la prima nella *Lettera ai Romani* di Paolo[514], dunque non nelle prime tre lettere cronologicamente più antiche (*i.e.* Tessalonicesi, Corinzi, Galati), scritte quando il rapporto tra Paolo e Giacomo non era ancora completamente degenerato. Questo potrebbe significare che l'idea di una discendenza davidica di Gesù non risaliva alla comunità cristiana di Giacomo, ma a quella, successiva, creata da Paolo. La questione della discendenza davidica potrebbe essere stato uno dei principali punti di disaccordo – insieme a quello relativo all'abbandono della Torah – tra Giacomo, fratello di Gesù, e Paolo di Tarso. In effetti, Mc 12, 35-37 sembra smentire o ridimensionare la questione della discendenza davidica di Gesù. Probabilmente Paolo, nel tentativo di delegittimare la comunità di Gesù, predicò una versione differente della sua vita, creando un processo di estraneazione dei fratelli di Gesù dal discepolato. Questo potrebbe essere il motivo per cui gli evangelisti parlavano di Maria, madre di Gesù, e Maria di Cleopa come di due persone differenti[515]: era necessario distinguere il ruolo di "fratello" di Gesù da quello di "discepolo", allo scopo di togliere potere alla comunità di Giacomo. Questo portò a un processo di dissociazione tra la madre, i fratelli e, forse, il padre di Gesù e i suoi discepoli. Non a caso, negli episodi fondamentali della vita di Gesù si può rinvenire un'assenza eloquente: quella della sua famiglia, non presente né sotto la croce (eccetto nel vangelo di Giovanni, che probabilmente cerca *a posteriori* di rimediare a questo vuoto) né alla deposizione né al sepolcro durante la risurrezione. Oltre a ciò, gli evangelisti pongono in evidenza l'astio di Gesù nei confronti dei suoi

---

513 Tratto da: Sitografia n. 50.

514 Rm 1, 3; 4, 6; 11, 9.

515 Cfr. il Cap. IX per le prove dell'identificazione tra Maria, madre di Gesù, e Maria di Cleopa.

familiari, quasi delegittimandoli in Matteo, Marco e Luca[516] e facendogli rimproverare la madre in Giovanni[517]. Questa singolare assenza od ostile presenza della famiglia di Gesù nei vangeli si può interpretare come una naturale conseguenza del distacco, avvenuto in maniera non pacifica, tra le due comunità cristiane: quella guidata da Paolo e quella, più antica e legittima, guidata da Giacomo, fratello di Gesù. Per tale motivo i fratelli di Gesù vennero dissociati dai Dodici tramite un astuto stratagemma: i primi vennero definiti "fratelli di Gesù" in relazione a sua madre Maria, i secondi vennero invece definiti figli di Maria di Cleopa, come se le due "Marie" fossero due persone differenti (cfr. Cap. IX), evidenza che sembra essere smentita dal fatto che le due donne avrebbero avuto quattro figli con lo stesso nome.

Considerando dunque il contesto della diatriba tra la comunità di Giacomo e quella di Paolo, nonché l'eventualità di una dissociazione volontaria nei vangeli tra il ruolo di "fratello" di Gesù e quello di "apostolo", è legittimo ipotizzare che anche le genealogie di Gesù presenti in Matteo e in Luca avessero lo scopo di separare la linea dinastica di Gesù da quella dei suoi fratelli, definiti figli di un'altra madre e/o di un altro padre[518].

Da quanto racconta Epifanio di Salamina[519] emergerebbe che Giacomo, fratello di Gesù, fosse divenuto, dopo la presunta morte di Gesù negli anni '30, un sommo sacerdote ebraico[520]. Epifanio credeva che Giacomo fosse stato concepito da Giuseppe durante un precedente matrimonio; per tale motivo, credendo che Gesù discendesse da Davide tramite Giuseppe, riteneva che anche Giacomo, seppure fosse un sacerdote, discendesse da re Davide. Il dato secondo cui Giacomo sarebbe stato un sacerdote ebraico può spiegarsi considerando la sua discendenza oniade e la sua natura di Giusto "portatore di pioggia". Se così fosse, dovrebbe essere più corretto considerare Gesù e Giacomo come appartenenti alla tribù di Levi, anziché a quella, davidica, di Giuda. È infatti possibile che non solo Maria, ma anche Giuseppe appartenesse a una famiglia sacerdotale. L'apocrifo *Storia di Giuseppe il falegname*, 2, 1, nonostante consideri Giuseppe un giudaita, riferisce che egli *"ben formato negli insegnamenti e nelle dottrine fu fatto*

---

516 Mt 12, 46-50; Mc 3, 31-33; Lc 8, 19-21.
517 Gv 2, 4.
518 Come si vedrà nel Cap. IX, l'ipotesi che i "fratelli di Gesù" fossero suoi "cugini" non è ammessa filologicamente.
519 *Contro le Eresie*, 4, 1-4.
520 Ci soffermeremo in seguito su questa ipotesi.

sacerdote nel tempio del Signore". Anche la *Seconda apocalisse di Giacomo* riporta:

> Questo è il discorso pronunziato in Gerusalemme da Giacomo il Giusto e scritto da Mareim, *uno dei sacerdoti*. Egli lo narrò a Teuda, padre di questo Giusto, *poiché era suo parente*. Egli gli disse: "Affrettati! Vieni con Maria, tua moglie, e i tuoi parenti..."[521].

In questo brano il sacerdote Mareim viene definito "della stessa stirpe" (συγγενής) di Teuda, padre di Giacomo e marito di "Maria di Giacomo", altrimenti nota come "Maria di Cleopa". Dal momento che Teuda risulta essere un altro nome di Cleopa[522] e che Cleopa sarebbe, secondo Egesippo, il fratello di Giuseppe[523], padre di Gesù, ne risulta che Giuseppe e suo fratello Teuda Cleopa fossero "della stessa stirpe" del sacerdote Mareim – e dunque loro stessi di stirpe sacerdotale. Tutte queste evidenze lascerebbero pensare che Giuseppe fosse levita e che la sua appartenenza alla tribù di Giuda dipendesse dalla volontà dei discepoli di Gesù di legittimarlo come Messia. Nei voll. II e III di *Codex Jesus* vedremo infatti che Giuseppe e suo fratello Teuda Cleopa potrebbero essere identificati con due personaggi, presenti alla corte di Erode il Grande e implicati nella congiura insieme a Maria Boethus, che erano proprio di discendenza sacerdotale.

Pur appartenendo alla stirpe di Levi, è comunque possibile che qualche antenato di Giuseppe e/o di Maria avesse mescolato il suo sangue con quello davidico. A supporto di questa ipotesi, avremmo alcuni padri apologisti (Tertulliano, Ignazio di Antiochia, Giustino, Ireneo di Lione etc.) i quali sostenevano che Gesù discendesse da Davide per parte materna[524]. In effetti, abbiamo visto che gli oniadi combinarono matrimoni con la stirpe davidica e nei prossimi volumi vedremo che la possibile discendenza davidica potrebbe passare non solo ed esclusivamente attraverso quella oniade. Uno studio ha infatti dimostrato come, all'epoca,

---

521 2Ap Giacomo 44, 10-16.
522 Cfr. Cap. IX, dove viene approfondita la questione relativa a Maria di Cleopa.
523 Eusebio, SE III, 11, 2.
524 Tuttavia bisogna anche considerare che questa opinione dei padri apologisti può essersi sviluppata al mero scopo di giustificare una discendenza carnale di Gesù da parte di Davide, dal momento che il vangelo non attribuisce Giuseppe come padre carnale di Gesù.

quasi tutti gli Ebrei risultassero discendenti di re Davide[525], dal momento che questa è la naturale conseguenza di una stirpe che si protrae per mille anni, aumentando esponenzialmente la propria prole di generazione in generazione. Insomma, sebbene sia assolutamente improbabile che nel I sec. d.C. la stirpe di Davide fosse giunta integra per via patrilineare, d'altra parte è altamente probabile che non solo Maria e Giuseppe, ma pressoché tutti i Giudei dell'epoca discendessero in qualche modo da Davide, sebbene alcuni in maniera più diretta di altri.

Nel caso invece Gesù non avesse assunto lo *status* levitico della madre[526] o del padre, ma fosse realmente appartenuto alla tribù di Giuda, ciò non sarebbe stato comunque in contrasto col suo ruolo di sacerdote prima e di sommo sacerdote poi. Difatti già all'epoca dei Maccabei i poteri regali e sacerdotali vennero riuniti in un'unica stirpe. Da quanto emerge dalla lettura del Salmo 110 e dalla *Lettera agli Ebrei*[527], anche un appartenente alla tribù di Davide sarebbe potuto divenire sacerdote o sommo sacerdote: non a caso la *Lettera*, sebbene sostenga che Gesù fosse un giudaita, afferma che fosse un sommo sacerdote alla maniera di Melchisedek.

L'associazione tra Melchisedek e il Messia ebraico emerge anche dal manoscritto 11Q13 (11QMelch) ritrovato nella grotta 11Q di Qumran. Scrive a tal proposito G. Bastia:

> Secondo la Genesi Melchisedek è un sacerdote dei tempi di Abramo, viene descritto come re di Salem (Gerusalemme). E' significativo che Melchisedek offra pane e vino al Signore, come fece Gesù nell'ultima cena istituendo l'eucaristia secondo i Vangeli. [...] Il secondo passo in cui si parla di Melchisedek nell'AT è nel Salmo 110, ove si prefigura la venuta di una figura messianica destinata ad esercitare il giudizio di Dio, figura che viene definita *simile* al sacerdote Melchisedek [...] A questo punto non possiamo non notare i punti di contatto con il NT. Melchisedek è un re e un sacerdote che offre "pane e vino" proprio come fece Gesù nell'ultima cena istituendo l'eucaristia, secondo i Vangeli. Melchisedek – nella interpretazione di 11Q13 – è una figura messianica e "divina" chiamata ad esercitare il giudizio di Dio negli ultimi tempi proprio come lo è Gesù secondo la dottrina cristiana. Gesù cita poi, in Matteo 22:41-45, proprio il Salmo 109, uno dei rarissimi passi dell'AT in cui si parla di Melchisedek e

---

525 Cfr. Sitografia n. 51. Si ringrazia Andrea Di Lenardo per questa informazione.
526 Questo infatti prevedeva la legge in caso di figlio illegittimo, cfr. Mishna Keddoushim 3,12: *"In ogni matrimonio in cui non vi è stata colpa, il bambino ha lo status del padre"*.
527 *Lettera agli Ebrei* 5:1-10; cfr. anche 7:1-28.

fornisce la sua interpretazione delle qualità fondamentali che deve possedere il Messia (sottintendendo che queste qualità si applicano a se stesso) [...] Secondo 11Q13, poi, Melchisedek viene identificato con il personaggio descritto in Isaia 61, passo citato direttamente, destinato ad esercitare il giudizio negli ultimi giorni. Ebbene, è proprio Gesù ad applicare a se stesso il passo di Isaia nella sinagoga di Nazaret [...] Inoltre Gesù cita il Salmo di Davide che definisce il "Messia" simile al sacerdote Melchisedek per affermare che il Messia non può essere "figlio di Davide" in senso carnale e fisico, essendo un essere celeste e soprannaturale. Secondo Gesù e secondo quel Salmo infatti Davide chiama "Signore" il Messia, riconoscendo in esso una natura superiore alla propria [...] Nella lettera agli Ebrei si afferma che Gesù è un sacerdote eterno *alla maniera* di Melchisedek, ma Gesù non sembra coincidere *esattamente* con l'antico sacerdote ritornato sulla terra, il passo almeno non lo afferma esplicitamente. Melchsedek infatti vi è citato solo per paragonarlo a Gesù. La linea di pensiero sembra volta ad istituire un parallelismo non tra Gesù Cristo e la figura di Melchisedek ma piuttosto tra i rispettivi sacerdozi [...] Queste considerazioni consentono di affermare che esistono forti analogie tra il manoscritto qumranico 11Q13 e alcuni spunti cristiani (Matteo, Luca, lettera agli Ebrei), quindi Gesù Cristo potrebbe essere la figura di Melchisedek profetizzata da 11Q13 e i cristiani conoscevano e studiavano la letteratura qumranica e forse avevano identificato Gesù Cristo proprio con quel Melchisedek che un giorno sarebbe venuto con funzioni messianiche[528].

L'analisi comparata tra il manoscritto 11Q13 e il Nuovo Testamento mostra una relazione tra il cristianesimo primitivo e la comunità di Qumran. Secondo L.H. Schiffman, il tipo di regole osservate, l'inclinazione al sacerdozio e l'eredità zadokita indicherebbero che la comunità di Qumran sarebbe stata presieduta da sacerdoti oniadi[529]. R. Eisenman ha invece evidenziato le numerose relazioni tra Giacomo, fratello di Gesù, e la comunità di Qumran[530]. In base a quanto emerso da questo studio, possiamo quindi ipotizzare che la relazione tra Qumran e Giacomo il Giusto può essere facilmente spiegata col fatto che Giacomo e suo fratello Gesù fossero sacerdoti oniadi/zadokiti. J.P. Meier ha giustamente

---

528 G. Bastia, *11Q13 (11Qmelch) – Il ritorno di Melchisedek e il giudizio finale*, reperibile al link riportato presso Sitografia n. 56.

529 L.H. Schiffman, *The Eschatological Community of the Dead Sea Scrolls*, Society of Biblical Literature, Atlanta 1989.

530 R. Eisenman, *Giacomo il fratello di Gesù*, Piemme, Casale Monferrato (AL) 2008.

evidenziato che il Gesù proposto nei vangeli non condivide "l'estremismo dei superosservanti esseni"[531], tuttavia bisogna considerare l'eventualità che il Gesù dei vangeli fosse il Gesù revisionato e promulgato da Paolo, che entrò in forte contrasto con la comunità di Giacomo il Giusto. In effetti, risulta quantomeno anomalo che la dottrina di Gesù si discosti tanto da quella di suo fratello Giacomo, primo vescovo cristiano di Gerusalemme e, probabilmente, legittimo successore di Gesù[532]. Anche l'avversione di Gesù verso il Tempio di Gerusalemme potrebbe spiegarsi in quest'ottica[533]: i sacerdoti oniadi/zadokiti che presiedevano la comunità di Qumran e il Tempio di Heliopolis erano infatti avversi al Tempio di Gerusalemme[534]. Stando al protovangelo di Giacomo, anche Zaccaria, padre di Giovanni Battista e marito dell'oniade Elisabetta, sarebbe stato un sommo sacerdote[535], come pure Gesù[536] e suo fratello Giacomo[537]. Tuttavia né Gesù (prima del processo negli anni '30), né Giacomo, né Zaccaria risultano essere mai menzionati come sommi sacerdoti da Flavio Giuseppe o nelle fonti rabbiniche. Questo potrebbe indicare che questi personaggi non officiarono come sommi sacerdoti nel Tempio di Gerusalemme, ma in quello di Heliopolis (o in un tempio a esso correlato), la cui gestione era stretta prerogativa oniade, come oniadi erano appunto Zaccaria[538],

---

531 Cfr. J.P. Meier, *Un ebreo marginale, ripensare il Gesù storico. Vol. I: le radici del problema e della persona*, Queriniana, Brescia 2008⁴, p. 339.

532 Cfr. *Vangelo di Tommaso*, 12.

533 Cfr. Mc 11, 15-19; Mt 21, 12-17; Lc 19, 45-48; Gv 2, 13-22; At 6, 14.

534 Per quanto riguarda l'ipotesi d'identificazione tra Gesù Cristo e Gesù b. Gamala, dobbiamo ipotizzare un sostanziale cambiamento d'opinione tra il Gesù degli anni '30 e quello, più anziano, degli anni '60: il primo risulta molto più impulsivo, anti-romano e avverso al Tempio di Gerusalemme, il secondo sembra invece più pacato, contrario alla guerra contro i Romani e disposto al compromesso col Tempio di Gerusalemme. Difatti, potrebbe aver capito che, per attuare dei cambiamenti politici e religiosi, diventare sommo sacerdote sarebbe potuto essere più vantaggioso che opporsi al sommo sacerdote di turno. In effetti, abbiamo visto che Gesù b. Gamala attuò cambiamenti rivoluzionari soprattutto in ambito scolastico e sociale. Il passaggio da sacerdote di Heliopolis a sacerdote di Gerusalemme, d'altra parte, era probabilmente già avvenuto per gli oniadi Ananel e Simone Boethus, nonno di Gesù.

535 Protovangelo di Giacomo 8, 2.

536 Cfr. *Lettera agli Ebrei* 3, 1; 4, 14-15; 5, 5 etc.

537 Contro le Eresie 4, 1-4.

538 Non sappiamo se Zaccaria fosse oniade, tuttavia, anche nel caso non lo fosse stato, il suo sommo sacerdozio nel Tempio di Heliopolis può essere giustificato col

Giacomo e Gesù. I sommi sacerdoti del Tempio di Heliopolis potrebbero essere identificati con i sommi sacerdoti dell'opposizione di cui parla Eisenman[539] e la comunità di Qumran può considerarsi come una estensione territoriale della comunità zadokita che ruotava intorno al Tempio di Heliopolis. Forse non è un caso che la fondazione del sito di Qumran sia da attribuirsi a non molto tempo dopo la fondazione del Tempio di Heliopolis. I numerosi tratti della comunità di Qumran che ritroviamo nel cristianesimo di Giacomo vennero abbandonati da Paolo e dai suoi seguaci, che non condividevano lo zelo e il rispetto per la legge ebraica.

Secondo uno studio condotto da un'équipe di studiosi italiani guidata dai proff. Marcello Fidanzio e Riccardo Lufrani, la comunità di Qumran sarebbe stata aperta anche alle donne[540]. Questo potrebbe spiegare perché Gesù avesse un alto seguito di discepole e perché Gesù b. Gamala avesse esteso anche alle donne il diritto di insegnare. Paolo, d'altra parte, come abbiamo visto nel Cap. IV, si batté fortemente contro l'estensione di questi diritti alle donne.

Alcuni tratti del cristianesimo originale, tuttavia, permasero anche nella versione paolina della dottrina cristiana, come l'avversione di Gesù verso il Tempio di Gerusalemme, il tema del deserto, delle abluzioni in acqua, della condivisione del pane e del vino, etc. Un altro tema che potrebbe aver trovato continuità tra il cristianesimo di Giacomo e quello di Paolo potrebbe appunto essere quello relativo al sacerdozio di Melchisedek. È infatti probabile che l'autore della *Lettera agli Ebrei*, un seguace di Paolo, avesse l'intento di invalidare l'Antico Testamento, sostituendo il giudaismo con il cristianesimo paolino. L'istituzione qumranica del sacerdozio di Melchisedek poteva risultare utile a questa causa: la classificazione di Gesù come sacerdote e appartenente alla tribù di Davide potrebbe essere giustificata dalla volontà dell'autore di delegittimare i sacerdoti leviti e promuovere l'elezione di sacerdoti cristiani non discendenti da Aronne. Anche per questo motivo gli autori neotestamentari potrebbero aver avuto la necessità di classificare Gesù come un appartenente alla tribù di Giuda. L'autore della *Lettera agli Ebrei* interpreta il nome "Melchisedek" nel

---

fatto che avrebbe sposato Elisabetta, di discendenza oniade.

539 Cfr. R. Eisenman, *Giacomo il fratello di Gesù*, Piemme, Casale Monferrato (AL) 2008.

540 Cfr. Sitografia n. 60.

significato di "re di giustizia"[541], concetto che potrebbe ricondurre – anche etimologicamente – ai sacerdoti zadokiti, discendenti dal "Giusto" Zadok[542]. Infatti nell'ottica qumranica il Messia sarebbe dovuto essere un "re giusto" e un sacerdote come Melchisedek. È quindi possibile che i sacerdoti zadokiti, come Gesù, Giacomo e Giovanni, fossero ritenuti particolarmente adatti per il ruolo di Messia. Nel I sec. d.C., inoltre, la carica regale e quella sacerdotale dovevano risultare ormai inscindibili, per via di quel lungo processo di mutamento culturale, politico e religioso introdotto dai Maccabei, perdurato fino all'ascesa al trono di Erode il Grande e ripreso infine dai sacerdoti zadokiti della comunità di Qumran.

Dal momento che l'argomento affrontato in questo studio è molto complesso e richiede ulteriori approfondimenti, riprenderemo e amplieremo questa tematica nei voll. II e III di *Codex Jesus*. Nei capitoli successivi, Alessandro De Angelis analizzerà il contesto dell'esilio e le tematiche dei fratelli di Gesù e della nascita del cristianesimo paolino.

---

541 *Lettera agli Ebrei* 7, 1.
542 Da notare che nel *Vangelo degli Egiziani*, 64, 10, Gesù viene anche chiamato "*Jesus Nazareus Jesedekeus*".

CAPITOLO VIII
L'ESILIO DI GESÙ SECONDO LE TESTIMONIANZE
EXTRA-CRISTIANE

Alla luce di queste nuove scoperte, sapendo che Gesù potrebbe essere sopravvissuto dopo la sua condanna a morte del 36 d.c., potrebbe essere possibile ricostruire gli itinerari percorsi da Gesù nell'intervallo che va dal suo esilio dopo la condanna a morte fino al suo ritorno sotto le vesti di Gesù b. Gamala? Uno studio simile potrebbe iniziare dalle menzioni che di Gesù fanno autori extra-cristiani come, per es., Svetonio.

Gaio Svetonio Tranquillo (70-126 d.C.), scrittore Romano d'età imperiale ed esponente di spicco del genere biografico, ricoprì cariche molto importanti: fu archivista, bibliotecario imperiale e segretario personale (*magister epistolarum*) dell'imperatore Adriano, che regnò dal 117 al 138 d.C. Possiamo quindi supporre che avesse accesso ai documenti più importanti degli archivi imperiali. La sua opera principale, il *De vita Caesarum, Sulla vita dei Cesari*, scritta sotto forma di biografia, comprende, in ordine cronologico, i ritratti degli imperatori Romani da Cesare a Domiziano. In un passo della biografia di Claudio, imperatore dal 41 al 54 d.c., Svetonio riferisce di alcuni disordini provocati dai Giudei su istigazione di un certo *Chrestus*, per i quali l'imperatore emise un mandato di espulsione.

Il testo, nell'originale latino presente in *Vita Claudii*, recita:

> *Iudaeos impulsore Chresto assidue tumultuantis Roma expulit.*

> Espulse da Roma i Giudei che per istigazione di Cresto erano continua causa di disordine[543].

Il brano è oggetto di controversie tra gli studiosi accademici. Come riportato anche dallo storico cristiano Paolo Orosio[544] (375-420 ca.), vissuto a cavallo tra il IV e V secolo d.c., Svetonio si riferisce all'espulsione da Roma dei Giudei avvenuta nel 49 d.C. su istigazione di

---

543 Svetonio, *Vita Claudii*, 23, 4.
544 *Historiae adversus paganos* VII, 6, 15-16.

un certo *Chrestus*, da alcuni visto come un sobillatore, da altri identificato con il Cristo dei vangeli. Secondo quest'ultima interpretazione, i Giudei "cristiani" sarebbero stati istigati dalla sua dottrina. Tuttavia, il *Chrestus* menzionato dà più l'impressione di essere un uomo ancora vivo sotto Claudio, che non una metafora per indicare la dottrina di Gesù.

Sull'alternanza *Christus/Chrestus* ci soffermeremo nel capitolo seguente, dove faremo notare la possibilità di come, originariamente, Gesù potesse essere definito *Chrestus*, poi frainteso e tramutato in *Christus*, oppure indicato in maniera volutamente ambigua con entrambi i termini, di modo che Gesù risultasse sia il *Christós*, il Messia, che il *Chrēstós*, l'uomo buono per eccellenza (cfr. 2Ap Giacomo).

Ricordiamo ancora un volta, inoltre, che nel parlato i termini *Christus* e *Chrestus* venivano pronunciati allo stesso modo. Tale fenomeno, noto come itacismo, è molto diffuso nelle testimonianze storiografiche degli scrittori arcaici; ne è un esempio un passo di Arriano di Nicomedia[545], dove l'autore riporta *Telmìsseus* con lo iota anziché *Telmèsseus* con la eta, che è la parola più comunemente utilizzata nel greco classico[546].

L'apologeta cristiano Paolo Orosio, discepolo e collaboratore di Agostino, vescovo d'Ippona, riporta il passo di Svetonio nelle sue *Historiae adversus paganos*, ultimate poco prima di morire, rimanendone colpito e informandoci che di questa vicenda aveva parlato anche Flavio Giuseppe nelle sue opere:

> Nel nono anno dello stesso regno, *racconta Giuseppe che per ordine di Claudio i Giudei furono espulsi dall'Urbe*. Ma più mi colpisce Svetonio, che si esprime così: "Claudio espulse da Roma i Giudei in continuo tumulto per istigazione di Cristo"; dove non si riesce a capire se egli ordinò di infrenare e di reprimere i Giudei tumultuanti contro Cristo, oppure se volle che anche i cristiani fossero espulsi con essi, come gente di religione affine[547].

Dalla testimonianza dello storiografo cristiano, veniamo a sapere, dunque, che anche Flavio Giuseppe in un brano delle sue opere, oggi andato perduto, riferiva dell'espulsione dei Giudei da Roma, avvenuta nell'anno 49 sotto il regno di Claudio. Orosio ha il dubbio che i tumulti creati dai

---

545 Anabasi di Alessandro 1, 13.
546 Si ringrazia *Hard-Rain* per questa osservazione; cfr. Sitografia n. 17, visitato il 26/07/2017.
547 *Historiae adversus paganos* VII, 6, 15-16.

Giudei fossero addirittura *contro* Cristo, ma, a parte questo, egli identifica *Chrestus* con Cristo. Che Gesù fosse soprannominato Cristo lo sappiamo da Flavio Giuseppe[548]:

> Così (il sommo sacerdote Anano) convocò i giudici del Sinedrio e introdusse davanti a loro un uomo di nome *Giacomo, fratello di Gesù, che era soprannominato Cristo*, e certi altri, con l'accusa di avere trasgredito la Legge, e li consegnò perché fossero lapidati.

Per i pagani, a quel tempo, non era affatto facile distinguere tra Giudei e seguaci di Gesù, che infatti venivano spesso confusi con gli Ebrei anche per il fatto che la prima predicazione apostolica si svolgeva all'interno delle sinagoghe. Se il *Chrestus* menzionato da Svetonio fosse proprio Gesù Cristo e se i Giudei, cui egli presiedeva, fossero i cristiani, allora potremmo concludere che nel 49 d.C. Gesù fosse a Roma, e che venne cacciato insieme ai suoi seguaci, probabilmente perché si sarebbero rifiutati di rendere culto all'imperatore.

Svetonio nelle sue opere fa un secondo riferimento ai cristiani nella sua *Vita di Nerone*:

> Sottopose a supplizio i cristiani, razza di uomini d'una superstizione nuova e malefica[549].

Ora siamo sotto Nerone e Svetonio parla di un altro fatto ben distinto dall'espulsione dei Giudei, ovverosia delle persecuzioni dei cristiani a causa della loro possibile implicazione nell'incendio di Roma e della loro probabile partecipazione, come vedremo, alla congiura dei Pisoni.

Le espulsioni dei Giudei avvennero dunque sotto Claudio, mentre le persecuzioni dei cristiani dopo la congiura contro Nerone e l'incendio di Roma, che portò all'uccisione di Pietro e Paolo.

Il nome di Cristo viene riportato anche da Tacito nel quindicesimo libro degli *Annali* quando narra della persecuzione dei cristiani a opera di Nerone: egli afferma che i cristiani avevano avuto origine da Cristo, il quale era stato suppliziato sotto Ponzio Pilato.

I due paragrafi di Tacito che menzionano Cristo e i cristiani sono stati scritti intorno al 116 d.C. Il primo afferma che alcuni cristiani erano

---

548 AG XX, 200.
549 *Vita Neronis* XVI, 2.

presenti a Roma al tempo dell'imperatore Nerone (dal 54 al 68) e che egli, per evitare di essere accusato dell'incendio di Roma del 64, li incolpò:

> Ne presentò come rei e colpì con supplizi raffinatissimi coloro che il volgo, odiandoli per i loro delitti, chiamava *Chrestiani*[550].

Il secondo afferma che la fede cristiana si era diffusa a Roma e in Giudea e che "Cristo" fu suppliziato dal "procuratore Ponzio Pilato".

> L'autore di questa denominazione, Cristo, sotto l'impero di Tiberio [imperatore dal 14 al 37, NdA], era stato condannato al supplizio dal procuratore Ponzio Pilato; ma, repressa per il momento, l'esiziale superstizione erompeva di nuovo, non solo per la Giudea, origine di quel male, ma anche per l'Urbe, ove da ogni parte confluiscono tutte le cose atroci e vergognose[551].

Il passo è comunemente riconosciuto come autentico dagli studiosi. La descrizione del Cristianesimo è infatti proposta in chiave decisamente negativa, bollata come "pericolosa superstizione" e "primitiva e immorale", cosicché è improbabile che il testo sia un'interpolazione cristiana. Tuttavia secondo l'opinione di Alessio De Angelis la testimonianza di Tacito difficilmente può essere catalogata come "fonte indipendente". Per approfondire questa tematica, invitiamo a leggere l'*Appendice n. 2* in calce a questo libro.

L'uso del termine "Cristo" è da Tacito collegato al nome della nuova religione. Sull'attribuzione a Ponzio Pilato della carica di procuratore (e non di prefetto, come si evince da evidenze archeologiche), sono state proposte diverse ipotesi: dalla scelta di utilizzare i termini in uso al tempo in cui Tacito scrisse, alla possibile traduzione di un termine greco. È inoltre interessante notare come Tacito definisca i seguaci di Gesù non *Christiani*, ma *Chrestiani*, come abbiamo visto essere prassi in quei tempi.

Non abbiamo molti altri elementi per stabilire dove sia stato Gesù nel periodo dell'esilio successivo alla condanna – e i pochi che abbiamo non sono neppure così determinanti dal momento che, secondo un'altra ipotesi, il *Chrestus* menzionato da Svetonio potrebbe essere il nome di uno schiavo giudeo[552]. *Chrestus* sarebbe dunque il nome di un sobillatore vissuto sotto

---

550 Tacito, Annali XV, 44.
551 *ibid.*
552 V., per es., l'iscrizione CIL VI, 28659 denominata di «Vettenia Afrodisia» e

il regno di Claudio, che istigò i Giudei a ribellarsi contro i Romani. In effetti *Chrestus* era un nome piuttosto frequente tra gli schiavi e i liberti nel mondo Romano, variamente attestato anche a ridosso della via Appia già a partire dalla fine della età tarda repubblicana. Tuttavia, la menzione di *Chrestus* come capo giudaico e il parere dei padri apologisti potrebbero essere elementi a favore dell'identificazione di questo personaggio con il Messia del Nuovo Testamento.

---

databile a I secolo d.C., che riporta: *"Vettene Afrodisia, liberta dei due Gaii, eresse da viva a Gaio Vetteno Cresto, liberto di Gaio, e a sé stessa"*. Cfr. L. Spera, S. Mineo, *Antiche strade. Lazio. Via Appia vol. I. Da Roma a Boville*, Istituto Poligrafico e Zecca dello Stato, Roma 2004, p. 157.

Capitolo IX
I "fratelli" di Gesù, figli di
Maria di Cleopa?

Nel corso dei secoli numerose soluzioni da parte dei padri apologisti sono state trovate per conciliare il riferimento ai fratelli di Gesù con la verginità mariana. Leggiamo infatti nei vangeli di Matteo e di Marco:

> Non è egli [Gesù, NdA] il falegname, il figlio di Maria, fratello di Giacomo, Giuseppe, Simone e Giuda? E le sue sorelle non sono qui tra noi?[553].

> Non è forse questi il figlio del *tekton*[554]? Sua madre non si chiama Maria e i suoi fratelli Giacomo, Giuseppe, Simone e Giuda? E le sue sorelle non sono tutte fra noi?[555].

Riportiamo di seguito una analisi di Alessio De Angelis sulla natura dei "fratelli" di Gesù menzionati nei vangeli.

1. I "fratelli" di Gesù

Primo fra tutti Epifanio ritenne che i cosiddetti "fratelli" di Gesù fossero in realtà fratellastri, figli di Giuseppe avuti da un matrimonio precedente. Tale soluzione non risulta convincente per due motivi.
Per prima cosa non tiene conto del contesto naturale, immediato dei passi relativi ai fratelli. Difatti sarebbe difficile che Maria uscisse di casa portandosi dietro i suoi figliastri, che all'epoca sarebbero dovuti essere adulti, dal momento che sarebbero stati, secondo Epifanio, figli di

---

553 Mc 6, 3.
554 Letteralmente potremmo tradurre *téktōn* come "colui-che-fa", espressione che non chiarisce bene chi sia il padre di Gesù (cfr. Cap. I). Notiamo, inoltre, che nel parallelo passo di Mc 6:3 il riferimento al padre di Gesù viene addirittura omesso; indizio, questo, che indicherebbe che il padre di Gesù fosse oscuro nella versione originaria dei vangeli.
555 Mt 13, 55-56.

Giuseppe avuti da un precedente matrimonio[556]. L'impressione è che si tratti delle prime nozze sia per quanto riguarda Maria che per Giuseppe. Nessun indizio all'interno dei testi evangelici porta infatti a supporre che sia il secondo matrimonio per Giuseppe. Il secondo motivo è che questa giustificazione di Epifanio deriva direttamente da un apocrifo, il *Protovangelo di Giacomo*, decisamente poco attendibile e affatto impreciso su costumi e usanze giudaiche. Di fatto, la soluzione di Epifanio risulta del tutto arbitraria e, come stiamo per dimostrare, per nulla attendibile filologicamente.

Una soluzione meno scorretta, tesa a giustificare il dogma della verginità mariana, fu successivamente trovata da Girolamo nel IV secolo d.C. e ancora oggi ritenuta valida dalla Chiesa cattolica – diversamente dalle Chiese protestanti, la quali ritengono che i "fratelli" di Gesù fossero fratelli germani, e dalla Chiesa ortodossa, che li ritiene fratellastri. La soluzione di Girolamo prevedeva, difatti, che la parola greca per "fratello" (ovverosia *adelphós*) stesse a indicare *"cugino"*, secondo un presunto "uso semitico" desunto dall'Antico Testamento.

In effetti, non si può negare che nella *Septuaginta* (la versione della Bibbia in lingua greca, tradotta dall'aramaico), il termine greco *adelphós*, che traduce l'ebraico *ah* e l'aramaico *aha,* assuma, dal punto di vista semantico, un significato piuttosto ampio, teso a significare una non precisata relazione di parentela[557]. Tuttavia è anche vero che vi è un solo caso certo in tutta la Bibbia, e precisamente nell'Antico Testamento, in cui *adelphós* viene utilizzato nell'accezione di "cugino"[558]. Peraltro la corretta interpretazione da dare ad *adelphós* viene chiarita dall'autore del brano stesso attraverso un'accurata perifrasi, motivo per cui non può essere ritenuta valida l'ipotesi di Girolamo. Pertanto l'equivalenza tra *adelphós* e "cugino" nell'Antico Testamento non può assolutamente essere data per scontata.

È doveroso evidenziare che, a differenza dell'Antico Testamento, il Nuovo Testamento non è una traduzione greca e, pertanto, quando nel canone neotestamentario ricorre il termine *adelphós,* bisogna tenere conto del fatto che l'evangelista non sta traducendo dall'aramaico. Di conseguenza, per quanto riguarda Il Nuovo Testamento, non possono essere mosse le medesime obiezioni che riguardano l'Antico Testamento, dove giustamente

---

556 Cfr. per es. Lc 8, 19-21; Mt 12, 46-50, *et ceteros.*
557 Cfr. Gen 24, 48; 29, 12, *et ceteros.*
558 Ci riferiamo al caso di 1Cr 23, 22.

adelphós sta a indicare un più generico grado di parentela. Anche ammesso che i redattori del Nuovo Testamento tenessero presente, al momento della scrittura, qualche antico testo aramaico (ma ciò è una mera ipotesi e non è mai stato dimostrato), bisogna considerare che, a dispetto dei traduttori della Septuaginta, gli evangelisti non ritenessero di trovarsi di fronte a un testo sacro, immodificabile, e dunque da rendere alla lettera. Basti considerare le numerose correzioni che Luca e Matteo apportano al testo greco di Marco.

Ancora più evidente è il caso dei riferimenti ai fratelli di Gesù presenti nella tradizione paolina[559]. In questo caso Saulo Paolo non sta traducendo da qualche antico testo aramaico, come pure è evidente che non ne sta tenendo neanche uno di riferimento, ma si tratta di una sua personale orazione redatta *ex novo* in lingua greca, con dei suoi particolari stile e tecnica di scrittura. Risulta pertanto improponibile sostenere che quando Paolo scrisse che Giacomo è il "fratello" del Signore intendesse, in realtà, fratellastro o cugino, soprattutto alla luce del fatto che la tradizione paolina dimostra di conoscere bene il termine tecnico atto a indicare un "cugino" (vale a dire *anepsiòs*[560]).

Anche il Nuovo Testamento non utilizza mai il termine *adelphós* nel senso particolare di cugino, ma lo impiega sempre in due contesti fondamentali, ossia quando:

1) il termine è utilizzato in senso metaforico (relativo a una presunta fratellanza universale che ci accomuna in quanto figli di Dio[561]);
2) il termine è utilizzato in senso letterale.

Prendendo in considerazione questo ultimo contesto, i casi di fratelli germani sono chiari ed evidenti: basterebbe citare il caso di Mc 1, 19-20 quando Giacomo e Giovanni vengono definiti *"figli di Zebedeo"*. Difatti un esegeta che operasse su mere basi storiche e filologiche non avrebbe motivo di considerare "fratellastri" o "cugini" i due apostoli. Di conseguenza non si capisce perché si dovrebbe giudicare differentemente il passo di Mc 6, 3 quando sentiamo che Gesù è il figlio di Maria e il fratello (*adelphós*) di Giacomo, Giuseppe, Giuda e Simone. Peraltro, sempre applicando lo stesso esempio che abbiamo adottato per la soluzione di

---

559 Cfr Gal 1, 19; 1Cor 9, 5.
560 Cfr. Col 4, 10.
561 Cfr. Mc 3, 35; Atti 2, 29; 1Co 1, 1; 5; 11, *et ceteros*.

Epifanio, risulta ancora più strano che Maria uscisse di casa portando con sé i suoi nipoti, anziché i suoi figli.

Delle 343 volte in cui il termine "adelphós" ricorre nel Nuovo Testamento, vi è solo un caso in cui il termine viene utilizzato nell'accezione di "fratellastro", precisamente nel caso di Marco 6, 17, dove Filippo viene definito *adelphós* di Erode Antipa (mentre Flavio Giuseppe puntualizza che i due erano fratellastri).

Pertanto, sia la soluzione di Girolamo che quella di Epifanio mancano di una solida base filologica per poter essere sostenute e gli esegeti odierni che tentassero di difenderle sarebbero costretti a costruire complicate ipotesi di parentela – veri e propri castelli in aria – che in alcun modo possono essere dimostrate.

Oltre a ciò bisogna considerare che numerosi padri apologisti pre-niceni (antecedenti al 325 d.C., data del concilio di Nicea) ritengono gli *adelfòi* di Gesù veri fratelli di sangue. È il caso di Egesippo, il quale ritiene sia Giacomo[562] sia Giuda[563] fratelli del Signore (l'ultimo, Giuda, precisando addirittura "secondo la carne" – *katà sàrka*). Eppure Egesippo dimostra di essere in grado di distinguere tra "cugini" e "zii" di Gesù[564].

Anche Tertulliano, uno dei più importanti padri apologisti pre-niceni, riteneva che i fratelli di Gesù citati in Marco e Matteo fossero veramente suoi fratelli[565].

J.P. Meier concorda completamente con questa interpretazione filologica.

Per i motivi summenzionati, la nostra analisi prenderà in considerazione solo le due possibilità accettate dalla critica filologica, vale a dire che i "fratelli e sorelle" menzionati in Matteo e in Marco siano fratellastri o fratelli germani di Gesù.

2. Maria di Cleopa

Riteniamo che uno studio serio e approfondito sulla natura dei "fratelli" di Gesù sia imprescindibile dall'analisi di un personaggio femminile che compare in numerose occorrenze nel Nuovo Testamento: Maria madre di Giacomo e di Giuseppe, una delle donne presenti durante la crocifissione,

---

562 Cfr. SE 2, 23 § 4.
563 Cfr. SE 3, 19-20.
564 Cfr. SE 4, 22.
565 Cfr. Tertulliano, *Adversus Marcionem* 4, 19; *De carne Christi 7; De monogamia 7; De virginibus velandis* 6, 6.

la deposizione e la risurrezione di Gesù.

> C'erano anche alcune donne, che stavano a osservare da lontano, tra le quali Maria di Màgdala, *Maria (madre) di Giacomo il minore e di Joses*, e Salome[566].

Notiamo subito che due dei figli di questa anonima Maria corrispondono con i nomi di due dei quattro "fratelli di Gesù". Per quanto concerne il solo vangelo di Marco, sia il fratello di Gesù sia il figlio di questa Maria hanno nome *Joses*, una rara variante greca del nome ebraico *Joseph*. Statisticamente è dunque improbabile che siano due persone differenti. Maria di Giacomo e di Joses viene anche definita "l'altra Maria"[567] e, semplicemente, "Maria di Joses"[568] o "Maria di Giacomo"[569]. Giacomo viene anche definito in Marco, Matteo Luca e Atti "Giacomo (figlio) di Alfeo"[570], che sembra dunque essere il marito di Maria di Giacomo e Giuseppe. "Alfeo" viene considerato una variante di "Cleofa/Cleopa"[571], il che ci porta a identificare Maria di Giacomo e Giovanni con la Maria di Cleopa. Questa identificazione tra le due Maria emerge anche da un confronto tra le donne presenti sotto la croce nei sinottici[572] e nel vangelo di Giovanni[573], dove si può osservare che le due donne si sovrappongono nell'elencazione, ammesso che si voglia seguire l'interpretazione che vede tre Marie sotto la croce di Gesù, invece che quattro. Sappiamo anche da *Storia ecclesiastica* di Eusebio di Cesarea che:

---

566 Mt 27, 56; cfr. anche Mc 15, 40 e Lc 23, 49.
567 Cfr. Mt 27, 61 e 28, 1.
568 Cfr. Mc 15, 47.
569 Cfr. Mc 16, 1.
570 Cfr. Mt 10, 3 e Atti 1, 13.
571 "La prima ipotesi di identificazione compare in Beda il Venerabile (672/673–735), *Commento a Marco* 1, 3 (PL 92,161): "Maria moglie di Alfeo fu sorella della madre del Signore. La Maria è detta "di Cleopa" dall'evangelista Giovanni, o perché Alfeo è detto anche Cleofa, o perché sposò Cleofa dopo la morte di Alfeo avvenuta dopo la nascita di Giacomo". Il passo di Beda è letteralmente ripreso da Rabano Mauro (780 c.a – 856), *Commento a Matteo* 10, 1 (PL 107, 889). V. anche *Acta Sanctorum*, Maii VI p. 355 (1688, cfr. Sitografia n. 45, visitato il 26/07/2017); Tillemont (1693); Du Pin (1699)". Nota tratta da Sitografia n. 18, visitato il 26/07/2017.
572 Cfr. Mt 27, 56; Mc 15, 40; Lc 23, 49.
573 Cfr. Gv 19, 25.

All'unanimità tutti designarono vescovo di quella diocesi *Simeone, figlio di Cleopa*, che è menzionato nel vangelo ed era, a quanto dicono, cugino del salvatore[574].

Secondo questo brano, Simeone sarebbe dunque figlio di Maria e di Cleopa, oltre che fratello di Giacomo e Giuseppe-Joses. Anche Giuda viene definito fratello di Giacomo nella *Lettera di Giuda*:

> *Giuda, servo di Gesù Cristo, fratello di Giacomo*, agli eletti che vivono nell'amore di Dio Padre e sono stati preservati per Gesù Cristo [...][575].

Stando invece al Frammento Papia[576], attribuito al vescovo Papia, che si diceva fosse discepolo dell'apostolo Giovanni, "Maria moglie di Cleopa o Alfeo" sarebbe madre di "Giacomo, vescovo e apostolo, Simone, Taddeo (cioè Giuda, NdA) e Giuseppe" – il che porterebbe a identificare i fratelli di Gesù con i rispettivi apostoli. Dal momento che l'ipotesi dei fratelli intesi come "cugini" non è ammessa filologicamente, possiamo supporre che esistessero due donne, entrambe di nome Maria, che avevano quattro figli che portavano lo stesso nome, oppure che Maria madre di Gesù sia da identificare con Maria moglie di Cleopa, quest'ultimo corrispondente probabilmente con Giuseppe stesso oppure, come credeva invece Egesippo, con il fratello di Giuseppe[577]. Anche l'esimio prof. James J.D. Tabor concorda nell'identificazione tra Maria di Cleopa e Maria madre di Gesù[578].

Di seguito la tabella della crocifissione, deposizione e resurrezione di Gesù, dove risulterebbe essere assente la madre di Gesù, la Maria dei vangeli, mentre troviamo essere sempre presente "Maria di Cleopa":

Vangelo secondo Matteo	*Vangelo secondo Marco*	*Vangelo secondo Luca*	*Vangelo secondo Giovanni*	
Tra	Tra costoro	Tutti i suoi	Stavano presso	Crocifissione

---

574 SE III, 11, 2; cfr. anche III, 32, 1.
575 Giuda 1, 1.
576 Frammento Papia 10, 2 dell'*Anti-Nicene Christian Library* (edizione 1867-71).
577 Eusebio, SE III, 11, 2.
578 Cfr. J.D Tabor, *The Jesus Dynasty,* Simon & Schuster, 2006, pp. 90-91; cfr. anche l'opinione di R. Eisenman.

costoro Maria di Màgdala, *Maria madre di Giacomo e di Giuseppe,* e la madre dei figli di Zebedèo (27,56)	Maria di Màgdala, *Maria madre di Giacomo e di Joses,* e Salome (15,40)	conoscenti assistevano da lontano e così le donne che lo avevano seguito fin dalla Galilea, osservando questi avvenimenti. (23,49)	la croce di Gesù sua madre, *la sorella di sua madre Maria di Clèofa e Maria di Màgdala* (19,25)	
Erano lì, davanti al sepolcro, Maria di Màgdala e *l'altra Maria* (27,61)	Intanto *Maria di Màgdala e Maria madre di Joses* stavano ad osservare dove veniva deposto (15, 47)	Le donne che erano venute con Gesù dalla Galilea seguivano Giuseppe; esse osservarono la tomba e come era stato deposto il corpo di Gesù (23,55)		Deposizione o Funerale
Passato il sabato, all'alba del primo giorno della settimana, Maria di Màgdala e *l'altra Maria* andarono a visitare il sepolcro	Passato il sabato, *Maria di Màgdala, Maria di Giacomo e Salome* comprarono oli aromatici per andare a imbalsamare Gesù (16, 1).	E, tornate dal sepolcro, annunziarono tutto questo agli Undici e a tutti gli altri. Erano *Maria di Màgdala, Giovanna e Maria di Giacomo* (24,9-10)	Maria di Màgdala, Giovanna e *Maria di Giacomo* e le altre tornarono dal sepolcro e annunciarono (24,10)	Resurrezione

(28,1)

L'imbarazzante assenza della madre di Gesù nei vangeli di Marco, Matteo e Luca può essere giustificata con la sua sovrapposizione con Maria di Cleopa[579], da identificare con la "Maria di Giacomo e di Joses" dei vangeli di Marco e Matteo. D'altra parte l'evangelista Giovanni, che è l'ultimo in ordine cronologico a scrivere il vangelo, notando l'assenza di Maria, madre di Gesù, la inserisce nel suo vangelo insieme a Maria di Cleopa.

Nella *Seconda apocalisse di Giacomo*, si riporta un discorso intercorso tra Giacomo, sua madre Maria e Gesù. Dopo che Gesù si rivolge a Giacomo chiamandolo "fratello mio", Maria spiega a suo figlio Giacomo che lui e Gesù vennero nutriti entrambi con lo stesso latte[580]. Anche questo passo sembra dunque suggerire un'identificazione tra Maria, madre di Gesù, e Maria, moglie di Cleopa e madre di Giacomo e Joses.

Riguardo Maria, madre di Gesù, in alcuni frammenti copti ci sono degli interessanti discorsi attribuiti a Cirillo di Gerusalemme, a Demetrio di Antiochia e a Cirillo di Alessandria, pubblicati da E. A. Wallis Budge[581]. Secondo questi testi, Maria avrebbe detto:

> Io sono stata una bambina promessa da Dio e offerta a lui dai miei genitori prima ancora ch'io nascessi. I miei genitori erano della tribù di Giuda e della stirpe di David. Mio padre si chiamava Gioacchino, cioè *Cleofa*. Mia madre si chiamava Anna, ma era detta comunemente Mariham. Io mi chiamo *Maria Maddalena* dal nome del villaggio in cui sono nata, Maddala. Il mio nome è però *Maria di Cleofa*. Sono la Maria di Giacomo figlio di Giuseppe, il falegname.

In questo testo Maria madre di Gesù viene esplicitamente identificata con Maria di Cleopa e con Maria Maddalena. In effetti *Magdala* (in aramaico מגדלא *Magdala*, in ebraico מגדל *Migdal*), significherebbe "torre". Nel 25 a.C. Erode il Grande fece rafforzare le difese di Gerusalemme e costruì tre torri, la torre Fasael, Hippica e Mariamne, quest'ultima in onore di quella che sarebbe diventata la sua nuova moglie. I lavori terminarono nel 22 a.C. Infatti nel 23 a.C. Erode aveva sposato Maria Boethus, cui dedicò un anno

---

579 Secondo un'altra ipotesi, invece, l'evangelista avrebbe volutamente sottaciuto la presenza di famigliari sotto la croce e al sepolcro per dare maggiore importanza ai discepoli.

580 2AP *Giacomo* 50, 9-23.

581 E.A. Wallis Budge, *op, cit.*

dopo la "torre Mariamne", che abbellì più delle altre. Ora, considerando che Maria afferma di chiamarsi "Maria Maddalena" e che era la terza moglie del re Erode, possiamo ipotizzare che l'epiteto "Magdala" sia stato attribuito a Maria in seguito alla costruzione della *Migdal Mariamne*, la cosiddetta "torre Mariamne". Esistono anche due villaggi che contengono il nome "Magdala", ma sempre affiancati da altri nomi, poiché il sostantivo *Migdal* viene utilizzato come una apposizione. Dai vangeli non non risulta che "Magdala" sia un riferimento geografico, ma questo sostantivo viene sempre accostato a Maria in qualità di epiteto.

In Matteo 15:39 si legge: *"Congedata la folla, Gesù salì sulla barca e andò nella regione di Magadàn"*. Nel passaggio parallelo del vangelo di Marco 8:10 leggiamo invece: *"Salì poi sulla barca con i suoi discepoli e andò dalle parti di Dalmanùta"*[582]. Il *Talmud* distingue solo due "Magdala": "Magdala Gadar" a est, sul fiume Yarmouk, e "Magdala Nunayya"; questo ci porta tuttavia a considerare che, se l'evangelista avesse voluto riferirsi a un toponimico, avrebbe verosimilmente scritto "Maria di Magdala Nunayya" o "Maria di Magdala Gadar"[583]. Flavio Giuseppe identifica la Mariamne cui Erode dedicò la torre con sua moglie Mariamne l'Asmonea, uccisa per gelosia dal re nel 29 a.C. poiché incolpata di adulterio da parte di Salome, sorella del re Erode. Tuttavia sappiamo anche che Erode sposò nel 23 a.C., un anno prima dell'inaugurazione della torre, Maria Boethus, sua terza moglie. Scrive infatti Flavio Giuseppe:

> Infatti, oltre che per la sua naturale magnificenza e per l'orgoglioso attaccamento verso la città, il re fece costruire queste opere così maestose per assecondar e l'impulso del cuore, dedicandole alla memoria delle tre persone che gli erano state più care e chiamandole col loro nome. Erano questi un fratello, un amico e la moglie; costei, come abbiamo raccontato, l'aveva uccisa per amore, mentre gli altri due li aveva perduti in guerra dove erano morti da valorosi. La terza torre, che si chiamava Mariamme dal nome della regina, era massiccia fino all'altezza di venti cubiti, così come venti cubiti misuravano la sua larghezza e la sua lunghezza [...] Ma la parte superiore abitabile era assai più sontuosa e decorata; il re infatti ritenne che la torre che portava il nome di una donna fosse più adornata di quelle che si denominavano da uomini, allo stesso modo che queste ultime erano più

---

582 Dal confronto tra testi paralleli sembra dunque che *Magdàn* non sia identificabile con *Magdala*, ma piuttosto con *Dalmanùta*.
583 Difatti *Magdala* sembra essere un'apposizione che introduce un toponimo, e non un nome autonomo di città.

robuste dell'altra. Complessivamente l'altezza della torre Mariamne era di cinquantacinque cubiti[584].

È possibile che in questo caso Flavio Giuseppe abbia commesso un errore, dovuto all'omonimia, nell'attribuire la "torre Mariamne" a Maria l'Asmonea. Anche il fatto che la torre sia stata inaugurata subito dopo il matrimonio con Maria Boethus contribuisce a propendere per l'ipotesi secondo cui la torre sarebbe stata dedicata a lei. Possiamo immaginare che sarebbe stato un affronto per Maria Boethus se il re avesse messo il nome della torre in onore della sua defunta moglie, invece che in onore della sua nuova sposa di cui, stando a Flavio Giuseppe, il re si era perdutamente innamorato. Forse questa potrebbe essere la spiegazione del perché Maria, madre di Gesù, nei frammenti copti venga identificata anche con "Maria Maddalena", nonostante Maria Maddalena nei vangeli venga chiaramente distinta dalla madre di Gesù.

Sebbene il parallelo che emerge tra Maria, madre di Gesù, e Maria di Cleopa sia sorprendente, le due figure vengono differenziate nei vangeli, i quali ne parlano come se fossero due persone diverse. Nel Cap. VII, anticipando questa tematica, abbiamo già spiegato i motivi di questo processo dissociativo tra le due "Marie": si tratta, verosimilmente, del tentativo, da parte di Paolo di Tarso, di delegittimare la famiglia di Gesù dal ruolo, da essa – e in particolare da Giacomo il Giusto – legittimamente detenuto, di guida della comunità cristiana primitiva.

Per quanto riguarda il nome "Cleopa", esso è la resa ebraicizzata e diminuita del nome greco *Cleòpatros*, nome tradizionale in dinastie macedoni ed elleniche[585], in particolare della dinastia tolemaica.

Secondo Egesippo[586], Cleopa/Cleopatro sarebbe il fratello di Giuseppe e, probabilmente, sposò Maria per levirato dopo la morte del fratello. Insomma Giuseppe e suo fratello Cleopa/Cleopatro potrebbero essere ebrei discendenti da una famiglia intrisa di cultura egiziana. In effetti l'Egitto è anche la regione dalla quale proveniva Maria Boethus e verso dove si rifugiarono i personaggi evangelici per sfuggire dalle persecuzioni di Erode il Grande. Secondo Flavio Giuseppe vi era una stretta connessione tra ebrei egiziani e la corte di Erode il Grande (cfr. Giuseppe b. Giuseppe, Dositeo b. Cleopatride, Cleopatra di Gerusalemme, Tolomeo amico di

---

584 GG V, 162-171.
585 Cfr. Antipatro/Antipa, etc.
586 Cfr. SE 3, 11,2; 3, 32, 4.6; 4, 22, 4.

Erode etc.), tanto che alcuni di essi presero addirittura parte alla congiura del 6 a.c. contro Erode il Grande[587] insieme a Maria Boethus. In questo primo volume non ci soffermeremo oltre sullo studio della figura di Giuseppe, dal momento che l'analisi di questo personaggio sarà approfondita in *Codex Jesus* vol. II, dove vedremo che il padre di Gesù e suo fratello Cleopa/Cleopatro possono essere identificati con alcuni personaggi presenti alla corte di Erode il Grande e provenienti da una famiglia di sacerdoti ebrei d'Egitto che presero parte alla congiura del 6 a.c. insieme a Maria Boethus.

---

587 Cfr. AG XVI, 257.

CAPITOLO X
CONNESSIONI TRA EGITTO E CRISTIANESIMO PRIMITIVO

Nel capitolo precedente abbiamo visto che Giuseppe, supposto amante e secondo marito di Maria Boethus, sembra appartenere a una dinastia ebraica d'Egitto. Anche Simone Boethus, padre di Maria, sappiamo provenire dagli oniadi, una famiglia ebraica di Alessandria d'Egitto. Sappiamo inoltre che nel 41 a.C. Marco Antonio nominò un tal "Boethus" governatore della città di Tarso, dove nello stesso periodo di recò anche Cleopatra:

> Appiano, uno storico, ci parla di una somma di millecinquecento talenti che costrinse i cittadini di Tarso ad alienare i beni pubblici, e a vendere i giovani come schiavi. Dopo la vittoria su Cassio e Bruto da parte di Marco Antonio e Ottaviano a Filippi, la città venne esentata dal pagare il tributo di guerra, e Antonio inviò *Boethus* a Tarso per ristabilire le finanze della città[588].

Dopo la vittoria di Filippi, molti cittadini di Tarso ottennero la cittadinanza romana; tra questi sicuramente anche Boethus, in virtù del suo ruolo e del fatto che fu mandato a Tarso proprio da Marco Antonio e Ottaviano. Questo personaggio sembra essere lo stesso Boethus padre di Simone Boethus e nonno di Maria, dato che arrivò a Tarso in concomitanza con Cleopatra, che risiedeva proprio nella città di Alessandria, dove egli era sacerdote, oppure lo stesso Simone Boethus, dal momento che anche egli viene chiamato da Flavio Giuseppe semplicemente "Boethus", proprio come suo padre. Che si tratti di Boethus-padre, di Boethus-figlio o di un terzo Boethus, questo brano testimonia la larga alleanza stretta dai boethusiani con romani, tolemaici ed erodiani, sebbene con questi ultimi i rapporti degenerarono in seguito alla congiura del 6 d.C.

Alla luce di quanto emerso finora, per capire le implicazioni della cultura egiziana nella formazione di Gesù dovremmo provare a ricostruire il viaggio che Giuseppe e Maria fecero per scampare alla persecuzione di Erode, viaggio che potrebbe essere in grado di rivelarci quali fossero i loro

---

588 Tratto da Sitografia n. 21.

contatti in Egitto.

Sappiamo che Giuseppe da Betlemme si diresse verso Ebron, poi deviò verso ovest per immettersi nella *"Via Maris"*, passando per la cittadina di Mareshah, e da qui giunse in Egitto nella terra di Goshen, alle foci del Nilo, per poi raggiungere Alessandria[589].

Il percorso inizia da al-'Arish (a Nord-Est del Sinai, una città che si può considerare la Porta d'Egitto), da qui a Tall al-Farama (l'antica Pelusium), a Tall Basta, dove abbiamo la caduta ufficiale di tutti i templi e del paganesimo: *«Ecco, il Signore verrà su una nube leggera e entrerà in Egitto e cadranno gli idoli dell'Egitto di fronte a lui» (Is 19, 1)*, e a Sakha. Poi la "sacra famiglia" arrivò a Ovest fino a Wadi al-Natrun (il deserto di Nitria), e da qui a Matariyya, in provincia del Cairo, e a Zaytun fino a Ma'adi, rampa di lancio per l'Alto Egitto, che verrà percorso lungo il Nilo con lunga sosta a Menfi, con i soldati di Erode alle calcagna. Il viaggio prosegue a Ossirinco e ad Abu Hinnis, dove troviamo i primissimi dipinti della "sacra famiglia" in Egitto. Ma la tappa più importante è certamente rappresentata dal Dayr al-Muharraq, dove troviamo il primo e unico monastero consacrato, si dice, da Gesù in persona attraverso una stele di marmo, avverando quindi la profezia: *«In quel giorno in mezzo al paese d'Egitto vi sarà un altare, consacrato all'Eterno, e una stele eretta all'Eterno presso la sua frontiera»* (Is 19, 19). Poi, ad Assiut, Dio si manifesta nuovamente in sogno a Giuseppe: *«Àlzati, prendi con te il bambino e sua madre e va' nella terra d'Israele; sono morti infatti quelli che cercavano di uccidere il bambino»* (Mt 2, 19). E così fece Giuseppe avverando la profezia: *«Dall'Egitto ho chiamato mio figlio» (Os 11, 1)*[590].

Quando la sacra famiglia fuggì in Egitto, si sarebbe soffermata per un mese in un villaggio chiamato Al-Matariyah, nel cui giardino esisteva una pianta balsamica chiamata sicomoro e sacra a Hathor (Venere) e alla favolosa Fenice, che si rigenerava dalle proprie ceneri proprio dai suoi rami. Questi sicomori o "balsamine" furono fatti piantare da Cleopatra; possiamo quindi immaginare che Maria tornasse nel luogo dove aveva vissuto la sua infanzia.

Lo stesso sicomoro era un albero di particolare significato mitico. Secondo il Capitolo 109 del Libro dei Morti, gemelli "Sicomori di Turchese" si credeva che stessero all'esterno del cancello del cielo da dove il dio sole Re

---

589 Cfr. Sitografia n. 23, visitato il 22/10/2015.
590 Tratto da Sitografia n. 24, visitato il 22/10/2015.

emergeva ogni giorno, e questi due stessi alberi a volte appaiono nei dipinti tombali del Nuovo Regno con un giovane vitello toro che spuntava tra loro come un simbolo del sole. Mentre l'albero cosmico potrebbe quindi assumere un aspetto maschile come una forma del dio solare Re-Herakhty, il Sicomoro era particolarmente considerato come una manifestazione delle dee Nut, Iside e Hathor, che ha ricevuto l'epiteto "Signora del Sicomoro"[591].

Nei miti egizi di Eliopoli si diceva che il sole sorgesse ogni giorno tra due alberi di sicomoro, e altri miti raffigurano il sole come se nascesse ogni giorno come un toro/vitello da sua madre, la "Vacca Celeste" Nut o Hathor, che personificava il cielo e che veniva raffigurata proprio come un albero di sicomoro. In altri miti ancora, una vacca era impregnata da un fascio di luce dal sole, da cui nasceva un toro-vitello bianco che diventava il sacro toro Apis. Inoltre, nel *Vangelo arabo dell'infanzia di Gesù* al capitolo 24 e nel vangelo dello Pseudo Matteo al capitolo 21 si parla del miracolo di Gesù che fece sgorgare acqua dolce da una delle fonti di questo villaggio, fonti che contenevano solo acque salmastre.

Nel *Vangelo arabo dell'infanzia del Salvatore*, invece, che apre dicendo che è stato scritto da Caifa, Gesù, Giuseppe e Maria incontrerebbero anche il faraone.

Quanto segue l'abbiamo trovato scritto nel libro del pontefice Giuseppe vissuto al tempo di Cristo; alcuni dicono che egli sia Caifa. […] A Matarea. Si diressero poi a quel sicomoro che oggi è detto Matarea. Gesù fece scaturire una sorgente a Matarea, nella quale la signora Maria lavò la sua camicia... Indi discesero a Misr. *Visto il Faraone* rimasero tre anni in Egitto[592].

La località di Misr dovrebbe essere Misr Al-Atiqa, il Vecchio Cairo, ma secondo altre fonti sarebbe Menfi (Luxor)[593]. Il racconto del *Vangelo arabo dell'infanzia del Salvatore* è chiaramente anacronistico, dal momento che all'epoca della fuga in Egitto di Giuseppe e Maria non esistevano più i faraoni (l'Egitto era infatti diventato una provincia romana). Difatti i discendenti di Cleopatra VII divennero politicamente ininfluenti: Tolomeo XV o Cesarione, nato da Giulio Cesare e Cleopatra,

---

591 R.H. Wilkinson, *Reading Egyptian Art, a Hieroglyphic Guid to Ancient Egyptian Painting and Sculpture*, Thames & Hudson, London 1992, p. 117.
592 *Vangelo arabo dell'infanzia del Salvatore*, 1, 1 e 24, 1.
593 In alternativa il termine si potrebbe anche riferire alla terra d'Egitto, che in ebraico viene indicato proprio con questo termine declinato al plurale.

era stato ucciso da Ottaviano, mentre di Alessandro Helios, dopo che era stato adottato da Ottavia, sorella di Ottaviano, si persero le tracce a Roma[594]; lo stesso accadde per Tolomeo Filadelfo.

> Gesù allora disse: Palma, alzati, prendi forza e sii compagna dei miei alberi che sono nel paradiso di mio padre. Aprì con le tue radici la vena d'acqua che si è nascosta nella terra, affinché da essa fluiscano acque a nostra sazietà - Subito si eresse, e dalla sua radice cominciò a scaturire una fonte di acque limpidissime oltremodo fredde e chiare[595].

Qui il sicomoro è sostituito dalla palma del deserto. Il viaggio della "Sacra Famiglia" si concluse all'isola di Elefantina, una delle due colonie ebraiche in Egitto. In quest'isola gli Egiziani pensavano ci fossero le sorgenti del Nilo celeste, nonché il punto in cui il Nilo terrestre e quello celeste si compenetravano.

Cleopatra si definiva "la nuova Iside" e spesso si mostrava abbigliata come la dea. Anche l'iconografia di Iside che allatta Horus e quella di Maria che allatta Gesù sono perfettamente sovrapponibili. Questo modello è stato creato dai primi cristiani a partire dalle immagini di Iside che venivano raffigurate nei templi della dea nella città di Roma, culto abbracciato da molte persone del popolo, in particolar modo dalle donne, ma osteggiato da molti uomini, in quanto prevedeva dei periodi di astinenza sessuale.

La figura di Maria nel cristianesimo posteriore potrebbe forse rappresentare – soprattutto in ambito esoterico – la continuità del culto di Iside, tanto che molti suoi templi furono riconvertiti e dedicati a Maria e alcuni titoli della dea furono attribuiti alla madre di Gesù, cui furono addirittura disegnati nelle sue raffigurazioni la mezzaluna e le stelle tipiche della dea egizia. Potrebbe essere stato ripreso da culti pagani anche il concetto dei figli divini concepiti senza rapporto sessuale; difatti di questa credenza non vi è traccia nei vangeli, dal momento che Maria viene solamente definita *parthènos*, "fanciulla".

---

594 Fonti antiche su Antonia Minore: Cassio Dione, *Storia Romana* 51, 15, 7; 58, 11, 7; 59, 3, 3-6; 60, 2, 5; 66, 14, 1-2; Flavio Giuseppe, AG XVIII, 143; 164-165; 180-182; Plinio, *Storia Naturale* 7,80; 9,172; Plutarco, *Vita di Antonio* 31, 3-4; 35; 57, 4-5; 87; Seneca, *Consolazione per Livia* 299-328; Svetonio, *Vita di Caligola* 1, 1; 10; 15, 2; 23, 2; 24; *Vita di Claudio* 1, 6; 3, 2; 11, 2.
595 *Pseudo Matteo, Apocrifi del Nuovo Testamento,* TEA, Firenze, 1990.

Un'altra espressione riferita a Gesù e che potrebbe avere origine egizia è "Chresto". Dal nostro punto di vista è possibile che Gesù inizialmente sarebbe stato chiamato, oltre a *Christós*, anche *Chrēstós*; così come anche i cristiani venivano indifferentemente chiamati sia *christiani* che *chrestiani*, come dimostrato da P. Lampe[596] e come attestato da altri storici come Van Voorst[597], i quali hanno dimostrato come la denominazione *Chrēstós* fosse ancora in uso nel II sec. d.C. Questa confusione tra *Chrēstós* e *Christós* era dovuta a un fenomeno linguistico noto come "itacismo", a causa del quale *Christós* e *Chrēstós* venivano pronunciati allo stesso modo: /kʰris'tos/. Negli antichi codici del Nuovo Testamento, Gesù non viene mai definito esplicitamente "*Christós*" o "*Chrēstós*", dal momento che questo termine viene sempre abbreviato col noto XP (leggasi: "*Chi-Rho*"). La combinazione delle lettere greche XP denota una varietà di termini, tra cui "l'oro" (χρυσός), "unto" (χριστός) e "buono" (χρηστός). Così, nel determinare l'uso della parola χρηστός, *Chrēstós*, abbiamo bisogno di una comparazione di studi del *Chi-Rho*, abbreviazione che è stata impiegata sulle monete, sugli scudi e altro ancora.

La moneta di Tolomeo III aveva per es. il *Chi-Rho* come simbolo tra le gambe dell'aquila di queste monete pre-cristiane:

> L'uso di fondere le lettere chi e rho dell'alfabeto greco in un unico monogramma precede il Cristianesimo. Sotto il governo dei Tolomei in Egitto tale monogramma fu utilizzato come abbreviazione dell'aggettivo "*Chrēstós*" (Χρηστός) = "buono" e venne ampiamente diffuso quando fu impresso su delle monete bronzee coniate in grande numero da Tolomeo III Evergete[598],[599].

La possibile connessione tra Cristianesimo ed Egitto[600] potrebbe spiegare il motivo per cui l'imperatore Adriano diceva che i *cristiani* erano gli adoratori del culto di Serapide/Osiride, importato da Tolomeo I in

---

596 Cfr. P. Lamp, *Christians at Rome in the First Two Centuries*, 2003.
597 Cfr. Van Voorst, *Jesus Outside the New Testament: An Introduction to the Ancient Evidence*, Eerdmans Publishing, 2000, pagg. 33-35.
598 Sitta von Reden, *Money in Ptolemaic Egypt: From the Macedonian Conquest to the End of the Third Century BC*, Cambridge University Press 2007, p. 69.
599 Sitografia n. 27, visitato il 4/06/2017.
600 I parallelismi tra Cristianesimo e culti egizi non sono rari e sporadici. Per es., i seguaci di Iside venivano esortati a essere monogami e a rispettare la sacralità della famiglia, come fanno le Chiese cristiane oggi.

Alessandria d'Egitto. Inoltre, il simbolo *Chi-Rho* veniva usato anche da scribi greci pagani per indicare, a margine, un passaggio di particolare pregio o rilevante. In effetti, anche Flavio Giuseppe definisce Tolomeo *"Chrēstós"*, così come definisce in questo modo anche altri personaggi, tra cui Marco Antonio, Ircano, Agrippa (ben due volte), Samuele, Joachim e Nehemia.

Il *Codex Sinaiticus*, la Bibbia più antica che abbiamo, risalente al IV sec. d.C., attesta sempre *"chrēstianoi"*[601] (cfr. immagine a fianco), e anche Svetonio, quando parla dell'incendio di Roma, menziona i Giudei seguaci di un certo *Chrestus*[602]. Stessa cosa per Tacito, che in Annali XV, 44 parla della setta dei *Chrestiani* fondata da Cristo, suppliziato sotto Tiberio. In Siria un'iscrizione del 318 d.c. riporta la dedica al *"Signore e Salvatore Gesù il Chrēstós"* e nei testi manichei anche Mani si definisce *"Apostolo di Gesù Chrēstós"*[603]. *Christós*, che significa "unto", è la parola greca per l'ebraico *mashiach* ed era il titolo impiegato da coloro che pensavano che Gesù fosse il Messia venuto a liberare Israele, ma *Chrēstós* (dal greco *chràomai*) è invece un termine inerente le iniziazioni ai misteri pagani orfici ed eleusini, che serviva a indicare la distruzione della natura inferiore, il raggiungimento dello stato di immortalità individuale. Nei culti egizi, Osiride era un *un-nefer* ("sempre fiorente"), parola che in greco, come per es. fa Plutarco, viene resa appunto con *Chrēstós*. Che Osiride sia chiamato *un-nefer* è rilevabile dal *Libro dei Morti*:

Un inno di lode a Osiride il sempre fiorente, il grande dio che dimore in

---

601 Cfr. Atti 11, 26; 26, 28 e 1Pt 4, 16 in Sitografia n. 28, visitato il 4/06/2017.
602 Vero è che Svetonio parla anche dei *"Christiani"*, ma questo potrebbe essere dovuto a un'emendazione dell'amanuense cristiano; *"Chrēstós"* invece non sarebbe stato emendato perché l'amanuense potrebbe aver ritenuto che non si trattasse di Gesù Cristo.
603 Gardner, Lieu, *Manichean texts*, p. 167.

Abtu, il re dell'eternità, il signore dell'immortalità, colui che attraversa i milioni di anni nella sua esistenza[604].

Il recente ritrovamento in Egitto della tazza con l'iscrizione greca *ΔIA XPHCTOY O ΓOICTAIC* conferma che Gesù era accostato a un epiteto associato al culto di Osiride, di cui conosceva forse alcuni segreti misterici, appresi grazie alla sua discendenza egizia.

Attraverso l'ellenismo, da Alessandro Magno a Tolomeo I, che importò il culto di Serapide ad Alessandria, il termine *Chrēstós* passò a designare l'adepto anche di altri misteri (egizi, caldei etc.). Questo termine era dunque impiegato in contesti iniziatici di tipo misterico, appartenenti al mondo sincretico ellenistico-egizio.

La connessione di Gesù con l'Egitto viene confermata anche da Celso nella sua opera *Alethès Lógos*:

> T'inventasti la nascita da una vergine: in realtà tu sei originario da un villaggio della Giudea e figlio di una donna di quel villaggio, che viveva in povertà filando a giornata. Inoltre costei, convinta di adulterio, fu scacciata dallo sposo, falegname di mestiere. Ripudiata dal marito e vergognosamente randagia, essa ti generò quale figlio furtivo. Spinto dalla povertà andasti a lavorare a mercede *in Egitto, dove venisti a conoscenza di certe facoltà per le quali gli egiziani vanno famosi*. Quindi ritornasti, orgoglioso di quelle facoltà e grazie a esse ti proclamasti Dio. Tua madre, dunque, fu scacciata dal falegname, che l'aveva chiesta in moglie, perché convinta di adulterio e fu *resa incinta da un soldato di nome Pantera*.

L'intento di Celso era certamente quello di cercare di screditare Gesù agli occhi dei cristiani, facendolo apparire come un uomo povero a cui aprirono l'accesso per imparare i culti misterici egizi che solamente i sacerdoti conoscevano. Difficilmente un uomo povero e un ebreo marginale avrebbe potuto, all'epoca, avere accesso a tali segreti che venivano custoditi gelosamente dai sacerdoti, a meno che non provenisse invece da una famiglia importante.

Stando invece al *Talmud Babilonese*, Gesù sarebbe stato invece lapidato e poi "appeso a un legno" a Lydda "per aver praticato la stregoneria e per aver sedotto e condotto Israele sulla cattiva strada"

---

604 Cfr. E.A. Wallis Budge (trad.), *The Egyptian Book of the Dead, Book 1, Hymn to Osiris un-nefer.*

Si insegna: Alla vigilia di Pesach appesero Yeshu e il banditore proclamò in giro per quaranta giorni che "(Yeshu) verrà lapidato per aver praticato la stregoneria e per aver sedotto e condotto Israele sulla cattiva strada. Chiunque sappia qualcosa per assolverlo venga avanti e lo esoneri". Ma nessuno presentò nulla per esonerarlo e lo appesero alla vigilia di Pesach. Ulla disse: Si deve forse pensare che dovremmo cercare delle prove che lo esonerino? Egli era un adescatore e Dio disse: "Tu non dargli retta, non ascoltarlo; il tuo occhio non lo compianga; non risparmiarlo, non coprire la sua colpa". Yeshu era differente perché era intimo col governo[605].

La connessione tra Cristianesimo ed Egitto spiegherebbe anche il motivo per cui la tomba di Talpiot risulti non essere assimilabile solo alla tradizione ebraica, ma anche quella egizia. La tomba contiene elementi simbolici mai riscontrati in altre tombe ebraiche, come notarono gli archeologi Josef Gat, Amos Kloner e Shimon Gibson:

Difatti in corrispondenza dell'ingresso della tomba di Gesù, sulla parete sud dell'anticamera, notarono una decorazione a forma di V o anche un elemento simile a un timpano, a una chevron a forma di Y al di sopra di un cerchio posto in primo piano, di oltre un metro di larghezza, al di sotto del quale numerose ossa erano state appositamente collocate. In quel periodo a Gerusalemme i defunti venivano collocati all'interno delle tombe, e poi trascorso un certo periodo di tempo le ossa venivano sistemate all'interno degli ossari, e questa tradizione andò avanti fino alla distruzione del Tempio di Gerusalemme del 70 d.C. Questa collocazione delle ossa al di sotto del simbolo V o Y era assolutamente contraria alle tradizioni ebraiche del tempo, mentre era riscontrabile nella tradizione egizia, nella sepoltura dei faraoni e dei grandi re. Le tombe intagliate nella roccia erano riservate solo ai benestanti e ai personaggi di primissimo rilievo, e questo simbolo, riconosciuto in generale come il più antico dei simboli della Massoneria, uno stilizzato "occhio di Ra", è stato riconosciuto soltanto in un sito come uno dei primi simboli dei Nazareni. Lo stesso simbolo è stato trovato su decine e decine di ossari dei primi Nazareni, in numerosi casi erroneamente considerati come i primi Cristiani. Gli Ebrei, quando costruivano le loro tombe, non usavano intagliarle nella roccia e non erano ossessionati dalla precisione, così come lo erano invece gli Egizi, e quando gli archeologi aprirono la tomba rimasero esterrefatti da questi particolari, in quanto la tomba di Talpiot sembrava una tomba egiziana e assolutamente non ebraica. All'interno della tomba furono ritrovati dieci ossari con vicino sculture tipiche dei sadducei che amavano distinguersi anche nella morte, in quanto non credevano nella resurrezione dell'anima, e sei ossari su dieci

---

605 *Sanhedrin* 43a, 67a.

avevano iscrizioni, a differenza degli ossari tradizionali dove la percentuale era solamente del 20%. Su sei ossari, risultano ai lati graffiti con incisi nomi che richiamano a personaggi del Nuovo Testamento, ovvero: Ossario 80/500: Mariamene, ovvero Maria e Mara che è un'abbreviazione di Marta secondo gli archeologi; Ossario 80/501: Yehuda bar Yeshua, ovvero Giuda, figlio di Gesù; Ossario 80/502: Matia ovvero Matteo; Ossario 80/503 Yeshua bar Yosef, ovveroGesù, figlio di Giuseppe; Ossario 80/504: Yose o Yosa che era un soprannome di Giuseppe; Ossario 80/505: Maria ovvero una versione latinizzata dell'ebraico Miriam; Ossario 80/509 James bar Yosef, ovvero Giacomo, figlio di Giuseppe, ossario che fu in seguito rubato e modificato con la falsa dicitura "fratello di Gesù", facendolo diventare Giacomo, figlio di Giuseppe, fratello di Gesù. Su questo ossario sono stati eseguiti test scientifici sul calcare e un'analisi della spettroscopia di assorbimento atomico del materiale, che ha dato una corrispondenza al 100%, scientificamente verificata, con l'ossario rubato 80/509[606].

Il dr. Shimron, del Servizio Geologico Israeliano con 25 anni di esperienza del settore, ritiene che un terremoto nel 363 d.C. abbia ricoperto la tomba di Talpiot con fanghiglia composta da rendzina e fango che ha lasciato la tomba chimicamente congelata nel tempo, facendo sì che il materiale abbia racchiuso un'"impronta digitale" geochimica unica che può essere utilizzata per fare le analisi comparative. Il dr. Shimron ha esaminato quasi cento campioni da raschiatura e suolo degli ossari, fornitigli dall'Autorità per le Antichità Israeliana, provenienti da 15 tombe nella zona di Gerusalemme, compresa Talpiot. Poi a Shimron è stato concesso l'accesso all'ossario di Giacomo dal proprietario Oded Golan ed è stato in grado di concludere il suo studio durato ben sette anni, scoprendo che dei cento campioni sotto esame, solo i nove provenienti dalla tomba di Talpiot e l'ossario di Giacomo avevano profili geochimici che corrispondevano, e che comprendono magnesio, silicio e ferro. Campioni provenienti da tombe distanti solamente 60 metri da Talpiot dimostrano infatti un differente profilo geochimico[607].

La nostra ipotesi sulla derivazione egizia della famiglia di Gesù può essere un'ulteriore conferma sull'autenticità di questa tomba, dal momento che verrebbe così spiegato il fatto che sia intrisa di elementi egizi, completamente estranei alla cultura ebraica del tempo.
Questa origine egizia di Gesù spiegherebbe anche perché alcuni suoi miracoli sembrino derivare da rituali magici egizi:

---

606 Tratto da Sitografia n. 29, visitato il 09/03/2016.
607 Tratto da Sitografia n. 30, visitato il 09/03/2016.

Passando vide un uomo cieco dalla nascita e i suoi discepoli lo interrogarono: «Rabbì, chi ha peccato, lui o i suoi genitori, perché egli nascesse cieco?». Rispose Gesù: «Né lui ha peccato né i suoi genitori, ma è così perché si manifestassero in lui le opere di Dio. Dobbiamo compiere le opere di colui che mi ha mandato finché è giorno; poi viene la notte, quando nessuno può più operare. Finché sono nel mondo, sono la luce del mondo». Detto questo *sputò per terra, fece del fango con la saliva, spalmò il fango sugli occhi del cieco* e gli disse: «Và a lavarti nella piscina di Sìloe (che significa Inviato)». Quegli andò, si lavò e tornò che ci vedeva. Allora i vicini e quelli che lo avevano visto prima, poiché era un mendicante, dicevano: «Non è egli quello che stava seduto a chiedere l'elemosina?». Alcuni dicevano: «È lui»; altri dicevano: «No, ma gli assomiglia». Ed egli diceva: «Sono io!». Allora gli chiesero: «Come dunque ti furono aperti gli occhi?».]Egli rispose: «Quell'uomo che si chiama Gesù ha fatto del fango, mi ha spalmato gli occhi e mi ha detto: Va' a Sìloe e lavati! Io sono andato e, dopo essermi lavato, ho acquistato la vista»[608].

L'atto di mischiare la saliva con la terra potrebbe essere stato ripreso dalla storia della dea Iside, la quale, per strappare lo scettro all'ormai anziano Amon-Ra, raccolse la saliva che il dio perdeva dalla sua bocca insieme a un po' di terra e la mischiò con la sabbia dando vita a un serpente. L'iniziazione di Gesù avvenne forse in Egitto da parte di sacerdoti esperti di culti esoterici. Un'iniziazione che possiamo riscontrare anche dalla simbologia numerica, come nell'apocrifo copto *Storia di Giuseppe il falegname*, in cui scopriamo che Giuseppe sarebbe morto nel giorno 26 del mese di Epipi, che il culto egizio associava alla resurrezione di Osiride. Lo stesso imperatore Adriano, in una lettera contenuta nell'*Historia augustana*, faceva sapere che i vescovi cristiani in Egitto adoravano Serapide, una divinità derivante dal dio egizio Orosapi (Osiride-Api), che aveva molti degli attributi di Zeus. Serapide fu associato anche a Helios e si confuse con il Cristianesimo tanto che l'imperatore Adriano disse: "Gli adoratori di Serapide sono cristiani e quelli che sono devoti al dio Serapide chiamano se stessi vicari di Cristo".
Tornando a Gesù, sopra abbiamo visto che la famiglia Boethus era probabilmente dotata di cittadinanza romana, quindi dovremmo domandarci se anche a Gesù fosse stata trasmesso questo privilegio. Apparentemente il dettaglio della fustigazione di Gesù, riportato

---

608 Gv 9, 1-11.

unanimemente dai quattro evangelisti[609], sembrerebbe ostare a quest'ipotesi secondo cui Gesù potrebbe essere di cittadinanza romana, dal momento che, secondo le norme giuridiche vigenti all'epoca, un cittadino romano non poteva, di norma, essere sottoposto a flagellazione. Anche negli *Atti degli apostoli*, difatti, Saulo Paolo si salva da questa pena appellandosi al diritto della sua cittadinanza romana[610]. Questa obiezione, tuttavia, che si basa in ogni caso sul presupposto della piena veridicità della narrazione evangelica, a uno sguardo più attento non si rivela particolarmente problematica.

Ammettendo anche che il dettaglio della fustigazione, trasmessoci dai canonici, sia storicamente attendibile, bisogna chiedersi quali condizioni permettessero, nella antica giurisdizione di Roma, la flagellazione del condannato anche se di cittadinanza romana. Un primo caso per cui era consentita questa tipologia di pena applicata a un romano ci viene fornito nelle *Pauli sententiae* del giurista romano Giulio Paolo, in cui, relativamente alla *Lex Iulia Maiestatis*, emanata da Cesare Augusto nell'8 a.C., si legge che *"nessuna condizione sociale esonera dalla tortura"*[611], permettendo l'estensione della fustigazione anche ai cittadini romani. L'unica condizione che avrebbe consentito l'esecuzione di questa pena sarebbe stato il crimine di lesa maestà, che, in effetti, costituisce proprio il capo d'accusa per il quale venne catturato e condannato Gesù[612].

Un secondo caso, rinvenibile nel diritto romano, per il quale era consentita la fustigazione di un cittadino romano, ci viene descritto da Tito Livio[613] relativamente al crimine della *perduellio*, nel quale rientravano reati di vario genere sempre connessi all'imputazione di lesa maestà. In questo caso l'accusato, dopo essere stato ritenuto colpevole, aveva la possibilità di salvarsi tramite una *provocatio* al popolo, ovvero una sorta di riunione cittadina che aveva l'onere di salvare o condannare definitivamente l'imputato. Se ritenuto colpevole, egli sarebbe stato fustigato e appeso a un *arbox infelix*, ovverosia a un albero sterile, senza frutto. Sebbene il delitto della *perduellio* fosse considerato inusitato, obsoleto e di rara applicazione, abbiamo testimonianza di un tentativo di condanna a questo crimine anche

---

609 Mt 27, 26; Mc 15, 15; Lc 23, 16; Gv 19, 1.
610 Cfr. Atti 22, 25-28.
611 V. *Jurii Paulii receptarum sententiarum*, V, 29, 2: *"nulla dignitas a tormentis excipitur"*.
612 Cfr. Mt 27, 11-14; Mc 15, 2-5; Lc 23, 2-5 e soprattutto Gv 18, 28-38.
613 V. *Ab Urbe condita* I, 26.

nell'orazione di Cicerone intitolata *Pro Rabirio perduellionis reo*, consistente in una apologia di Gaio Rabirio, colpevole dell'omicidio del tribuno della plebe Saturnino compiuto nel 63 a.C. La sequenza della condanna appare molto simile agli eventi della narrazione neotestamentaria: *in primis* il capo d'accusa, vale a dire la lesa maestà, rientra perfettamente nel caso della *perduellio*; *in secundis* la trasposizione del processo davanti alla folla insieme con Barabba richiama alla memoria la *provocatio ad populum* come ultima occasione di salvezza per i condannati; *in tertiis* l'episodio della fustigazione, che in questo caso poteva essere estesa anche ai *cives romani*, vale a dire a coloro che usufruivano dei diritti correlati alla cittadinanza romana; infine l'essere "*appeso a un palo*"[614] ricorda la modalità d'esecuzione della *perduellio*, nella quale il condannato veniva appeso a un albero sterile.

Per quanto riguarda altri casi di cittadini romani a cui venivano applicate pene solitamente riservate agli schiavi, sappiamo che Gessio Floro fece fustigare e crocifiggere dinanzi al tribunale cittadini romani dell'ordine equestre, ma Giudei di nascita[615].

Tuttavia, tornando a Gesù, il fatto che egli fosse un figlio illegittimo dimostrerebbe che egli non potesse essere un cittadino romano riconosciuto. Nel caso invece Gesù fosse stato legittimamente riconosciuto dal padre, bisognerebbe considerare alcune variabili che potrebbero anche aprire l'ipotesi della cittadinanza romana.

Per riassumere, in questo capitolo abbiamo visto che le possibili connessioni tra Cristianesimo e cultura egizia potrebbero essere spiegate con l'origine egizia della famiglia di Gesù, dal momento che l'Egitto era il luogo d'origine e di provenienza sia di sua madre Maria che, come vedremo nel dettaglia nel secondo volume, della famiglia di suo padre Giuseppe.

---

614 Cfr. Atti 5, 30; 10, 39; 13, 29, Gal 3, 13; 1Pt 2, 24.
615 GG II, 308.

Capitolo XI
Identificazione dell'erodiano Saulo con Paolo di Tarso

Nei capitoli precedenti abbiamo identificato, grazie a un'analisi comparata tra gli scritti cristiani e le opere degli storiografi antichi, la figura di Maria, madre di Gesù, con Maria figlia di Simone Boethus. Grazie a questo sistema di comparazione sembrerebbe essere possibile rinvenire nelle opere di Flavio Giuseppe anche un altro personaggio fondamentale per nascita del Cristianesimo: Saulo/Paolo di Tarso.

> Nelle sue prime apparizioni negli *Atti degli apostoli* il nome proprio usato è Saulo (Σαούλ, Saúl, oppure Σαῦλος, Sàulos, traslitterazione dell'ebraico שאול, Sha'ùl). Nel suo epistolario, però, Paolo non si identifica mai con questo nome: il nome più ricorrente negli Atti, e l'unico usato nelle lettere, è Paolo, in greco Παῦλος, Paûlos, in quanto quasi sempre nell'Impero romano gli Ebrei adottavano un secondo nome greco-latino, molte volte scelto per semplice assonanza col nome originale[616].

Nelle *Lettera ai Romani* Saulo/Paolo di Tarso fa un'affermazione utile sue origini familiari:

> Salutate i familiari di Aristòbulo. Salutate Erodione, mio parente[617].

Da questa affermazione di Saulo/Paolo, sappiamo che egli era imparentato con gli erodiani, dal momento che definisce "Erodione" (che in greco significa "piccolo Erode") suo parente. Inoltre, sembra essere amico anche di un certo Aristobulo.
Flavio Giuseppe in *Antichità Giudaiche* ci parla invece di un personaggio che sembra essere compatibile con la biografia di Saulo/Paolo di Tarso:

> Da parte loro, *Costobaro e Saulo* raccolsero bande di malviventi; *loro stessi erano di stirpe reale* e raccolsero favori a motivo della loro *parentela con Agrippa*, ma erano sfrenati e pronti a spogliare le proprietà dei più

---

616 Tratto da Sitografia n. 35, visitato il 22/10/2015.
617 Rm 16, 10, 11.

deboli. Fu da quel momento, in particolare, che la malattia piombò sulla nostra città e ogni cosa andò scadendo di male in peggio[618].

I maggiorenti, vedendo che ormai non potevano più soffocare la ribellione e che loro sarebbero poi stati i primi a subirne le pericolose conseguenze da parte dei Romani, si preoccuparono di declinare la loro responsabilità e mandarono ambasciatori sia a Floro, capeggiati da Simone figlio di Anania, sia ad Agrippa, tra cui primeggiavano *Saulo, Antipa e Costobaro, legati al re da vincoli di parentela*[619].

Saulo e Costobaro sarebbero stati parenti dunque sia di Erode Agrippa II che di Aristobulo di Calcide. In effetti, abbiamo visto che Saulo/Paolo di Tarso, nella *Lettera ai Romani*, afferma di essere parente di un Erode e, subito prima, saluta un certo "Aristobulo". Questi dati sembrano essere compatibili con quelli che Flavio Giuseppe ci fornisce a proposito di Costobaro e Saulo. Inoltre Paolo di Tarso negli *Atti degli apostoli* dell'evangelista Luca dice di essere di Tarso, in Cilicia.

«Fratelli e padri, ascoltate la mia difesa davanti a voi». Quando sentirono che parlava loro in lingua ebraica, fecero silenzio ancora di più. Ed egli continuò: «Io sono un Giudeo, nato a *Tarso di Cilicia*»[620].

Ancora in *Atti degli apostoli* Paolo dichiara di essere un cittadino romano, come lo erano gli erodiani.

Ma Paolo disse alle guardie: «Ci hanno percosso in pubblico e senza processo, sebbene *siamo cittadini Romani*, e ci hanno gettati in prigione; e ora ci fanno uscire di nascosto? No davvero! Vengano di persona a condurci fuori!»[621].

Dal momento che Costobaro e Saulo erano erodiani di stirpe reale, è legittimo ipotizzare che anch'essi avessero la cittadinanza romana.
A questo punto è opportuno approfondire lo studio su Saulo e Costobaro, al fine di vedere se è possibile trovare altri punti di collegamento con Saulo/Paolo di Tarso. Se osserviamo la genealogia di Erode il Grande, scopriamo da Flavio Giuseppe che il re Erode il Grande avrebbe avuto a

---

618 AG XX, 214.
619 GG II, 418.
620 Atti 22, 1-3.
621 Atti 16, 37

che fare con un certo Costobaro:

> Quando Erode assunse il potere regale, *designò Costobaro governatore della Idumea e di Gaza*, gli diede (in moglie) sua sorella Salome[622].

Osserviamo le tabelle sottostanti per analizzare la dinastia di Erode il Grande.

Matrimoni di Erode

Nr.	Name	n./m.	Padre	Madre	Matrimonio	Moglie	n./matr./m.	Note
1	Erode il Grande	73 a.C. / 4 a.C.	Antipatro	Cipro	A	Doride	matr. 47	Allontanata da corte e poi richiamata
					B	Mariamne (I) [9]	54? / 37 / 29	Asmonea, nipote di Giovanni Ircano II
					C	(Nipote)	matr. 30?	
					D	(Cugina)	matr. 29?	
					E	Mariamne (II)	matr. 23	Figlia di Simone Boethus, matrimonio terminato col divorzio
					F	Maltace	matr. 27 m. 4	Samaritana
					G	Cleopatra di Gerusalemme	matr. 23	
					H	Pallade	matr. 21	
					I	Fedra	matr. 19	
					L	Elpide	matr. 17	

Figli di Erode

Nr.	Nome	n. /m.	Padre	Madre	Matrimonio	Consorte	n./matr. / m.	Note
2	Antipatro[9]	n. 45? m. 4	Erode [1]	Doride [1A]	A	(figlia di Antigono asmoneo)	matr. 14?	
					B	Mariamne [21]	matr. 5?	nipote

622 AG XV, 254.

3	Alessandro[9]	n. 36? m. 7	Erode [1]	Mariamne [1B]	A	Glafira	matr. 17	figlia di Archelao di Cappadocia
4	Aristobulo[9]	n. 35? m. 7	Erode [1]	Mariamne [1B]	A	Berenice	n. 36 matr. 17	figlia di Salome, sorella di Erode [1]
5	(figlio)	n. 33? m. Roma	Erode [1]	Mariamne [1B]				
6	Salampsio	n. 33?	Erode [1]	Mariamne [1B]	A	Fasaele	n. 44 matr. 7	cugino (figlio di Fasaele, fratello di Erode [1])
7	Cipro	n. 32?	Erode [1]	Mariamne [1B]	A	Antipatro	n. 34? matr. 7	cugino (figlio della sorella di Erode [1])
8	Erode (anche noto come Erode Boethus ed Erode Filippo I)	n. 22?	Erode [1]	Mariamne [1E]	A	Erodiade [20]		nipote
9	Archelao	n. 23?	Erode [1]	Maltace [1F]	A	Mariamne [21]		
					B	Glafira [3A]		moglie divorziata di Alessandro [3]
10	Antipa	n. 21?	Erode [1]	Maltace [1F]	A	(figlia di Areta IV)		
					B	Erodiade [20]		moglie divorziata [8A] di Erode Filippo I [8]
11	Olimpiade	n. 19?	Erode [1]	Maltace [1F]	A	Giuseppe	n. 45?	cugino (figlio di Giuseppe, fratello di Erode [1])
12	Erode Filippo II	n. 20? m. 34 d.C.	Erode [1]	Cleopatra [1G]	A	Salome [41]		nipote
13	Erode	n. 18 m. ca. 4	Erode [1]	Cleopatra [1G]	?			
14	Fasaele	n. 19? m. ca. 4	Erode [1]	Pallade [1H]	?			
15	Rossana	n. 18?	Erode [1]	Fedra [1I]	A	(figlio di Ferora)	n. 30? matr. 4	cugino (Ferora era il fratello di Erode [1]); fidanzamento

197

	voluto da Augusto

16	Salome	n. 17?	Erode [1]	Elpide [1J]	A	(figlio di Ferora)	n. 30? matr. 4	cugino (Ferora era il fratello di Erode [1]); fidanzamento voluto da Augusto

Nipoti di Erode

Nr.	Nome	n. /m.	Padre	Madre	Matrimonio	Coniuge	n. /matr. / m.	Note
17	Erode di Calcide	n. 15 m. 48 d.C.	Aristobulo [4]	Berenice [4A]	A	Mariamne [28]	n. 1?	cugina
					B	Berenice [35]		nipote
					C	(figlia di Antipatro [32])		nipote
18	Erode Agrippa I	n. 13? m. 44 d.C.	Aristobulo [4]	Berenice [4A]	A	Cipro [26]		cugina
19	Aristobulo	n. 10?	Aristobulo [4]	Berenice [4A]	A	Iotapa		figlia di Sampsicer amo II, re di Emesa
20	Erodiade	n. 8?	Aristobulo [4]	Berenice [4A]	A	Erode Filippo I [8]	n. 22?	zio, divorziato
					B	Antipa [10]	n. 21?	zio
21	Mariamne	n. 16?	Aristobulo [4]	Berenice [4A]	A	Antipatro [2]		zio (possibile fidanzame nto)
22	Antipatro	n. 15?	Fasaele [6A]	Salampsio [6]	?			
23	Erode	n. 13?	Fasaele [6A]	Salampsio [6]	?			
24	Alessandro	n. 11?	Fasaele [6A]	Salampsio [6]	?			
25	Alessandra	n. 9?	Fasaele [6A]	Salampsio [6]	A	Timio di Cipro		nessun figlio
26	Cipro	n. 7?	Fasaele [6A]	Salampsio [6]	A	Erode Agrippa I [18]	n. 13 m. 44 d.C.	Cugino

27	Cipro	n. 12?	Antipatro [7A]	Cipro [7]	A	Alesse Selcia		figlio del marito di Salome, sorella di Erode [1]
28	Mariamne	n. 1?	Giuseppe [11A]	Olimpiade [11]	A	Erode di Calcide [17]		nipote di Erode [1], bisnonno materno
29	Alessandro	n. 12?	Alessandro [3]	Glafira [3A]	A	?		nobildonn a
30	Tigrane	n. 11? m. 36 AD	Alessandro [3]	Glafira [3A]	nessun figlio			
31	Figlio	n. 13?	Antipatro [2]	figlia di Antigono [2A]	A	figlia di Ferora	n. 13?	Ferora era un fratello di Erode [1]
32	(figlia)	n. 12?	Antipatro [2]	?	A	Erode di Calcide [17]	n. 15? m. 48	Cugino

Salome, sorella di Erode il Grande, sposò Costobaro e dalla loro unione nacque Berenice, che sposò Aristobulo. Costobaro, fratello di Saulo, essendo imparentato con gli erodiani, potrebbe essere un discendente – forse un nipote – di Costobaro, marito di Salome.

Se a Costobaro, fratello di Saulo, fu dato questo nome in quanto discendente di Costobaro e Salome, allora dovremmo trovare da questa discendenza un legame di parentela che porti i due fratelli a essere imparentati anche con Agrippa II e con Aristobulo di Calcide. Seguiamo dunque la genealogia.

Salome, sorella di Erode il Grande, e Costobaro, governatore dell'Idumea, ebbero una figlia il cui nome era Berenice. Nel 18 a.C., Berenice sposò il cugino Aristobulo, figlio di Erode il Grande e della principessa asmonea Mariamne. I due ebbero cinque figli: *Agrippa I, Erode di Calcide, Aristobulo, Erodiade e Mariamne*.

Dal momento che Saulo era imparentato con Agrippa II, non poteva di certo essere il figlio di Agrippa I, altrimenti avrebbe detto di essere fratello di Agrippa II e non suo parente. Sappiamo invece che Agrippa I aveva come figli Agrippa II, Berenice di Cilicia, Drusilla e Mariamne.

Passiamo ora ad *Aristobulo*, figlio di Aristobulo e Berenice, che sposò Iotapa, figlia del re di Edessa Sampsiceramo II, da cui ebbe solo una figlia,

Iotapa, che era sordomuta; quindi va escluso anche lui come potenziale padre di Saulo. Ricordiamo che Aristobulo, figlio di Erode il Grande, fu condannato a morte da Erode nel 7 a.c. a causa di un complotto ordito contro il re. Qualche tempo dopo, Erode combinò il fidanzamento tra *Mariamne* e Antipatro, figlio del primo matrimonio di Erode il Grande con Doride e dunque fratellastro del padre di Mariamne. Antipatro, però, fu condannato a morte da Erode, sempre per tradimento, nel 4 a.C, cinque giorni prima della morte di Erode stesso, senza che avesse avuto figli con Mariamne, che poi sposò Archelao, ma anche da questo matrimonio non risultano esserci stati figli. *Erode di Calcide* sposò in prime nozze la cugina Mariamne, che gli diede un figlio di nome Aristobulo di Calcide (che, abbiamo detto sopra, potrebbe essere proprio quell'Aristobulo salutato da Paolo nella *Lettera ai Romani*), il quale divenne in seguito signore dell'Armenia minore. Poi, alla morte di Mariamne, Erode di Calcide sposò la nipote *Berenice di Cilicia*, figlia di Agrippa, da cui ebbe due figli, Bereniciano e Ircano. A questo punto, se Costobaro e Saulo fossero discendenti di Salome e Costobaro, rimarrebbe solamente Erodiade come loro possibile madre. Secondo *Antichità Giudaiche,* Erodiade avrebbe sposato Erode Filippo II[623], figlio di Erode il Grande e di Maria Boethus. Saulo e Costobaro potrebbero dunque essere figli di Erodiade e di Erode Filippo II, fratellastro di Gesù. Questo potrebbe spiegare in che modo Paolo si fosse avvicinato alla dottrina cristiana, nonostante inizialmente vi si opponesse.

Dagli *Atti degli apostoli* sappiamo che Paolo aveva una sorella con un figlio maschio; costoro erano ben conosciuti dai Romani e considerati persone importanti; inoltre sappiamo che Paolo aveva sempre dei forti dissidi con gli Ebrei, che lo volevano spesso uccidere. La sorella di Paolo potrebbe dunque essere identificata con Salome. Salome sposerà Aristobulo di Calcide, con quale avrebbe avuto tre figli: Erode, Agrippa e Aristobulo. Questo potrebbe essere il motivo per cui quando Paolo di Tarso va da Aristobulo saluta Erodione, suo parente: era probabilmente il cognato, il marito di sua sorella Salome.

> Fattosi giorno, i Giudei ordirono una congiura e fecero voto con giuramento esecratorio di non toccare né cibo né bevanda, sino a che non

---

623 Nel vol. II di *Codex Jesus* spiegheremo perché riteniamo essere "Filippo" il nome del figlio di Erode il Grande e di Maria Boethus e vedremo come egli potrebbe essere identificato con l'apostolo Filippo menzionato nei vangeli.

avessero ucciso Paolo. Erano più di quaranta quelli che fecero questa congiura. Si presentarono ai sommi sacerdoti e agli anziani e dissero: «Ci siamo obbligati con giuramento esecratorio di non assaggiare nulla sino a che non avremo ucciso Paolo. Voi dunque ora, insieme al sinedrio, fate dire al tribuno che ve lo riporti, col pretesto di esaminare più attentamente il suo caso; noi intanto ci teniamo pronti a ucciderlo prima che arrivi».
Ma il figlio della sorella di Paolo venne a sapere del complotto; si recò alla fortezza, entrò e ne informò Paolo. Questi allora chiamò uno dei centurioni e gli disse: «Conduci questo giovane dal tribuno, perché ha qualche cosa da riferirgli». Il centurione lo prese e lo condusse dal tribuno dicendo: «Il prigioniero Paolo mi ha fatto chiamare e mi ha detto di condurre da te questo giovanetto, perché ha da dirti qualche cosa». Il tribuno lo prese per mano, lo condusse in disparte e gli chiese: «Che cosa è quello che hai da riferirmi?». Rispose: «I Giudei si sono messi d'accordo per chiederti di condurre domani Paolo nel sinedrio, col pretesto di informarsi più accuratamente nei suoi riguardi. Tu però non lasciarti convincere da loro, poiché più di quaranta dei loro uomini hanno ordito un complotto, facendo voto con giuramento esecratorio di non prendere cibo né bevanda finché non l'abbiano ucciso; e ora stanno pronti, aspettando che tu dia il tuo consenso». Il tribuno congedò il giovanetto con questa raccomandazione: «Non dire a nessuno che mi hai dato queste informazioni» [624].

Da questo testo si palesa che Paolo è dentro la fortezza dei Romani e che è una persona importante e influente, tanto che il nipote viene mandato subito al cospetto del tribuno e la decisione di quest'ultimo è quella di trasferirlo a Casarea:

Fece poi chiamare due dei centurioni e disse: «Preparate duecento soldati per andare a Cesarèa insieme con settanta cavalieri e duecento lancieri, tre ore dopo il tramonto. Siano pronte anche delle cavalcature e fatevi montare Paolo, perché sia condotto sano e salvo dal governatore Felice» [625].

Duecento soldati, duecento lancieri e settanta cavalieri: Saulo/Paolo doveva essere assolutamente un personaggio legato alla famiglia reale per smuovere così tanti soldati. Difficilmente i Romani avrebbero organizzato una scorta così imponente per una persona qualunque, tanto che il tribuno è preoccupato dalla sua incolumità e vuole che sia condotto sano e salvo dal governatore Felice. Se egli fosse stato un normale ebreo, mai sarebbe riuscito a scomodare il governatore in persona. Inoltre possiamo stabilire

624 Atti 23, 12-22.
625 Atti 21, 23-24.

l'età di Paolo grazie al martirio di Stefano avvenuto intorno al 37-38 d.c., in quanto si dice che quando questo episodio avvenne Paolo era un giovane, quindi ancora sotto la soglia dei diciotto-venti anni:

> Ma Stefano, pieno di Spirito Santo, fissando gli occhi al cielo, vide la gloria di Dio e Gesù che stava alla sua destra e disse: «Ecco, io contemplo i cieli aperti e il Figlio dell'uomo che sta alla destra di Dio». Proruppero allora in grida altissime turandosi gli orecchi; poi si scagliarono tutti insieme contro di lui, lo trascinarono fuori della città e si misero a lapidarlo. *E i testimoni deposero il loro mantello ai piedi di un giovane, chiamato Saulo.* E così lapidavano Stefano mentre pregava e diceva: «Signore Gesù, accogli il mio spirito». Poi piegò le ginocchia e gridò forte: «Signore, non imputar loro questo peccato». Detto questo, morì[626].

Dal momento che nel 37-38 d.c. avvenne il martirio di Stefano, possiamo presumere che Paolo nacque intorno al 21-22 d.C.

Abbiamo visto che Berenice di Cilicia e Agrippa II erano parenti, probabilmente cugini di Costobaro e Saulo. Per quanto riguarda Paolo di Tarso, anch'egli entra in contatto privato con questi personaggi, che mostrano atteggiamenti protettivi nei suoi confronti. Difatti fu proprio Agrippa II che salvò Paolo di Tarso, dopo che egli attaccò impunemente gli Ebrei su questioni religiose.

> Erano trascorsi alcuni giorni, quando arrivarono a Cesarèa il re *Agrippa e Berenìce*, per salutare Festo. E poiché si trattennero parecchi giorni, Festo espose al re il caso di Paolo: «C'è un uomo, lasciato qui prigioniero da Felice, contro il quale, durante la mia visita a Gerusalemme, si presentarono con accuse i sommi sacerdoti e gli anziani dei Giudei per reclamarne la condanna. Risposi che i Romani non usano consegnare una persona, prima che l'accusato sia stato messo a confronto con i suoi accusatori e possa aver modo di difendersi dall'accusa. Allora essi convennero qui e io senza indugi il giorno seguente sedetti in tribunale e ordinai che vi fosse condotto quell'uomo. Gli accusatori gli si misero attorno, ma non addussero nessuna delle imputazioni criminose che io immaginavo; *avevano solo con lui alcune questioni relative la loro particolare religione e riguardanti un certo Gesù, morto, che Paolo sosteneva essere ancora in vita.* Perplesso di fronte a simili controversie, gli chiesi se voleva andare a Gerusalemme ed esser giudicato là di queste cose. Ma Paolo si appellò perché la sua causa fosse riservata al giudizio dell'imperatore, e così ordinai che fosse tenuto sotto custodia fino a quando

---

626 Atti 7, 55-60.

potrò inviarlo a Cesare». E Agrippa a Festo: «Vorrei anch'io ascoltare quell'uomo!». «Domani, rispose, lo potrai ascoltare». Il giorno dopo, Agrippa e Berenìce vennero con gran pompa ed entrarono nella sala dell'udienza, accompagnati dai tribuni e dai cittadini più in vista; per ordine di Festo fu fatto entrare anche Paolo. Allora Festo disse: «Re Agrippa e cittadini tutti qui presenti con noi, voi avete davanti agli occhi colui sul conto del quale tutto il popolo dei Giudei si è appellato a me, in Gerusalemme e qui, per chiedere a gran voce che non resti più in vita. Io però mi sono convinto che egli non ha commesso alcuna cosa meritevole di morte ed essendosi appellato all'imperatore ho deciso di farlo partire. Ma sul suo conto non ho nulla di preciso da scrivere al sovrano; per questo l'ho condotto davanti a voi e soprattutto davanti a te, o re Agrippa, per avere, dopo questa udienza, qualcosa da scrivere. Mi sembra assurdo infatti mandare un prigioniero, senza indicare le accuse che si muovono contro di lui»[627].

Se Paolo di Tarso e Saulo fossero la stessa persona, allora potrebbe essere possibile che il re e la principessa Berenice fossero andati a Cesarea non solo per salutare Festo, ma anche per liberare da una situazione complicata Saulo/Paolo, cercando di toglierlo dai guai. Se Paolo di Tarso e Saulo fossero la stessa persona, si comprenderebbe bene perché Agrippa II e Berenice si preoccupino così tanto di lui: sarebbero stati infatti parenti. Secondo *Atti degli apostoli* Paolo di Tarso fece un voto molto simile a quello ebraico del nazireato:

> In *Atti degli apostoli* 18, 18 vediamo che Paolo dice di essersi fatto tagliare i capelli, poiché aveva fatto un voto. Questo voto non era l'antico rito ebraico del "nazireato", ma un'usanza riconnessa con esso, rimodulato per entità e tempo[628].

Flavio Giuseppe in *Guerra Giudaica* II, 313 ci racconta un episodio simile a proposito della regina Berenice, cugina di Saulo:

> Era venuta a Gerusalemme per adempiere un voto a Dio, perché c'è costumanza che quei che soffrono d'una malattia o di qualche altro inconveniente fanno voto, trenta giorni prima di quello in cui offriranno sacrifici, di astenersi durante questo periodo, dal vino e di radersi le chiome.

---

627 Atti 25, 13-27.
628 Sitografia n. 37, visitato il 9/11/2015.

La cerimonia del nazireato di Berenice narrata da Flavio Giuseppe si svolse nel mese di giugno del 66 d.C. La guerra scoppiò invece subito dopo la cerimonia. I due fatti sono quindi correlati e il primo precede l'altro di pochissimo tempo. Dal confronto tra il racconto degli *Atti degli apostoli* e quello di Flavio Giuseppe, notiamo che sia Paolo sia Berenice, cugina di Saulo, fecero il voto di "nazireato".

Tornando alla narrazione delle vicende di Paolo, in seguito al suo terzo viaggio per mare che lo condusse in Grecia, di ritorno a Gerusalemme Paolo "viene preso da una folla di Giudei inferociti che tentano di ucciderlo, quando fu riferito al tribuno della coorte che tutta Gerusalemme era in rivolta"[629]:

Immediatamente egli prese con sé dei soldati e dei centurioni e si precipitò verso i rivoltosi. Alla vista del tribuno e dei soldati, cessarono di percuotere Paolo. Il tribuno si avvicinò, lo arrestò e ordinò che fosse legato con due catene; intanto s'informava chi fosse e che cosa avesse fatto[630].

Il tribuno ordinò di portarlo nella fortezza, prescrivendo di interrogarlo a colpi di flagello al fine di sapere per quale motivo gli gridavano contro in tal modo. Ma quando l'ebbero legato con le cinghie, Paolo disse al centurione che gli stava accanto: «Potete voi flagellare un cittadino Romano, non ancora giudicato?». Udito ciò, il centurione corse a riferire al tribuno: «Che cosa stai per fare? Quell'uomo è un Romano!». Allora il tribuno si recò da Paolo e gli domandò: «Dimmi, tu sei cittadino Romano?». Rispose: «Sì». Replicò il tribuno: «Io questa cittadinanza l'ho acquistata a caro prezzo». Paolo disse: «Io, invece, lo sono di nascita!». E subito si allontanarono da lui quelli che dovevano interrogarlo. Anche il tribuno ebbe paura, rendendosi conto che Paolo era cittadino Romano e che lui lo aveva messo in catene[631].

Cinque giorni dopo arrivò il sommo sacerdote Anania insieme con alcuni anziani e a un avvocato di nome Tertullo e si presentarono al governatore per accusare Paolo. Quando questi fu fatto venire, Tertullo cominciò l'accusa dicendo: «La lunga pace di cui godiamo grazie a te e le riforme che ci sono state in favore di questo popolo grazie alla tua provvidenza, le accogliamo in tutto e per tutto, eccellentissimo Felice, con profonda gratitudine. Ma per non trattenerti troppo a lungo, ti prego di darci ascolto

629 Sitografia n. 38, visitato il 22/10/2015.
630 Atti 21, 31-33.
631 Atti 22, 24-30.

brevemente nella tua benevolenza. Abbiamo scoperto che quest'uomo è una peste, fomenta continue rivolte tra tutti i Giudei che sono nel mondo ed è capo della setta dei Nazorei. Ha perfino tentato di profanare il tempio e noi l'abbiamo arrestato[632].

Allora Felice, che era assai bene informato circa la nuova dottrina, li rimandò dicendo: «Quando verrà il tribuno Lisia, esaminerò il vostro caso». E ordinò al centurione di tenere Paolo sotto custodia, concedendogli però una certa libertà e senza impedire a nessuno dei suoi amici di dargli assistenza. [...] Trascorsi due anni, Felice ebbe come successore Porcio Festo; ma Felice, volendo dimostrare benevolenza verso i Giudei, lasciò Paolo in prigione[633].

L'accusa che si rivolge a Saulo/Paolo è molto grave: fomenta rivolte ed è il capo di una setta, cosa confermata da Flavio Giuseppe in *Antichità Giudaiche* a proposito di Saulo e Costobaro:

Da parte loro, *Costobaro e Saul, raccolsero bande di malviventi; loro stessi erano di stirpe reale e raccolsero favori a motivo della loro parentela con Agrippa, ma erano sfrenati e pronti a spogliare le proprietà dei più deboli. Fu da quel momento, in particolare, che la malattia piombò sulla nostra città e ogni cosa andò scadendo di male in peggio*[634].

Quella riportata da Flavio Giuseppe sembra essere la stessa accusa che Anania rivolge a Paolo di Tarso, capo di una setta di "nazorei", definiti "malviventi" dallo storiografo ebreo. Il racconto si colloca tra la fine del mandato di Felice e il passaggio al governatore Porcio Festo, che fu in carica tra il 60 e il 62 d.C.
Come abbiamo visto, gli *Atti degli apostoli* riferiscono di un litigio tra il sommo sacerdote Anania e Paolo di Tarso, il quale definisce il sommo sacerdote "muro imbiancato". Da Flavio Giuseppe sappiamo invece che Saulo ebbe uno scontro armato con il sommo sacerdote Anania:

Il re poi depose Gesù, figlio di Damneo, dal sommo sacerdozio e designò suo successore Gesù, figlio di Gamaliel [vale a dire Gesù b. Gamala, NdA]. Perciò sorse una ostilità tra quest'ultimo e il suo predecessore. Ognuno di essi raccolse una banda di gente molto temeraria e spesso avveniva che,

---

632 Atti 24, 1-6.
633 Atti 24, 22-27.
634 AG XX, 214.

dopo lo scambio di insulti, si andasse oltre, pigliandosi a sassate. *Anania sovrastava tutti, facendo buon uso della sua ricchezza per attrarre quanti erano disposti a ricevere doni di corruzione. Da parte loro, Costobaro e Saul, raccolsero bande di malviventi*; loro stessi erano di stirpe reale e raccolsero favori a motivo della loro parentela con Agrippa, ma erano sfrenati e pronti a spogliare le proprietà dei più deboli. Fu da quel momento, in particolare, che la malattia piombò sulla nostra città e ogni cosa andò scadendo di male in peggio[635].

Sembra dunque che Saulo si fosse scagliato contro i sommi sacerdoti, i quali a loro volta erano in lotta tra loro. Anche il litigio con il sommo sacerdote Anania sembra accomunare le figure di Paolo di Tarso e del Saulo di Flavio Giuseppe.

L'ultima menzione che abbiamo di Costobaro e Saulo coincide con l'inizio delle ostilità che porterà alla prima guerra giudaica. Costobaro e Saulo erano presenti in questo contesto e furono mandati in Grecia da Nerone.

Cestio, a richiesta di Saul e dei suoi, li inviò in Grecia presso Nerone per informarlo della condizione in cui erano ridotti e per scaricare su Floro la colpa della guerra; egli infatti sperava che il furore di Nerone contro Floro avrebbe anche attenuato la pericolosità della sua situazione personale[636].

Sappiamo che anche Paolo di Tarso si recò più volte in Grecia[637], ma secondo la narrazione degli *Atti degli apostoli* il viaggio di Paolo sarebbe avvenuto alcuni anni prima rispetto all'episodio di Saulo descritto da Flavio Giuseppe.

Cestio, a richiesta di Saul e dei suoi, li inviò in Grecia presso Nerone per informarlo della condizione in cui erano ridotti e per scaricare su Floro la colpa della guerra; egli infatti sperava che il furore di Nerone contro Floro avrebbe anche attenuato la pericolosità della sua situazione personale[638].

Se Saulo e Paolo di Tarso fossero la stessa persona, allora potrebbe essere possibile che, dopo essere stato in Grecia, facesse rotta verso Roma, dove avrebbero preso parte, come vedremo nel prossimo capitolo, alla congiura dei Pisoni.

---

635 AG XX, 213-214.
636 GG II, 558.
637 Cfr. Atti 20, 1; 2TI 3, 20; etc.
638 GG II, 556-558.

Naturalmente, il lettore avrà certamente notare che l'ipotesi dell'identificazione di Saulo con Paolo contraddice alcuni dati dei viaggi paolini riportati nel Nuovo Testamento. Queste differenze tuttavia non dovrebbero troppo stupire, dal momento che, come abbiamo visto, quando epuriamo le narrazioni evangeliche dagli elementi fantasiosi, dottrinali o teologici, il quadro che ci appare è totalmente diverso da quello che ci saremmo potuti aspettare. Nel prossimo volume del libro cercheremo di approfondire molti altri aspetti della figura di Paolo.

CAPITOLO XII
LA CONGIURA DEI PISONI E L'INCENDIO DI ROMA

Nerone è una figura alquanto controversa storicamente. Un imperatore fatto passare per un folle da ricercatori, scrittori, documentari e film, colpevolizzato di aver incendiato Roma. Vediamo il suo operato politico-sociale per capire se la figura da folle che è stata plasmata su di lui sia realistica oppure no.

Non appena divenne imperatore, Nerone elargì subito 400 sesterzi ai cittadini di Roma, assicurando inoltre una pensione fino a mezzo milione di sesterzi l'anno ai membri del Senato in difficoltà economiche. Infine distribuì frumento gratuito ogni mese ai pretoriani. A livello politico, cercò di ridare dignità alla magistratura del consolato, facendo in modo che la carica durasse almeno sei mesi, nominando dai due ai quattro consoli ogni anno. Tra il 55 e il 60 d.C. Nerone assunse il consolato per ben quattro volte, mantenendolo per l'intero anno nel 57 d.C., e quando il Senato gli propose di acquisirlo a vita rifiutò. La stessa moralità non si trovava nella vecchia classe politica, tanto che Seneca nel 58 d.C. fu accusato da Suillius, console nel 50 d.C. sotto l'imperatore Claudio, che si chiese come avesse fatto ad accumulare in soli quattro anni trecento milioni di sesterzi; osservazione che gli costò un tentato processo a cui Nerone si oppose.

A livello giuridico Nerone introdusse l'*intra cubiculum principis*, cioè l'abolizione delle procedure segrete e discrezionali, cambiando la prassi che prevedeva di emettere la sentenza lo stesso giorno del processo, ponendo un limite anche alle onerose parcelle degli avvocati e dei delatori, il cui compenso fu demandato all'erario. Questi provvedimenti gli misero contro molte persone della politica e dell'aristocrazia romane, arrivando persino a far processare e condannare per mala gestione delle provincie i governatori che lo stesso imperatore aveva nominato. Un imperatore scomodo, che tra il 54 e il 61 d.C. processò dodici governatori, giungendo finanche a impedir loro di allestire i famosi spettacoli "circensi" tra gladiatori e bestie feroci, in cui spese di allestimento erano a carico dei contribuenti. Si inimicò anche la classe aristocratica, vietando ai residenti in Egitto di possedervi terre per costituirvi dei latifondi.

Ma l'affronto più grave per la classe politica e aristocratica Romana fu la riforma monetaria di Nerone, i cui prodromi li troviamo nel 57 d.c., quando tolse il controllo dell'*aerarium Saturni* (amministrazione della tesoreria) al Senato, al cui posto mise i *praefecti aerarii Saturni*, facendo sì che i prefetti fossero uomini di rango pretoriano scelti direttamente da Nerone, con la conseguenza che il Senato perse il potere di coniare moneta. La riforma monetaria avvenne tra il 63 e il 64 d.C., con relativo abbassamento del piede dell'*aureus* e a un contemporaneo aumento del rapporto del *denarius* rispetto all'*aureus*.

	Rapporto	Prima di Nerone	Rapporto	Riforma di Nerone del 63	Rapporto
aureus	1	1/40 di libbra (7,7 grammi d'oro)	1 grammo d'oro	1/45 di libbra (7,3 grammi d'oro)	1 grammo d'oro
denarius	25	1/84 di libbra (3,7 grammi d'argento)	12 grammi d'argento	1/96 di libbra (3,25 grammi d'argento)	11 grammi d'argento

Con questa riforma Nerone cercò di riavviare l'economia attraverso un aumento della moneta circolante, portando al contempo un utile nelle casse dello stato e il vantaggio delle classi medie di non usare l'*aureus* ma il *denarius*, con danno dei ricchi che avevano tesaurizzato l'*aureus*.
Ma notevoli furono anche le riforme che Nerone fece in tema di fisco. Innanzitutto l'abolizione della *portoria*, ovverosia delle tasse che si pagavano nei porti, eliminando i dazi di entrata e uscita delle merci che si scambiavano nelle varie provincie della *Res Publica Romana*, rendendo libera la loro circolazione. Ovviamente questo significava una diminuzione delle entrate tributarie da parte dell'erario, che venivano compensate da un aumento del volume delle tasse di compravendita, cui segui un moderato aumento delle tasse dirette. L'abolizione dei dazi danneggiava soprattutto i senatori, che erano *in primis* i grandi proprietari terrieri italiani, che dovevano ora fronteggiare una maggior concorrenza da parte dei produttori delle provincie. Non solo, anche i cavalieri, vale a dire gli appaltatori delle tasse, avrebbero visto scomparire una fonte principale del loro reddito, tutto a vantaggio della popolazione che vedeva diminuire il costo della vita. Fu a questo punto che il Senato, controllato in gran parte dai ricchi proprietari agrari, cercò di contrastare Nerone impedendogli di procedere con la sua riforma fiscale, cui l'imperatore reagì emanando altri provvedimenti come l'abolizione delle sopratasse inventate dagli

appaltatori, esenzione delle tasse per le navi mercantili che trasportavano il grano a Roma, rendendo pubbliche le norme fino ad allora segrete per l'esazione delle tasse, che non potevano inoltre essere richieste dopo un anno, e dando infine la precedenza ai processi contro gli appaltatori delle tasse. Queste furono probabilmente le vere cause scatenanti che portarono alla famosa congiura dei Pisoni contro Nerone.

Abbiamo visto che Costobaro/Rufo, Saulo/Paolo e Simon Pietro partiranno, intorno al 64 d.C., alla volta di Roma.

Abbiamo anche visto come Saulo e Costobaro traessero fonti di guadagno dalle guerre, tanto che organizzavano continue scorribande, stando a Flavio Giuseppe. Cercheremo ora di capire il vero motivo per cui Paolo e Simone vennero uccisi da Nerone. Come stiamo per vedere, è possibile che fu proprio Saulo/Paolo uno dei fautori della rivolta dei cristiani-Giudei a Roma.

Si verificò poi un disastro, non si sa se accidentale o per dolo del principe – gli storici infatti tramandano le due versioni – comunque il più grave e spaventoso toccato alla città a causa di un incendio. Iniziò nella parte del circo contigua ai colli Palatino e Celio, dove il fuoco, scoppiato nelle botteghe piene di merci infiammabili, subito divampò, alimentato dal vento, e avvolse il circo in tutta la sua lunghezza. Non c'erano palazzi con recinti e protezioni o templi circondati da muri o altro che facesse da ostacolo. L'incendio invase, nella sua furia, dapprima il piano, poi risalì sulle alture per scendere ancora verso il basso, superando, nella devastazione, qualsiasi soccorso, per la fulmineità del flagello e perché vi si prestavano la città e i vicoli stretti e tortuosi e l'esistenza di enormi isolati, di cui era fatta la vecchia Roma. Si aggiungano le grida di donne atterrite, i vecchi smarriti e i bambini, e chi badava a sé e chi pensava agli altri e trascinava gli invalidi o li aspettava; e chi si precipita e chi indugia, in un intralcio generale. Spesso, mentre si guardavano alle spalle, erano investiti dal fuoco sui fianchi e di fronte, o, se alcuno riusciva a scampare in luoghi vicini, li trovava anch'essi in preda alle fiamme, e anche i posti che credevano lontani risultavano immersi nella stessa rovina. Nell'impossibilità, infine, di sapere da cosa fuggire e dove muovere, si riversano per le vie e si buttano sfiniti nei campi. Alcuni, per aver perso tutti i beni, senza più nulla per campare neanche un giorno, altri, per amore dei loro cari rimasti intrappolati nel fuoco, pur potendo salvarsi, preferirono morire. *Nessuno osava lottare contro le fiamme per le ripetute minacce di molti che impedivano di spegnerle, e perché altri appiccavano apertamente il fuoco, gridando che questo era l'ordine ricevuto, sia per potere rapinare con maggiore libertà, sia che quell'ordine fosse reale*[639].

Analizziamo l'ultimo passaggio: Tacito ci dice che molte persone hanno cospirato per accendere l'incendio e che si opponevano addirittura a chi cercava di spegnere il fuoco, dicendo che stavano eseguendo un ordine. Da chi fosse partito questo ordine non viene specificato, ma chi aveva eseguito l'ordine ne approfittò addirittura per compiere rapine, proprio come avveniva in Palestina con i rivoluzionari zeloti nelle varie descrizioni di Flavio Giuseppe, modalità che rappresentava esattamente il loro *modus operandi*.

> *Nerone, allora ad Anzio, rientrò a Roma solo quando il fuoco si stava avvicinando alla residenza, che aveva edificato per congiungere il Palazzo coi giardini di Mecenate.* Non si poté peraltro impedire che fossero inghiottiti dal fuoco il Palazzo, la residenza e quanto la circondava. Per prestare soccorso al popolo, che vagava senza più una dimora, aprì il Campo di Marte, i monumenti di Agrippa e i suoi giardini, e fece sorgere baracche provvisorie, per dare ricetto a questa massa di gente bisognosa di tutto. Da Ostia e dai comuni vicini vennero beni di prima necessità e il prezzo del frumento fu abbassato fino a tre sesterzi per moggio. Provvedimenti che, per quanto intesi a conquistare il popolo, non ebbero l'effetto voluto, perché era circolata la voce che, nel momento in cui Roma era in preda alle fiamme, Nerone fosse salito sul palcoscenico del Palazzo a cantare la caduta di Troia, raffigurando in quell'antica sciagura il disastro attuale[640].

Nerone si trovava ad Anzio al momento dell'incendio che colpì anche i suoi beni, come la sua residenza e il palazzo che fece edificare per congiungerlo con i giardini di Mecenate. Se il mandante dell'incendio fosse stato l'imperatore, probabilmente avrebbe dato l'ordine di stare attenti a non incendiare anche le sue proprietà a chi avesse delegato a tale gravoso compito.

> Al sesto giorno finalmente l'incendio fu domato alle pendici dell'Esquilino, dopo aver abbattuto, su una grande estensione, tutti gli edifici, per opporre alla ininterrotta violenza devastatrice uno spazio sgombro e, per così dire, il vuoto cielo. Non era ancora cessato lo spavento né rinata una debole speranza: *di nuovo il fuoco divampò in luoghi della città più aperti; ciò*

---

639 Tacito, Annali XV, 38.
640 *ivi*, 39.

determinò un numero di vittime inferiore, ma più vasto fu il crollo di templi degli dèi e di porticati destinati allo svago. Questo secondo incendio provocò commenti ancora più aspri, perché era scoppiato nei giardini Emiliani, proprietà di Tigellino, e si aveva la sensazione che Nerone cercasse la gloria di fondare una nuova città e di darle il suo nome. Infatti dei quattordici quartieri in cui è ancora divisa Roma, ne rimanevano intatti quattro, con tre rasi al suolo e degli altri sette restavano pochi relitti di case, mezzo diroccate e semiarse. *Calcolare il numero delle case, degli isolati e dei templi andati distrutti non è facile: fra i templi di più antico culto bruciarono quello di Servio Tullio alla Luna, la grande ara e il tempietto che l'arcade Evandro aveva consacrato, in sua presenza, a Ercole, il tempio votato a Giove Statore da Romolo e la reggia di Numa e il delubro di Vesta coi penati del popolo Romano; e poi le ricchezze accumulate con tante vittorie, e capolavori dell'arte greca e i testi antichi e originali dei grandi nomi della letteratura, sicché, anche nella straordinaria bellezza della città che risorgeva, i vecchi ricordavano molti capolavori ora non più sostituibili.* Ci fu chi osservò che l'incendio era scoppiato il diciannove di luglio, lo stesso giorno in cui i Senoni presero Roma e la diedero alle fiamme. Altri giunsero a calcoli così maniacali da stabilire che tra i due incendi erano trascorsi lo stesso numero di anni, di mesi e di giorni. *Sfruttò Nerone la rovina della patria per costruirsi un palazzo, in cui destassero meraviglia non tanto le pietre preziose e l'oro, di normale impiego anche prima, in uno sfoggio generalizzato, quanto prati e laghetti e, a imitazione di una natura selvaggia, da una parte boschi, dall'altra distese apriche e vedute panoramiche,* il tutto opera di due architetti, Severo e Celere, che avevano avuto l'audacia intellettuale di creare con l'artificio ciò che la natura aveva negato, sperperando le risorse del principe. Avevano, infatti, promesso di scavare un canale navigabile dal lago Averno fino alle foci del Tevere, attraverso spiagge desolate e l'ostacolo dei monti. Non esiste, infatti, altro terreno acquitrinoso da cui derivare le acque, se non le paludi pontine: tutto il resto è scosceso e arido e, se si fosse potuto aprire un passaggio, la fatica sarebbe stata tremenda e sproporzionata. Tuttavia Nerone, nella sua smania di cose impossibili, tentò degli scavi nelle alture vicine all'Averno, e restano le tracce di questo progetto irrealizzato[641].

Nerone costruì un palazzo, ma aveva perso molto anche lui nell'incendio e come imperatore di Roma e amante delle arti difficilmente avrebbe permesso che templi, regge e capolavori dell'arte greca che tanto amava venissero distrutti a causa sua intenzionalmente. Difatti anche il secondo incendio fu doloso e chi ne fu l'autore cercò abilmente di dare la colpa all'imperatore per destabilizzarlo politicamente, tutto questo mentre

---

641 *ivi*, 40-42.

Berenice, parente di Saulo/Paolo, stava diventando l'amante di Tito, il cui padre sarebbe poco dopo arrivato a Roma e diventato imperatore. Un'ipotesi troppo fantasiosa quella di un complotto che partì da lontano con una strategia mirata da parte di Vespasiano, Tito e Berenice? Forse sì, ma potrebbe essere non troppo lontana dalla verità, dato che la storia di un Nerone che dà fuoco all'Urbe sembra essere lontana dalla realtà dei fatti.

Sulle aree della città che, dopo la costruzione della reggia, restavano libere, non si costruì, come dopo l'incendio dei Galli, senza un piano e nel disordine, bensì calcolando l'allineamento delle vie e la carreggiata ampia delle strade, ponendo limiti di altezza agli edifici, con vasti cortili e con l'aggiunta di portici, per proteggere le facciate degli isolati. *Nerone promise di costruire i portici a sue spese e di restituire ai loro proprietari le aree fabbricabili sgombre dalle macerie.* Assegnò dei premi, secondo il ceto e le disponibilità economiche di ciascuno, e fissò un limite di tempo entro cui potessero disporne, a costruzione ultimata di case o isolati. Destinò allo scarico delle macerie le paludi di Ostia e dispose che le navi, che risalivano il Tevere portando frumento, lo discendessero cariche di macerie, e volle che per gli edifici, in certe parti della loro struttura, non si ricorresse all'impiego di travi, ma alle pietre di Gabi o di Albano, perché refrattarie al fuoco; *poi, allo scopo che l'acqua, prima deviata abusivamente da privati, scorresse più abbondante e in più luoghi, a uso pubblico, vi pose dei custodi, stabilendo che ciascun proprietario tenesse in luogo accessibile il necessario per spegnere gli incendi e che ciascun edificio avesse, su tutti i lati, muri propri, senza pareti in comune.* Provvedimenti questi che, accolti con favore per la loro utilità, conferiscono anche decoro alla nuova città. Tuttavia, secondo alcuni, il vecchio assetto della città garantiva maggiori vantaggi alla salute, perché i vicoli stretti e le costruzioni alte non erano penetrate così facilmente dai raggi del sole: in tal modo, invece – dicevano – gli ampi spazi, non protetti da ombra di sorta, erano esposti a una calura più insopportabile[642].

Nerone sborsò ingentissimi denari per la ricostruzione di Roma e soprattutto per la prevenzione da futuri incendi che potessero di nuovo propagandarsi. Difficile pensare all'imperatore come artefice di tale scempio, visto che lo colpì economicamente in prima persona.

Tali furono le misure adottate dalla provvidenza degli uomini. Subito dopo si ricorse a riti espiatori rivolti agli dèi e vennero consultati i libri sibillini, su indicazioni dei quali si tennero pubbliche preghiere a Vulcano, a Cerere

---

642 Annali XV, 43.

e a Proserpina, e cerimonie propiziatorie a Giunone, affidate alle matrone, dapprima in Campidoglio, poi sulla più vicina spiaggia di mare, da dove si attinse l'acqua per aspergere il tempio e la statua della dea, mentre banchetti rituali in onore delle dee e veglie sacre furono celebrati dalle donne che avessero marito. *Ma non le risorse umane, non i contributi del principe, non le pratiche religiose di propiziazione potevano far tacere le voci sui tremendi sospetti che qualcuno avesse voluto l'incendio.* Allora, per soffocare ogni diceria, Nerone spacciò per colpevoli e condannò a pene di crudeltà particolarmente ricercata quelli che il volgo, *detestandoli per le loro infamie, chiamava cristiani.* Derivavano il loro nome da *Cristo, condannato al supplizio, sotto l'imperatore Tiberio, dal procuratore Ponzio Pilato.* Momentaneamente soffocata, *questa rovinosa superstizione proruppe di nuovo, non solo in Giudea, terra d'origine del flagello, ma anche a Roma, in cui convergono da ogni dove e trovano adepti le pratiche e le brutture più tremende.* Furono dunque dapprima arrestati quanti si professavano cristiani; poi, su loro denuncia, venne condannata una quantità enorme di altri, non tanto per l'incendio, quanto per il loro odio contro il genere umano. Quanti andavano a morire subivano anche oltraggi, come venire coperti di pelli di animali selvatici ed essere sbranati dai cani, oppure crocefissi e arsi vivi come torce, per servire, al calar della sera, da illuminazione notturna. Per tali spettacoli Nerone aveva aperto i suoi giardini e offriva giochi nel circo, mescolandosi alla plebe in veste d'auriga o mostrandosi ritto su un cocchio. Per cui, benché si trattasse di colpevoli, che avevano meritato punizioni così particolari, nasceva nei loro confronti anche la pietà, perché vittime sacrificate non al pubblico bene bensì alla crudeltà di uno solo[643].

Tacito volle riportare le vicende dei cristiani in quanto, come sottolinea nel suo passaggio, molti focolai di rivolta originarono da *"questa superstizione"*, che credeva alla risurrezione di un uomo morto.

Oggi gli studiosi sono concordi nel ritenere che il grande incendio di Roma dell'anno 64 d.C. non fu causato da Nerone, che anzi si diede molto da fare per prestare soccorso alla popolazione colpita dalla tragedia e che in seguito si occupò personalmente della ricostruzione. La falsa immagine iconografica dell'imperatore che suona la lira dal punto più alto del Palatino mentre Roma bruciava è ancora assai radicata nell'immaginario collettivo, ma in realtà Nerone aprì addirittura i suoi giardini per mettere in salvo la popolazione e si attirò l'odio dei patrizi facendo sequestrare imponenti quantitativi di derrate alimentari per sfamarla. Probabilmente, i senatori e gli oppositori politici dell'imperatore fecero cadere su Nerone i

---

643 Annali XV, 44.

tremendi sospetti che qualcuno avesse voluto l'incendio per destabilizzarlo politicamente. A questo punto Nerone cercò di individuare i colpevoli, che trovò nei cristiani che importarono dalla loro terra questa pratica di guerriglia urbana tipica degli zeloti, che incendiavano le case dei samaritani che pagavano le tasse a Roma. Una pratica del tumulto conosciuta, oltre che dagli zeloti, anche da Saulo e Costobaro, come visto da Flavio Giuseppe nei suoi racconti. Inoltre, questo carattere turbolento di Paolo viene evidenziato anche dagli *Atti degli apostoli*, i quali lo definiscono come "sempre fremente minaccia e strage contro i discepoli del Signore"[644].

> *Intanto, per accumulare denaro, fu saccheggiata da cima a fondo l'Italia e vennero spremute le province, gli alleati del popolo e le città che si dicevano libere. Furono fatti oggetto di tali ruberie anche gli dèi: Roma vide i suoi templi spogliati e confiscato l'oro,* che in ogni età il popolo Romano, in seguito a vittorie o nei momenti di pericolo, aveva loro consacrato coi trionfi e con le sue preghiere. In Asia e in Acaia, poi, si rapinavano non solo i doni, ma le statue degli dèi, da quando erano stati inviati in quelle province Acrate Secondo Carrinate: il primo era un liberto rotto a qualsiasi infamia, l'altro era esperto, solo però a parole, di filosofia greca, ma aveva l'animo impermeabile a qualsiasi virtù. *Si diceva che Seneca, per allontanare da sé il sospetto di essere coinvolto in simili sacrilegi, avesse chiesto il permesso di ritirarsi lontano, in campagna, e che, di fronte al rifiuto, fingendosi malato, come se fosse vittima di disturbi nervosi, si fosse rinchiuso in camera, senza più uscire. Secondo la versione di alcuni, gli sarebbe stato preparato, su ordine di Nerone, il veleno, per mano di un liberto di nome Cleonico,* ma Seneca l'avrebbe evitato, o dietro segnalazione del liberto o grazie alla paura che nutriva, tant'è vero che campava di cibi semplicissimi e frutti selvatici e, sotto gli stimoli della sete, di acqua corrente[645].

La ricostruzione costò moltissimo e gli atti di ruberie dell'oro e dei beni dai templi erano cosa infamante, ma necessaria per ricostruire Roma. Nerone fu costretto a tali provvedimenti per il bene del popolo, pur sapendo che avrebbe compromesso il suo prestigio. Di sicuro l'imperatore in questo incendio ebbe tutto da perdere e nulla da guadagnare, mentre chi voleva la sua fine riuscì nell'intento di metterlo in cattiva luce – e sicuramente anche alcuni potenti senatori erano coinvolti. Perché mai Seneca doveva aver

---

644 Atti 9, 1.
645 Annali XV, 45.

paura di essere sospettato dei sacrilegi che si compivano, se gli ordini erano partiti dall'imperatore? Perché mai doveva aver paura che Nerone potesse avvelenarlo, se non per il fatto che la vera paura era dovuta all'eventualità che potesse scoprire la sua implicazione e il suo coinvolgimento con gli erodiani nell'incendio? Come mai Nerone se la prese con i cristiani? Come mai tutto questo successe poco dopo lo sbarco a Roma di Simone, Costobaro e Saulo? Come mai Paolo e Simone furono uccisi dopo l'incendio da Nerone, se non per averli trovati colpevoli?

Naturalmente, esiste anche l'eventualità che sia tutta una grande coincidenza, ma riteniamo che vada investigata anche l'ipotesi della loro implicazione.

Nel 65 d.C. venne scoperta la congiura di Pisone e di altri cospiratori che vennero costretti al suicidio: i più celebri tra loro erano Lucio Anneo Seneca e Gneo Domizio Corbulone. Le motivazioni che portarono alla congiura furono, oltre che rancori personali verso Nerone, dovuti principalmente ai suoi eccessi o ai suoi atti crudeli, visioni politiche diverse riguardo alle sorti della *Res Publica Romana* (forse anche una restaurazione della repubblica), ma alla fine si accordarono per far eleggere imperatore Pisone stesso. I congiurati, almeno 41 persone, tra cui senatori, cavalieri, militari e letterati, miravano a uccidere Nerone. Nel 65 d.C. il gruppo si riunì a Baia, nella villa di Pisone, e lì stabilirono che, durante i giochi dedicati a Nerone al Circo Massimo, il console designato Plauzio Laterano si sarebbe dovuto gettare ai piedi dell'imperatore da supplice, accoltellandolo durante l'azione; gli altri complici sarebbero intervenuti in seguito, di modo che avvenisse un'esecuzione plateale, al pari dei grandi spettacoli popolari che lo stesso Nerone era solito organizzare. Morto l'Imperatore, Gaio Calpurnio Pisone sarebbe stato proclamato nuovo *princeps* dalla guardia pretoriana, grazie all'appoggio di *Rufo, che si pensa essere il vero capo della congiura*, che in quel tempo era prefetto del Pretorio insieme a Tigellino. La congiura fu scoperta e furono attuate dure repressioni, ma questa congiura partì proprio in concomitanza dell'incendio di Roma e termino esattamente nello stesso periodo della messa a morte di Paolo e Simon Pietro.

Ma che motivo averebbe avuto Paolo per rischiare così tanto da mettersi addirittura contro Nerone? Rileggiamo attentamente la *Lettera ai* Romani, 16:

Salutate Erodione, mio parente. Salutate quelli della casa di Narcìso che

216

sono nel Signore. Salutate Trifèna e Trifòsa che hanno lavorato per il Signore. Salutate la carissima Pèrside che ha lavorato per il Signore. *Salutate Rufo, questo eletto nel Signore, e la madre sua che è anche mia*[646].

Paolo di Tarso ci dà notizia che Rufo è suo fratello; ma abbiamo visto che un tal Rufo fu anche l'artefice principale della congiura contro Nerone. Anche se si trattassero di due persone diverse, comunque, i cristiani furono sempre contrari al tributare culti all'imperatore e, come vedremo nel prossimo libro, *Codex Jesus* vol. II, furono cause di continue sommosse sotto gli imperatori Tiberio, Caligola, Claudio e, appunto, Nerone.
Una congiura iniziata con l'incendio: anche Seneca aveva paura di essere avvelenato da Nerone, forse proprio a causa dei sospetti dell'incendio. Saulo e Simone furono uccisi dopo l'incendio o subito dopo questa congiura – indizio che ci porta a concludere che potessero essere implicati con le più alte personalità della *Res Publica Romana* contro Nerone.

Mentre dunque questi lasciavano cadere il discorso, fra loro o in compagnia di amici, sui delitti del principe, sulla prossima fine dell'Impero e sulla necessità di scegliere una persona che ristabilisse una situazione così compromessa, si associarono i cavalieri Romani Claudio Senecione, Cervario Proculo, Vulcacio Ararico, Giulio Augurino, Munazio Grato, Antonio Natale e Marcio Festo. Fra questi Senecione, poiché, dati i rapporti intimi col principe, continuava a mantenere una facciata di amicizia, era esposto ai rischi maggiori; Natale godeva della piena confidenza di Pisone, gli altri riponevano le loro speranze in un sovvertimento politico. Venne conquistato alla congiura, oltre a Subrio e a Sulpicio, già indicati, il valido appoggio di militari quali Gavio Silvano e Stazio Prossimo, tribuni di coorti pretorie, nonché i centurioni Massimo Scauro e Veneto Paolo. Ma l'uomo su cui sembravano maggiormente contare era il prefetto Fenio Rufo, oggetto di lodi per la sua vita irreprensibile, ma superato, nella predilezione del principe, grazie alla ferocia e alla immoralità di cui aveva dato prova, da Tigellino, che anzi lo perseguitava con accuse continue e lo aveva allarmato, facendolo passare per amante di Agrippina e smanioso, nel rimpianto di lei, di vendicarla. Quando dunque i congiurati ebbero la certezza, per le sue ripetute dichiarazioni, di averlo dalla loro parte, presero a discutere con maggiore disinvoltura del tempo e del luogo dell'attentato. Si diceva che Subrio Flavo avesse provato l'impulso di assalire Nerone mentre cantava sulla scena o mentre correva nel palazzo in preda alle fiamme, qua e là, di notte e senza scorta. In questo caso l'avrebbe eccitato la fortunata combinazione di essere solo, nell'altro proprio la folla,

---

646 Rm 16, 11-13.

straordinario testimone di un gesto così nobile, ma sempre lo trattenne la preoccupazione dell'impunità, ostacolo usuale ai generosi propositi. Intanto indugiavano, rimandando speranze e timori. A questo punto una certa Epicari, aggregata alla congiura non si sa come, perché non si era fino allora interessata di problemi di alto e nobile livello, si mise a spronare, anche con rimbrotti, i congiurati; alla fine, nauseata delle loro cautele e trovandosi in Campania, tentò di sobillare e di far aderire alla congiura gli ufficiali superiori della flotta al Miseno. Ecco come. Comandava una nave della flotta Volusio Proculo, uno dei sicari della madre di Nerone, che non aveva tratto da un delitto così grande quell'avanzamento di grado che si aspettava. Costui, o perché conosciuto in passato dalla donna, o legato da recente amicizia, le confida i suoi meriti verso Nerone, la delusione patita e, recriminando, il proposito di vendicarsi all'occasione propizia. Sperò allora Epicari di indurlo alla congiura e di affiliare molti altri: valutava il possibile e non trascurabile contributo della flotta e le buone e numerose opportunità, perché Nerone amava godersi il mare a Pozzuoli o al Miseno. Epicari allora rincarò la dose: ripercorre tutti i delitti del principe e dice del senato svuotato di potere. Ma si era provveduto - confida - a fargli pagare la rovina dello stato: doveva però dare anche lui il suo contributo e assicurare l'appoggio dei soldati più decisi, aspettandosi un meritato compenso. Non fece peraltro il nome dei congiurati. Per tale motivo la delazione di Proculo fallì, benché avesse riferito a Nerone quanto aveva saputo. Fu convocata Epicari e messa a confronto col suo accusatore, che venne da lei facilmente confutato in assenza di testimoni. Tuttavia la donna fu tenuta in carcere: sospettava Nerone non essere falso ciò che pure era impossibile dimostrare come vero. Scossi dal timore del tradimento, i congiurati decisero di stringere i tempi e di uccidere Nerone a Baia nella villa di Pisone, assai frequentata da Cesare, che si era innamorato della sua bellezza, e dove faceva bagni e banchettava senza scorte e libero dal cerimoniale dovuto al suo altissimo rango. Ma si oppose Pisone, adducendo l'odiosità del gesto, se si fossero macchiati la sacralità della mensa e gli dèi ospitali con il sangue di un principe, chiunque fosse: meglio concludere l'azione progettata per il bene dello stato a Roma, nel palazzo tanto detestato e costruito con le spoglie dei cittadini, oppure in un luogo pubblico. Così argomentava di fronte agli altri, ma lo rodeva il segreto timore che Lucio Silano, forte della sua specchiata nobiltà e reso degno, grazie al rigore dell'educazione ricevuta da Gaio Cassio, di ogni ruolo, per alto che fosse, potesse impadronirsi del potere, che gli avrebbero offerto senza riserve gli estranei alla congiura o chi avesse commiserato Nerone, se eliminato con un delitto. Molti erano convinti che Pisone avesse voluto evitare il rischio che il console Vestino, col suo temperamento deciso, ripristinasse le libertà repubblicane oppure facesse dono dello stato a un altro imperatore da lui scelto. Infatti Vestino era estraneo alla congiura, per quanto poi Nerone, approfittando di quell'accusa, abbia sfogato sopra un innocente il suo antico odio contro di lui. Stabilirono infine di dare esecuzione al piano nel giorno dei ludi circensi in onore di Cerere, perché Nerone, che se ne stava rinchiuso, salvo rare uscite, nel Palazzo o nei suoi giardini, frequentava invece gli spettacoli del circo, dove era più facile avvicinarlo nel clima festoso dello spettacolo. L'attentato era previsto secondo questa successione: Laterano, in atto di pregarlo, fingendo una richiesta di aiuto per le sue condizioni economiche, doveva buttarsi alle ginocchia del principe e, coraggioso e aitante com'era, abbatterlo, cogliendolo di sorpresa, e tenerlo fermo; poi, mentre era a terra immobilizzato, i tribuni e i centurioni e chi altri avesse avuto l'ardire, sarebbe accorso a trucidarlo. Chiese per sé un ruolo di primo piano Scevino, che aveva preso un pugnale dal tempio della dea Salute o, secondo un'altra versione, dal tempio della Fortuna nella città di Ferento: pugnale che portava sempre con sé, quasi consacrato a un grande gesto. Pisone intanto avrebbe atteso presso il tempio di Cerere, da dove il prefetto Fenio e gli altri l'avrebbero preso e portato al campo dei pretoriani, accompagnato da Antonia, figlia di Claudio Cesare, per suscitare le simpatie del popolo. Così almeno attesta Gaio Plinio. Non abbiamo voluto sottacere questa notizia, indipendentemente dalla sua fondatezza, benché sembri poco probabile che Antonia abbia messo in gioco, per una labile speranza, il suo nome e la vita, o che Pisone, di cui era noto l'amore per la moglie, si fosse impegnato per un altro matrimonio. Ma forse la brama del dominio è più forte d'ogni passione[647].

Seguirà l'uccisione di tutti i congiurati, compreso Seneca. Non ci è dato sapere se Paolo e Simon Pietro furono uccisi in questo frangente o subito dopo l'incendio, ma di sicuro ebbero una parte rilevante nella congiura che li porterà alla morte. Secondo la tradizione cristiana, Paolo morì durante la persecuzione di Nerone, decapitato (pena di morte dignitosa riservata ai cittadini Romani) presso le *Aquae Salviae*, poco a sud di Roma. Dalle lettere di Paolo, così come dagli *Atti degli apostoli*, scritti attorno all'80 d.C. (che terminano la narrazione con l'arrivo a Roma e con la prima blanda prigionia, una sorta di "custodia cautelare", in attesa di comparire "di fronte a Cesare"), si possono ricavare informazioni utili per collocare dal punto di vista cronologico la vita di Paolo, ma, ovviamente, non per chiarire le circostanze della morte dell'apostolo. La già citata *Lettera ai Corinzi* di Clemente Romano (fine I sec. d.C.) accenna a un martirio di Paolo "sotto i prefetti", ma non esplicita il nome dei prefetti, né luogo, data, motivo e modalità del martirio. Tertulliano (fine II sec. d.C.) riporta

---

647 Annali XV, 50-53.

219

che a Roma "vinse la sua corona morendo come Giovanni" (*i.e.* Battista, vale a dire decapitato). L'apocrifo *Martirio di San Paolo apostolo*, facente parte degli *Atti di Paolo* (fine II sec. d.c.), descrive dettagliatamente la morte di Paolo per esplicito volere di Nerone:

> In piedi, rivolto verso Oriente, Paolo pregò a lungo. Dopo aver protratta la preghiera intrattenendosi in ebraico con i padri, tese il collo senza proferire parola. Quando il carnefice gli spiccò la testa, sugli abiti del soldato sprizzò del latte. Il soldato e tutti i presenti, a questa vista, rimasero stupiti e glorificarono Dio che aveva concesso a Paolo tanta gloria; e al ritorno annunziarono a Cesare (Nerone) quanto era accaduto. Anch'egli ne rimase stupito e imbarazzato.

Eusebio attorno al 325 riporta che Paolo fu decapitato a Roma sotto Nerone (regno 54-68 d.c., che va verosimilmente ristretto al periodo 64-68, seguente al grande incendio di Roma e alla persecuzione anticristiana connessa) e, citando la perduta *Lettera ai Romani* di Dionigi di Corinto (fine II sec. d.c.), colloca il martirio di Pietro e Paolo nello stesso giorno, senza però specificarlo. Girolamo verso la fine del IV secolo precisa che fu decapitato a Roma e che fu sepolto lungo la via Ostiense nel XIV anno di Nerone, due anni dopo la morte di Seneca.

Dal *Chronicorum* III, 29 di Sulpicio Severo e dalla *Storia ecclesiastica* di Eusebio XI, 25, 5-7 leggiamo:

> Frattanto, crescendo ormai la moltitudine dei cristiani, avvenne che Roma bruciasse per un incendio, mentre Nerone si trovava presso Anzio [...] Nerone fu il primo di quelli che dichiararono guerra a Dio, e uccise gli stessi apostoli [...] A Roma fu decapitato Paolo e, ugualmente, sotto lo stesso imperatore fu crocifisso Pietro. Dà fede a questa storia l'iscrizione che ancora oggi si conserva sui sepolcri di Pietro e Paolo. Un tale, di nome Caio, nella sua opera contro Proclo, capo della setta dei catafrigi, sul luogo ove sono sepolti i sacri corpi di questi due apostoli dice questo: "Io posso mostrarti i trofei degli apostoli. Se infatti vorrai recarti in Vaticano o sulla via Ostiense troverai i trofei di coloro che hanno fondato questa Chiesa".

Numerose fonti cristiane attestano che gli apostoli Pietro e Paolo subirono il martirio proprio nella persecuzione che seguì l'incendio di Roma: oltre a Tacito e Sulpicio Severo, infatti, anche Tertulliano, *Scorpiace*, 15, 2-5; Lattanzio, *De mortibus persecutorum*, 2, 4-6; Orosio, *Historiarum*, 7, 7-10. Nerone stava abbracciando la dottrina gnostica di Simone il Mago e

Seneca capì che quest'influenza avrebbe potuto rappresentare un pericolo per un imperatore-dio in Terra che voleva assurgere anche al ruolo di Dio tra gli dèi. Così Paolo e Simone fecero un favore a Seneca per potersi ingraziare i politici Romani e avvalersi della loro complicità nel promuovere la nuova dottrina religiosa, rendendosi subito autori dell'omicidio di Simon Mago, di cui ci parlano gli *Atti degli apostoli*:

> Or vi era un tale, di nome Simone, che già da tempo esercitava nella città le arti magiche, e faceva stupire la gente di Samaria, spacciandosi per un qualcosa di grande. Tutti, dal più piccolo al più grande, gli davano ascolto, dicendo: Questi è la "potenza di Dio", quella che è chiamata "la Grande"[648].

L'insegnamento di Simone era di carattere esoterico-gnostico: l'uomo, che partecipa della natura di Dio, diventa "potenza di Dio" quando viene iniziato ai sacri misteri, e questo avveniva tramite arti magiche, tipiche degli ultimi sacerdoti dell'antico zoroastrismo ebraico; una conferma di questa ipotesi è rintracciabile nella *Istoria di tutte le eresie* di Giuseppe Lancisi (1737):

> (Simon Mago) aderiva in esso [cioè nel suo libro] a i Caldei circa la materia ingenita, ed eterna; impugnava, come i Sadducei, la Resurrezione della carne; negava il libero arbitrio; diceva bastare la sola Fede per conseguire la salute; seguì Zoroaste nella distinzione de i due principj, dicendo il principio vizioso esser il Dio adorato dagli Ebrei, e il buono il Dio, che fù Padre di Gesù Cristo, e creatore delle nostre anime. Al primo attribuì la generazione della carne, chiamandolo prima causa di tutti i mali [...]. Soggiungeva il vecchio testamento dettato dal Dio cattivo per inganno degli Uomini; e conforme gli Ebrei veneravano il giorno del Sabbato, in cui Iddio compì l'opera del Mondo; egli, in odio del Dio cattivo, ordinò che in quel giorno si digiunasse[649].

Questo passo non concorda con quella delle *Recognitiones* dello Pseudo-Clemente, dove Gesù viene rinnegato da Simon Mago e presentato di fronte alla gente che assiste al suo dibattito con San Pietro come un inviato del "dio cattivo", cioè del demiurgo. Negli *Atti di Pietro e Paolo* è riportata una tradizione secondo cui Nerone, venuto a contatto con Simon Mago, avrebbe accolto il suo insegnamento gnostico. Ecco come gli *Atti degli*

---

648 Atti 8, 9-10.
649 *Istoria di tutte l'eresie di Domenico Bernino,* compendiata e accresciuta da Giuseppe Lancisi, sec. I, cap. I, Venezia, 1737.

apostoli Pietro e Paolo, attribuiti dalla tradizione al senatore Marcello, ci descrivono l'incontro tra Nerone e Simon Mago:

> E così la parola giunse al Cesare Nerone il quale ordinò di condurre da lui Simone Mago. Entrato si pose davanti a lui e, essendogli complice il diavolo, cominciò a cambiare forma tanto che divenne improvvisamente un bambino, poi, dopo un poco un vecchio, e quindi un giovane. A tal vista Nerone ritenne che fosse davvero figlio di Dio[650].

Da questo passo risulta evidente che Nerone riteneva che Simon Mago fosse portatore di un insegnamento divino rivolto a pochi uomini eletti. L'aristocrazia senatoria poteva però vedere in questa simpatia di Nerone per l'insegnamento di Simon Mago un tentativo dell'imperatore di affermare il carattere divino della propria persona, che avrebbe rafforzato il suo potere. Questo portò l'aristocrazia senatoria a calunniare Nerone, accusandolo di volersi considerare un dio: infatti i senatori temevano che Nerone, abbracciando la dottrina di Simone, giungesse ad affermare che il proprio potere era strettamente legato al carattere divino della propria natura. In realtà Nerone era un imperatore moderno che si dimostrava attento ai cambiamenti culturali in atto nella società romana, in cui si stavano diffondendo culti misterici orientali soprattutto tra i militari (culto di Mitra *in primis*) e le classi sociali subalterne. Gli aristocratici vedevano in questi culti un pericolo per la loro classe sociale dominante. Simon Mago nel periodo in cui stava a Roma risiedeva nella casa del senatore Marcello, il quale, sotto la spinta dell'imperatore per le idee della Gnosi Simoniana, era entrato a far parte del gruppo gnostico che faceva capo a Simon Mago. Marcello era un importante esponente del senato e, per salvare l'imperatore dalle accuse degli aristocratici, fece bastonare Simon Mago, consegnandolo a Pietro e Paolo, che diedero l'ordine ai loro seguaci di buttarlo giù da una torre:

> E cadde dall'aria spezzandosi una gamba in tre punti. Allora gli tirarono addosso delle pietre e ciascuno se ne ritornò a casa sua; e tutti ormai credettero in Dio. Uno degli amici di *Simone, il cui nome era Gemello,* che aveva una moglie greca e dal quale Simone aveva ricevuto molto, sopraggiunse poco dopo da un viaggio e, vedendolo con una gamba spezzata, gli disse: "Simone, se la forza di Dio è spezzata, lo stesso Dio del quale tu sei la forza non sarà forse un'illusione?". E anche Gemello corse al

---

650 Atti dei beati apostoli Paolo e Pietro 34, 35.

seguito di Pietro, dicendogli: "Anch'io ti supplico di essere tra coloro che credono in Cristo". Pietro rispose: "E chi sarà contrario, fratello mio? Vieni e prendi posto tra noi". Simone, nella sua sciagura, trovò uomini che lo portarono, su di una lettiga, da Roma ad Ariccia, ove soggiornò e donde fu poi condotto a Terracina presso un certo Castore, che era stato bandito da Roma sotto accusa di magia: qui fu amputato, e qui trovò la sua fine Simone, angelo del diavolo.

La notizia della morte di Simon Mago sconvolse Nerone, che fece conservare per alcuni giorni il suo corpo per potergli rendere le dovute onoranze funebri:

> Nerone [...] ordinò di conservare con cura per tre giorni il corpo di Simone.

Dagli *Atti dei beati apostoli Pietro e Paolo* appare chiaro il motivo della condanna a morte di Pietro, riconosciuto da Nerone come esecutore materiale dell'omicidio di Simon Mago:

> Nerone gli domandò: "Chi ti ha permesso di compiere un tale misfatto?". Pietro rispose: "La sua contenzione, la sua mentalità malvagia e le sue bestemmie lo hanno condotto alla rovina". Nerone disse: "Mi siete persone sospette, perciò vi farò perire malamente". Pietro rispose: "Ciò che avviene non è quanto tu desideri, bensì è necessario che si adempia quanto ci ha promesso Cristo.

La conferma del fatto che Pietro/Simone e Paolo/Saulo siano stati condannati per omicidio ci viene dalle parole del prefetto Agrippa:

> Il prefetto Agrippa rispose: "A quanto mi pare, ritengo giusto che a Paolo sia recisa la testa come irreligioso, mentre Pietro, che è anche reo di omicidio, sia innalzato in croce". Nerone rispose: "Hai giudicato egregiamente".

Saulo e Simone, come furono sbarcati a Roma, potrebbero aver preso contatti con i senatori cospirando contro Nerone. Dopo aver ucciso Simon Mago, si resero responsabili dell'incendio di Roma e questo fu, anche secondo Tacito, il motivo per cui furono uccisi da Nerone. Nel primo libro delle *Memorie apostoliche di Abdia*, nel passo in cui si parla della reazione dell'imperatore alla notizia della morte del Maestro Gnostico, si può dedurre che non fu quella la causa dell'uccisione di Pietro, visto che

Nerone cominciò a ricercare dei motivi per ucciderlo. Evidentemente nutriva dei sospetti che non potevano essere suffragati da prove certe, che invece trovò nella congiura contro di lui iniziata con l'incendio di Roma:

> Quando venne riferito ciò a Nerone, mentre si rammaricava di essere stato ingannato e deluso, indignato perché era stato tolto un uomo utile e necessario allo Stato, cominciò a ricercare dei motivi per uccidere Pietro[651].

Dagli *Atti* apocrifi possiamo trarre la conclusione che la cosiddetta persecuzione dei cristiani realizzata da Nerone sia consistita solo nell'esecuzione di quanti parteciparono alla congiura contro di lui:

> Ma nella notte vide un uomo che lo fustigava dicendo: "Nerone, tu non puoi ora perseguitare o fare perire i servi di Cristo! Astieniti dunque dallo stendere la mano contro di essi". Spaventato da una tale visione, Nerone lasciò stare i fratelli anche nel tempo in cui Pietro aveva abbandonato la vita[652].

Seneca probabilmente conosceva Paolo/Saulo, in quanto Lucio Giunio Gallione era il fratello maggiore del filosofo. Mentre ricopriva la carica di proconsole dell'Acaia, Gallione fu chiamato a giudicare Paolo/Saulo che si trovava a Corinto durante il suo secondo viaggio "missionario".

> Mentre era proconsole dell'Acaia Gallione, i Giudei insorsero in massa contro Paolo e lo condussero al tribunale dicendo: «Costui persuade la gente a rendere un culto a Dio in modo contrario alla legge». Paolo stava per rispondere, ma Gallione disse ai Giudei: «Se si trattasse di un delitto o di un'azione malvagia, o Giudei, io vi ascolterei, come di ragione. Ma se sono questioni di parole o di nomi o della vostra legge, vedetevela voi; io non voglio essere giudice di queste faccende». E li fece cacciare dal tribunale. Allora tutti afferrarono Sòstene, capo della sinagoga, e lo percossero davanti al tribunale ma Gallione non si curava affatto di tutto ciò[653].

Seneca fu probabilmente il mandante dell'omicidio di Simone detto "il Mago", mentre Pietro e Paolo gli esecutori materiali, che poi si

---

651 *Memorie apostoliche di Abdia*, 18, tratto da Sitografia n. 39, visitato il 09/11/2015.
652 *Martirio di Pietro* 9, 2.
653 Atti 18, 12-36.

accordarono anche nella cospirazione contro Nerone, iniziata con l'incendio dei quattordici quartieri di Roma.

Scrittori e storici contemporanei o quasi contemporanei di Nerone, anche se fortemente ostili all'imperatore, come Cluvio Rufo, Flavio Giuseppe, Marziale, lo ritengono del tutto innocente dall'accusa di essere il colpevole dell'incendio e l'accusa a Nerone venne formulata, settant'anni dopo i fatti, da Svetonio e, un secolo più tardi, da Dione Cassio che riprende Svetonio. Quella che per Tacito è solo una diceria, per Svetonio diventa una certezza: "Nerone affermò che la vista delle vecchie e orribili case e delle strade strette e tortuose offendeva il suo occhio, e perciò fece incendiare la citta". Dione: «Nerone voleva realizzare il piano che aveva sempre avuto in mente: distruggere Roma e il suo Impero durante la sua vita».

Nessuno dei primi autori cristiani parla di Nerone come il colpevole dell'incendio, nonostante avessero tutto l'interesse a discolparsi da tale infamante accusa, tanto che il vescovo di Roma, Clemente, scrive ai suoi compagni di fede di Corinto parlando delle persecuzioni subite dai cristiani senza fare alcun accenno a Nerone come causa dell'incendio, questo a soli venti anni di distanza dall'evento. Ma anche alla fine del II secolo Tertulliano e agli inizi del IV Lattanzio, parlando di Nerone e delle sue persecuzioni nei confronti dei cristiani, non dicono nulla dell'imperatore come colpevole dell'incendio di Roma. Dobbiamo aspettare il V secolo con lo storico cristiano Sulpicio Severo per l'invenzione dell'implicazione di Nerone nell'incendio, nella sua Chronica dove scrive: «Egli scaricò la sua orribile colpa sui cristiani, che pur essendo innocenti dovettero subire terribili sofferenze», adducendo come scusa il fatto che voleva trovare spazio per la costruzione della Domus Aurea e ridisegnare l'urbanizzazione di Roma, incolpandolo di averla ricostruita molto più bella e secondo criteri urbanistici più razionali e funzionali di prima. Cercarono abilmente di trasformare un merito dell'imperatore in una strategia mirata a colpevolizzarlo, dimenticandosi che se Nerone voleva trovar posto per la Domus Aurea non avrebbe fatto appiccare il fuoco in una zona molto distante dall'area interessata e che non aveva alcun bisogno di ricorrere a questi mezzi estremi per realizzare i propri progetti urbanistici, visto che poteva espropriare gli immobili a fini di pubblica utilità senza trovare opposizioni vista la sua carica e senza dover incendiare il Palazzo imperiale del Palatino, che aveva da poco finito di far ristrutturare decorandolo con enormi spese. Non ebbe neanche il tempo di mettere al riparo i tesori dell'arte greca e Romana che erano custoditi nel palazzo imperiale, a cui Nerone teneva moltissimo e che andò completamente distrutta nell'incendio. Come abbiamo poi già detto in precedenza, non si sarebbe dato tanto da fare per spegnere il rogo e soccorrere le vittime[654].

Questo evento avvenne quando la congiura di Pisone era già in fase di avanzata organizzazione, e Paolo e Pietro avevano tutto l'interesse a far correre, o avvalorare, la voce che a incendiare Roma fosse stato l'imperatore. Nerone nel 64 d.c. era in rotta di collisione col Senato, l'aristocrazia e gli intellettuali. Per tale motivo si appoggiava solo sul favore del popolo, che mai si sarebbe alienato per suicidarsi politicamente. Dione Cassio mandò in giro la diceria secondo cui l'imperatore, vestito da citaredo, avrebbe cantato l'incendio "dal punto più alto del Palatino", scordandosi che lo stesso palazzo era in fiamme e che sarebbe perito anch'egli nelle fiamme. Per Svetonio l'imperatore fece la sua esibizione su una torre del palazzo di Mecenate all'Esquilino, mentre Tacito, parlando della congiura di Pisone del 65 d.c., racconta che il tribuno Subrio Flavo aveva avuto la tentazione di assassinare Nerone durante l'incendio dell'anno precedente, quando lo vide solo e senza scorta correre tra le fiamme.

Nel 64 d.C., Nerone completò le operazioni di occupazione di tutte le coste del mar Nero. Aveva esteso la cittadinanza romana alla popolazione delle Alpi Marittime e Cozie e aveva aperto nuove vie marittime verso l'Oceano Indiano. Inoltre aveva iniziato il grande canale navigabile che univa il porto commerciale di Ostia con il porto militare del lago d'Averno, grazie a maggiori disponibilità finanziarie. L'incendio di Roma fu per Nerone un'autentica tragedia, tanto che ne provocò l'inevitabile declino. Quando, al terzo giorno d'incendio, Nerone si rese conto che per il Circo Massimo, il Palatino e il Celio non c'era più nulla da fare, tolse gli uomini da quei quartieri e li concentrò davanti all'Esquilino. Per togliere alimento al fuoco, fece abbattere su una larga striscia di terreno le case, gli alberi e tutto quello che potesse alimentare l'incendio. È anche possibile che gli abitanti della città, vedendo abbattute le loro case ed essendo venuti a sapere che ciò era stato ordinato da Nerone, ignoranti della ragione delle demolizioni, siano stati strumentalizzati dai congiurati nel credere che non solo l'abbattimento delle case, ma pure l'incendio fosse stato comandato dall'imperatore. Vennero impiegati centinaia di uomini, pompieri, pretoriani, schiavi e servi dell'imperatore, che alla fine riuscirono a salvare l'Esquilino.

---

654 Tratto da Sitografia n. 40, visitato il 27/08/2017.

L'incendio sembrò finire dopo sei giorni e sei notti, ma poco tempo dopo il fuoco riprese in altri punti della città, divampando per altri tre giorni finché si spense, facendo rimanere intatti solamente quattro quartieri: Esquilino, Porta Capena, Alta Semita e Trastevere. I quartieri del Circo Massimo, del Palatino e quello chiamato "Isis e Serapis", furono completamente distrutti, mentre in altri sette i danni furono abbastanza contenuti. L'esito finale fu di quattromila abitazioni popolari in legno e centotrentadue *domus* completamente distrutte.
Tacito racconta:

> "Per confortare il popolo vagante qua e là senza dimora, aprì il Campo Marzio, i monumenti di Agrippa e i suoi giardini, dove fece innalzare delle costruzioni improvvisate per offrire un rifugio alla moltitudine in miseria. Da Ostia e dai vicini municipi fece venire oggetti di prima necessità, fece ridurre il prezzo del grano a tre nummi per moggio"[655].

Tra le altre cose Nerone adibì a ricovero dei senzatetto il *Pantheon*, le terme, il portico di Vipsania e i Saepta Julia; fece rimuovere i cadaveri e ordinò ai soldati di piantonare le zone disastrate per impedire opere di sciacallaggio. Tacito dice che Nerone, per tagliar corto alle voci che lo davano come incendiario, si inventò i colpevoli individuandoli nei cristiani ma, poco dopo, scrive che i primi di costoro che furono coinvolti nell'inchiesta non solo confessarono, ma confessarono ancora prima di essere arrestati e condannati insieme a Pietro e Paolo. Tacito era un senatore e, in quanto tale, avverso alla politica imperiale neroniana. Non stupisce dunque che egli affermi che Nerone abbia inventato dei colpevoli, dal momento che avrebbe avuto tutto l'interesse a screditare la figura dell'imperatore. Erano, quelle capeggiate da Saulo e da Simone, frange estremiste che Nerone non perseguitò in quanto cristiani, ma perché ritenuti responsabili dell'incendio dopo gli accertamenti processuali.
Certo non aiutarono le voci delle nefandezze che succedevano a Gerusalemme sotto i vari procuratori Romani e le migliaia di morti e di martiri che si sacrificarono per la sorte di Gerusalemme. Per questo furono colpite le proprietà di Nerone e di Tigellino, simboli della nuova Sodoma. Nel racconto di Tacito vi erano uomini che nei giorni e nelle notti dell'incendio si aggiravano tra le fiamme, alimentandole con torce e minacciando i soccorritori.

---

655 Annali XV, 39.

I primi storici cristiani, come Tertulliano e Lattanzio, cercarono abilmente di non far collegare l'incendio di Roma con la persecuzione di Nerone, ma nemmeno loro erano certi della totale estraneità dei cristiani che si comportarono in modo equivoco. Scrive, per esempio, Ernest Renan: "Respingiamo decisamente l'ipotesi che i pii discepoli di Gesù fossero colpevoli, in qualsiasi maniera, del delitto del quale erano accusati: diciamo solo che molti indizi poterono indisporre l'opinione pubblica. I cristiani non avevano acceso quell'incendio, ma sicuramente se ne rallegrarono. Essi desideravano la fine della società e la preconizzavano"[656].

Altra prova della partecipazione di Saulo e la congiura dei Pisoni potrebbe essere il carteggio apocrifo tra Seneca e Paolo, dove la XI lettera appare totalmente estranea dal contesto delle precedenti e successive, interpolata da un falsario:

Seneca a Paolo, salute! Salve, mio carissimo Paolo. Pensi che non mi rattristi e che non sia funesto il fatto che voi innocenti siate ripetutamente puniti? E ancora, che tutti vi giudichino così incalliti e portati al delitto da considerarvi responsabili di quel che di male accade in città? Ma sopportiamo serenamente e avvaliamoci delle opportunità offerte dalla sorte, finché la beatitudine eterna non ponga fine ai nostri mali. Anche il passato ha dovuto subire il Macedone, figlio di Filippo, Ciro, Dario e Dionisio, e la nostra età Caligola, ai quali fu lecito qualunque cosa loro piacque. È chiaro da dove Roma subisca spesso un incendio. Ma se la gente comune potesse dire quale sia la causa e fosse permesso parlare senza rischi in questi tempi oscuri, allora tutti vedrebbero tutto. Cristiani ed Ebrei, purtroppo, sono continuamente mandati al supplizio come organizzatori dell'incendio. Questo brigante, chiunque egli sia, che gode della carneficina e che si rifugia nella menzogna, è destinato al suo tempo, e come il migliore tra gli uomini si sacrifica per molti, così anche costui è destinato a bruciare nel fuoco per tutti. Per sei giorni bruciarono centotrentadue palazzi e quattromila condomìni; il settimo giorno il fuoco cessò. Ti auguro, fratello, di star bene. Il 28 marzo [dell'anno 64], sotto il consolato di Frugi e Basso.

Questa lettera è datata all'anno 64 d.C., subito dopo che avvenne l'incendio di Roma, e interrompe il filo logico della corrispondenza dove la risposta di Seneca, datata al 29 marzo del 59 d.C., alla precedente lettera di Paolo è infatti rappresentata dalla lettera XII e dovrebbe pertanto essere l'ultima

---

656 Renan E., *San Paolo*, p. 365.

del carteggio:

> Seneca a Paolo, salute! Salve, mio Paolo carissimo. Se un uomo così grande e prediletto da Dio sotto ogni aspetto sarà, non dico congiunto, ma tutt'uno con me e con il mio nome, questa sarà la cosa migliore per il tuo Seneca. Essendo tu vertice e vetta d'ogni più alto monte, non vuoi che mi rallegri se sono così vicino a te tanto da esser considerato un altro te stesso? Non ritenere dunque di non esser degno di figurare nel prescritto delle lettere, ché altrimenti sembrerebbe che tu voglia mettermi alla prova più che lodarmi, sapendo bene di essere un cittadino Romano. Infatti, il mio posto è anche il tuo, e vorrei che il tuo prestigio fosse anche il mio. Sta' bene, mio carissimo Paolo. Il *23 marzo* [dell'anno 59, NdA], sotto il consolato di Aproniano e Capitone.

Perché mai è stato inserito un falso nel carteggio tra Seneca e Paolo con la lettera XI? Non è possibile escludere che con questa lettera si volesse allontanare il sospetto della colpevolezza di Paolo/Saulo come autore dell'incendio, segno che, a tre secoli di distanza, taluni potevano avere ancora una memoria dell'implicazione di Paolo e Pietro nell'incendio. Questo falso serviva forse a discolparli agli occhi di un Cristianesimo che stava facendo opera di proselitismo in tutto il Mediterraneo e nello specifico nella *Res Publica Romana*, che stava adottando la nuova religione a supporto del suo potere. Che la comunità cristiana, o una parte di essa, avesse gioito per l'incendio, considerandolo il giusto castigo per la Roma/Sodoma, lo documentano alcune iscrizioni pompeiane coeve alla catastrofe[657].

> Ebbero anche la sfrontatezza di rendere pubblica, con inni, canti e grida di trionfo la loro soddisfazione, convincere Tigellino a sguinzagliare i suoi agenti nell'ambiente cristiano, dove vennero fuori le prime confessioni e i processi che si svolsero secondo le normali procedure, sulla base della *lex Cornelia de sicariis* e della *lex Julia de vi publica*, specifiche per i reati di incendio, che durarono oltre due mesi, con accusati condannati a morte e altri assolti o condannati a pene minori. In tutto furono giustiziate dalle duecento alle trecento persone su una comunità ebraica che a Roma era di circa tremila unità. Le pene inflitte furono atroci, con condannati arsi vivi dopo che i loro vestiti erano stati impregnati di materiali infiammabili, altri crocifissi, altri ancora dati in pasto ai cani. La pena del rogo, con

---

657 Cfr. L. Herrmann, *Quels Chretiens ont Incendie Rome*, in «Revue Beige de Philologie et Histoire», 27, 1949, p. 16.

l'utilizzazione della cosiddetta tunica molesta, (Seneca, Lettere a Lucilio, 14; Giovenale, Satire, VIII, vv. 231 e sgg.) era legge prevista per i responsabili di incendio doloso, (A. Ronconi, op. cit., p. 624; B.H. Warmington, op. cit., p. 169.) a essa si era aggiunta inoltre quella dell'esposizione alle bestie. La crocefissione era invece il supplizio destinato ai non cittadini e agli schiavi.

Le condanne dell'imperatore non furono la loro fede religiosa, ma per un reato di diritto comune, tanto che fuori Roma e nelle province i "cristiani" non furono toccati. Tertulliano dice quindi il falso quando afferma che sia esistito un Institutum Neronianum, ovvero una legge che avrebbe stabilito lapidariamente che «non licet esse vos», è proibito essere cristiani, e di questo Institutum Neronianum non si trovano documentazioni da nessuna parte. Nel 112 d.C., quando Plinio il Giovane, allora governatore della Bitinia, chiese all'imperatore Traiano istruzioni sulla condotta da tenere e sulla procedura da applicare nei confronti dei cristiani, l'imperatore gli risponde che in materia non ci sono che casi particolari e che nessuna regola generale può essere formulata, rendendo così palese che non esisteva ancora nessuna legge e nessun precedente che affermasse che la fede cristiana era in sé un delitto[658].

I cristiani citati da Tacito erano probabilmente divenuti ormai una comunità slegata da Gesù, dato che i capi del movimento divennero a tutti gli effetti Saulo e Simon Pietro.

Riepilogando l'intera vicenda, possiamo dire che nel secondo anno di procuratorato di Gessio Floro, ossia nel 63 d.C., Saulo, come raccontatoci da Flavio Giuseppe, andò in Grecia da Nerone, e da lì a Roma, con l'intento di spiegargli che le rivolte continue che si stavano innescando a Gerusalemme erano dovute alle continue angherie di Gessio Floro. Ma, una volta giunto a Roma, Seneca contattò Saulo e Simone, chiedendogli di uccidere Simon Mago. Infine, venuti a conoscenza della cospirazione di (suo fratello?) Rufo e dei Pisoni contro Nerone, si allearono con i potenti senatori nella congiura contro l'imperatore, appiccando il fuoco a Roma insieme ai loro seguaci. Evidentemente Paolo si aspettava di avere vantaggi dalla congiura e la sua politica era peraltro in accordo con la visione anti-imperiale del Cristianesimo primitivo.

Naturalmente, l'ipotesi proposta in questo capitolo è sicuramente aspra, forte e colma di implicazioni; riteniamo tuttavia che la possibilità che i cristiani di Paolo – ma non quelli di Giacomo! – fossero davvero coinvolti nella congiura contro Nerone e nell'incendio sia perlomeno da prendere in

---

658 Tratto da Sitografia n. 40, visitato il 26/07/2017.

considerazione.

Lascio il capitolo conclusivo ad Alessio De Angelis, che si occuperà di approfondire l'analisi su Flavio Giuseppe, figura il cui studio è imprescindibile per la comprensione del cristianesimo primitivo.

CAPITOLO XIII
FLAVIO GIUSEPPE E LA NASCITA DEL CRISTIANESIMO

Lo studio del cristianesimo primitivo può difficilmente essere avulso dalla figura di Flavio Giuseppe, dal momento che la maggior parte delle informazioni in nostro possesso sul giudaismo dell'epoca sono filtrate dal suo personale punto di vista. Prima di analizzare i presunti brani dove egli parlerebbe di Gesù come "il Cristo" e del movimento dei cristiani, occorrerà approfondire la sua biografia, così da avere una maggiore comprensione del suo pensiero e del contesto dal quale proveniva.

1. Flavio Giuseppe: contesto e biografia

Lo studioso che si accinga a ricostruire la linea genealogica di Flavio Giuseppe non potrebbe far a meno di notare i numerosi errori, anomalie e incongruenze presenti nelle opere dello storiografo ebreo. In questo capitolo ci proponiamo di analizzare queste aporie al fine di tentare una accurata ricostruzione dell'albero genealogico di Flavio Giuseppe e, se possibile, di comprendere le cause delle numerose imprecisioni.

La discendenza di Flavio Giuseppe viene accuratamente descritta in *Autobiografia*, dove lo storiografo risponde all'esigenza di difendersi dalle accuse rivoltegli da Giusto di Tiberiade:

> La mia famiglia non è oscura, anzi, è di discendenza sacerdotale: come presso ciascun popolo esiste un diverso fondamento della nobiltà, così da noi l'eccellenza della stirpe trova conferma nell'appartenenza all'ordine sacerdotale. Per quanto mi riguarda, la mia famiglia non discende solamente da sacerdoti, ma dalla prima delle ventiquattro classi sacerdotali, il che è già di per sé un segno di distinzione, e, all'interno di questa, dalla più illustre delle tribù.

La prima delle ventiquattro classi sacerdotali, cui si riferisce Flavio Giuseppe e da cui discendono i suoi avi, è la classe di Jehoiarib[659], istituita

---

659 Cfr. AG XII, 266.

a suo tempo da re Davide[660].

> Inoltre, per *parte di madre sono imparentato con la famiglia reale*, giacché i discendenti di Asmoneo, del quale lei è nipote, detennero per lungo tempo il sommo sacerdozio e il regno del nostro popolo.

L'"Asmoneo" qui menzionato è Mattatia figlio di Giovanni, pronipote di Asmoneo, dal momento che in *Autobiografia* 1, 3 Flavio Giuseppe specifica che Gionata, "primo tra gli Asmonei a rivestire la carica di sommo sacerdote", è fratello di Simone e figlio di Asmoneo; mentre da *Antichità Giudaiche* sappiamo che il padre dei sommi sacerdoti Gionata e Simone è Mattia[661]. Anche in *Guerra Giudaica* Flavio Giuseppe si riferisce a Mattia chiamandolo "Asmoneo"[662]. Poiché la madre di Flavio Giuseppe è "discendente" (ἔγγονος, *éngonos*) di Mattia "Asmoneo" e imparentata con la famiglia reale[663], ella dovrebbe provenire dalla famiglia del sommo sacerdote Simone soprannominato "Thati", figlio di Mattia.

> Questa è la mia genealogia, e la esporrò. Nostro bisavolo fu Simone, al tempo di colui che per primo tra i sommi sacerdoti ebbe nome Ircano. Simone il Balbuziente ebbe nove figli, dei quali uno, Mattia, chiamato "figlio d'Efeo", prese in moglie una figlia del sommo sacerdote Gionata, il primo tra gli Asmonei a rivestire il sommo sacerdozio e fratello del sommo sacerdote Simone. Durante il primo anno del regno di Ircano a Mattia nacque un figlio, Mattia detto "il Gobbo". Da costui, nel nono anno del regno di Alessandra, nacque Giuseppe, e da Giuseppe nacque Mattia, nel decimo anno del regno di Archelao; infine, da Mattia nacqui io anno dell'impero di Gaio Cesare[664] [...].

Dopo aver accennato alla discendenza materna, Flavio Giuseppe comincia ora a ricostruire la linea genealogica paterna, che inizia da Simone ὁ Ψελλὸς ἐπικαλούμενος, *hò Psellòs epikaloùmenos*, "quello soprannominato Balbuziente"[665]. I soprannomi di origine greca indicavano

---

660 Cfr. 1Cr. 24, 7.
661 AG XII, 266.
662 GG I, 19; mentre in I, 36 si riferisce più esplicitamente a Mattia chiamandolo "figlio di Asmoneo", nel senso più ampio di "discendente"; Asmoneo era infatti il bisnonno di Mattia.
663 Cfr. anche AG XVI, 187.
664 AUT 1, 3-5.
665 Etimologicamente, Ψελλὸς riproduce onomatopeicamente il suono della

spesso l'appartenenza a un ordine sacerdotale[666], il quale venne coinvolto dalla tendenza ellenizzante dell'epoca. È dunque possibile che Simone fosse un sacerdote di Gerusalemme[667], sebbene il suo soprannome lasci intendere che non potesse officiare le cerimonie a causa del suo difetto di pronuncia. D'altra parte, se non lo fosse stato, risulterebbe difficile pensare che il sommo sacerdote Gionata abbia accettato di concedere sua figlia a una famiglia non illustre. Inoltre anche il nipote di Simone il Balbuziente – anch'egli sacerdote[668] – è denotato, come stiamo per vedere, da un difetto fisico, quello di una deformazione al torace, in un contesto culturale dove, peraltro, i concetti di virtù morali e di bellezza fisica erano legati indissolubilmente[669]. Se tuttavia i soprannomi dei suoi avi avessero costituito motivo d'imbarazzo per Flavio Giuseppe, è lecito pensare che li avrebbe omessi, limitandosi al mero patronimico. È dunque possibile che si trattasse di epiteti ironici – soprattutto se riferiti a sacerdoti – e che Flavio Giuseppe e i suoi lettori ebraici – tra i quali vi era Giusto di Tiberiade, con cui era in polemica – fossero consapevoli di ciò.

Secondo Flavio Giuseppe, Simone il Balbuziente visse al tempo di Giovanni Ircano I, re di Giudea e sommo sacerdote dal 134 al 104 a.C. Uno dei suoi nove figli, Mattia, era soprannominato ὁ Ἠφαίου, *ho Ephaìou*, oppure ὁ Ἠφλίου[670], *ho Ephlìou*, epiteto di origine incerta, che

---

balbuzie.

666 Cfr. Simone "soprannominato *Díkaios*" (AG XII, 43); Gesù, fratello di Onia III, che cambiò nome in Giasone (XII, 239); Onia, fratello minore di Gesù e Onia III, che "fu chiamato Menelao" (*ibid.*); Onia "che ha nome *Díkaios*" (AG XIV, 22); Alcimo (AG XII, 385); Aristobulo I (AG XIII, 301); Janneo, "conosciuto pure come Alessandro" (AG XIII, 320); Simone Boetho (AG, XVII, 339), Teofilo (AG XVII, 78) etc.

667 M. Fergus, S. Emil & V. Geza, *The History of the Jewish People in the Age of Jesus Christ* (175 B.C. - A.D. 135), Continuum International Publishing Group, 1973, p. 45.

668 *ibid.*

669 In effetti notiamo che anche Flavio Giuseppe aderisce all'ideale della *kalokagathia*; cfr. καλοί τε καὶ ἀγαθοὶ (AG X, 188); καλὸς καὶ ἀγαθὸς (AG XIV, 451); καλὸς καὶ ἀγαθός (AG XX, 64); καλοὺς κἀγαθοὺς ἄνδρας (AUT 29); d'altra parte abbiamo anche οὔτε καλοῦ οὔτε δικαίου (AG XIII, 431). Sebbene venga utilizzata come espressione formulare, riteniamo che difficilmente Flavio Giuseppe si fosse discostato dalla mentalità ellenica allora imperante.

670 M. Fergus, S. Emil & V. Geza, *The History of the Jewish People in the Age of Jesus Christ* (175 B.C. - A.D. 135), Continuum International Publishing Group, 1973, p. 45.

potrebbe significare "figlio del Bello"[671], nel caso derivasse dall'ebraico, o "figlio d'Efeso"[672], nel caso derivasse dal greco[673]. A prescindere da quale sia il corretto significato del suo soprannome, Mattia "figlio d'Efeo" sposò la figlia di Gionata, definito "il primo tra gli Asmonei a rivestire il sommo sacerdozio e fratello del sommo sacerdote Simone". Più precisamente, il testo riferisce che Gionata è il "primo tra i figli di Asmoneo"[674]; notiamo quindi che l'identificazione di Asmoneo con Mattia, pronipote di Asmoneo,[675] e dei sommi sacerdoti Gionata e Simone con i figli di Mattia è resa esplicita da Flavio Giuseppe. Dal momento che sposò la figlia di un sommo sacerdote e per via del soprannome che portava[676], sembrerebbe che anche Mattia D'Efeo fosse un sacerdote di Gerusalemme[677]. Il testo ci informa che il figlio di Mattia d'Efeo e della figlia di Gionata nacque "il primo anno del regno di Ircano", quindi nel 134 d.C.[678] Questo passo potrebbe all'apparenza sembrare problematico – e forse lo è davvero. Infatti secondo Flavio Giuseppe Simone il Balbuziente visse al tempo di Ircano I (134-104 a.C.), mentre suo nipote sarebbe nato nel 134 d.C., il

---

671 S. Mason, *Flavius Josephus, Translation and Commentary. Life of Josephus: 9*, Brill Academic Pub, Leida 2001, p.8.

672 *ivi*, p. 7-8.

673 A sostegno di questa ipotesi, potremmo considerare che anche i soprannomi di Simone il Balbuziente, padre di Mattia, e di Mattia il Gobbo, figlio di Mattia, siano d'origine greca. Dunque è lecito pensare che anche il soprannome di "Mattia d'Efeo" fosse d'origine greca. D'altra parte, il padre di Mattia d'Efeo possedeva già un soprannome di origine greca, "il Balbuziente", appunto, pertanto non possiamo escludere che avesse anche un soprannome ebraico. In realtà, non abbiamo elementi per affermare che fosse concesso aver un solo soprannome greco. Lo stesso Gesù, abbiamo visto, venne definito *Christós* (*Chrēstós*?), *Díkaios* e, forse, *Boēthós*, il primo caratteristico e personale, il secondo e il terzo di origine familiare.

674 Ἰωνάθου ἀρχιερέως τοῦ πρώτου ἐκ τῶν Ἀσαμωναίου παίδων γένους ἀρχιερατεύσαντος τοῦ ἀδελφοῦ Σίμωνος τἀρχιερέως (AUT 1.3).

675 A tal proposito cfr. *supra*.

676 Cfr. S. Mason, *op. cit.*, pp. 7-8.

677 Cfr. M. Fergus, S. Emil & V. Geza, *op. cit.*, p. 45.

678 Che non si tratti del primo anno di sommo sacerdozio di Ircano II, cioè il 76 a.C., è confermato dal fatto che Giuseppe, figlio di Mattia il Gobbo, nacque il nono anno del regno di Alessandra, nel 67 a.C (cfr. AUT 1, 5). Tale interpretazione è quindi da rigettare perché ne conseguirebbe che Mattia il Gobbo avrebbe generato suo figlio all'età di 9 anni. Per lo stesso ovvio motivo, non si potrebbe prendere in considerazione il suo primo anno di regno, nel 67 a.C.

primo anno del regno di Ircano I. Ne consegue che in realtà Simone il Balbuziente sarebbe stato già maturo – in quanto nonno – già all'inizio del regno di Ircano, sarebbe stato dunque più appropriato, da parte di Flavio Giuseppe, affermare che Simone visse al tempo del predecessore di Ircano, Simone detto Thati, che regnò tra il 142 e il 134 a.c. Non si tratta tuttavia di un imprecisione eccessivamente problematica, poiché è possibile che Simone fosse diventato nonno molto presto e che Flavio Giuseppe intendesse che lui, suo figlio e suo nipote fossero tutti vivi nel 134 a.c.

Il figlio di Mattia d'Efeo si chiamava Ματθίας ὁ Κυρτὸς ἐπικληθείς, *Matthìas hò Kyrtòs epikletheìs*, "Mattia soprannominato il Gobbo"[679], epiteto, come già detto, verosimilmente ironico in quanto riferito a uno stimato sacerdote[680] di Gerusalemme, figlio di un sacerdote e nipote del primo sommo sacerdote Asmoneo.

Mattia il Gobbo generò Giuseppe, nonno di Flavio Giuseppe, nel nono anno del regno di Alessandria[681], e cioè nel 67 a.C. Poiché Mattia il Gobbo nacque nel 134 a.c., egli avrebbe dovuto generare suo figlio all'età di 67 anni. A sua volta Giuseppe ebbe Mattia, padre di Flavio Giuseppe, nel decimo anno del regno di Archelao[682], che corrisponde al 6 d.C. Anche Giuseppe avrebbe dunque generato Mattia in tarda età, a 73 anni.

Riguardo Giuseppe, nonno di Flavio Giuseppe, non abbiamo altre informazioni, ma dal momento che lo stesso Flavio Giuseppe fu sacerdote di Gerusalemme[683], possiamo dedurre che anche Giuseppe e suo figlio Mattia lo fossero, in qualità di appartenenti alla classe sacerdotale di Jehoiarib[684].

Per quanto riguarda Mattia, generò Flavio Giuseppe "il primo anno dell'impero di Gaio Cesare"[685], dunque tra il settembre del 37 e il marzo del 38 d.C., quando egli aveva 31-32 anni, mentre è ignota la data di nascita dell'altro suo figlio, Mattia, di cui Flavio Giuseppe dice che è suo fratello

---

679 *Kyrtòs* significa appunto "che ha la schiena curva", "gobbo", vocabolo imparentato col latino *curvus*.

680 Cfr. M. Fergus, S. Emil & V. Geza, *op. cit.*, pp. 45-46.

681 AUT 1, 5; si riferisce naturalmente ad Alessandra Salome, regina dal 76 al 67 a.C.

682 *ibid.*

683 AG XVII, 164.

684 Anche da AG XVI, 187 si evince che la famiglia di Flavio Giuseppe venne investita dal sommo sacerdozio.

685 AUT 1, 5

"sia per parte di padre che di madre"[686]. Poco altro sappiamo riguardo il padre di Flavio Giuseppe. Sembrerebbe che egli fosse ancora vivo durante la prima guerra giudaica[687], nel corso della quale venne imprigionato[688] insieme a sua moglie e alla moglie di Flavio Giuseppe[689] e, verosimilmente, insieme al figlio Mattia, fratello dello storiografo. Durante l'assedio di Gerusalemme, Flavio Giuseppe riuscì a ritrovare suo fratello e a liberarlo, ma lo stesso non afferma di suo padre, sua madre e sua moglie[690]. È quindi lecito supporre che i genitori di Flavio Giuseppe e la sua prima moglie[691] siano morti durante l'assedio di Gerusalemme del 70 d.C.

Da *Autobiografia* 1, 5-7 abbiamo anche notizia di tre figli di Flavio Giuseppe sopravvissuti fino all'epoca della redazione dell'opera:

> Io ho tre figli: Ircano, il più grande, nato nel quarto anno del regno dell'imperatore Vespasiano, poi Giusto, nato nel settimo, e Agrippa nel nono. Questa è dunque la genealogia della nostra famiglia: la riproduco come l'ho trovata registrata negli archivi pubblici, con buona pace di coloro che tentano di screditarci[692].

> In quel periodo, dispiaciuto del comportamento di mia moglie, la ripudiai; era la madre di tre miei figli, dei quali sopravvive solo quello che ho chiamato Ircano, mentre gli altri due sono morti. In seguito sposai una donna originaria di Creta, ma di nazionalità giudaica, figlia di una delle famiglie più illustri e autorevoli del luogo; una donna superiore per carattere a molte sue simili, come tutto il suo comportamento successivo dimostrò. Da lei ho avuto due figli: Giusto, il più anziano, e dopo di lui Simone, chiamato anche Agrippa[693].

Secondo la norma relativa alla trasmissione dei *tria nomina* vigente

---

686 AUT 2, 8
687 AUT 41, 204.
688 GG V, 533.
689 GG V, 544, ma cfr. anche V, 419, dove viene menzionata anche la prima moglie di Flavio Giuseppe, che abbandonò dopo essere caduto prigioniero dei Romani.
690 AUT 45, 419.
691 Per quanto riguarda la moglie, è anche possibile che sia stata abbandonata da Flavio Giuseppe, dal momento che durante la prigionia Tito Flavio Vespasiano gli concesse di sposare una prigioniera nativa di Cesarea (AUT 75, 414).
692 AUT 1, 5-6.
693 AUT 76, 426-427.

all'epoca, il primo figlio si sarebbe dovuto chiamare Tito Flavio Giuseppe, come suo padre. L'unico figlio sopravvissuto tra quelli avuti dalla terza[694] moglie si chiamava invece Tito Flavio Ircano e non era, di conseguenza, il primogenito. Il *cognomen* Ircano si spiega con la discendenza di Giuseppe da parte di re Ircano I e/o II tramite la linea materna. Il nome del primo[695] figlio avuto dalla sua terza moglie, originaria di Creta, è Tito Flavio Giusto (in greco Ἰοῦστος, *Ioûstos*, un *cognomen* molto diffuso nella tradizione romana). Quanto al *cognomen Iustus*, esso si può spiegare con l'amicizia, all'epoca ancora salda[696], con Giusto di Tiberiade[697]; ma è anche possibile che sia stato dato in onore di *Iustus*, fedele guardia del corpo di Flavio Giuseppe e, precedentemente, di re Agrippa[698]. *Titus Flavius Simonides Agrippa*, fratello di *Titus Flavius Iustus*, è invece il più giovane dei figli avuti da Flavio Giuseppe. Da quanto emerge dall'analisi delle iscrizioni romane[699], il *cognomen* "*Simonides*" non risulta attestato tra gli Ebrei risiedenti a Roma. In effetti è insolito che Flavio Giuseppe abbia deciso di attribuire un *cognomen* greco, anziché romano, a suo figlio. È stato ipotizzato che questo *cognomen* sia un tributo al poeta greco Simonide di Ceo[700], vissuto tra il VI e il V secolo a.C. Il secondo *cognomen* (*agnomen?*) si riferisce verosimilmente al re Agrippa II, contemporaneo di Flavio Giuseppe. In effetti Flavio Giuseppe ostenta di essere stato in buoni rapporti con Agrippa fino al momento della sua morte, avvenuta poco prima della redazione di *Autobiografia*[701]. All'epoca della compilazione di *Guerra Giudaica*, Agrippa e i suoi familiari furono tra i primi cui Flavio

---

694 Ricordiamo infatti che Flavio Giuseppe ebbe già due mogli: la prima ancora viva nel periodo della guerra giudaica (ma di cui non si avranno più notizie in futuro); la seconda concessagli da Vespasiano durante la prigionia, verosimilmente morta prima del viaggio ad Alessandria, dal momento che proprio in questa città prese in sposa la sua terza moglie. Il fatto che Flavio Giuseppe non menzioni mai figli avuti con la prima e con la seconda moglie lascia pensare che, con queste due donne, non ne ebbe nessuno.

695 Era infatti il più anziano, cfr. AUT 76, 267.

696 Siamo intorno al il 75-76 d.C.; cfr. E. Migliario, *Flavio Giuseppe. Autobiografia*, BUR, Milano 2010, p. 46.

697 *ibid.*; ma cfr. anche A. Barzanò, *Giusto di Tiberiade*, in *Aufstieg und Niedergang der römischen Welt*, II.20.1, Berlin 1986, pp. 337-58.

698 AUT 71, 397.

699 S. Mason, *op. cit.*, p. 10.

700 *ibid.*

701 AUT 65, 359.

Giuseppe spedì la sua opera, tanto da vantarsi con Giusto di Tiberiade per aver ricevuto 62 lettere di elogio da parte del re, integrate da preziose informazioni con cui condire la sua opera. La nascita del figlio Tito Flavio Simonide Agrippa, avvenuta nel 78/79 d.C.[702], avviene pochi anni dopo la fitta corrispondenza tra Flavio Giuseppe e Agrippa relativa alla composizione di *Guerra Giudaica*; pertanto il secondo *cognomen* di Tito Flavio Simonide "Agrippa" può essere giustificato dalla volontà di Flavio Giuseppe di accattivarsi la benevolenza del re. In alternativa, potrebbe anche essere possibile ipotizzare una qualche sorta di parentela tra Flavio Giuseppe e i re Agrippa I e II, dal momento che entrambi discendevano dalla dinastia reale degli Asmonei. Tuttavia lo storiografo non accenna mai a una sua relazione parentale con la famiglia reale; ciò indurrebbe a pensare che si trattasse solamente di una parentela alla lontana[703].

Le numerose anomalie e contraddizioni presenti nella genealogia di Flavio Giuseppe sono state naturalmente già notate da alcuni studiosi, ma le soluzioni che sono state adottate per risolverle non sono mai state determinatamente efficaci. Per es. Emil Schürer ha ipotizzato che quando Flavio Giuseppe afferma che *"Mattia, chiamato "figlio d'Efeo", prese in moglie una figlia del sommo sacerdote Gionata, il primo tra gli Asmonei a rivestire il sommo sacerdozio e fratello del sommo sacerdote Simone"* si riferisca in realtà non a Gionata Maccabeo, ma ad Alessandro "Janneo"[704] (storpiatura di Gionata), che regnò dal 103 al 76 a.C.[705]. In effetti questa soluzione sembrerebbe risolvere il problema cronologico correlato a

---

702 M. Fergus, S. Emil & V. Geza, *op. cit.*, p. 45-46.

703 Se si volessero osservare prove in tale senso, si potrebbe notare come in AG XVII, 14, Flavio Giuseppe affermi *"presso di noi è usanza avita avere più mogli contemporaneamente"*. Il passo si riferisce a Erode, figlio di Maria Boethus; dunque potrebbe essere possibile che il "presso di noi" sia da leggersi come "noi Erodiani", presso i quali Flavio Giuseppe si annovererebbe. A sostegno di tale lettura sarebbe solo l'attribuzione dell'affermazione a un erodiano, dal momento che anche presso gli Ebrei era praticata la poligamia.

704 Si potrebbe obiettare che Flavio Giuseppe è molto preciso nell'identificare "Gionata" con Gionata Maccabeo, dal momento che lo definisce "primo tra gli Asmonei a rivestire il sommo sacerdozio" e "fratello del sommo sacerdote Simone". Tuttavia questa obiezione potrebbe essere facilmente superata se si considera l'eventualità che si tratti di un errore di Flavio Giuseppe, il quale avrebbe confuso i due "Gionata".

705 M. Fergus, S. Emil & V. Geza, *op. cit.*, p. 45-46.

Simone il Balbuziente, Mattia "figlio d'Efeo" e Mattia "detto il Gobbo", tutti vivi durante il primo anno di regno di Ircano I (v. *supra*). Difatti, secondo questa interpretazione, Mattia "detto il Gobbo" non sarebbe nato nel 134 a.c., cioè durante il primo anno del regno di Ircano I, ma durante il primo anno del regno di Ircano II, vale a dire nel 76 a.c., se consideriamo la sua elezione a sommo sacerdote, o nel 63 a.c. se consideriamo il suo primo anno effettivo di regno. Tuttavia, oltre al fatto che il problema cronologico correlato a Ircano I non è totalmente insormontabile anche senza la necessità di questa teoria, come abbiamo visto prima, questa interpretazione crea una ulteriore difficoltà, legata al fatto che, se Mattia il Gobbo fosse nato sotto Ircano II nel 76 o nel 63 a.c., non avrebbe potuto generare suo figlio Giuseppe nel nono anno del regno di Alessandra, cioè nel 67 a.C, dal momento che avrebbe avuto solo nove anni (nel primo caso) o che risulterebbe nato dopo suo figlio (nel secondo caso). Per tale motivo Emil Schürer ha dovuto ipotizzare che Giuseppe, figlio di Mattia il Gobbo, fosse nato intorno agli anni '30 a.C[706]. Tuttavia questo slittamento della nascita di Giuseppe appare totalmente arbitrario e sembra forzare eccessivamente il testo, dal momento che non si spiegherebbe perché e da dove Flavio Giuseppe abbia tratto il riferimento, così preciso, al nono anno del regno di Alessandra per la nascita di suo nonno[707]. In effetti, come stiamo per vedere, tutti gli altri riferimenti cronologici fornitici dallo storico relativi alla sua famiglia sembrano essere esatti.

Pertanto riteniamo che le risposte alle anomalie presenti nella genealogia di Flavio Giuseppe debbano ricercarsi altrove. Per es., è possibile che Flavio Giuseppe, avendo a disposizione solamente dati parziali e incompleti, abbia involontariamente omesso alcune generazioni.

---

706 *ibid.*

707 Inoltre Flavio Giuseppe afferma di derivare dalla famiglia reale da parte materna, mentre in realtà questa parentela passerebbe, anche se forse in maniera minore, anche da parte di suo padre. Evidentemente, poiché la parentela paterna con la famiglia reale era dovuta al matrimonio con la figlia di Gionata Maccabeo, Flavio Giuseppe deve aver considerato questa discendenza troppo lontana per considerare il padre correlato in maniera salda con la dinastia reale. Se invece il padre fosse disceso dalla figlia di Alessandro Janneo, vissuto in tempi ben più recenti, è verosimile che Flavio Giuseppe sarebbe stato consapevole dell'appartenenza paterna alla famiglia reale, dal momento che avrebbe costituito motivo di vanto. Se poi il padre di Flavio Giuseppe fosse disceso da Alessandro Janneo, sarebbe stato anche imparentato, non si sa in maniera quanto stretta, alla madre di Flavio Giuseppe.

Notiamo infatti che tra Giuseppe, nonno di Flavio Giuseppe, e Mattia, padre di Flavio Giuseppe, intercorrono 73 anni d'età. Poiché è altamente improbabile che Giuseppe abbia generato Mattia a 73 anni d'età, possiamo ipotizzare che intercorra una generazione di mezzo tra Giuseppe e Mattia, i quali sarebbero in questo caso rispettivamente nonno e nipote o, in alternativa, è possibile che Flavio Giuseppe abbia commesso un errore nel collocare la data di nascita di suo padre nel 6 d.C.

Tuttavia in *Guerra Giudaica*[708] e in *Autobiografia*[709] leggiamo che il padre di Flavio Giuseppe era ancora in vita – e già anziano – sotto la prima guerra giudaica del 66-74. Questa informazione è coerente con *Autobiografia* 1.5, dove Flavio Giuseppe colloca nel 6 d.C. la data nascita di suo padre Mattia; inoltre questa osservazione smentisce l'ipotesi secondo cui la data di nascita di Mattia debba essere retrodatata al fine di riuscire a collocarlo come figlio di Giuseppe. Oltre a ciò, è abbastanza improbabile che Flavio Giuseppe abbia commesso errori sulla data di nascita di suo padre, mentre è più verosimile pensare che abbia avuto informazioni meno accurate riguardo suo nonno.

Di conseguenza l'ipotesi più probabile è quella che prevede l'inserimento di una generazione intermedia tra Giuseppe, bisnonno – e non nonno – di Flavio Giuseppe, e Mattia, padre dello storiografo. Nel vol. III di *Codex Jesus* riporteremo uno studio dove tenteremo di ricostruire la genealogia corretta, spiegando perché Flavio Giuseppe abbia tralasciato due generazioni intermedie.

È molto interessante il fatto che Flavio Giuseppe fosse stato, in giovane età, seguace di un certo Banno, un asceta descritto con tratti che ricordano lo stile di vita assunto da Gesù e da Giovanni il Battista. J.P. Maier parla di lui in questi termini:

> "È prudente considerare Qumran, Banno e Giovanni come particolari manifestazioni di un movimento giudaico assai più vasto di penitenti e battezzatori intorno alla regione del Giordano nel I sec. a.C. - I sec. d.C."[710].

Il nome "Banno" può essere ricondotto alla stessa radice dei nomi oniadi "Anna/Onia/Boni/Buni/Bunni" portati da Giovanni Battista, Anania, Nicodemo etc. Basandoci sul nome e sullo stile di vita, possiamo

---

708 GG V, 533.
709 AUT 204.
710 J.P. Meier, *op. cit.*, pp. 47-8.

concludere che, molto probabilmente, anche Banno era un oniade, appartenente a quella sostanziosa tradizione di predicatori itineranti come Giovanni Battista, Gesù e Giacomo. È dunque possibile che G. Flavio fosse stato, per un breve periodo, seguace di quel movimento messianico facente riferimento a Giacomo, Nicodemo e agli altri parenti di Gesù. Addirittura, non è esclusa un'identificazione tra Banno e Onia Nicodemo Boethus, dal momento che "Banno" e "Onia" sono due varianti dello stesso nome e che Nicodemo, essendosi negli anni '30 convertito dal fariseismo al cristianesimo[711], potrebbe aver adottato, in quanto oniade, lo stesso stile di vita dei suoi parenti.

Nonostante Flavio Giuseppe potrebbe essere stato, per un breve periodo, seguace di quella comunità dalla quale sarebbe sorto il cristianesimo paolino, bisogna necessariamente chiederci perché egli non abbia dedicato spazio nelle sue opere alla descrizione del movimento cristiano[712]. Infatti l'unico brano dove lo storiografo ebreo sembra accennare ai cristiani è il cosiddetto *"Testimonium Flavianum"*, che analizzeremo qui di seguito.

2. Analisi filologica del *Testimonium Flavianum* e di AG XVIII, 200

Γίνεται δὲ κατὰ τοῦτον τὸν χρόνον Ἰησοῦς σοφὸς ἀνήρ, εἴγε ἄνδρα αὐτὸν λέγειν χρή: ἦν γὰρ παραδόξων ἔργων ποιητής, διδάσκαλος ἀνθρώπων τῶν ἡδονῇ τἀληθῆ δεχομένων, καὶ πολλοὺς μὲν Ἰουδαίους, πολλοὺς δὲ καὶ τοῦ Ἑλληνικοῦ ἐπηγάγετο: ὁ χριστὸς οὗτος ἦν. καὶ αὐτὸν ἐνδείξει τῶν πρώτων ἀνδρῶν παρ᾽ ἡμῖν σταυρῷ ἐπιτετιμηκότος Πιλάτου οὐκ ἐπαύσαντο οἱ τὸ πρῶτον ἀγαπήσαντες: ἐφάνη γὰρ αὐτοῖς τρίτην ἔχων ἡμέραν πάλιν ζῶν τῶν θείων προφητῶν ταῦτά τε καὶ ἄλλα

Ci fu verso questo tempo Gesù, uomo saggio, se pure bisogna chiamarlo uomo: era infatti autore di opere straordinarie, maestro di uomini che accolgono con piacere la verità, ed attirò a sé molti Giudei, e anche molti dei greci. Questi era il Cristo. E quando Pilato, per denunzia degli uomini notabili fra noi, lo punì di croce, non cessarono coloro che da principio lo avevano amato. Egli infatti apparve loro al terzo giorno nuovamente vivo, avendo già annunziato i divini profeti

---

711 Il termine "cristianesimo" per indicare il movimento religioso-politico che ruotava intorno a Gesù e a Giacomo è anacronistico, dal momento che venne impiegato solamente molto tempo dopo la presunta morte di Gesù. Molto probabilmente, i seguaci della comunità di Giacomo non si chiamarono mai "cristiani" ed è anche incerto se avessero mai riconosciuto Gesù come Messia.

712 È anche interessante notare che Flavio Giuseppe partì alla volta di Roma proprio nel periodo dell'incendio dell'Urbe (cfr. AUT 3, 13-16), durante le persecuzioni dei cristiani.

μυρία περὶ αὐτοῦ θαυμάσια εἰρηκότων.   queste e migliaia d'altre meraviglie
εἰς ἔτι τε νῦν τῶν Χριστιανῶν ἀπὸ τοῦδε   riguardo a lui. Ancor oggi non è venuta
ὠνομασμένον οὐκ ἐπέλιπε τὸ φῦλον.   meno la tribù di quelli che, da costui,
  sono chiamati cristiani[713].

Da numerosi anni vi è, in ambito accademico, una florida disputa in merito all'autenticità di questo piccolo brano. Sebbene infatti vi sia un generale consenso d'opinioni in merito alla presenza di interpolazioni in questo passo, si continua a discutere la possibilità che l'interpolazione sia parziale[714] o totale[715], che riguardi cioè una parte o la totalità del brano. Dall'analisi filologica di questo passo, riteniamo che risultino evidenti almeno sei principali interpolazioni[716].

    1. [...] *Gesù, uomo saggio* [...].

Come è stato fatto notare da K. Olson, sebbene il costrutto *sofòs anèr*, "uomo saggio", sia attestato nell'uso di Flavio Giuseppe, egli lo utilizza solo per riferirsi ai più importanti e positivi personaggi dell'Antico Testamento, come re Salomone[717] ed il profeta Daniele[718]. Pertanto, difficilmente Flavio Giuseppe avrebbe attribuito a Gesù un'espressione così positiva, dato che pone sullo stesso piano questi importanti personaggi

---

713 AG XVIII, 63-64.

714 Infatti una delle maggiori obiezioni che si è soliti portare alla teoria dell'interpolazione totale del *Testimonium Flavianum* riguarda la presenza di questo brano in tutta la famiglia di manoscritti giunta fino a noi. Eppure quasi tutti gli studiosi (tra i maggiori ricordiamo almeno E. Bammel, J.P. Meier, O. Betz, R. E. van Voorst, T. Reinach, etc.) sono concordi nell'affermare che il brano presenti almeno più di una interpolazione cristiana, sebbene tutti i manoscritti riportino le frasi contestate.

715 Questa la nostra ipotesi, supportata da una nostra analisi condotta sulla base dell'eccellente lavoro di Steve Mason pubblicato in *Josephus and the New Testament*, Peabody, Hendrikson Publisher, 2012, secondo il quale l'autore del *Testimonium* potrebbe essere Eusebio di Cesarea.

716 L'analisi che segue è stata parzialmente tratta dal libro A. De Angelis, A. De Angelis, *Il figlio segreto di Gesù*, Altera Veritas, Tivoli (RM) 2014, in considerazione del fatto che tale libro sarà presto fuori commercio e le sue analisi non più reperibili.

717 AG VIII, 53.

718 AG X, 237.

biblici, profondamente stimati dall'autore ebreo, con un uomo ritenuto un criminale dall'imperatore e crocifisso dai Romani. Non bisogna infatti dimenticare che Flavio Giuseppe avrebbe scritto quest'opera con il beneplacito degli imperatori *Flavii*, profondamente avversi alle sette ebraiche anti-romane.

2. [...] *se pure bisogna chiamarlo uomo* [...].

Dopo aver paragonato un uomo crocifisso al profeta Daniele ed al re Salomone, Flavio Giuseppe metterebbe addirittura in discussione la sua natura umana, mortale. Se Flavio Giuseppe avesse scritto questa frase, avrebbe considerato Gesù un essere divino, soprannaturale; nonostante tutto sarebbe rimasto di religione ebraica senza identificare in lui il Messia. Se si sostenesse l'autenticità di questa frase, sarebbe difficile spiegare perché, con l'eccezione di questo passo, nelle sue opere non si faccia nemmeno un accenno alla setta dei cristiani. D'altra parte, bisogna notare che, con tutta probabilità, la classificazione di Gesù come un essere divino coincide con la visione dottrinale di Paolo di Tarso.

3. [...] *era infatti autore di opere straordinarie* [...].

In questo caso, l'autore del brano, nel definire Gesù "*autore*" di opere meravigliose ed incredibili, utilizza il termine greco *poietès*, dal quale deriva l'odierno sostantivo italiano "poeta". Difatti questo termine deriva dal verbo greco *poiéo* che significa: "fare", "produrre", "creare". Flavio Giuseppe utilizza questo termine altre nove volte all'interno delle sue opere, sempre per riferirsi a poeti greci e mai per denotare uomini autori o esecutori di gesta. L'utilizzo di questo termine nel significato di "autore" sembra essere inusuale nel I sec. d.C[719].

4. *Egli era il Cristo.*

Se Flavio Giuseppe avesse davvero identificato Gesù con il Messia degli Ebrei, la cui venuta egli attese durante tutta la vita, sarebbe diventato cristiano. Invece non solo, da buon sacerdote fariseo, non si convertì al cristianesimo, ma, secondo quanto egli stesso racconta, avrebbe riconosciuto il Messia in Vespasiano:

---

719 Cfr. Sitografia n. 57, consultato in data 08/03/2018.

Ma quello che maggiormente li incitò alla guerra fu un'ambigua profezia, ritrovata ugualmente nelle sacre scritture, secondo cui in quel tempo uno proveniente dal loro paese sarebbe diventato il dominatore del mondo. Questa essi la intesero come se alludesse a un loro connazionale, e molti sapienti si sbagliarono nella sua interpretazione, *mentre la profezia in realtà si riferiva al dominio di Vespasiano*, acclamato imperatore in Giudea[720].

Se Flavio Giuseppe fosse stato cristiano, avrebbe parlato ampiamente nella sua opera di Gesù e dei cristiani; invece utilizza a malapena 89 parole per descrivere le sue gesta.

> 5. *Egli infatti apparve loro al terzo giorno nuovamente vivo, avendo già annunziato i divini profeti queste e migliaia d'altre meraviglie riguardo a lui.*

Se questa frase fosse stata davvero scritta da Flavio Giuseppe, egli avrebbe creduto nella risurrezione del Messia e, in conseguenza di ciò, sarebbe diventato cristiano. La formula utilizzata era molto ricorrente in ambienti cristiani, sia nella forma in cui viene espressa sia nel contenuto: viene infatti sottolineata una continuità tra l'Antico e il Nuovo Testamento, facendo notare che le profezie anticotestamentarie si erano adempiute su Gesù. Tale formula risulta inoltre simile nella forma a quanto riportato nell'antico Credo di Nicea.

Credi di Nicea	Testimonium Flavianum
Fu crocifisso per noi sotto Ponzio Pilato, morì e fu sepolto. Il terzo giorno è risuscitato, secondo le Scritture.	*E quando Pilato, per denunzia degli uomini notabili fra noi, lo punì di croce, non cessarono coloro che da principio lo avevano amato. Egli infatti apparve loro al terzo giorno nuovamente vivo, avendo già annunziato i divini profeti queste e migliaia d'altre meraviglie riguardo a lui.*

> 6. *Ancor oggi non è venuta meno la tribù di quelli che, da costui, sono chiamati cristiani.*

---

720 GG VI, 312-313.

Questo passo non è coerente con lo stile di scrittura di Flavio Giuseppe. Infatti i cristiani vengono definiti *phûlon*, ovvero "tribù". Lo storiografo dimostra di conoscere l'uso di questo termine e se ne avvale più volte all'interno delle sue opere, tuttavia non lo usa mai con questa accezione. Infatti con *phûlon* Flavio Giuseppe suole indicare le etnie e le razze, spesso diverse da quella ebraica. Infatti sono *phûlon* le etnie dei Giudei[721], dei Tauri[722] e dei Parti[723]. Per identificare le correnti di pensiero religiose presenti nella Palestina del tempo, Flavio Giuseppe utilizza invece il termine *philosophíai*, ovvero "filosofie". Per Flavio Giuseppe sono filosofie le correnti di pensiero essene, saducee, farisee, zelote. Se dunque avesse voluto menzionare i cristiani nella sua opera, avrebbe probabilmente utilizzato questo termine e non avrebbe denotato i cristiani come una razza etnica a parte, dal momento, peraltro, che i primi cristiani erano ebrei.

Se lo stile del *Testimonium* non è coerente con lo stile grammaticale di Flavio Giuseppe, lo è invece con quello di Eusebio di Cesarea, vescovo cristiano del IV secolo d.C., che è anche il primo a citare questo brano. Prima di lui, difatti, nessun padre apologista menziona mai o dimostra di conoscere questa testimonianza.

Ci sono numerose analogie tra il *Testimonium Flavianum* e lo stile di scrittura di Eusebio:

1. [...] *uomo saggio* [...].

Sebbene Eusebio, in veste di vescovo cristiano, non utilizzi mai questa espressione relativamente a Gesù, dimostra all'interno di una sua opera, *Contro la difesa di Ierocle*, di conoscerne perlomeno il costrutto. Infatti in un brano relativo ad Apollonio di Tiana, afferma che se dovesse accettare come vere le imprese sovrannaturali che si narrano su di lui, allora egli lo considererebbe come un mago o uno stregone prima di definirlo "*uomo saggio*"[724] (in greco, *sophós anèr*).

2. [...] *autore di opere straordinarie e maestro* [...].

---

721 GG III, 354; VII, 327.
722 GG II, 366.
723 GG II, 379.
724 Eusebio di Cesarea, *Contro la difesa di Ierocle*, 5.

In questo caso all'interno della sua opera più importante, *Storia Ecclesiastica*, Eusebio utilizza, riferendosi a Gesù, esattamente le medesime parole utilizzate nel *Testimonium*:

Antichità Giudaiche VIII, 63-64	Storia Ecclesiastica 1.2.23
ἦν γὰρ παραδόξων ἔργων ποιητής, διδάσκαλος [...]	ἦν γὰρ παραδόξων ἔργων ποιητής, διδάσκαλος [...]

Anche chi non avesse conoscenze basilari del greco sarebbe in grado di verificare, confrontando lettera per lettera, la netta somiglianza tra le due frasi.

3. [...] *la tribù dei cristiani* [...]

Il primo autore cristiano ad usare il termine "tribù" (*phûlon*) per identificare i cristiani è proprio Eusebio di Cesarea, il quale, per denotare "la tribù dei cristiani", scrive in *Historia Ecclesiastica* 3.33.2-3: *tó Kristianòn phûlon*, ovvero "la tribù dei cristiani", utilizzando ancora una volta le medesime parole di Flavio Giuseppe.

Il *Testimonium Flavianum* non è nemmeno inserito perfettamente nella successione degli eventi riportati nel XVIII libro di *Antichità Giudaiche*. Infatti, se lo si rimuovesse dal libro XVIII di *Antichità*, non solo non si inficerebbe la cronologia degli eventi riportati, ma essa risulterebbe pure più coerente. Il *Testimonium* è inserito tra una sommossa soffocata nel sangue da Pilato e due episodi accaduti a Roma, uno relativo alle storie d'amore di una certa signora Paolina e l'altro relativo alla cacciata dei Giudei da Roma. Seguiamo l'ordine d'esposizione degli eventi:

[...] essi li colpirono molto più di quanto ordinato da Pilato, colpendo ugualmente sia i tumultuanti sia i non tumultuanti; ma i Giudei non calmarono la loro fierezza, e così, colti disarmati com'erano, da uomini preparati all'attacco, molti rimasero ammazzati sul posto, mentre altri si salvarono con la fuga. Così terminò la sommossa.

Allo stesso tempo, circa, visse Gesù, uomo saggio, se pure uno lo può chiamare uomo; poiché egli compì opere sorprendenti, e fu maestro di persone che accoglievano con piacere la verità. Egli conquistò molti Giudei

247

e molti Greci. Egli era il Cristo. Quando Pilato udì che dai principali nostri uomini era accusato, lo condannò alla croce. Coloro che fin da principio lo avevano amato non cessarono di aderire a lui. Nel terzo giorno, apparve loro nuovamente vivo: perché i profeti di dio avevano profetato queste e innumeri altre cose meravigliose su di lui. E fino ad oggi non è venuta meno la tribù di coloro che da lui sono detti cristiani.

Nello stesso periodo un altro orribile evento gettò lo scompiglio tra i Giudei e contemporaneamente avvennero azioni di natura scandalosa in connessione al tempio di Iside in Roma. Prima farò parola dell'eccesso dei seguaci di Iside, tornerò poi in seguito alle cose avvenute ai Giudei[725].

L'espressione greca utilizzata da Flavio Giuseppe per descrivere "un altro terribile evento" è *héterón ti deinón*, che letteralmente si traduce: "un altro evento terribile/tremendo/spaventoso"[726].
È poco plausibile che Flavio Giuseppe considerasse terribile, tremendo e spaventoso l'episodio relativo alla crocifissione di Gesù, dal momento che egli veniva considerato un criminale dai Romani, i quali sovvenzionavano l'opera dello storiografo. Se si eliminasse il *Testimonium Flavianum* dalla cronologia degli eventi, il testo così reciterebbe:

> [...] molti rimasero ammazzati sul posto, mentre altri si salvarono con la fuga. Così terminò la sommossa [...] Nello stesso periodo un altro orribile evento gettò lo scompiglio tra i Giudei [...][727].

Come si può vedere, eliminando il *Testimonium Flavianum* risulterebbe che l'evento "orribile" cui si riferiva Flavio Giuseppe non fosse la crocifissione di Gesù, ma l'eccidio di Giudei da parte di Pilato e la rivolta soffocata nel sangue.
Difatti il passo relativo alla sommossa riguardava i Giudei sterminati da Pilato e nel paragrafo 63 si dice che un altro terribile evento avvenne sempre *"tra i Giudei"* (quegli stessi Giudei che erano stati vittime dell'eccidio); mentre l'episodio relativo alla crocifissione di Gesù non è un orribile evento che riguardò tutti i Giudei, in quanto è riferito solamente ad

---

725 AG XVIII, 59-63.
726 Il vocabolario di greco "Montanari", uno dei più autorevoli in commercio, segnala alla voce δεινός: *"[v. δείδω] che ispira timore, temibile, terribile, tremendo, spaventoso; n. sost. τό δεινὸς azione tremenda aeschl. ch. 364 ma terrore aeschl. eum. 517"*.
727 AG XVIII, 62 e 65.

un singolo uomo, peraltro anche galileo – e non giudeo.
Se insomma si eliminasse il *Testimonium Flavianum* dall'opera di Flavio
Giuseppe, si otterrebbe una maggiore continuità e coerenza nel testo.
Nel 1971 il professore Shlomo Pinés, dell'Università Ebraica di
Gerusalemme, pubblicò un manoscritto arabo del X secolo d.C. in cui
figurava una versione inusuale del *Testimonium Flavianum*, presente in
un'opera di Agapio di Ierapoli.

> Similmente dice Giuseppe l'ebreo, poiché egli racconta nei trattati che ha
> scritto sul governo dei Giudei: "ci fu verso quel tempo un uomo saggio che
> era chiamato Gesù; egli dimostrava una buona condotta di vita ed era
> considerato virtuoso (oppure: dotto) ed aveva come allievi molta gente dei
> Giudei e degli altri popoli. Pilato lo condannò alla crocifissione e alla
> morte, ma coloro che erano stati suoi discepoli non rinunciarono alla sua
> dottrina e raccontarono che egli era loro apparso tre giorni dopo la
> crocifissione ed era vivo ed era forse il Messia del quale i profeti hanno
> detto meraviglie"[728].

Questo testo potrebbe rappresentare una versione più autentica del
Testimonium Flavianum, dal momento che sembrerebbe privo di alcuni
elementi ritenuti interpolati. Tuttavia bisogna notare che anche questo testo
presenta numerose espressioni che abbiamo riconosciuto come non
genuine nella versione greca. È il caso, per es., della locuzione *uomo
saggio* o dell'accenno alla risurrezione. A tal proposito scrive J.H.
Charleswhort:

> "La possibilità che qualcuno, incluso Gesù, potesse essere il Messia non era
> una affermazione che a quei tempi potesse essere fatta con leggerezza da
> qualunque Giudeo, specialmente poi da uno che aveva l'autorevolezza e le
> credenziali di Flavio Giuseppe. Ma comunque è anche altrettanto evidente
> che nessun cristiano avrebbe mai potuto scrivere le parole: "Egli, forse, era
> il Messia". È opportuno assumere dunque che quello che è stato scritto da
> Giuseppe non si sia accuratamente conservato in ogni esistente versione
> (greca, araba, slava); il contenuto è stato leggermente alterato da copisti
> cristiani[729]."

Bisogna anche considerare che non sappiamo quanto precisa fosse la

---

728 J.H. Charlesworth, *Jesus Within Judaism: New Light from Exciting
  Archaeological Discoveries*, Garden City, Dubleday, 1988, pag. 95.
729 *ibid.*

citazione fatta da Agapio, difatti essa sembra essere più una parafrasi poco accurata del testo greco che non una resa letterale e nessuna garanzia abbiamo della correttezza della traduzione dal testo greco alla versione araba. In effetti, Pier Angelo Gramaglia, tramite una accurata analisi linguistica e una retroversione greca del testo arabo, ha recentemente rivalutato l'attendibilità della citazione di Agapio, ritenendo che non si tratti di una versione più pura del Testimonium greco[730].

In questa sede non riteniamo opportuno approfondire ulteriormente la questione dell'autenticità del *Testimonium Flavianum*, qui appena accennata[731], dal momento che l'argomento è così complesso che richiederebbe una trattazione a parte. In questo capitolo, ci limitiamo a far notare la possibilità che l'eloquente silenzio di Flavio Giuseppe sul movimento di Gesù e di Giacomo il Giusto potrebbe essere spiegato col fatto che il "cristianesimo" pre-paolino fosse annoverato all'interno della filosofia essena. Come abbiamo visto sopra, infatti, Flavio Giuseppe definisce "esseno" l'oniade Banno, che aveva assunto uno stile di vita simile a quello degli oniadi Giovanni Battista, Giacomo e Gesù. In effetti è stato evidenziato come il termine "boethusiano" sia da ricondurre a *beth essaya*, "casa degli esseni"[732]; inoltre le fonti rabbiniche che parlano dei sadducei non menzionerebbero mai gli esseni, mentre Flavio Giuseppe, che parla degli esseni, non menzionerebbe mai i boethusiani[733] come filosofia politico-religiosa.

La relazione tra boethusiani/sadducei/esseni/zadokiti/oniadi sembra quindi essere sostenuta da sempre maggiori evidenze. È possibile considerare i boethusiani come un ramo distaccato dei sadducei, opposti ai farisei, che andarono a costituire gli esseni[734].

Dal *Rotolo della guerra* di Qumran si evince un determinato rapporto tra gli esseni e gli zeloti, tanto che Ippolito Romano, parlando degli esseni,

---

730 Cfr. *Il Testimonium Flavianum. Analisi linguistica*, in «Henoch» XX (1998), pp. 153-177.
731 Per un interessante approfondimento si legga Sitografia n. 58, visitato in data 08/03/2018.
732 Cfr. Sitografia n. 59, visitato in data 08/03/2018.
733 Cfr. Sigalit Ben-Zion, *A Roadmap to the Heavens: An Anthropological Study of Hegemony Among Priests, Sages, and Laymen*, Academic Studies Press, Brighton (MA) 2008, p. 105.
734 Probabilmente la dottrina degli esseni non era neppure uniforme, ma poteva cambiare di comunità in comunità.

riferisce che alcuni di essi erano soliti definirsi "zeloti" o "sicari"[735]. Forse non è un caso che tra alcuni discepoli di Gesù figurano "Simone lo Zelota"[736], "Giuda Iscariota"[737] (nel possibile significato di "Giuda il Sicario"[738]) e/o "Giuda lo Zelota"[739], "Simone Iscariota"[740] o Giacomo e Giovanni "Boanerghes" (nel possibile significato di "figli della vendetta"[741]). La famosa frase di Gesù "Date a Cesare quel che è di Cesare"[742], intesa come invito per gli Ebrei a pagare le tasse ai Romani, potrebbe sembrare contraddire l'ipotesi della vicinanza dei Dodici allo zelotismo antiromano. In realtà, questa apparente contraddizione potrebbe spiegarsi in due modi: o questa frase non risale al Gesù originale, ma bensì a quello elaborato da Paolo (quest'ultimo risaputamente pro-romano), oppure lo zelotismo degli anni '30 del I sec. d.C. era privo dell'aspetto anti-romano, limitandosi all'opposizione nei confronti del Tempio di Gerusalemme. Lo zelotismo infatti verrebbe menzionato in accezione anti-romana soltanto a partire dagli anni '50 del I sec. d.C.[743].

Per quanto riguarda il cristianesimo paolino, invece, l'assenza di una sua menzione nelle opere di Flavio Giuseppe potrebbe essere giustificata dal fatto che Paolo predicava l'abbandono dell'osservanza della circoncisione e della Torah. Dal punto di vista di Flavio Giuseppe, supponiamo, questo tipo di movimento politico-religioso non poteva essere annoverato tra le varie filosofie ebraiche, dato che, all'epoca della redazione di *Guerra Giudaica* e di *Antichità*, il cristianesimo di Paolo doveva contare molti più gentili che ebrei.

Un'ultimo appunto va fatto in merito alla questione di Gesù b. Gamala. Nel Cap. IV abbiamo infatti ipotizzato un'identificazione tra questo personaggio e il Gesù dei vangeli; abbiamo inoltre visto come *Antichità Giudaiche* XVIII, 200 parli della morte di Giacomo, "fratello di Gesù, soprannominato Cristo", mentre non molto dopo si parli dell'elezione del

735 Ippolito Romano, *Refutatio* IX, 26.
736 Lc 6, 15; At 1, 13.
737 Mt 10, 4; 26, 14; Mc 3, 19; 14, 10; Lc 6, 16 etc.
738 Cfr. G. Bastia, Sitografia n. 62, pp. 3-19.
739 *ivi*, p. 14.
740 Gv 6, 70.
741 Cfr. lo studio riportato di A. De Angelis, A. De Angelis, *Il figlio segreto di Gesù*, Altera Veritas, Tivoli (RM) 2018.
742 Mt 22, 21 e paralleli.
743 Cfr. anche G. Bastia, Sitografia n. 62, p. 3, nota n. 4.

sommo sacerdote Gesù b. Gamala[744]. Apparentemente, Flavio Giuseppe sembra introdurre Gesù Cristo e Gesù b. Gamala in modi diversi: mentre il primo viene menzionato in relazione alla condanna del fratello Giacomo e viene descritto come "soprannominato Cristo", il secondo viene descritto come "proveniente da Gamala" e menzionato in relazione alla deposizione di Gesù b. Damneo. Occorrerà dunque capire per quale motivo, se si tratta dello stesso personaggio, Flavio Giuseppe lo introduca in due modi diversi.

In primis, bisogna notare che non vi sono contraddizioni tra le due descrizioni: è possibile che la prima volta lo storiografo ebreo lo denoti tramite il suo soprannome, mentre la seconda volta tramite la sua provenienza geografica. In effetti, come abbiamo detto, diversi sono anche i contesti in cui viene menzionato: la prima volta in relazione a Giacomo, la seconda in relazione al sommo sacerdozio e a Gesù b. Damneo. Questa differente descrizione del personaggio può essere dovuta, oltre che alla diversità del contesto, anche al fatto che l'opera di Flavio Giuseppe venne scritta con una composizione a strati. Pertanto, nonostante tra i due passi intercorrano solamente 13 paragrafi, essi potrebbero essere stati scritti addirittura a distanza di anni.

Una seconda spiegazione può essere data considerando che Flavio Giuseppe potrebbe non essere stato a conoscenza del fatto che Gesù "Cristo" e Gesù b. Gamala fossero la stessa persona. Difatti il Gesù promosso e divinizzato da Paolo doveva risultare talmente differente dal Gesù reale che lo stesso Paolo, che non conobbe mai Gesù prima dell'"esilio", potrebbe aver creduto – genuinamente o per convenienza personale – che si trattasse di un'altra persona. In effetti, non possiamo neppure escludere che tornare dall'"esilio" potrebbe essere stato un rischio per Gesù, dato che molti dei suoi accusatori potevano risultare ancora in vita. Questo potrebbe aver indotto Gesù a non rivendicare apertamente diritti correlati alla sua persona. Sebbene da una parte siamo costretti a valutare tutte le ipotesi, dall'altra siamo consapevoli che bisogna fare attenzione a non lavorare troppo con la fantasia, costruendo scenari troppo romanzeschi. Inoltre, bisogna considerare che Flavio Giuseppe definisce Gesù b. Gamala suo amico[745], sebbene questa definizione può essere attribuita al fatto che i due fossero alleati durante la guerra: difatti non solo

---

744 AG XVIII, 213.
745 AUT 41, 204.

Gesù b. Gamala e Anano non si lasciarono convincere a uccidere lo storiografo ebreo[746], ma Gesù avvisò Flavio Giuseppe di un attentato ordito ai suoi danni inviando una lettera a suo padre (fatto che dimostrerebbe come Gesù b. Gamala fosse, piuttosto, amico del padre di Flavio Giuseppe, dato che i due erano all'incirca coetanei). Questi episodi spiegano la stima che lo storiografo ebreo provava nei confronti di Gesù b. Gamala.

Una terza spiegazione può essere data ipotizzando una piccola interpolazione – probabilmente involontaria – confluita nel testo di *Antichità Giudaiche* XVIII, 200. Per spiegare meglio la nostra affermazione, occorrerà analizzare il brano completo redatto da Flavio Giuseppe e confrontarlo con le altre fonti.

> Venuto a conoscenza della morte di Festo, Cesare inviò Albino come procuratore della Giudea. Il re poi allontanò Giuseppe dal sommo sacerdozio e gli diede come successore nell'ufficio il figlio di Anano, il quale si chiamava anch'egli Anano [...] Con il carattere che aveva, Anano pensò di avere un'occasione favorevole alla morte di Festo mentre Albino era ancora in viaggio: così convocò i giudici del sinedrio e introdusse davanti a loro un uomo di nome *Giacomo, fratello di Gesù, che era soprannominato Cristo,* e certi altri, con l'accusa di avere trasgredito la Legge, e li consegnò perché fossero lapidati. Ma le persone più equanimi della città, considerate le più strette osservanti della Legge, si sentirono offese da questo fatto. Perciò inviarono segretamente (legati) dal re Agrippa supplicandolo di scrivere una lettera ad Anano che il suo primo passo non era corretto, e ordinandogli di desistere da ogni ulteriore azione. Alcuni di loro andarono a incontrare Albino che era in cammino da Alessandria informandolo che Anano non aveva alcuna autorità di convocare il sinedrio senza il suo assenso. Convinto da queste parole, Albino inviò una lettera sdegnata ad Anano minacciandolo che ne avrebbe portato la pena dovuta. E il re Agrippa, a motivo della sua azione depose Anano dal sommo pontificato che aveva da tre mesi, sostituendolo con Gesù, figlio di Damneo[747].

L'episodio è avvenuto nel 62 d.C., tra la morte del procuratore Porcio Festo e la sua sostituzione col procuratore Albino. Dal momento che era vietato per i sommi sacerdoti riunire il sinedrio senza il consenso di un procuratore, il sommo sacerdote Anano approfittò del temporaneo vuoto di potere che si venne a creare tra la dipartenza di Festo e l'arrivo del

---

746 AUT 38, 193.
747 AG XX, 197-203.

procuratore successivo per riunire il sinedrio e condannare alla lapidazione alcuni uomini, rei di aver trasgredito la Legge, tra i quali vi era pure un tale Giacomo *"fratello di Gesù che era soprannominato Cristo"*.

Questo episodio sembra riferirsi al martirio di Giacomo il Giusto, riportato da Clemente e da Egesippo, avvenuto con un procedimento simile a quanto riportato in questo racconto:

> Le circostanze della morte di Giacomo sono già state citate dal testo di Clemente, che riferisce come fu precipitato dal pinnacolo del Tempio e bastonato a morte[748].

> [Giacomo] salì perciò sul pinnacolo del Tempio [...] Allora gli Scribi e i Farisei si dissero [...] andiamo a gettarlo di sotto, così che la gente abbia paura e non gli creda più [...] E si dissero ancora l'un l'altro: "Lapidiamo Giacomo il Giusto". E cominciarono a prenderlo a sassate, poiché non era morto nella caduta [...] Allora uno di loro, un follatore, preso il legno con cui batteva i panni, colpì sulla testa il giusto, che morì martire in questo modo[749].

Sebbene il racconto del martirio di Giacomo secondo Clemente ed Egesippo sia simile a quello riportato da Flavio Giuseppe, è d'obbligo notare tra le due versioni alcune varianti significative:

Versione di Flavio Giuseppe	Versione di Clemente e di Egesippo
Le vittime dell'episodio sono "Giacomo e molte altre persone".	Non è attestata la presenza di altre persone insieme a Giacomo
Giacomo viene arrestato e subisce un processo.	Non si parla né di un arresto né di un processo.
Giacomo e le altre persone vengono arrestate perché avrebbero trasgredito la legge ebraica.	Giacomo viene ucciso per far desistere il popolo dall'intento di seguirlo.
Giacomo e le altre persone vengono condannate alla lapidazione, tuttavia non vi è scritto che questa venne	Giacomo viene prima gettato dal pinnacolo del Tempio di Gerusalemme, poi lapidato dalla

748 Eusebio di Cesarea, *Storia ecclesiastica*, 2.23.3.
749 Eusebio di Cesarea, *op. cit.*, 2.23.11-18.

effettivamente eseguita, in quanto gli uomini più equanimi della città si affrettarono ad informare il nuovo procuratore Albino del fatto che Anano stava riunendo il sinedrio senza il suo assenso, motivo per cui il sommo sacerdote venne deposto.	folla e infine ucciso con una bastonata.

Come si può evincere dal confronto, tra le due versioni del racconto esistono divergenze significative, tanto che è possibile ipotizzare che non si tratti del medesimo episodio. Se infatti il Giacomo menzionato da Flavio Giuseppe fosse stato ucciso, perché le persone più equanimi *"si affrettarono"* per informare Albino e pregarlo di fare in modo che Anano desistesse *"da ogni ulteriore azione"*? Al contrario, il testo potrebbe lasciar intuire che Giacomo potesse essere sopravvissuto all'ingiusta condanna a morte. Nasce dunque il sospetto che, originariamente, il testo parlasse di un altro Giacomo, che subì una sorte simile, ma non identica a quella di Giacomo il Giusto, fratello di Gesù. In effetti, mentre il Giacomo di *Antichità Giudaiche* sarebbe stato condannato a morte nel 63 d.C., secondo alcune fonti Giacomo il Giusto sarebbe morto nel 69 d.C.:

> A Galba successe Lucio Otone che governò tre mesi [...] Sotto il suo impero morì l'apostolo Giacomo vescovo e patriarca di Gerusalemme, sostituto di Pietro, quando questi andò a Roma: raccolse l'episcopato di Gerusalemme, Simeone, detto anche Simone, e ivi divenne Patriarca.[750]

Secondo Giovanni Malalas (ca. 491 d.C. – 578 d.C.), quindi, Giacomo il Giusto sarebbe morto nel 69 d.C., data in cui era imperatore Otone, e non nel 63 d.C., come riportato da Flavio Giuseppe. È possibile ipotizzare che il protagonista del racconto di Flavio Giuseppe non fosse Giacomo il Giusto, ma un suo omonimo la cui vicenda poteva, agli occhi dei Padri della Chiesa, sembrare simile alla sorte di Giacomo il Giusto narrata da Clemente e da Epifanio. Probabilmente il primo a generare l'equivoco, scambiando il "Gesù, fratello di Giacomo" menzionato da Flavio Giuseppe per Gesù Cristo fu Origene che, forse non conoscendo bene le opere dello storiografo ebreo, in *Commentario a Matteo* 10.17 ed in *Contra Celsum* 1.47 riportò in modo alquanto enfatizzato – probabilmente citando a

---

750 Giovanni Malalas, *Chronographia*, X.

memoria – questo passo di *Antichità Giudaiche*, aggiungendo a "Gesù" il particolare "soprannominato *il Cristo*". Infatti nessuna citazione dei primi Padri della Chiesa, compresi Girolamo e lo stesso Origene, è mai riportata in maniera diretta, in quanto gli autori parlano sempre in prima persona, quasi citando a memoria. A tal proposito scrive Zvi Baras:

> Il parallelismo fra i due testi è già stato sottolineato da Chadwick, che ha provato che Eusebio citò il passaggio di Origene parola per parola, ma cambiandolo in discorso diretto[751].

Probabilmente infatti Eusebio, che come abbiamo visto sembra essere l'autore del *Testimonium Flavianum*, leggendo la citazione indiretta che Origene fece di questo brano, potrebbe aver creduto lacunoso il suo manoscritto di *Antichità Giudaiche*, nel quale mancava la definizione "soprannominato Cristo", decidendo così di correggerlo in base alla citazione indiretta di Origene. Si potrebbe obiettare che difficilmente un cristiano, riferendosi a Gesù, avrebbe scritto "soprannominato Cristo", dal momento che l'espressione non pone l'identificazione del Cristo in Gesù come una certezza. Tuttavia questa obiezione non sembra essere così convincente; infatti questa terminologia può essere giustificata se si considera che viene attribuita a un punto di vista esterno, non cristiano, quale appunto è l'opera di Flavio Giuseppe. Nell'apocrifo *Ciclo di Pilato*, per es., ricorre numerose volte questa espressione[752], sia nella variante "Gesù, soprannominato Cristo", sia nella variante "il Messia, soprannominato Cristo".

Nel caso in cui questa analisi fosse corretta, allora Giacomo il Giusto potrebbe essere morto nel 69 d.C., poco dopo la morte di suo fratello Gesù b. Gamala. Inoltre, egli non potrebbe più essere il fratello di Gesù b. Gamala morto prima del 63 d.C. cui Gesù sposò per levirato la moglie. In effetti, come abbiamo visto nel Cap. IV, secondo una versione il primo marito di Marta (o Maria Mara, "Maria la Maestra") sarebbe infatti Giuseppe, altro fratello di Gesù.

In ogni caso, se la non autenticità del *Testimonium Flavianum* sembra pressoché certa, questa seconda menzione di Gesù nelle *Antichità Giudaiche* di Flavio Giuseppe sembra molto più dubbia, tanto da rendere

---

751 Zvi Baras in L.H. Feldman, *Josephus, Judaism and Christianity*, Wayne State University Press, Detroit 1989, p. 345.
752 *Ciclo di Pilato* 1.1.1; 5.0.8; 8.0.16; 9.0.19.

molto difficile pronunciarsi in merito. In effetti, non sarebbe inusuale che due versioni dello stesso racconto divergano così tanto da sembrare quasi narrare due storie diverse e non possiamo nemmeno escludere che il Gesù, fratello del Giacomo condannato a morte, fosse proprio Gesù b. Gamala, dato che viene menzionato qualche paragrafo dopo. Ciò che sembra più certo, in ogni caso, è che la data della morte di Giacomo preceda quella della distruzione del Tempio di Gerusalemme, sia perché questa informazione è fornita da entrambe le versioni del suo martirio, sia perché la sua sepoltura sembra essere stata rinvenuta nella tomba di Talpiot.

Nei voll. I e II di *Codex Jesus* riprenderemo, approfondendole, molte delle tematiche affrontate in questo libro, incentrando l'analisi soprattutto sul personaggio di Giuseppe, padre di Gesù, e su numerosi altri personaggi evangelici che, vedremo, potrebbero provenire sempre dallo stesso contesto e dallo stesso ambiente di Gesù, Giuseppe e Maria.

APPENDICE N. 1
LE ULTIME PAROLE DI GESÙ B. GAMALA

In questo libro abbiamo valutato l'ipotesi secondo cui Gesù b. Gamala sarebbe il Gesù Cristo dei vangeli. Se così fosse, per la prima volta potremmo gettare uno sguardo più oggettivo sulle vicende e sulla persona di Gesù; uno sguardo epurato da costruzioni teologiche e religiose, di cui è colmo il racconto evangelico, ma filtrato dalla interpretazione personale di Flavio Giuseppe. Ne emerge il quadro di un uomo buono, impegnato nell'educazione dei bambini e pronto e morire per salvare il suo paese d'origine. Questo il racconto di Flavio Giuseppe sulla morte di Gesù in *Guerra Giudaica*:

> Perciò Gesù, il più anziano dei sommi sacerdoti dopo Anano, montò sulla torre che fronteggiava gli Idumei e si rivolse a loro dicendo che fra i molti e svariati mali che opprimevano la città nessuno l'aveva tanto colpito quanto i voleri della fortuna per cui anche gli eventi più inaspettati favorivano i piani dei farabutti. "A sostenere contro di noi degli individui perversi voi vi siete precipitati con un ardore che non si sarebbe capito nemmeno se la metropoli avesse invocato il vostro aiuto a difesa dai barbari. Se io vedessi nelle vostre file gente simile a quella che vi ha chiamato, non troverei nulla di strano nel vostro impeto, perché niente concilia tanto le simpatie quanto l'aver caratteri uguali; ma sta di fatto che se quelli venissero presi in esame a uno a uno, risulterebbe che ognuno merita mille volte la morte. Sono la feccia e il rifiuto di tutto il paese,che dopo aver divorato ciò che avevano ed esercitato il loro furore nei villaggi e nelle città vicine, alla fine si sono furtivamente introdotti nella città santa; briganti che nella loro insuperabile empietà profanano finanche il pavimento sacro, che ognuno può vedere aggirarsi senz'alcun timore ubriachi nei luoghi santi e intenti a digerire nel loro ventre insaziabile le spoglie delle loro vittime. Invece lo spettacolo delle vostre schiere e delle vostre fulgide armi è tale, quale avrebbe dovuto essere se la città vi avesse chiamato per pubblica deliberazione a soccorrerla contro lo straniero. Come definire una cosa simile se non un insulto della fortuna, quando si vede un'intera nazione prendere le armi a sostegno di una banda di delinquenti? Mi sono a lungo domandato che cosa vi abbia indotto a muovervi con tanta precipitazione, perché senza un grave motivo non avreste impugnato le armi per difendere dei banditi e per

attaccare un popolo fratello. Ma poiché abbiamo sentito parlare di Romani
e di tradimento – così infatti hanno or ora gridato alcuni di voi, e di esser
qui per liberare la metropoli – è una tale diabolica menzogna di quei
farabutti quello che ci ha colpito più di tutti gli altri audaci misfatti. Degli
individui per loro natura amanti della libertà come voi siete, e perciò
sempre pronti a battersi contro un nemico esterno, non v'era altro modo di
aizzarli contro di noi che accusandoci falsamente di tradire la loro cara
libertà. Ma voi dovete riflettere chi sono gli accusatori, chi gli accusati, e
ricavare la verità non da discorsi menzogneri, ma dalla situazione generale.
Perché ci dovremmo ora vendere ai Romani, mentre potevamo in primo
luogo non ribellarci o, dopo la ribellione, venire presto a un accordo, prima
che il paese all'intorno venisse devastato? Ora nemmeno se lo volessimo
sarebbe facile un'intesa, dal momento che la conquista della Galilea ha
infuso superbia nei Romani, e il blandirli ora che sono vicini ci
procurerebbe una vergogna peggiore della morte. Anch'io, per mio conto,
preferirei la pace alla morte, ma una volta entrato in guerra preferisco una
morte gloriosa al vivere in prigionia. Si dice che noi, i capi del popolo,
abbiamo inviato nascostamente messi ai Romani, o che l'ha fatto il popolo
per pubblica deliberazione? Se noi, si dicano i nomi degli amici inviati ai
Romani, degli schiavi che si prestarono a consumare il tradimento. Fu
scoperto qualcuno che partiva? Fu catturato qualcuno che tornava? Sono
state intercettate delle lettere? Come avremmo noi potuto eludere tanti
cittadini, con cui stiamo insieme ogni momento, mentre quei pochi, che per
di più erano assediati e non potevano nemmeno scendere dal Tempio nella
città, sarebbero venuti a sapere ciò che si preparava segretamente nel
paese? E son venuti a saperlo ora che debbono pagare il fio dei loro
misfatti, mentre finché si sentivano sicuri nessuno di noi fu sospettato di
tradimento? Se poi è contro il popolo che essi lanciano le loro accuse, la
deliberazione popolare dové certamente essere pubblica e nessuno mancare
all'assemblea, sì che a voi la notizia doveva pervenire più rapida e più
chiara della loro segreta denuncia. E poi? Non bisognava anche mandare
ambasciatori dopo aver deciso la resa? E chi ebbe tale incarico? Lo dicano!
Ma questo non è che un espediente di gente dura a morire che cerca di
stornare gli imminenti castighi. Ammesso pure che è destino di questa città
di essere tradita, gli unici capaci di fare anche questo sarebbero i nostri
accusatori, ai cui misfatti manca soltanto uno, il tradimento. Quanto a voi,
poiché siete qui in armi, dovete assolvere a questo altissimo dovere di
giustizia, difendere la metropoli e contribuire ad abbattere questi oppressori
che hanno tolto di mezzo i tribunali e, calpestando le leggi, fanno emanare
le sentenze dalle loro spade. I più galantuomini fra i notabili li hanno
trascinati per la piazza, li hanno gettati ignominiosamente in prigione e,
senza ascoltare una loro parola o una loro supplica, li hanno messi a morte.
Se voi entrerete in città, non come nemici vincitori, potrete vedere le prove

di ciò che dico: case svuotate dalle loro ruberie, mogli e figli degli uccisi in lutto, gemiti e lamenti per tutta la città; infatti non v'è nessuno che non abbia subito le scorrerie di quegli empi. Essi sono giunti a tal punto di follia, che non solo hanno trasferito la loro audacia brigantesca dal contado e dalle altre città su questa, che è il volto e la testa di tutta la nazione, ma anche dalla città sul Tempio. Questo è diventato la loro base, il loro rifugio, la fucina dei loro preparativi contro di noi, e il luogo venerato da tutto il mondo e rispettato per fama dagli stranieri dei paesi più lontani è ora calpestato da questi mostri nati proprio fra noi. Presi dalla disperazione, ormai si studiano stoltamente di aizzare un popolo contro l'altro, una città contro l'altra, e di armare la nazione contro il suo stesso centro vitale. Sicché per voi la cosa più bella e più conveniente, come ho detto, è quella di contribuire a togliere di mezzo questi profanatori, punendoli anche dell'inganno per aver osato chiamare in aiuto quelli che dovevano temere come punitori. Ma se provate imbarazzo perché essi vi hanno rivolto una preghiera, potrete deporre le armi, entrare in città come consanguinei e assumervi una parte a metà fra quella degli alleati e quella dei nemici facendovi arbitri. E considerate anche quale vantaggio avranno a essere giudicati da voi per colpe così manifeste e così gravi, essi che a persone innocentissime non concessero nemmeno di parlare; ricevano dunque questo beneficio dal vostro arrivo! Se poi non volete né condividere il nostro rancore né far da giudici, c'è una terza possibilità, quella di abbandonare a sé stesse le due parti senza né accrescere le nostre pene, né collaborare con i nemici della metropoli. Se proprio avete un fortissimo sospetto che alcuni di noi si siano messi in contatto con i Romani, è in vostra facoltà di tener sotto controllo le strade di accesso, e se si scoprirà che è vera qualcuna delle accuse, potrete venire a presidiare la metropoli e a punire i colpevoli: i nemici non potrebbero prevenirvi essendo voi accampati nei pressi della città. Se, infine, nessuna di queste proposte vi sembra ragionevole o equilibrata, non vi stupite se le porte rimarranno chiuse fino a che sarete in armi"[753].

La morte di Gesù b. Gamala:

Così parlò Gesù, ma la massa degli Idumei non gli dette ascolto, anzi era infuriata di non poter entrare immediatamente, mentre i capi fremevano all'idea di deporre le armi: a farlo per ingiunzione di altri pareva loro come di esser caduti prigionieri. Simone figlio di Caatha, uno dei comandanti, sedati a stento gli schiamazzi dei suoi e collocatosi in un luogo donde poteva essere udito dai sommi sacerdoti, rispose che non si meravigliava più che fossero assediati nel Tempio i paladini della libertà dal momento

___

753 GG IV, 238-269.

che s'impediva ai connazionali di entrare nella città comune; non si meravigliava che essi si apprestassero ad accogliere i Romani, magari adornando di corone le porte, mentre con gli Idumei parlavano dall'alto delle torri e ordinavano loro di gettare le armi impugnate per difendere la libertà; non si meravigliava che essi, pur non volendo affidare la difesa della metropoli a consanguinei, li scegliessero poi ad arbitri dei loro contrasti; non si meravigliava che essi, mentre accusavano taluni di aver condannato a morte senza processi, alla lor volta condannavano l'intera nazione alla vergogna. E la città, normalmente aperta per il culto divino a tutti gli stranieri, adesso era preclusa ai suoi stessi cittadini. "Proprio a far stragi e combattere contro i connazionali ci siamo precipitati noi che invece siamo accorsi al solo scopo di preservare la vostra indipendenza! Tali saranno stati anche i torti che avete subito dagli assediati, e altrettanto fondati io penso che siano i sospetti da voi raccolti contro di loro! E poi, mentre tenete rinchiusi i cittadini che si preoccupano del bene comune, e impedite di entrare in città a un intero popolo fratello con un'ingiunzione così offensiva, affermate di essere oppressi, e date il nome di tiranni a chi è invece calpestato da voi. Chi potrebbe tollerare l'ironia di tali parole considerando che i fatti stanno tutt'al contrario? A meno che anche in questo caso non siano gli Idumei a impedirvi di entrare nella metropoli, quegli Idumei cui in realtà voi precludete l'accesso ai sacri riti tradizionali. Se veramente un rimprovero meritano gli assediati nel Tempio è che essi, pur avendo avuto il coraggio di punire i traditori, quelli che voi chiamate galantuomini e innocentissimi perché ne eravate i complici, non hanno cominciato da voi mozzando le membra più importanti del tradimento. Ma se quelli furono troppo clementi, penseremo noi Idumei a preservare la casa di Dio e a batterci per la patria comune, affrontando sia i nemici che avanzano dall'esterno, sia quelli che la tradiscono all'interno. Qui dinanzi alle mura noi resteremo in armi, finché i Romani non si stanchino di darvi retta o voi non vi convertiate alla causa della libertà". A questo discorso la massa degli Idumei gridò il suo assenso, mentre Gesù si ritirava scoraggiato al vedere che fra gli Idumei non v'era alcun proposito di moderazione e che la città si trovava a esser combattuta da due parti. Ma nemmeno gli Idumei erano sereni: li bruciava l'affronto di esser stati esclusi dalla città, e poi credevano che gli zeloti fossero forti, ma quando videro che nessuno accorreva in loro sostegno restarono perplessi e molti si pentirono di aver intrapreso la spedizione. Ma la vergogna di tornare indietro senza aver concluso proprio nulla fu più forte del pentimento, sì che essi rimasero lì accampati alla peggio dinanzi alle mura. Durante la notte scoppiò un violento temporale con venti impetuosi, piogge torrenziali, un terrificante susseguirsi di fulmini e tuoni e spaventosi boati di terremoto. Sembrava la rovina dell'universo per la distruzione del genere umano, e vi si potevano riconoscere i segni di un'immane catastrofe[754]. Gli Idumei e quelli nella città ebbero uno stesso pensiero: gli uni che il Dio fosse offeso per la spedizione e che non sarebbero sfuggiti al suo castigo per aver portato le armi contro la metropoli, gli uomini del seguito di Anano ritennero di aver in pugno la vittoria senza combattere e che il Dio si fosse posto alla loro testa. Ma furono cattivi indovini del futuro, e la rovina che presagivano ai nemici stava per abbattersi sui loro compagni. Gli Idumei raccogliendosi in gruppi si scaldarono a vicenda e, riuniti gli scudi al di sopra delle teste, ridussero i danni della pioggia; nel frattempo gli zeloti, preoccupati più per gli Idumei che per la loro critica situazione, si radunarono per vedere se si poteva trovare il mezzo per soccorrerli. Le teste più calde proponevano di aprirsi con le armi la strada attraverso gli assedianti e poi, piombati nel mezzo della città, correre senza esitazione a spalancare le porte agli alleati; i nemici di guardia, sconvolti dalla loro improvvisa apparizione, avrebbero ceduto, anche perché erano per lo più disarmati e inesperti del combattimento, mentre la massa dei cittadini difficilmente si sarebbe potuta radunare essendo stata costretta in casa dalla bufera. E se anche si fosse presentato qualche pericolo, avevano il dovere di affrontare qualunque prova pur di non lasciar perire miseramente per colpa loro una così grande moltitudine. Gli elementi più cauti però sconsigliarono questa prova di forza, vedendo che non solo erano pieni di nemici i posti di blocco sistemati contro di loro, ma che anche le mura della città erano sottoposte ad attenta vigilanza a causa degli Idumei; inoltre essi ritenevano che Anano si presentasse dappertutto e ispezionasse continuamente le sentinelle. E in realtà così era stato nelle notti precedenti, ma il controllo venne allentato proprio in quella, e non per negligenza di Anano, ma perché fu volere del destino che perissero lui e la moltitudine degli uomini di guardia. Fu il destino che allora, mentre avanzava la notte e il temporale raggiungeva il massimo della furia, fece addormentare gli uomini di guardia ai portici e suggerì agli zeloti di prendere le seghe che stavano nel Tempio per tagliare le sbarre che tenevano chiuse le porte. A non far sentire il rumore che facevano contribuì il sibilare dei venti e il continuo rimbombo dei tuoni. Senza che nessuno se n'accorgesse, quegli uomini arrivarono dal Tempio alle porte e, usando le stesse seghe, aprirono la porta dirimpetto agli Idumei. Questi dapprima ne furono scompigliati credendo di essere assaliti dagli uomini di Anano, e tutti misero mano alle spade per difendersi; ma ben presto riconobbero chi erano ed entrarono nella città. Se si fossero scatenati per la città, niente avrebbe potuto impedire che il popolo fosse sterminato fino all'ultimo uomo, tanto erano inferociti; invece per prima cosa si affrettarono a liberare gli zeloti dal blocco, anche per le molte insistenza di quelli che li avevano fatti entrare, che li pregavano di non

---

754 Da notare che questa descrizione sembra molto simile allo scenario del terremoto successivo alla morte del Gesù dei vangeli.

dimenticarsi nel momento del pericolo di coloro in cui aiuto erano venuti e di non esporre sé stessi a rischi più gravi. Infatti, una volta eliminati gli uomini di guardia, più facilmente avrebbero potuto rivolgersi contro la città, mentre se avessero cominciato da questa non sarebbero più riusciti ad aver ragione di quelli, che al primo sentore si sarebbero raccolti a battaglia sbarrando ogni via di accesso. Gli Idumei furono d'accordo e attraversando la città salirono al Tempio. Gli zeloti aspettavano ansiosamente il loro arrivo e, quando essi entrarono nel recinto, si fecero loro incontro baldanzosamente dall'interno del Tempio. Unitisi agli Idumei si scagliarono sugli assedianti e ne uccisero alcuni dei più vicini immersi nel sonno; alle gridi di chi si svegliava balzarono tutti in piedi atterriti e, afferrate le armi, s'avanzarono a battaglia. Fino a che credettero che ad assalirli fossero i soli zeloti, si batterono coraggiosamente confidando di aver la meglio per il loro gran numero, ma quando videro che altri irrompevano dal di fuori capirono che gli Idumei erano penetrati nella città. Allora i più furono presi dallo sconforto e, gettate le armi, scoppiarono in lamenti; soltanto pochi fra i giovani, strettisi insieme, opposero un'animosa resistenza agli Idumei e per parecchio tempo protessero la moltitudine inerte. Questa con le sue grida rivelò ai cittadini la tragica situazione che s'era creata, ma nessuno di quelli ebbe l'ardire di venire al soccorso quando seppero che gli Idumei erano entrati in città, e si limitarono a rispondere con inutili grida e lamenti, mentre si levava un coro di gemiti da tutte le donne in ansia per qualcuno degli uomini di guardia. Dall'altra parte gli zeloti facevano eco al grido di guerra degli Idumei, e i loro clamori riuniti erano resi ancora più terrificanti dal frastuono della tempesta. Gli Idumei non risparmiarono nessuno, sia perché erano per natura feroci e sanguinari, sia perché, ridotti a mal partito dal temporale, si sfogarono contro chi li aveva tenuti fuori delle mura; trattarono con uguale spietatezza tanto chi li implorava quanto chi opponeva resistenza, e passarono a fil di spada anche molti che si appellavano ai legami di parentela o li supplicavano di aver rispetto per il loro santuario comune. Non v'era alcuna via di scampo né speranza di salvezza, ma risospinti l'uno sull'altro venivano trucidati, e i più, incalzati dove non c'era più spazio per indietreggiare mentre i loro carnefici avanzavano, presi dalla disperazione si precipitavano a capo fitto sulla città, affrontando volontariamente una morte a mio parere più dolorosa di quella cui si sottraevano. Il piazzale antistante al Tempio fu tutto un lago di sangue, e il giorno spuntò su ottomila e cinquecento cadaveri. Costoro non bastarono però ad appagare il furore degli Idumei, che, rovesciatisi sulla città, depredavano ogni casa e uccidevano chiunque capitava. Ma a sfogarsi sulla gente comune sembrava loro di perdere il tempo, e diedero la caccia ai sommi sacerdoti sguinzagliandosi per la maggior parte contro di loro. In breve li presero e li uccisero; poi, accalcandosi presso i loro cadaveri, beffeggiavano Anano per il suo amor di patria e Gesù per il suo discorso dalle mura. Giunsero a tal punto di empietà, da gettarli via insepolti, mentre i Giudei si danno tanta cura di seppellire i morti, che finanche i condannati alla crocifissione vengono deposti e sepolti prima del calar del sole. Non credo di sbagliare dicendo che la morte di Anano segnò l'inizio della distruzione della città, e che le sue mura caddero e lo stato dei Giudei andò in rovina a cominciare dal giorno in cui essi videro scannato in mezzo alla città il loro sommo sacerdote e il capo della loro salvezza. Era stato un uomo venerando sotto ogni rispetto e di assoluta integrità, che pur dall'alto della sua nobiltà, del suo rango e della sua onorifica posizione si era sempre compiaciuto di trattare alla pari anche le persone più umili, un uomo straordinariamente attaccato alla libertà e alla democrazia, che all'interesse privato aveva sempre anteposto il bene comune. Quello di salvare la pace fu il primo dei suoi pensieri, perché sapeva che non sarebbe stato possibile battere i Romani, ma, costretto dalla necessità, si preparò anche alla guerra in modo che, se i Giudei non fossero riusciti a raggiungere un accordo, potessero almeno scendere in campo in condizioni favorevoli. Insomma, se Anano fosse sopravvissuto, certamente i Giudei sarebbero venuti a un'intesa, perché egli era un abile parlatore, capace di convincere il popolo, e già aveva preso il sopravvento sugli avversari; altrimenti, in caso di guerra, avrebbero dato molto filo da torcere ai Romani sotto un simile comandante. A lui si affiancava degnamente Gesù, inferiore rispetto ad Anano, ma superiore agli altri. Debbo ritenere che dio, avendo condannato alla distruzione la città contaminata e volendo purificare col fuoco i luoghi santi, eliminò coloro che vi erano attaccati con tanto amore. E quelli che poco prima, avvolti nei sacri paramenti, avevano presieduto a cerimonie di culto di portata universale ed erano stati oggetto di venerazione da gente venuta nella città da ogni paese, era dato ora di vederli gettati ignudi in pasto ai cani e alle fiere. Su uomini siffatti io credo che la stessa virtù abbia lacrimato, lamentando di esser stata così calpestata dalla malvagità: tale fu la fine di Anano e di Gesù[755].

Gesù b. Gamala, definito inferiore ad Anano come oratore, ma anche il migliore dopo di lui, venne ucciso dagli Idumei, oltraggiato, sbeffeggiato e gettato insepolto in mezzo alle altre migliaia di cadaveri.
Tuttavia, con ogni probabilità, Flavio Giuseppe non è attendibile quando, parlando della morte di Gesù b. Gamala e di Anano b. Anano, afferma che vennero lasciati insepolti, sia perché ha interesse nel diffamare gli Idumei e gli zeloti sia perché è difficile immaginare che dei sommi sacerdoti non vennero sepolti almeno successivamente, sapendo quanta importanza gli Ebrei davano alla sepoltura.

---

755 GG IV, 270-325.

In effetti sembra che Flavio Giuseppe si contraddica in *Guerra Giudaica* quando parla della tomba del sommo sacerdote Anano:

> Il trinceramento risaliva poi *lungo il monumento*[756] *del sommo sacerdote Anano* e, tagliando il colle su cui s'era accampato Pompeo, volgeva verso nord[757].

Secondo J. Bowman l'Anano menzionato in questo passo sarebbe proprio Anano b. Anano, e non Anano (Anna) b. Seth[758]. Probabilmente J. Bowman afferma questo su base filologica: in *Guerra Giudaica* Anano b. Seth viene menzionato solo due volte, entrambe come patronimico ("Jonathan b. Anano" e "Anano b. Anano"). Mentre di Anano b. Seth non si dice nemmeno che fosse sommo sacerdote, per quanto riguarda Anano b. Anano abbiamo almeno 37 attestazioni in cui viene definito "sommo sacerdote". Inoltre è lui l'ultimo Anano a essere menzionato prima del riferimento al "monumento del sommo sacerdote Anano". Se dunque Anano, lasciato insepolto dagli Idumei insieme a Gesù b. Gamala, fu successivamente sepolto, è lecito supporre che lo stesso sia accaduto per Gesù.

È dunque verosimile che Gesù b. Gamala, se davvero venne inizialmente lasciato insepolto dagli Idumei, fu in seguito trasportato in quella che oggi chiamiamo "tomba di Talpiot", dove riposò in compagnia di sua moglie e dei suoi fratelli Giacomo e Giuseppe (cfr. Cap. IV).

---

756 Da notare che il termine μνημεῖον, *mnēmeîon*, qui tradotto con "monumento", ha spesso il significato di "tomba"; cfr. per es. Senofonte, *Hellēniká* 2, 4, 17, etc.
757 GG V, 506.
758 Cfr. Sitografia n, 53, p. 282. Sito consultato in data 11/11/2017.

APPENDICE N. 2
LA TESTIMONIANZA DI TACITO SUI CRISTIANI

Sed non ope humana, non largitionibus principis aut deum placamentis decedebat infamia quin iussum incendium crederetur. Ergo abolendo rumori Nero subdidit reos et quaesitissimis poenis adfecit, quos per flagitia invisos vulgus christianos appellabat. Auctor nominis eius christus Tiberio imperitante per procuratorem Pontium Pilatum supplicio adfectus erat.

Perciò, per far cessare tale diceria, Nerone si inventò dei colpevoli e sottomise a pene raffinatissime coloro che la plebaglia, detestandoli a causa delle loro nefandezze, denominava cristiani. Origine di questo nome era Cristo, il quale sotto l'impero di Tiberio era stato condannato al supplizio dal procuratore Ponzio Pilato[759].

Alcuni indizi ci farebbero propendere per l'ipotesi secondo la quale la testimonianza di Tacito non sarebbe una fonte indipendente, cioè ottenuta grazie a una verifica diretta dello stesso autore, ma dipendente, vale a dire che riporta l'opinione che l'autore ha sentito da altre persone e che non è stato in grado di verificare personalmente. In effetti Tacito non solo non fu contemporaneo ai fatti narrati, ma lo divideva anche una grande distanza che difficilmente gli avrebbe permesso di ottenere informazioni di prima mano per la redazione di questa testimonianza, sebbene egli avesse a disposizione gli *Acta Senatus* e gli *Acta Diurna Populi Romani*. A confermarcelo sono alcuni dettagli fondamentali, quali:

1.   Se Tacito per la redazione di questo passo si fosse avvalso degli atti ufficiali della *Res Publica Romana*, avrebbe saputo che il nome del criminale crocifisso era Gesù, e non "Cristo". Invece in questo passo egli sembra utilizzare il termine "Cristo" come fosse un nome proprio. Difatti "Cristo" deriva dal greco e significa "unto"; che traduce l'ebraico "Messia" dal medesimo significato.

2.   Ponzio Pilato, come dimostrato dalla lapide rinvenuta a Cesarea, non era un procuratore, ma un prefetto. Sebbene alcuni storici ipotizzino che

---

759 Tacito, *Annali* XV, 44.

all'epoca di Tacito si fosse persa parte della distinzione tra procuratore e prefetto, ciò perlomeno denota che Tacito non si era avvalso dei documenti ufficiali per scrivere questa testimonianza. Difatti, mentre in altri casi specifica sempre quale fosse la regione sottoposta al controllo dei procuratori, in questo caso non lo fa.

Pertanto se ne deduce che la fonte utilizzata da Tacito per la redazione di questo brano fossero i cristiani stessi: infatti egli sarebbe stato ben felice di accettare il loro punto di vista, secondo cui il Cristianesimo era una religione all'epoca piuttosto recente, in quanto a Roma venivano accolti soltanto i culti più antichi.
Se ne conclude che le uniche informazioni che deduciamo da questo brano sono che i cristiani del II secolo d.C. ritenevano Gesù un personaggio storico realmente esistito che subì un supplizio sotto Ponzio Pilato, da loro considerato erroeamente "procuratore" invece che "prefetto". Queste osservazioni possono essere estese anche a numerose altre testimonianze extra-cristiane datate al II sec. d.C. – e dunque non contemporanee ai fatti narrati – che parlano del Messia dei cristiani, dal momento che essi, insieme ai vangeli, erano le uniche fonti di informazione per i pagani su quella religione di recente formazione.

CONCLUSIONI
DI ALESSIO DE ANGELIS

Siamo arrivati alla conclusione della nostra indagine su Gesù, che ci ha portato a identificare il Messia cristiano con un uomo discendente dalla famiglia oniado-boethusiana. Inoltre, abbiamo visto che esiste una curiosa sovrapposizione tra Gesù Cristo e Gesù b. Gamala, tanto che i due sembrerebbero essere la stessa persona. Nel seguito di questo libro, *Codex Jesus vol. II*, approfondiremo tematiche che abbiamo avuto tempo solo di accennare in questo libro, in particolare quella relativa a Giuseppe, padre di Gesù. Inoltre, approfondiremo la tematica dello sviluppo del Cristianesimo primitivo nei suoi vari stadi attraverso fonti che sembrano, in seguito, essere state progressivamente dimenticate.

Sperando di non averlo eccessivamente annoiato, desideriamo concludere la nostra trattazione invitando il lettore o lo studioso che si è accinto a leggere il nostro libro a vagliare e a discutere con la massima serenità, calma e armonia i temi affrontati in questo primo volume dell'opera. Nel caso avessimo commesso errori e/o imprecisioni, preghiamo il lettore di segnalarceli sul nostro profilo Facebook (Alessandro De Angelis e Alexius Angelanius), al fine di provvedere subito all'emendazione nella terza edizione dell'opera.

Nei numerosi anni in cui ci siamo dedicati allo studio di queste tematiche, abbiamo notato quante poche siano le persone che riescono a confrontarsi su questi argomenti in maniera dolce, gentile e pacata. Concludiamo con l'augurio che ogni confronto su questa tematica possa essere intrapreso amorevolmente nel massimo rispetto di ogni interlocutore.

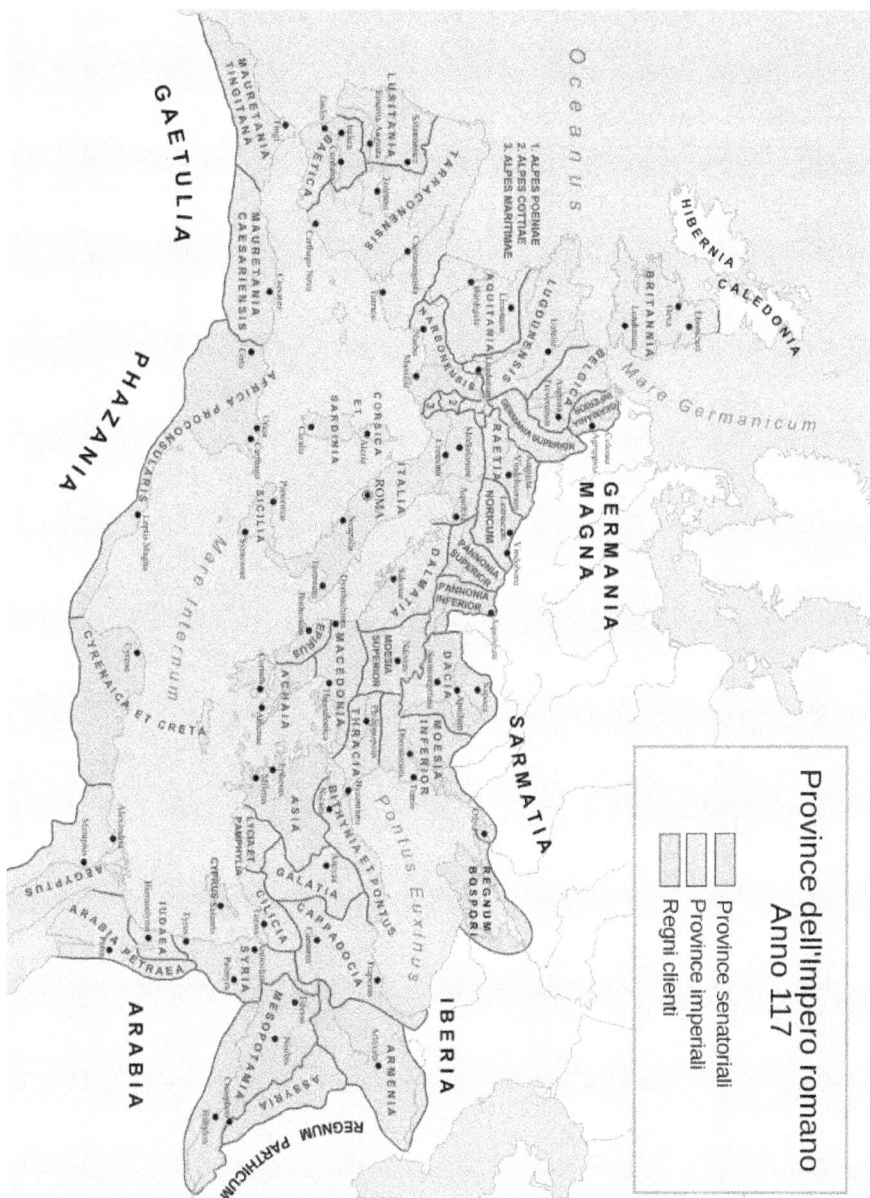

Iudaea Province in the First Century

Sidon
•Damascus

PHOENICIA

•Tyre
•Cæsarea Philippi

GAULANITIS

Mediterranean Sea

•Ptolemais

GALILEE
•Bethsaida

Tiberias
•Sepphoris
•Hippos

•Nazareth

Scythopolis•
•Bethabara
•Pella

•Cæsarea

DECAPOLIS

•Gerasa

•Samaria

SAMARIA
•Sychar
•Shechem

River Jordan

•Joppa

PERÆA

•Philadelphia

•Lydda
•Ephraim

•Jamnia
•Jericho

•Emmaus
•Jerusalem
Qumran•

JUDÆA
•Bethlehem

PHILISTIA
•Machaerus

NABATEA

•Gaza
Dead
Sea

IDUMEA
Masaba•

0   20 miles

0   20 km

Tavole Cronologiche

RE-SACERDOTI MACCABEI

Mattatia, 167-166 a.C.
Giuda Maccabeo, 166-160 a.C.
Jonathan, 160-142 a.C.
Simone, 142-134 a.C.
Giovanni Ircano, 134-104 a.C
Alessandro Janneo, 103-76 a.C.
Salome Alessandra, 76-67 a.C.
Aristobulo II, 67-63 a.C.
Ircano II, 76-67 a.C. e 63-40 a.C.
Antigono, 40-37 a.C.

RE ERODIANI, ETNARCHI O TETRARCHI

Erode il Grande, 37-4 a.C.
Archelao, etnarca di Giudea, 4 a.C.-7 d.C.
Erode Antipa, tetrarca di Galilea e Perea, 4 a.C.-7 d.C.
Filippo, tetrarca della Traconitide, 4 a.C.-34 d.C.
Agrippa I, re e tetrarca, 37-44 d.C.
Erode di Calcide, 44-49 d.C.
Agrippa II, 49-93 d.C.

GOVERNATORI ROMANI

Antipatro (padre di Erode il Grande), procuratore, 55-43 a.C.
Coponio, 6-9 d.C.
Ambivulo, 9-12 d.C.
Rufo, 12-15 d.C.
Valerio Grato, 15-26 d.C. (forse 15-18 d.C.)
Ponzio Pilato, 26-37 d.C. (forse 18-37 d.C.)
Cuspio Fado, 44-46 d.C.
Tiberio Alessandro 46-48 d.C.
Cumano, 48-52 d.C.
Felice, 52-60 d.C.
Porcio Festo, 60-62 d.C.
Albino 62-64 d.C.
Gessio Floro, 64-66 d.C.

IMPERATORI ROMANI DAL 27 A.C. AL 138 D.C.

Ottaviano (Augusto), 27 a.C.-14 d.C.
Tiberio, 14-37 d.C.
Caligola 37-41 d.C.
Claudio 41-54 d.C.
Nerone 54-68 d.C.
Galba 68-69 d.C.
Otone 69 d.C.
Vitellio 69 d.C.
Vespasiano 69-79 d.C.
Tito 79-81 d.C.
Domiziano 81-96 d.C.
Nerva 96-98 d.C.
Traiano 98-117 d.C.
Adriano 117-138 d.C.

ELENCO DELLE ABBREVIAZIONI

1AP GIACOMO	PRIMA APOCALISSE DI GIACOMO
1CO	PRIMA LETTERA AI CORINZI
1CR	PRIMO LIBRO DELLE CRONACHE
1GV	PRIMA LETTERA DI GIOVANNI
1MAC	PRIMO LIBRO DEI MACCABEI
1PT	PRIMA LETTERA DI PIETRO
1TI	PRIMA LETTERA A TIMOTEO
2AP GIACOMO	SECONDA APOCALISSE DI GIACOMO
2CO	SECONDA LETTERA AI CORINZI
2CR	SECONDO LIBRO DELLE CRONACHE
2GV	PRIMA LETTERA DI GIOVANNI
2MAC	SECONDO LIBRO DEI MACCABEI
2PT	SECONDA LETTERA DI PIETRO
2TI	SECONDA METTERA A TIMOTEO
AG	ANTICHITÀ GIUDAICHE
ANNALI	ANNALI DI TACITO
AP	LIBRO DELL'APOCALISSE
ARN	ABBOT DE RABBI NATHAN
ATTI	ATTI DEGLI APOSTOLI
AUT	AUTOBIOGRAFIA
CFR	CONFRONTASI
COL	LETTERA AI COLOSSESI
EF	LETTERA AGLI EFESINI
ES	LIBRO DELL'ESODO
EZ	LIBRO DI EZECHIELE
GC	LETTERA DI GIACOMO
GEN	LIBRO DELLA GENESI
HAES.	CONTRO LE ERESIE DI GIROLAMO
GAL	LETTERA AI GALATI

GG	GUERRA GIUDAICA
GGR	GUERRA GIUDAICA RUSSA
GIUDA	LETTERA DI GIUDA
GV	VANGELO SECONDO GIOVANNI
IS	LIBRO DI ISAIA
LC	VANGELO SECONDO LUCA
LE	LIBRO DEL LEVITICO
MC	VANGELO SECONDO MARCO
MT	VANGELO SECONDO MATTEO
NU	LIBRO DEI NUMERI
OS	LIBRO DI OSEA
P	PAGINA
PER ES.	PER ESEMPIO
PP	PAGINE
RM	LETTERA AI ROMANI
SE	STORIA ECCLESIASTICA DI EUSEBIO DI CESAREA
TIT	LETTERA A TITO
V	VEDASI

BIBLIOGRAFIA

AVI-YONAH M., *A LIST OF PRIESTLY COURSES FROM CESAREA*, ISRAEL EXPLORATION JOURNAL, 12, 1962.

ATKINSON J.E. (A CURA DI), *STORIE DI ALESSANDRO MAGNO*, MONDADORI, MILANO 2000.

BAGATTI B., *GLI SCAVI DI NAZARET I, DALLE ORIGINI AL SECOLO XII*, OFM PRESS, GERUSALEMME 1967.

BARZANÒ A, *GIUSTO DI TIBERIADE*, AUFSTIEG UND NIEDERGANG DER RÖMISCHEN WELT, BERLINO 1986.

BROWN R.E., *BIRTH OF THE MESSIA*, DOUBLEDAY, GARDEN CITY (NY) 1977.

CADBURY H.J., *THE PERIL OF MODERNIZING JESUS*, SPCK, LONDRA 1962.

CARPIN A. (A CURA DI), *DE CARNE CHRISTI*, ESD, BOLOGNA 2015.

CASORATI F. (A CURA DI), *VITA DEI CESARI*, GRANDI TASCABILI ECONOMICI NEWTON, ROMA 2008.

CERESA GASTALDO A. (A CURA DI), *DE VIRIS ILLUSTRIBUS*, EDB, BOLOGNA 1998.

CERINOTTI A., *VANGELI APOCRIFI*, GIUNTI EDITORE, FIRENZE 2006.

CHARLESWORTH J.H., *JESUS WITHIN JUDAISM: NEW LIGHT FROM EXCITING ARCHAEOLOGICAL DISCOVERIES*, GARDEN CITY, DUBLEDAY 1988.

CIARLO D. (A CURA DI), *PANARION*, CITTÀ NUOVA, ROMA 2014.

COOPERMAN A., *'LOST TOMB OF JESUS' CLAIM CALLED A STUNT*, THE WASHINGTON POST, WASHINGTON 28 FEBBRAIO 2007.

CROSSAN J.D., *THE HISTORICAL JESUS*, HARPER COLLINS, SAN FRANCISCO 1991.

DE ANGELIS A., DE ANGELIS A., *IL FIGLIO SEGRETO DI GESÙ*, ALTERA VERITAS, TIVOLI (RM) 2014.

DE ANGELIS A., DI LENARDO A., *EXODUS. DAGLI HYKSOS A MOSÈ: ANALISI STORICA SUI DUE ESODI BIBLICI*, ALTERA VERITAS, TIVOLI 2016.

DELLA GIACOMA V. (A CURA DI), *CONTRA HERESIAS*, CANTAGALLI, SIENA 1992.

DONNINI D., *GAMALA. IL SEGRETO DELLE ORIGINI DI GESÙ*, CONIGLIO EDITORE, ROMA 2010.

EHRMAN B.D., *DID JESUS EXIST*, HARPERCOLLINS PUBLISHER, NEW YORK 2013.

EISENMAN R., *CODICE GESÙ*, PIEMME, CASALE MONFERRATO (AL) 2008.
EISENMAN R., *GIACOMO IL FRATELLO DI GESÙ*, PIEMME, CASALE MONFERRATO (AL) 2008.
FELDMAN L.H., *JOSEPHUS, JUDAISM AND CHRISTANITY*, WAYNE STATE UNIVERSITY PRESS, DETROIT 1989.
FERGUS M., S. EMIL & V. GEZA, *THE HISTORY OF THE JEWISH PEOPLE IN THE AGE OF JESUS CHRIST (175 B.C. - A.D. 135)*, CONTINUUM INTERNATIONAL PUBLISHING GROUP, 1973.
FOERSTER W. (A CURA DI), *GNOSIS, A SELECTION OF GNOSTIC TEXTS: II. COPTIC AND MANDEAN SOURCES*, CLARENDON PRESS, OXFORD 1974.
GARDNER I., LIEU S.N.C., *MANICHEAN TEXTS FROM THE ROMAN EMPIRE*, CAMBRIDGE UNIVERSITY PRESS, CAMBRIDGE 2004.
GNILKA J., *JESUS VON NAZARET. BOTSCHAFT UND GESHICHTE*, VERLKAG HERDER, FREIBURG, 1991.
GRAMAGLIA P.A. (A CURA DI), *DE VIRGIBUS VELANDIS*, BORLA, ROMA 1984.
GROSSO M (A CURA DI), *VANGELO SECONDO TOMMASO*, CAROCCI, ROMA 2011.
HEISER, MICHAEL, *EVIDENCE REAL AND IMAGINED: THINKING CLEARLY ABOUT THE "JESUS FAMILY TOMB".*
HERRMANN, L. *QUELS CHRETIENS ONT INCENDIE ROME*, IN «REVUE BELGE DE PHILOLOGIE ET HISTOIRE», 27, BRUXELLES 1949.
HORSLEY R., *GALILEA. STORIA, POLITICA, POPOLAZIONE*, PAIDEIA, BRESCIA 2006.
KLAUSNER J., *JESUS OF NAZARET. HIS LIFE, TIMES AND TEACHING*, MACMILLAN, NEW YORK 1925.
KOKKINOS N., *THE HERODIAN DYNASTY: ORIGINS, ROLES IN SOCIETY AND ECLIPSE*, SPINK, LONDON 2010.
LANATA G. (A CURA DI), *ALETHÉS LÒGOS*, ADELPHI, MILANO 1987.
LANCISI G., *ISTORIA DI TUTTE L'ERESIE DI DOMENICO BERNINO, SEC I*, GYAN BOOKS, VENEZIA, 1737.
LAMPE P., *CHRISTIANS AT ROME IN THE FIRST TWO CENTURIES*, FORTRESS PRESS, MINNEAPOLIS 2003.
MADDOLI G. (A CURA DI), *PERIEGESI DELLA GRECIA*, MONDADORI, MILANO 2010.
MASON S., *FLAVIUS JOSEPHUS, TRANSLATION AND COMMENTARY. LIFE OF JOSEPHUS: 9*, BRILL ACADEMIC PUB, LEIDA 2001.
MASON S., *JOSEPHUS AND THE NEW TESTAMENT*, PEABODY, HENDRIKSON PUBLISHER, PEABODY (MASSACHUSETTS) 2012.
MASPERO F. (A CURA DI), *STORIE NATURALI (LIBRI VIII-XI). TESTO LATINO A*

FRONTE, BUR, TORINO 2011.

MIGLIARIO E. (A CURA DI), *AUTOBIOGRAFIA*, BUR, MILANO 1994.

MEIER J.P., *UN EBREO MARGINALE, RIPENSARE IL GESÙ STORICO. VOL. I*: *LE RADICI DEL PROBLEMA E DELLA PERSONA*, QUERINIANA, BRESCIA 2008[4].

MEIER, *UN EBREO MARGINALE, RIPENSARE IL GESÙ STORICO. VOL. III*: *COMPAGNI E ANTAGONISTI*, QUERINIANA, BRESCIA 2003.

MERRIAM-WEBSTER'S ENCYCLOPEDIA OF WORLD RELIGIONS, MERRIAM-WEBSTER, 1999.

MIGLIORE F. (A CURA DI), BORZÌ S. (TRAD.), *STORIA ECCLESIASTICA*, CITTÀ NUOVA, ROMA 2001.

MORALDI L. (A CURA DI), *ANTICHITÀ GIUDAICHE*, UTET, TORINO 2006.

MORALDI L. (A CURA DI), *APOCRIFI DEL NUOVO TESTAMENTO*, UTET, TORINO 1971.

MORESCHINI C. (A CURA DI), *CONTRO MARCIONE*, CITTÀ NUOVA, ROMA 2015.

OLSON K., *EUSEBIUS AND THE TESTIMONIUM FLAVIANUM*, CATHOLIC BIBLICAL QUARTERLY, 61, 1994.

PAGLIARINO G., *SINDÒN, LA MISTERIOSA SINDONE DI TORINO*, EDITRICE GDS, VAPRIO D'ADDA (MI) 2013.

PIEGHETTI L. (A CURA DI), *ANNALI*, MONDADORI, MILANO 2007.

POLIDORI V. (A CURA DI), *STUDI SUL CRISTIANESIMO PRIMITIVO*, YOUCANPRINT SELF-PUBLISHING, VENEZIA 2014.

RENAN E., *SAN PAOLO*, CASTELVECCHI, ROMA 2014.

RIGATO M., *IL TITOLO DELLA CROCE DI GESÙ: CONFRONTO TRA I VANGELI E LA TAVOLETTA-RELIQUIA DELLA BASILICA ELENIANA A ROMA*, PONTIFICIA UNIVERSITÀ GREGORIANA, ROMA 2003.

SCANDOLA M. (TRAD.), *AB URBE CONDITA*, BUR, MILANO 1982.

SCHABERG J., *THE ILLEGITIMACY OF JESUS. A FEMINIST THEOLOGICAL INTERPRETATION OF THE INFANCY NARRATIVES*, HARPER & ROW, SAN FRANCISCO 1987.

SCHIFFMAN L.H., *THE ESCHATOLOGICAL COMMUNITY OF THE DEAD SEA SCROLLS*, SOCIETY OF BIBLICAL LITERATURE, ATLANTA 1989.

SCHRADER E., *WAS MARTA OF BETHANY ADDED TO THE FOURTH GOSPEL IN THE SECOND CENTURY?*, HARVARD THEOLOGICAL REVIEW, VOL. 110, HARVARD 2017.

SCHÜRER E., MILLAR F., VERMES G., GOODMAN M., *THE HISTORY OF THE JEWISH PEOPLE IN THE AGE OF JESUS CHRIST, VOL. 2*, T&T CLARK, EDINBURGH 2000.

SHRAGAI N., *THE ART OF AUTHENTIC FORGERY*, HAARETZ, 14 APRILE 2008.

SIGALIT BEN-ZION, *A ROADMAP TO THE HEAVENS: AN ANTHROPOLOGICAL STUDY OF HEGEMONY AMONG PRIESTS, SAGES, AND LAYMEN*, ACADEMIC STUDIES PRESS, BRIGHTON (MA) 2008.

SISTI F E ZAMBRINI A. (A CURA DI), *ANABASI DI ALESSANDRO*, MONDATORI, MILANO 2004.

SITTA VON REDEN, *MONEY IN PTOLEMAIC EGYPT: FROM THE MACEDONIAN CONQUEST TO THE END OF THE THIRD CENTURY BC*, CAMBRIDGE UNIVERSITY PRESS 2007.

SMITH M., *JESUS THE MAGICIAN*, HARPER & ROW, NEW YORK 1978.

SPERA L., MINEO S., *ANTICHE STRADE. LAZIO. VIA APPIA VOL. I. DA ROMA A BOVILLE*, ISTITUTO POLIGRAFICO E ZECCA DELLO STATO, ROMA 2004.

STROPPA A. (TRAD.), *STORIA ROMANA*, BUR, MILANO 2009.

TABOR J.D., JACOBOVICI S., *THE JESUS DISCOVERY: THE NEW ARCHAEOLOGICAL FIND THAT REVEALS THE BIRTH OF CHRISTIANITY*, SIMON & SCHUSTER PAPERBACKS, NEW YORK 2012.

TABOR J.D., *THE JESUS DYNASTY*, SIMON & SCHUSTER, NEW YORK 2006.

TRAGLIA A. (A CURA DI), *VITE PARALLELE*, UTET, TORINO 2013.

TRANFO G., *LA CROCE DI SPINE*, CHINASKI EDIZIONI, GENOVA 2008.

UNTERBERGER C. (A CURA DI)

VAN VOORST, *JESUS OUTSIDE THE NEW TESTAMENT: AN INTRODUCTION TO THE ANCIENT EVIDENCE*, EERDMANS PUBLISHING, GRAND RAPIDS (MICHIGAN) 2000.

VENTOLA A., *LA LANCIA E LA RESURREZIONE*, AUTOPUBBLICATO, ROMA 2013.

VIEGAS J., *JESUS FAMILY TOMB BELIEVED FOUND*, DISCOVERY CHANNEL, 25 FEBBRAIO, SILVER SPRING (MARYLAND) 2007.

VITALE BROVARONE A. E L. (A CURA DI), *LEGENDA AUREA*, EINAUDI, TORINO 2007.

VITUCCI G. (A CURA DI), *LA GUERRA GIUDAICA*, FONDAZIONE VALLA/ARNOLDO MONDATORI EDITORE, MILANO 2009.

VOICU S.J. (A CURA DI), *IL VANGELO ARABO DELL'INFANZIA DI GESÙ*, CITTÀ NUOVA, ROMA 2002.

WALLIS BUDGE E.A., *MISCELLANEOUS TEXT IN THE DIALECT OF UPPER EGYPT*, LONDON, 1915.

WALLIS BUDGE E.A. (TRAD.), *THE EGYPTIAN BOOK OF THE DEAD, BOOK 1, HYMN TO OSIRIS UN-NEFER*, BOOK JUNGLE, S.L. 2008.

WILKINSON R. H., *READING EGYPTIAN ART, A HIEROGLYPHIC GUID TO ANCIENT EGYPTIAN PAINTING AND SCULPTURE*, THAMES & HUDSON, LONDON 1992.

SITOGRAFIA

1) OVE NON DIVERSAMENTE SPECIFICATO, I BRANI VETEROTESTAMENTARI E NEOTESTAMENTARI SONO TRATTI DA: HTTP://WWW.MARANATHA.IT.

2) I TESTI IN LINGUA ORIGINALE SONO INVECE TRATTI DA: HTTP://WWW.PERSEUS.TUFTS.EDU/HOPPER/COLLECTION? COLLECTION=PERSEUS:COLLECTION:GRECO-ROMAN.

3) HTTPS://WWW.CAMBRIDGE.ORG/CORE/JOURNALS/HARVARD-THEOLOGICAL-REVIEW/ARTICLE/WAS-MARTA-OF-BETHANY-ADDED-TO-THE-FOURTH-GOSPEL-IN-THE-SECOND-CENTURY/6CBD2C9576A583DD02987FE836C427B7.

4) HTTPS://IT.WIKIPEDIA.ORG/WIKI/GIOACCHINO_(PADRE_DI_MARIA).

5) HTTP://WWW.WIKIWAND.COM/IT/ESECUZIONE_DI_GES%C3%B9_SECONDO_I_TESTIMONI_DI_GEOVA

6) HTTP://DIGILANDER.LIBERO.IT/FADANGE/MEDICINA%20LEGALE/TANA.HTM

7) HTTP://WEB.TISCALI.IT/CUOREARIANNA/VANGELO_DI_NICODEMO.HTM

8) HTTP://CONSULENZAEBRAICA.FORUMFREE.IT/?T=73990824

9) HTTPS://ARCHIVE.ORG/DETAILS/THEBABYLONIANTALMUDCOMPLETESONCINOENGLISHTRANSLATION

10) HTTP://JEWISHENCYCLOPEDIA.COM/ARTICLES/11526-NICODEMUS-NAKDIMON-BEN-GORION

11) HTTP://LEGANERD.COM/2016/11/21/LA-TOMBA-TALPIOT/

12) HTTPS://JAMESTABOR.COM/THE-NAMES-IN-THE-TALPIOT-TOMBS-CONSIDERING-ALL-THE-EVIDENCE/

13) HTTPS://ILFATTOSTORICO.COM/2012/04/17/LOSSARIO-DI-GIACOMO-RIMANE-UN-MISTERO/

14) HTTP://WWW.HUFFINGTONPOST.IT/2015/04/07/RITROVATA-TOMBA-GESU_N_7017200.HTML

15) HTTP://CONSULENZAEBRAICA.FORUMFREE.IT/?T=74773379

16) HTTP://DIGILANDER.LIBERO.IT/HARD_RAIN/IL%20PROBLEMA%20DI%20ZACCARIA.PDF

17) HTTP://CRISTIANESIMOPRIMITIVO.FORUMFREE.IT/?T=58055148,

18) HTTPS://IT.WIKIPEDIA.ORG/WIKI/CLEOFA

19) HTTPS://IT.WIKIPEDIA.ORG/WIKI/MARIA_DI_CLEOFA

20) HTTPS://IT.WIKIPEDIA.ORG/WIKI/DINASTIA_TOLEMAICA

21) HTTPS://IT.WIKIPEDIA.ORG/WIKI/TARSO_(TURCHIA)

22) HTTP://WWW.ANSAMED.INFO/ANSAMED/IT/NOTIZIE/STATI/EGITTO/201 2/04/20/ARCHEOLOGIA-RITROVATI-GEMELLI-ANTONIO-CLEOPATRA_6752020.HTML

23) HTTP://ILNAVIGATORECURIOSO.MYBLOG.IT/2013/04/20/L-INFLUENZA-EGIZIA-SULLA-CULTURA-GLOBALE-SUL-CRISTIANESIMO-E/

24) HTTP://WWW.TRALCI-NIKLIMA.COM/2013/07/07/LA-FUGA-IN-EGITTO-VIAGGIO-ALLE-ORIGINI-DEL-CRISTIANESIMO-EGIZIANO/.

25) HTTP://CONSULENZAEBRAICA.FORUMFREE.IT/?T=42712578&ST=30

26) HTTPS://JAMESTABOR.COM/THE-ORIGIN-OF-THE-IDEA-THAT-PANTERA-IS-A-NOT-A-REAL-NAME

27) HTTPS://IT.WIKIPEDIA.ORG/WIKI/MONOGRAMMA_DI_CRISTO,

28) HTTP://WWW.CODEXSINAITICUS.ORG/EN/MANUSCRIPT.ASPX

29) HTTPS://CONNESSIONECOSCIENTE.WORDPRESS.COM/CAPITOLO-1-FRATELLI-E-SORELLE/CAPITOLO-8-LA-TOMBA-PERDUTA-DI-GESU/

30) HTTP://WWW.PRNEWSWIRE.COM/NEWS-RELEASES/LE-NUOVE-ANALISI-GEOLOGICHE-RAFFORZANO-DI-MOLTO-LIPOTESI-CHE-SIA-STATA-RITROVATA-LA-TOMBA-DI-GESU-499983961.HTML

31) HTTP://WWW.ISTITUTOCINTAMANI.ORG/LIBRI/IL_MISTERO_DELL A_SECONDA_NASCITA.PDF

32) HTTP://DIGILANDER.LIBERO.IT/INGCASANOF/QUARTA/VARIE/DEI.HTM.

33) HTTPS://IT.WIKIPEDIA.ORG/WIKI/RELIGIONE_EGIZIA

34) HTTP://WWW.CENTROSTUDILARUNA.IT/IL-CHRISTO-SERPENTE-CRISTIANESIMO-E-MISTERI-ANTICHI-PARTE-IV.HTML

35) HTTPS://IT.WIKIPEDIA.ORG/WIKI/PAOLO_DI_TARSO,

36) HTTPS://IT.WIKIPEDIA.ORG/WIKI/TARSO_(TURCHIA)

37) HTTP://EBREICONGESU.ILCANNOCCHIALE.IT/?YY=2008&MM=9

38) HTTP://WWW.HOMOLAICUS.COM/STORIA/ANTICA/ATTI_APOSTOLI/COM MENTI2/30.HTM

39) HTTP://WWW.INTRATEXT.COM

40) HTTP://APOCALISSELAICA.NET/NERONE-NON-INCENDIO-ROMA-E-NON-PERSEGUITO-I-CRISTIANI/

41) HTTP://CCAT.SAS.UPENN.EDU/RAK//PUBLICS/MRJAMES/JAMESCHR.HT M

42) HTTP://WWW.ANGELOFILIPPONI.COM/HTML/ALABARCA.PHP

43) HTTP://WWW.ANGELOFILIPPONI.COM/HTML/TA_KATA_SEIANON.PHP

44) HTTP://CRISTIANESIMOPRIMITIVO.FORUMFREE.IT/?T=42173237

45) HTTP://WWW.DOCUMENTACATHOLICAOMNIA.EU/25_90_1643-1925-_ACTA_SANCTORUM.HTML

46) HTTP://DIGILANDER.LIBERO.IT/HARD_RAIN/NAZARET.HTM

47) HTTP://DIGILANDER.LIBERO.IT/HARD_RAIN/NAZARET-ARCHEO.HTM

48) HTTP://CRISTIANESIMOPRIMITIVO.FORUMFREE.IT/?T=50331178

49) HTTP://WWW.CHRISTIANISMUS.IT/MODULES.PHP?NAME=NEWS&FILE=ARTICLE&SID=36&PAGE=2

50) HTTP://WWW.TOSCANAOGGI.IT/RUBRICHE/RISPONDE-IL-TEOLOGO/PERCHE-GESU-E-CHIAMATO-FIGLIO-DI-DAVIDE

51) HTTP://WWW.BBC.COM/NEWS/MAGAZINE-19331938

52) HTTP://WWW.JEWISHENCYCLOPEDIA.COM/ARTICLES/11525-NICODEMUS

53) HTTPS://BOOKS.GOOGLE.IT/BOOKS?ID=ZMZJAWAAQBAJ&PG=PA282&LPG=PA282&DQ=ANANUS+TOMB&SOURCE=BL&OTS=GZ_S4CEYGE&SIG=60S171LGCX3SQHATBAR3C AZPCAG&HL=IT&SA=X&VED=0AHUKEWJNPOBM8NTWAHXRA8A KHDQID2QQ6AEIOJAG#V=ONEPAGE&Q&F=FALSE

54) HTTPS://WWW.BEHINDTHENAME.COM/NAME/MARIAMNE

55) HTTP://WWW.TRECCANI.IT/ENCICLOPEDIA/ONIA_%28ENCICLOPEDIA-ITALIANA%29/

56) HTTP://DIGILANDER.LIBERO.IT/HARD_RAIN/11Q13.PDF

57) HTTP://DIGILANDER.LIBERO.IT/HARD_RAIN/STORIA/TESTIMONIUM.HTM

58) HTTP://WWW.EARLYCHRISTIANWRITINGS.COM/TESTIMONIUM.HTML

59) HTTPS://WWW.BRITANNICA.COM/TOPIC/BOETHUSIAN

60) HTTP://WWW.ILGIORNALE.IT/NEWS/CULTURA/GROTTE-QUMRAN-NEL-MONASTERO-DEGLI-ESSENI-ANCHE-DONNE.HTML

61) HTTP://WWW.MARANATHA.IT

62) HTTP://DIGILANDER.LIBERO.IT/HARD_RAIN/ISCARIOTA.PDF

ALTRE FONTI UTILIZZATE

1) SVETONIO, CLAUDIO.
2) SVETONIO, NERONE.
3) SVETONIO, AUGUSTO.
4) SVETONIO, CALIGOLA.
5) VANGELO DI NICODEMO.
6) TALMUD BABILONESE (COMPLETE SONCINO ENGLISH TRANSLATION)
7) TALMUD PALESTINESE.
8) LAMENTAZIONI *RABBAH*.
9) *ABBOT DE RABBI NATHAN*.
10) *DEVARIM*.
11) J. CAMERON, *THE LOST TOMB OF JESUS*.
12) VANGELO DI TOMMASO.
13) EPIFANIO, CONTRO LE ERESIE.
14) SIRICIO, *LETT. DIRECTA AD DECESSOREM*.
15) GUERRA GIUDACA (VERSIONE IN RUSSO ANTICO)
16) PAOLO OROSIO, *HISTORIAE ADVERSOS PAGANOS*.
17) ARRIANO DI NICODEMIA, ANABASI DI ALESSANDRO.
18) TACITO, ANNALI.
19) TERTULLIANO, *ADVERSUS MARCIONEM*.
20) TERTULLIANO, *DE CARNE CHRISTI*.
21) TERTULLIANO, *DE MONOGAMIA*.
22) TERTULLIANO, *DE VIRGINIBUS VELANDIS*.
23) BEDA IL VENERABILE, COMMENTO A MARCO.
24) RABANO MAURO, COMMENTO A MATTEO.
25) *ACTA SANCTORUM MAII*.
26) FRAMMENTO PAPIA.
27) PAUSANIA, PERIEGESI DELLA GRECIA
28) CURZIO RUFO, STORIE DI ALESSANDRO MAGNO.
29) PLUTARCO, VITA DI ANTONIO.
30) CASSIO DIONE, STORIA ROMANA.
31) VAGELO ARABO DELL'INFANZIA DEL SALVATORE.
32) SENECA, CONSOLAZIONE PER LIVIA.

33)   PLINIO, STORIA NATURALE.

34)   CELSO, *ALETHES LOGOS*.

35)   *JURII PAULII RECEPTUARUM SENTENTIARUM*.

36)   TITO LIVIO, *AB URBE CONDITA*.

37)   ATTI DEI BEATI APOSTOLI PAOLO E PIETRO.

38)   MEMORIE APOSTOLICHE DI ABDIA.

39)   MARTIRIO DI PIETRO.

40)   VANGELO DI PIETRO E NICODEMO.

41)   VANGELO DI BARTOLOMEO.

42)   VANGELO DI GAMALIELE.

43)   PRIMA APOCALISSE DI GIACOMO.

44)   SECONDA APOCALISSE DI GIACOMO.

45)   CICLO DI PILATO.

46)   EUSEBIO DI CESAREA, STORIA ECCLESIASTICA.

47)   EUSEBIO DI CESAREA, CONTRO LA DIFESA DI IEROCLE.

48)   VANGELO DEGLI EBREI E NAZAREI.

49)   GEROLAMO, *DE VIRIS ILLUSTRIBUS*.

50)   STORIA DI GIUSEPPE IL FALEGNAME.

51)   ATTI DI PAOLO (MARTIRIO DI SAN PAOLO APOSTOLO).

52)   EPIFANIO DI SALAMINA, *PANARION*.

53)   DORMIZIONE DI MARIA.

54)   IRENEO DI LIONE, *CONTRA HERESIAS*

55)   IPPOLITO ROMANO, *REFUTATIO*

56)   GIOVANNI MALALAS, *CHRONOGRAPHIA*

57)   CONTE DI SAINT-GERMAIN, *VITA IMPERSONALE (IO SONO)*.

SUGLI AUTORI

ALESSIO DE ANGELIS, classe 1994, dopo aver ottenuto la maturità classica, si è iscritto all'Università "La Sapienza" di Roma, indirizzo "Storia, Antropologia, Religioni". Ha iniziato precocemente la sua attività di scrittore di saggi storici sul Cristianesimo primitivo, pubblicando *Giovanni il Galileo ovvero Gesù* nel 2009 con la casa editrice romana Edizioni Libreria Croce e *Oltre la mente di Dio* nel 2010 (*Vol. I*), 2011 (*Vol. II*) e 2012 (*Vol. III*) con la Uno Editori.
Nel dicembre 2014 fonda la casa editrice Altera Veritas, dove pubblica e cura un romanzo e cinque libri di ricerca storica. L'ultimo – *Exodus. Dagli Hyksos a Mosè: Analisi storica sui due esodi biblici*, di A. De Angelis e A. Di Lenardo – è stato pubblicato nel 2016. In questo periodo partecipa a numerose conferenze e trasmissioni sulla tematica del Gesù storico. Attualmente sta curando i voll. I e II di *Codex Jesus*.
Si occupa anche della divulgazione del *metodo natura* per l'insegnamento vivo delle lingue greca e latina, un metodo efficace che porta a parlare, scrivere e comprendere le lingue classiche in poco tempo e si batte per l'utilizzo di una corretta *dizione* della pronuncia *restituta* del greco e del latino, utile soprattutto per restituire alla poesia antica il suo suono originale. Nutre inoltre grande interesse per la fisica quantistica, la scienza e la spiritualità.

ALESSANDRO DE ANGELIS, classe 1958, dopo essere stato segnato da una esperienza premorte all'età di 17 anni si iscrive all'Università "La Sapienza" di Roma nella facoltà di Lettere e Filosofia, abbracciando il ramo demo-etno-antropologico, dove teorizza la nascita delle religioni legata alle grandi catastrofi naturali.
Scrittore, articolista e conferenziere, ha tenuto lezioni e confronti in numerosi istituti scolastici e teologici, esponendo i suoi studi sulla figura del Gesù della storia e sulla nascita del Cristianesimo primitivo.
A Natale 2014 inizia una proficua collaborazione con Altera Veritas, con la quale pubblica il romanzo di fantascienza *Matrix vol. 1* (2015) e i saggi storici *Il figlio segreto di Gesù* (2014), *Sangue reale* (2015), *L'ultimo faraone* (2015), *Cristo il romano* (2016) ed *Exodus* (2016).

INDICE

4   **Prefazione alla II edizione di Andrea Di Lenardo**
9   **Introduzione di Alessio De Angelis**
14   Cap. I   Maria I Boethus
15   1. Ipotesi d'identificazione tra Maria, madre di
                Gesù, e Maria I Boethus
24   2. Ipotesi dell'illegittimità di Gesù
34   3. Possibili obiezioni alla proposta
                identificativa
39   Cap. II Identificazione di Marta e Maria II Boethus
                con Marta e Maria, sorelle di Lazzaro
50   Cap. III Gesù, Dio risorto o uomo sopravvissuto?
66   Cap. IV Prove dell'identificazione tra Gesù Cristo e
                Gesù b. Gamala
97   Cap. V   Nazaret, la vera patria di Gesù?
97   1. La città di Nazaret
105   2. La città di Gamala
114   Cap. VI Chiarezze sullo stato maritale di Gesù
127   Cap. VII Ipotesi d'appartenenza di Gesù alla dinastia
                oniade
127   1. Gesù Cristo Giusto
135   2. Ricostruzione della linea genealogica di
                Gesù
166   Cap. VIII L'esilio di Gesù secondo le testimonianze
                extra-cristiane
171   Cap. IX I "fratelli" di Gesù, figli di Maria di Cleopa?
171   1. I "fratelli" di Gesù
174   2. Maria di Cleopa
182   Cap. X   Connessioni tra Egitto e cristianesimo
                primitivo

194   Cap. XI Identificazione dell'erodiano Saulo con Paolo
                 di Tarso
208   Cap. XII La congiura dei Pisoni e l'incendio di Roma
232   Cap. XIII Flavio Giuseppe e la nascita del cristianesimo
232   1. Flavio Giuseppe: contesto e biografia
242   2. Analisi filologica del *Testimonium*
                     Flavianum e di AG XVIII, 200
258   App. n. 1 Le ultime parole di Gesù b. Gamala
266   App. n. 2 La testimonianza di Tacito sui cristiani
268   **Conclusioni di Alessio De Angelis**
270   **Cartine**
271   **Tavole Cronologiche**
273   **Elenco delle abbreviazioni**
275   **Bibliografia**
279   **Sitografia**
282   **Altre fonti utilizzate**
284   **Sugli Autori**
285   **Indice**